차라리
소가 되고
싶다

민족화합을 향한 통일시론

차라리 소가 되고 싶다

이원섭 지음

필맥

차라리 소가 되고 싶다

1판 1쇄 펴낸날　2003년 7월 10일
1판 2쇄 펴낸날　2003년 8월 30일

지은이　이원섭

펴낸이　이주명
펴낸곳　필맥
등록 제2003 - 63호
주소　110 - 101 서울시 종로구 송월동 99-2 송월빌딩 401호
전화　02 - 3210 - 4421
팩스　02 - 3210 - 4431
전자우편　moonna@philmac.co.kr

사진은 한겨레신문사에서 제공했습니다.

ISBN 89-954116-1-9　03300

* 잘못된 책은 바꾸어 드립니다.
* 값은 뒤표지에 있습니다.

한반도 문제에 관해 글을 쓰는 사람들을 흔히 보수주의자와 진보주의자로 나누는 것이 일반적입니다. 이러한 이분법적 분류가 얼마나 정확한 것이냐에 대해서는 논란이 있겠습니다만, 일단 이 분류를 받아들일 때 이원섭님은 진보주의자로, 저는 보수주의자로 불릴 것입니다. 달리 표현해, 통속적 분류로는 우리 둘 사이에는 시각의 차이가 있다고 본다는 뜻입니다.

그렇기 때문에 제가 이원섭님의 이 책을 위해 추천사를 썼다는 사실을 의아스럽게 여길 독자도 적지 않으리라 생각됩니다. 그러나 조금도 의아하게 생각하지 말아주시기 바랍니다. 왜냐면 그의 글들 가운데 저도 공감하는 부분들이 많기 때문입니다.

한반도 문제를 30년 넘게 공부해온 저로서 이원섭님과 생각을 같이 하는 가장 큰 부분은 ① 남과 북이 이제는 화해를 해서 민족공동체를 형성하고 민주적이면서 평화적인 방식을 통해 통일국가를 수립하자는 것 ② 한반도에서 다시는 전쟁이 일어나서는 안 되며 반드시 평화가 지켜져야 한다는 것 ③ 최소한 위 두 가지 목표를 달성하기 위해 남과 북이 대내적인 변화를 민주적으로 성취해야 하며 대외적으로 국제평화의 증진에 이바지해야 한다는 것 등입니다. 말하자면 총론에서 우리는 시각과 해법을 같이 하고 있습니다.

그러하기에 저는 오래 전부터 이원섭님의 글들을 거의 모두, 그리고 매우 꼼꼼히 읽었습니다. 그리고 그의 글들을 통해 새롭게 알게 된 사실들이 적지 않습니다. 이 책의 8장을 구성한 항일 빨치산 여전사 이민에 관한 회견이 대표적 보기입니다. 저는 읽는 사람에게 감동마저 불러일으키는 이 글을 읽으며, 저자가 얼마나 성실하고 학구적인 기자인가를 확인할 수 있었습니다.

저는 그의 글들을 통해 제가 가졌던 시각 또는 판단 가운데 미흡함이 있었음을 확인하고 고치고자 노력하기도 했습니다. 북한에 대해 글을 쓸 때 더 조심해야겠구나 하는 생각을 갖게 만든 논객이 바로 그였습니다. 특히 민족의 화해와 한반도의 평화에 대한 절절한 갈망, 그리고 그 적들에 대한 짙은 분노로부터 깊은 감명을 받았습니다.

어떻게 보면, 이원섭 님의 글들은 미국의 저명한 진보주의적 북한전문가인 셀리그 해리슨의 글들을 연상시킵니다. 두 분 모두 이념적 선입견을 버리고 사실에 입각해 침착하게 북한과 한반도를 바라보고 있으며, 비폭력과 평화를 판단의 준거가치로 삼고 있다는 점에서 그러합니다. 다만 세습적 봉건체제를 유지하는 가운데 수백만 명을 굶주리게 만들고 약 30만 명의 반대자들을 지옥이나 다름없는 정치범 수용소로 보낸, 그리고 경위야 어찌됐든 핵폭탄으로 한민족과 동아시아를 위협하는 김일성과 김정일 및 그 정권에 대한 분노의 표시가 저의 기대에 미치지 않는 점이 아쉽습니다.

저는 이 책을 민족의 장래를 생각하는 분들에게 감히 권독하고자 합니다. 한반도가 위기로 치닫고 있는 매우 절박한 현 시점은 공생공영의 슬기로운 해법을 함께 생각하도록 요청하고 있기 때문입니다.

2003년 7월 1일

동아일보사 사장 김학준

　개인적 소회부터 얘기해야겠다. 애초에는 이미 쓴 글들을 글 모음집 형태로 묶어 출판할 생각이 전혀 없었다. 어쩐지 현재 상황에 대한 진지한 고민은 결여된 글들을, 그동안 이런저런 매체들에 실었다는 이유만으로 마치 자랑하듯 늘어놓는 격이 아닌가 하는 생각이 앞섰기 때문이다. 솔직히 말해, 칼럼집 형태로 묶여 나온 다른 책들을 보면서 저자의 '무성의'에 실망한 적도 많았다.

　나의 이런 생각이 바뀐 것은, 곧 따로 펴낼 책『햇볕정책을 위한 변론』을 준비하는 과정에서 전에 쓴 글들을 새삼 꼼꼼히 읽게 되면서부터다. 비록 많은 시간이 흐르기는 했지만 남북관계와 한반도 문제의 본질적인 측면은 그다지 변하지 않았고, 온갖 정성을 기울여 쓴 글들을 그대로 묵혀버리기가 아깝다는 생각이 들었다. 나도 모르게 글 욕심이 생긴 탓이다.

　그래서『햇볕정책을 위한 변론』이라는 새 책을 쓰게 된 이번 기회에 그동안 써온 글들도 따로 묶어 출판하면 되지 않을까 하고 나 자신과 타협했고, 그 결과가 바로 이 책이다. 출판 일에 새로 뛰어든 이주명 후배님의 적극적인 권유도 큰 몫을 했다.

　김영삼 대통령 시절부터 김대중 대통령을 거쳐 노무현 대통령에 이르기까지 남북문제와 통일문제에 대해 쭉 지켜보고 논평해온 나로서는, 출판을 통해 기록자로서 임무를 다하고 싶은 마음도 있었다. 그런 가운데 대북송금 특검으로 인해 햇볕정책이 크게 훼손되는 모습을 보면서, 우리 사회가 과거와 현재를 잇는 균형 잡힌 시각을 되찾게 해야 한다는 생각이 절실했다.

이 책 곳곳에서 발견할 수 있겠지만, 나는 김대중 대통령이 추진한 햇볕정책에 대해서는 여전히 뜨거운 지지를 보낸다. 하지만 권력자로서 그의 모습, 특히 아들과 측근들의 비리를 제대로 처리하지 못해 국민들을 실망시키고, 민족민주운동 세력의 정통성과 헌신성, 그리고 능력에 대한 냉소와 비판을 불러일으킨 데 대해서는 누구보다 아픔과 분노를 느끼고 있다.

이 책은 편의상 10장으로 나누었지만, 크게 보면 민족이 남북으로 갈라진 분단구조에 대한 고민이 주조를 이루고 있다. 1~4장에는 남북문제와 북미관계 등 한반도의 현실을 짚은 글들이 주제별로 분류돼 실렸다. 5장은 분단이 빚어낸 상처들과, 판문점을 거쳐 북녘 땅으로 가는 소 떼를 부러워하며 "차라리 소가 되고 싶다"고 절규한 이산가족의 아픔을 조명했다. 6장에서는 분단구조로 인해 형성된 정치적, 사회적 모순들과 그것들을 극복할 방안 등을 논했다. 7장에서는 나의 군생활 경험담을 통해 젊은 장병들에게 하고 싶은 말을 전한다. 8장에서는 독립운동가 이민 여사를 소개했다. 그는 우리 현대사의 한 페이지를 장식하기에 충분한 자격을 갖춘 항일 운동가다. 나는 '남조선 사람'으로는 최초로 그를 만났고, 불충분하나마 국내에 소개했다는 점에서 언론인으로서 자부심을 느끼고 있다. 9장은 북유럽의 사회민주주의를 공산당의 사촌쯤으로 생각하는 답답한 우리 현실을 생각하면서, 그들이 '인간답게 사는 세상'을 만들기 위해 어떻게 노력하는지를 알리기 위해 썼던 글이다. 10장은 1~5장에서 다룬 한반도 문제를 좀더 자세히 살핀 글들을 싣고 있다. 신문에는 지면 제약 때문에 충분히 다 쓰지 못했던 내용을 잡지의 시평이나 논문 등의 형태로 길게 풀어 쓴 것들이다. 따라서 남북관계의 흐름을 꼼꼼히 짚어야 할 독자가 아니라면 10장을 읽는 데 굳이 시간을 투자하지 않아도 될 듯하다.

지난 시기에 쓴 글들 가운데는 일부 표현이 마음에 안 드는 것들도 있다. 하지만 그때그때 진지하게 생각하고 썼던 기록들이라는 점에서 수정하지 않고 그대로 담았다. 글을 쓸 당시에는 그것이 최선이었다고 스스로 위안하고 있다.

이 책이 필자의 '개인적 추억'에 머물지 않고, 이 시대를 함께 살면서 고민과 아픔을 나눠온 많은 분들의 '기억'을 되살리는 데도 조금이나마 도움이 되길 바란다.

끝으로 제 멋에 겨워 사는 사람과 함께 지내는 탓에 겪을 수밖에 없는 온갖 '불편'에 대해 크게 불평하지 않은 아내 박경숙과 아들 딸 이기정, 이기욱, 이수연과 출간의 기쁨을 함께 나누고 싶다.

2003년 7월 1일

이원섭

6장 그래도 희망은 버릴 수 없다

1장

우리는 만나야 한다

철조망을 걷고

| 백두산 천지에서 |

언덕을 오른 순간 갑자기 시야가 탁 트이며 천지가 한눈에 들어 왔다. 병풍을 두른 듯 천지를 에워싼 백두 연봉이 파란 하늘에 늠연히 솟아 있다. 장엄함과 신비함에 압도돼 '아!' 하는 탄성이 절로 터져 나왔다. 그림에서만 보아오던 백두산 천지, 머릿속에 그리던 천지를 눈앞에 두고 그 자리에 못박힌 듯 한동안 움직일 수가 없다. 정신을 가다듬어 물가로 다가섰다. 파란색, 초록색, 옥색, 보라색, 검푸른 색, 검은색…. 갖가지 색깔이 겹쳐 보인다. 물 가장자리는 바닥 돌까지 보일 만큼 맑디맑다. 두 손을 담갔다. 얼어붙듯 차디찬 기운이 뼛속까지 스민다.

정성 모아 '통일 염원제' 올려

눈을 들어 다시 천지 저편의 백두 봉우리들을 살펴본다. 웅대하면서도 부드럽고 장쾌한 모습이 과연 민족 제일의 영산이다. 건너편이 세계에서 유일하게 갈 수 없는 우리의 북녘 땅. 백두산 16봉 중 제일 높은 장군봉이 정면으로 보인다. 망원경을 통해 보니 장군봉 자락에 세운 안테나까지 선명하다.

홍분이 가신 뒤 일행은 제대로 격식을 갖춰 통일 염원제를 올렸다. 1996년 7월 23일 한겨레신문사가 주최한 '통일염원 백두산 순례단' 10개 팀 중 제1진인 우리 30명은 민족의 염원인 통일이 하루 빨리 이루어질 수 있도록 한마음이 되어 간절히 기원했다. 그리고 '조국통일 만세'를 힘차게 외친 뒤 누가 먼저랄 것도 없이 〈우리의 소원〉과 〈애국가〉를 불렀다. 일행 중에는 눈물을 훔치는 사람도 있었다.

백두산 들머리에서 장백폭포를 거치며 내쳐 오른 두 시간. 이날의 도보 등정이 다행히 맑은 날씨 속에 이루어져 우리 일행은 '겹 행운'을 누린 셈이다. 전날 중국 쪽 백두 봉우리인 천문봉에 올라 바람이 휘몰아치는 가운데서도 천지를 굽어보며 백두산 줄기를 한눈에 조망하는 행운을 만났다. 연길에서 버스로 7시간여를 달려오는 동안 내내 굵은 빗줄기가 뿌린데다 백두산 입구에서 잠깐 갠 듯하던 날씨가 지프로 정상에 오르는 20여 분 사이에 다시 찌푸려져 조바심이 일었으나, 오묘하게도 구름과 안개가 살짝 걷히며 천지의 웅장한 자태를 보여 주었다. 기상이 시시각각 변해 불과 몇 분 차이에 맑은 천지를 볼 수도 못 볼 수도 있는데다 30분 안에 하산해야만 한다는 압박감에 미리부터 쫓겨 차를 타고 오는 동안에는 정신이 없었다. 그러나 날씨가 도와, 도보 등정을 하는 동안엔 느긋한 마음으로 경관을 감상하는 여유를 만끽할 수 있었다.

백두산은 2,500미터 이상의 봉우리를 모두 16개나 품고 있다. 그 가운데 6개가 북한에, 7개가 중국에 속해있으며, 3개 봉우리가 국경에 걸쳐 있다. 민족의 성산 백두산을, 멀리 비행기를 타고 중국으로 와 거꾸로 올라야 하는 심정이 착잡하다. 통일이 되면 우리 땅으로 백두산에 다시 올라 천지를 만나리라 다짐했다. 북녘 땅을 한없이 바라보며 과연 언제나 통일이 되며 어떤 모습으로 통일의 날을 맞게 될까 온갖 상념에 젖는다. 그래서인지 하산 길에도 고개는 연신 뒤로 향한다.

내려가는 길에 백두산 온천물로 삶은 달걀을 맛보기도 했다. 전날 숙소인 두견산장에서 온천욕을 즐기기도 했지만, 달걀이 익을 만큼 뜨거운 온천은 휴화산인 백두산에서만 누릴 수 있는 특혜다. 두 번이나 맑은 천지를 본 기쁨에 들떠 연길로 되돌아오는 버스길은 흥겨움으로 가득 찼으며, 그래도 식지 않은 흥은 이날 밤 호텔 노래방으로 이어졌다. 그리고 뜻밖에도 미리 자리를 차지하고 있던 북한 주민 일행 6명을 만날 수 있었다.

무역업을 한다는 이들은 연길에서 사업을 하는 동포가 한턱낸다고 해서 이곳에 온 것이었다. 어색함도 잠시, 한 홀에 남북한이 한자리씩 차지하고 앉아 상대편이 노래를 부르면 박수를 쳐주고 하다가 술잔이 오가고, 이내 한데 어우러져 〈우리의 소원〉을 합창하고 〈고향의 봄〉을 부르는 등 함께 춤추며 흥에 젖었다. 음주가무를 즐기는 것은 남이나 북이나 중국에 사는 동포나 어쩔 수 없는 우리 민족 고유의 특성이었다.

자리가 자리인지라 심각한 이야기나 식량난 등 서로 거북한 대화는 삼가고 통일을 앞당기기 위해 노력하자는 다짐만 나누었지만, 멀리 중국 땅에서나마 북녘 동포들과 가진 술자리는 의미 깊은 것이었다. 1992년 남북 고위급 회담이 한창일 때 취재 차 평양을 방문해 나흘간 머문 경험이 있는 필자는 북한 주민들과의 만남에 비교적 익숙한 편이었지만, 이날은 특히 서로가 열린 마음으로 활달하게 대화를 나누며 같은 민족으로서 동질감을 확인할 수 있었다.

두만강 건너편에 북녘 땅이

착잡한 감정은 이튿날 북한과 국경을 마주한 도시 도문을 방문했을 때도 그대로 이어졌다. 두만강을 사이에 두고 마주 보이는 북한 남양시는 육안으로도 생생히 보였다. 들일을 하는 사람 모습까지 망원경에 잡힐 듯 들어왔다. 도문교 다리 중간이 국경선이다. 그 밑을 흐르는 두만강은 노랫말에 남아있는 푸른 물도 아니었고, 뱃사공이 노를 저을 만큼 강폭이 넓지도 않았으나, 민족의 한과 아픔이 어려 있는 것은 예나 지금이나 한가지라는 생각이 들었다.

_1996.7.31

| '겨울 개골'의 동포 내음 |

새해 첫날이라고 해서 여느 날과 다를 리는 없지만, 묵은해의 아쉬움을 달래고 새로운 각오로 희망을 다짐하는 심정은 누구나 한결같을 터이다.

더욱이 예사롭지 않은 곳, 북녘 땅 금강산에서 새해를 여는 감회는 예년과는 또 다른 설렘으로 출렁인다. 현대 금강호를 타고 와 북녘에서 세밑과 새해를 보내는 관광객들이나, 금강산 산행에서 만난 북한 관리원들의 표정에도 이런 느낌은 진하게 배어 있다. 오가는 덕담들이 한결 푸근하다. "새해 복 많이 받으십시오." 진심이 담긴 인사에 그 쪽도 "새해 축하합네다" "새해 복 많이 받으시라요"로 화답한다. 복이란 게 누구든 아낌없이 빌어줄 수 있는 것이기에 주는 쪽도 받는 쪽도 푸짐한 법이지만, 딱한 처지에 놓인 북한 사정을 아는 터에 굳이 그들의 상처와 자존심을 건드리지 않으려는 세심한 배려도 있다.

선대의 뭇 시인 묵객들이 저마다 가슴 뜨거운 글을 남기고 오롯이 화폭을 적신 마음들을 이제 금강산에 올라 내 눈으로 직접 보고서야 실감할 수 있겠다. 금강산 풍광은 '봄 금강'과 '가을 풍악'이 으뜸을 다툰다고들 하지만, 바위산인 금강 특유의 빼어남은 '겨울 개골'에서 더욱 속속들이 드러난다. 삼선암, 귀면암, 망장천, 하늘 문을 거쳐 천선대에 오르니 바로 눈앞에 만물상이 펼쳐진다. 하늘을 향해 기운차게 뻗은 봉우리들이 장쾌하고 웅혼한 기상을 뽐낸다. 온몸의 뼈를 허옇게 드러낸 모습은 군더더기 치장이나 가식을 거부한다. 온갖 형상의 기암괴석들이 오묘한 자태로 감탄을 부른다. 조물주가 만물을 창조할 때 시험 삼아 빚은 본이라 해서 만물초(萬物草)로 불리던 곳이니 새삼 보탤 찬사가 있겠는가.

세속의 찌든 때를 떨치고 오로지 자연의 장엄하고 숭고한 기운에 압도되는 순간이다. 숙연한 마음으로 만물상을 대하면서, 어제 보았던 구룡폭포의 계곡미를 겹쳐가며 금강의 참 얼굴을 어림해 본다. 꽁꽁 얼어붙어 몇 줄기 물살만 흘러내릴 뿐이지만, 내리꽂히는 폭포의 힘과 굉음이 귓가를 때리는 듯하다. 금강산의 으뜸 봉우리인 비로봉의 신비와 장관은 어떠할까 잠시 상념에 젖는데, 누군가의 중얼거림이 돌연 현실세계를 일깨운다. "이렇게 이북 땅을, 금강산을 오르게 되다니, 세상이 어찌 변할지는 모를 일이야."

그렇다. 세상이 어찌 변할지는 그 누구도 모른다. 불과 두 달 전만 해도 행여 금강산 구경을 꿈이나 꿀 수 있었겠는가. 북한이 외화벌이 차원에서 금강산을 개방했든 어쨌든, 뱃길로나마 금강산 길은 터졌다. 이곳을 찾은 남쪽 관광객들이 어찌 자연 경관에만 취해 돌아가겠는가. 극히 제한된 사람들과의 짧은 만남이지만, 북녘 동포를 마주 대한 소중한 체험들이 가슴속 깊이 남지 않겠는가. 우리와 피를 나눈, 같은 얼굴에 같은 말을 쓰는 수많은 동포들이 이북 땅에 살고 있음을 잊지 않는 계기가 될 것이다.

지난해 11월 18일 금강호의 첫 출항 뒤 금강산을 찾은 관광객은 1만 명을 넘어섰다. 처음에는 고령의 실향민 중심이었지만, 이제는 가족 단위나 친지끼리 어울려 오는 일행이 많아졌다고 한다. 날이 풀리고 사업이 계속돼 금강산 관광객이 십만, 그리고 백만 명에 이른다면 남북 사이의 접촉면이 넓어지고 그 만큼 상대방에 대한 이해의 폭도 커질 것이다. 막연한 두려움과 경계심이 어느덧 동포애로 바뀌고, 분단의 벽은 조금씩 낮아지지 않을까. 장전항 입항 때의 간단한 심사 절차에서도 야릇한 긴장과 흥분을 느꼈지만, 만나면 만날수록 스스럼 없어지는 것이 사람 사이다. 지금은 비록 철조망 샛길로 일방통행을 한다고 해도, 입에서 입으로 북녘 땅에 점차 소문이 번져가면 오해와 불신으로 응어리진 마음들이 누그러지지 않겠는가 기대해 본다.

너무도 잘 보존된 금강산과 나머지 헐벗은 민둥산이 그러하듯, 금강산 사

금강산 만물상에서
금강산 관광은 작지만 매우 큰 출발이다. 언젠가는 '교육'을 받은 관리원이 아닌 일반 북녘 동포들과 뒤섞여 금강산을 함께 오르며, 사람 내음을 맡고 동포의 숨결을 느끼는 날이 반드시 오리라는 믿음을 가져본다.

업과 잠수정 침투가 상징하듯, 한반도 정세는 늘 이중 상황이다. 안타깝지만 올해도 남북 사이에 결정적인 관계 개선이 이루어지리라고 보기는 이르다.

그러나 한걸음 한걸음씩 꾸준히 나아갈 때 비로소 신뢰의 싹이 틀 수 있을 것이다. 그 길밖에 없다. 그런 뜻에서 금강산 관광은 작지만 매우 큰 출발이다. 언젠가는 '교육'을 받은 관리원이 아닌 일반 북녘 동포들과 뒤섞여 금강산을 함께 오르며, 사람 내음을 맡고 동포의 숨결을 느끼는 날이 반드시 오리라는 믿음을 가져본다.

_1999.1.4

| 평양방문기(상) |

"남의 일에 감 놔라 배 놔라 할 필요가 있습니까. 그것은 중국의 내정문제가 아닙니까?" "남이야 어찌했든 우리가 잘 하는 것이 중요하지 않습니까? 일 없습니다." "민족적 통일에 지장을 주지 않는다면 큰 문제가 아닙니다." 비록 각기 개인 의견임을 전제하긴 했지만 한중 수교에 대한 몇몇 북한 인사들의 첫 반응들이었다.

방북 첫 날부터 기자가 가장 궁금해 질문으로 던진 것은 1992년 8월 24일 발표된 한국과 중국의 수교에 대한 북쪽 입장이었다. 이 문제에 대한 답변이나 반응을 유추해보면 당면한 8차 고위급회담의 성패여부를 짐작해볼 수 있지 않을까해서였다. 궁극적으로는 한반도를 둘러싼 국제정세의 냉엄한 흐름에 북한이 어떻게 대응해 나갈 것인가도 궁금했다. 한중 수교에 대한 북한의 반응은 앞으로 남북관계 전반에 중요한 변수가 된다.

중국, 공개적 비난 안 해

한중 수교에 대해 북한은 고위급 회담이 시작되는 날까지 신문이나 텔레비전 등에서 보도를 하지 않았고 당국의 공식적인 논평도 없어 방북 전부터 궁금증을 불러일으켰다. 이는 1990년 남한이 옛 소련과 국교를 맺을 때 즉각 비난하고 나섰던 것과 대조적이었다. 북한의 '침묵'은 한중 수교를 보는 북한의 입장이 최종적으로 어떻게 정리될지는 모르지만, 대체로 현실을 인정하면서 실질적으로 대처하겠다는 뜻으로 해석하는 게 일반적인 시각이었다.

한중 수교를 거론한 것은, 의도야 어떻든 북한 인사들로서는 답변하기 거북한 내용이었을 것이다. 상대방의 아픈 곳을 건드리는 것이기도 했기 때문이다.

한소 수교 때와는 달리 중국에 대해 직접적 언급을 하지 않는 데 대한 북한 관계자의 설명은 대개 이랬다.

"소련은 차관을 얻기 위해 사회주의를 팔아먹었다. 옛날부터 수정주의로 돌아섰으며 관료주의에 빠져 인민을 진심

평양거리 '얼음과자와 비치파라솔'
북한 평양역 앞 도로변에서는 비치파라솔로 차려진 작은 가게들이 얼음과자와 간단한 먹거리를 펼쳐 놓고 오가는 사람들을 불러모은다.

으로 돌보지 않았다. 중국은 우리와 사회주의 동지적 관계를 쭉 유지해왔으며 혈맹관계다."

책임 있는 고위급 인사의 공식 발언은 아니었지만, 전체 분위기로 봐 앞으로도 북한이 중국을 공개적으로 비난하거나 등을 돌리지는 않을 것이라는 추측을 하도록 하기에 충분했다.

짐작은 했지만 이러한 유연한 반응은 주목할 만했다. "혹시 중국과 남한의 수교에 대해 북한이 사전에 양해했던 것이 아니냐"는 질문에, 기자들을 도맡아 상대한 안내원들은 대부분 "내가 맡은 일이 아니라 잘 모르겠다"고 답변했다. 그러나 일부는 "(정부 쪽에서) 말이 없는 것을 보면 사전에 얘기가 오갔을지도 모르겠다"고 조심스럽게 말하기도 했다.

그러나 평양에서 3박 4일간 머무는 동안 언뜻언뜻 스쳐 지나가는 말 속에서 북한이 중국에 내놓고 불만을 표시하지는 않지만 어쩔 수 없이 서운한 감정을 갖고 있음을 느낄 수 있었다.

한 인사는 "사회주의를 함께 하던 형제국가가 남조선과 국교를 맺는데 좋을 리야 있겠느냐"고 솔직히 얘기했다. 그러면서도 그는 상황을 충분히 이겨나갈 자신이 있다는 뜻을 은연중 내비쳤다.

한중 수교 사실은 북한의 신문이나 방송에 보도되지는 않았으나 상당수 주민들이 알고 있는 것 같았다.

현실적 대응으로 선회

북한이 급변하는 국제정세에 현실적으로 대응해 나가는 쪽으로 방향을 잡은 것은 남북 간에 의견 차이가 컸던 정치, 군사, 교류협력 등 3개 분과위 부속합의서가 이번 8차 회담에서 성공적으로 타결된 데서도 미루어 짐작이 가능하다. 북한은 이번 8차 회담을 성공적으로 마치기 위해 상당한 양보를 해가면서 적극적인 타결의지를 보인 것으로 평가됐다.

북한은 가장 가까운 동지였던 중국이 남한과 수교하는 어려운 상황에 직면하자, 대내적인 결속을 더욱 공고히 함으로써 충격을 완화시키며 극복하는 쪽으로 방향을 정한 것으로 느껴졌다.

자주와 자립은 북한의 기본정책이지만 '우리식으로 살아나가자' 는 우리식 사회주의의 강조는 어떠한 외부환경의 변화나 도전도 내부에서 단결하면 극복할 수 있다는 의지의 표현으로 보였다. 물론 우리식 사회주의는 옛날부터 강조돼 온 것이다. 하지만 평소 체제유지와 관련해 이에 대한 교육이 반복됐기 때문에 충격의 강도가 약할 수 있고 그들 말대로 '대단한 일' 이 아닐 수도 있겠다는 생각이 들기도 했다.

한 안내원은 직접적인 언급을 하지는 않았으나 "우리 식대로 사회주의를 옹호, 고수하면 큰 문제가 생길 수 없다" 면서 "특히 우리는 자주, 자립 노선을 확고히 해왔기 때문에 다른 나라들처럼 쉽게 흔들리거나 뿌리 뽑히지 않을 것" 이라고 자신감을 보였다.

_1992.9.19

| 평양방문기(하) |

"우리의 소원은 통일, 꿈에도 소원은 통일…"

8차 고위급회담 남쪽 대표단을 위해 회담 둘째 날 동평양 극장에서 베풀어진 평양시 예술인 종합공연, 셋째 날 양형섭 최고인민회의 의장 주최 목란

관 만찬의 끝 순서인 왕재산 악단 공
연은 모두 〈우리의 소원〉 합창으로 끝
났다. 양 의장이 주최한 만찬공연에서
출연자들이 〈우리의 소원〉을 합창하
자 정원식 총리, 연형묵 북한 총리를
비롯한 고위급 회담 대표들이 무대에
올라가 출연자들과 함께 손을 맞잡고
통일을 노래했다. 이어 만찬장에 참석
한 모든 사람이 자리에서 일어나 부른
통일의 노래는 겨레의 분단현실과, 다
시 합쳐야 한다는 민족의 열망을 새삼
일깨워주기에 충분했다.

여연구 여사와 함께
1992년 9월 남북 고위급 회담 취재 차 방문한 평양에서
평소 존경하던 여운형 선생의 딸인 여연구 부의장과 기념
촬영을 하는 행운을 얻었다. 이 일로 안내원 '박선생'으로부
터 거센 항의를 받았다.

남쪽 소식에 관심 대단

남쪽 대표단을 위한 특별공연임을 다분히 의식해 프로그램을 짰을 것이
고 의례적인 측면도 있었지만, 남북이 한목소리로 부르는 통일 노래의 의미
를 굳이 축소시킬 필요는 없었다.

듣던 대로 북한 사회의 통일 열기는 대단했다. 판문점에서 평양까지의 도
로변, 평양시내 거리거리에는 '후대들에게 통일된 조국을 물려주자' '조선
은 하나다' 라는 대형 입간판들이 곳곳에 세워져 눈길을 끌었다.

회담 둘째 날인 16일 단고기(개고기)와 평양냉면이 유명하다는 청춘관에
서 음식을 나르던 봉사원이나, 식사 뒤 방문한 평양 제1고등중학교에서 만
난 학생과 교원들은 "통일을 위해 노력해 달라" 는 부탁을 잊지 않았다. 자리

가 자리라서 그랬는지 옛날 2, 4, 6차 회담 때 취재 간 기자들에게 임수경씨, 문익환 목사의 석방과 이인모씨의 송환을 '공격적으로' 요구했던 것과는 달리, 그들은 이쪽에서 먼저 말을 건네기 전에는 자제했다. 하지만 일단 몇 마디 얘기가 오가면 어김없이 통일을 거론했다. 언제쯤이나 통일이 될 것 같으냐, 구체적 방안은 무엇이냐는 등 얘기가 흐르다 보면 자연스레 "림수경 학생은 언제까지 가둬둡니까?" "문익환 목사는 지금 어디에 있습니까?" "리인모 노인이 곧 죽을 것 같다는데 죽기 전에 가족을 만나도록 해야 하지 않습니까?"라고 물어왔다. 특히 최근 이인모씨 문제가 노부모 고향방문단 문제와 연계돼 현안으로 걸려 있기 때문인지 질문이 많았다.

기자로서는 "여러 가지가 맞물려 있어 복잡한 문제이지만 남북이 함께 노력하면 잘 되지 않겠습니까. 개인적인 생각으로는 머지않아 가족들과 만날 수 있을 것 같은 느낌도 듭니다"라는 말밖에 할 것이 없었다. 다만 이인모씨를 현재 남쪽의 어느 뜻있는 독지가가 모시고 있으며 얼마 전 수기가 책으로 나와 남쪽에서 판매되고 있다고 설명하자, 그들은 의아해하면서도 고개를 끄덕였다.

학습의 날

기자가 평양에서 접촉한 사람들은 남쪽 대표단을 맞기 위해 선발된 안내원, 관리, 북한 기자들이 대부분이라 취재에 기본적 한계가 있을 수밖에 없었다. 꽉 짜인 스케줄에 3박 4일이라는 시간제약도 있었지만 무엇보다 '상대측의 안내에 따른다'는 남북 당국의 약속이 자유로운 취재를 가로막는 요인이 됐다.

그러나 엄격한 제한 속에서도 어쩌다 잠시 말을 건넬 수 있었던 극소수 주민들의 모습이나 북쪽 안내원, 기자들의 설명을 통해 보더라도 북한 주민들의 민족통일 열기는 강렬한 것으로 느껴졌다. 북한 쪽 인사들도 이를 큰 자랑으로 여기는 것 같았다.

북한은 어떻게 주민의사를 결집시키고 있는가. 일사불란한 행동은 어디에서 나오는가. 방북 전부터 가졌던 이런 의문은 한 안내원의 직접적인 설명을 듣고 조금이나마 해소됐다. 그는 "자본주의적 눈으로 보면 우리 체제를 결코 이해하지 못한다"는 전제를 달면서 북한 사회의 특수성을 설명했다. 북한 주민들은 일주일에 한 번 '학습의 날'을 갖는다고 그는 설명했다. 각 직장이나 공장 단위로, 그리고 농장과 부락마다 학습시간을 갖는데, 필요에 따라 소규모로 또는 대규모로 모임이 이루어진다는 것이다. 사무원들은 대개 토요일에는 일을 하지 않고 학습시간을 갖는다. 학습시간에는 자체학습, 강연과 토론이 진행되며 가끔 영화를 보기도 한다.

주체사상을 중심으로 한 정치학습이 주이지만 때로는 실무능력을 높이기 위한 기술학습도 한다. 북한 주민들은 학습을 통해 당의 뜻을 알게 되고 남조선 정세도 파악하며 국제정세를 주체적으로 이해한다고 한다.

"학습도 좋지만 하던 일을 일제히 중단하면 업무에 차질이 생기고 효율성이 떨어지지 않겠느냐. 더구나 앞으로는 치열한 국제 경쟁사회에 나서야 할 텐데…"라고 반문하자 "자본주의적 눈으로 보면 안 된다고 하지 않았느냐"고 가벼운 면박을 주었다.

이런 방식의 동질성 유지와 결속, 그리고 그 과정에서 생겨나고 유지되는 강렬한 통일에의 열망 등이 장기적으로 남북관계에 어떤 영향을 끼치게 될지 여러 가지 생각이 오갔다. 자칫 객관적 현실을 외면하고 지도층의 일방적 견해가 주입됐다는 부정적 측면이 우려되기도 했지만, 다른 한편으로는

동족이 남북으로 갈라져 생긴 아픔을 항시 잊지 않고 통일을 지상과제로 인
식하는 그들의 태도가 민족결합을 촉진하는 데 에네르기로 작용할 수도 있
겠다는 생각이 들었다.

남북관계가 화해를 향해 한발 한발 나아가고 있기는 하지만 지구상에서
오직 우리만이 남북으로 갈라져 대립을 계속하며 소모전을 펴는 현실, 지극
히 비정상적인 상태를 정상상태로 착각하고 일상사에 매몰돼 살아가는 모
습이 슬그머니 부끄러워지기도 했다.

_1992.9.20

그리운 사람들

| 안내원 박 선생 |

'북녘 동포' 하면 가장 먼저 머리에 떠오르는 사람은 1992년 가을 평양을 방문했을 때 만났던 '박 선생'이다. 박 선생은 1992년 9월 15일부터 18일까지 3박 4일간 나를 그림자처럼 따라다니던 안내원이다. 평양에서 열린 8차 남북 고위급 회담 취재 차 공동취재단의 일원으로 판문점 군사분계선을 넘자마자 나를 기다린 사람이 그였다. '리원섭 선생'을 몇 번씩 부른 끝에 나를 찾아내 짝을 이룬 뒤 우리는 평양에 머물면서, 그리고 판문점을 거쳐 다시 돌아올 때까지 거의 붙어 다녔다. 내가 가장 가까이 접한 북녘 사람이었다.

고위급 회담 참석자들에게는 한 사람에 한 명씩 고정 안내원이 따라붙는다. 남쪽도 북쪽도 마찬가지다. 말이 좋아 안내원이지 사실 '감시원' 역할도 겸한다. 일의 성격으로 미루어 박 선생은 아마 충성심이 강한 당원이었을 것이다. 실제 그는 노동당원이었다. 그러나 당원 하면 흔히 연상되는 뺀질이나 기계같은 인간형과는 거리가 멀었다. 큰 키에 눈도 큰 미남형이었지만 어딘지 어눌하고 순박한 모습이 정이 많은 사람 같았다.

3박 4일간 그는 집에도 들어가지 못하고 숙소 근처에서 대기하다가 우리 일행이 움직이면 따라나섰다. 우리의 숙소는 북한의 영빈관인 '백화원 초대소'였다. 장쩌민 중국 국가주석 같은 최고 국빈이 방문할 때마다 묵는다는 이 초대소의 '1각'에는 정원식 총리 등 회담 대표들이 묵었고, 취재기자들의 숙소는 따로 떨어진 '2각'에 마련됐다. 최고급 영빈관답게 드넓은 인공호수와 멋진 정원이 딸린 숙소다. 하지만 빙 둘러 쳐진 철조망에 보초들이 삼엄하게 늘어서 있어 한번 들어서면 꼼짝없이 갇혀버리는 탓에 나는 불만이 컸다.

안내원 박 선생과 함께
안내원 박 선생은 충성심 강한 노동당원이었다. '감시원'의 역할도 했지만 그 역시 순박하고 정 많은 동포일 뿐이었다.

아침이면 어김없이 나타나는 박 선생에게 "잘 쉬었느냐. 어디서 잤느냐"고 인사하면 우물쭈물 집에서 자고 왔다고 얼버무렸지만, 나흘 동안 전혀 갈아입지 못한 옷매무새로 보아 근처에서 집단으로 투숙하는 모양이었다. 짙은 감색 양복으로 멋을 냈지만, 소맷부리 부분이 닳아 반질반질 윤이 나는 것이 단벌 신사임에 틀림없었다. 직업상 이것저것 곤란한 질문을 해보고 속내를 떠보거나 거꾸로 그가 묻는 대로 남쪽 사정을 들려주면서 우리는 꽤 많은 이야기를 나눴다.

처음에는 여기저기 끈질기게 따라붙는 것이 귀찮고, 어쩌다 다른 북녘 사람들과 이야기를 나눌 때마다 귀를 쫑긋거리는 것이 밉상스럽기도 했다. 그래서 잠시 몸을 숨겨 그를 따돌리는 등 골탕을 먹이기도 했지만, 며칠 붙어 지내다보니 이런저런 정도 들었다. 처음에는 '한정된 짧은 시간에 이 사람한테 얼마나 많은 취재거리를 캐낼 것인가?' 하는 직업의식이 앞섰지만, 시간이 흐를수록 서로 가족 이야기도 하고 살아가는 이야기도 하면서 '사람 사는 모습은 어디나 같다'는 말을 동시에 하기도 했다.

박 선생은 처음에 나에 대해 큰 오해를 했다. 다른 기자들이 나에게 지시를 받거나 자기가 쓴 것을 보여주는 것을 보고 나를 숨은 실력자로 생각했던 것이다. 여기에는 그럴 만한 까닭이 있었다. 남북 고위급 회담 취재는 독자적으로 하기에는 너무 많은 품이 들기 때문에 관례적으로 '풀 시스템(Pool System)'으로 운영돼 왔다. 북한을 방문하는 취재 인원이 제한되어 한 신문사에서 한 명씩의 취재기자만 보내기 때문에 각자 취재한 내용을 자신의 신문에만 송고하는 것이 아니라 기자단이 공동으로 취재해서 함께 기사를 송고하는 것이다. 그런데 평양으로 출발하기 전 나는 회담장의 모습이나 북한 모습에 대한 이모저모의 소식을 총괄하는 이른바 '스케치 기사팀'의 팀장을 본의 아니게 떠맡았다. 당시 한겨레신문의 정치부장이었기 때문이다.

각자가 한두 꼭지씩 맡아서 취재하도록 현장에서 일을 나누어준 다음, 각 기자들이 취재해 온 내용이 서로 겹치지 않도록 교통정리를 해 남쪽에 보내주는 책임을 맡게 된 것이다. 박 선생의 눈에는 이것이 나보다 나이도 많은 사람에게 지시하고 기사를 검열하는 것으로 비쳤던 모양이었다. 그는 "한겨레신문 기자가 맞느냐, 혹시 기관에서 나온 것은 아니냐"면서 몇 번씩이나 내 정체를 캐내려고 애를 썼다. 남쪽에서는 각 신문사가 별도로 운영되며, 서로 간에 계급의 차이가 없고, 다만 풀 제도에 따라 내가 잠시 이 일을 맡은 것이라고 설명해 줬으나, 잘 이해되지도 않고 믿기지도 않는 모습이었다. 결국 나의 거듭된 해명과, 다른 안내원들이 각자 다른 기자들에게 나의 정체를 탐문해 본 결과가 일치해 겨우 오해에서 벗어날 수 있었다.

한번은 그를 몹시 난처하게 만들었다. 방문 3일째, 목란관에서 대표단을 위한 연회를 마치고 화장실에 들렀다가 일행보다 뒤처진 나는 양형섭 최고 인민회의 의장, 연형묵 정무원 총리 등 북한 최고위 인사들이 나란히 걸어 나오는 것을 목격했다. 기회를 놓칠세라 무조건 다가가 인사하고 내 소개를 한 다음 평소 존경하던 여운형 선생의 따님인 여연구씨에게 개인적으로 기념촬영을 하고 싶다고 요청했다. 그 순간 박 선생의 얼굴이 흙빛으로 변했다. 사전에 나를 제지하지 못했기 때문이다. 물론 여연구씨는 흔쾌히 응해 줬고, 그와 찍은 사진은 내 사진첩의 소중한 자리를 차지했다. 내가 건네준 카메라로 기념사진을 찍어주면서도 박 선생은 당황해 어쩔 줄 몰라 했다. 나중에 차에 나란히 앉은 그는 "어쩌면 그럴 수가 있느냐"고 거세게 항의했으나, "남쪽에서는 취재 경쟁이 심해 기자라면 어쩌다 그럴 때도 있다. 이것 저것 가리고 예의 지키다가는 아무 일도 못한다"는 설명 아닌 설명에 더 이상 어쩔 수는 없는 모양이었다.

어쨌든 이런 저런 정이 들어 마지막 날 판문점에서 헤어질 때는 정말로 아쉬운 생각이 앞섰다. 언제 다시 만날지 기약할 수는 없지만, "몸 성히 잘 있고 꼭 다시 만나자"는 이야기만 나누고 헤어졌다. 남북으로 흩어져 서로가 적대적인 감정을 삭이지 못하는 민족의 비극을 생각할 때마다 가끔씩 그의 얼굴이 떠오르곤 한다. 약속했던 대로 몸 성히 웃으며 다시 만나게 될 날은 언제일까. 분단의 비극을 끝내기 위해 우리는 어떻게 해야 할 것인가. 한반도 정세가 긴장으로 치달을 때마다 나는 1992년의 평양과 그곳에서 만난 사람들을 떠올리곤 한다.

_1992.

| 희망의 씨앗 보듬기 |

남과 북으로 갈려 있기에 동족 간의 만남은 항상 설렘, 긴장과 함께 안쓰러움을 남긴다. (1998년 2월) 20~21일 이틀간 중국 베이징에서 열린 '남북 해외학자 통일 학술회의'에 토론자로 참석한 뒤끝도 마찬가지였다. 기자라는 직업 탓인지 북녘 동포들을 직접 대면하게 될 때마다 활동사진처럼 연상되는 것들이 있다.

우선 1992년 9월 평양을 방문했을 때의 벅찬 감동이 되살아났다. 남북 고위급 회담 취재 차 판문점 군사분계선을 넘으면서 떠올랐던 온갖 상념과 그곳에서 만났던 얼굴들이 겹쳤다. 그 뒤 남북 대화는 단절됐고, 북녘의 식량난은 더욱 악화됐다. 이 모진 시기를 어떻게 넘기는지 궁금하다. 함께 기념사진을 찍었던 여연구씨(여운형 선생의 장녀)가 작고했다는 소식은 얼마 전 북한 쪽 보도를 통해 알았다.

박영수 단장 화해발언

남쪽에서 정권교체가 이루어져 곧 김대중 정부가 출범하고, 북쪽 역시 김정일 총 비서가 권력을 공식 승계한 뒤 첫해를 맞는 민감한 때인 만큼 이번 회의의 의미는 각별했다. 상대의 속내를 탐색해보는 자리였던 것이다. 형식은 학자들 간의 만남이었지만 '서울 불바다' 발언으로 잘 알려진 박영수 조평통 부국장이 북쪽 대표단 단장으로 나선 것부터 예사로운 일이 아니다. 그의 화해 발언도 물론 그냥 나온 것은 아니었다. 박영수 단장은 자신의 뜻이 지나치게 확대 해석됐다고 가벼운 불만을 표시하기는 했다. 「한겨레신문」 보도가 너무 앞서 갔다는 것이었다.

그러나 이런 발언이 나오기까지는 예비접촉 과정에서의 끈질긴 설득이 작용했다. 발언이 와전됐든 당시 언론이 거두절미해 보도했든 남쪽에선 불바다 발언의 주인공으로 새겨져 있으니, 회의의 성공적 진행과 남북관계 진전을 위해 본인 입으로 해명도 할 겸 화해의 뜻을 꼭 밝혀달라는 남쪽의 거듭된 요청을 어렵사리 수용했던 것이다.

필자가 알기로도 1994년 '서울 불바다' 발언은 상당히 왜곡돼 전해졌으며, 그 때문에 파장이 증폭됐다. 앞뒤가 잘린 채 보도된 것도 그렇지만, 비공개로 진행했던 회담 녹화필름을 이례적으로 언론에 공개했고, 그나마 54분간 진행된 회담을 자극적인 부분만 골라 2분 30초짜리로 편집해 방송사에 제공했다. 남북관계를 긴장 국면으로 몰고 가 유엔의 대북 경제제재 결의를 이끌어내려 했던 강경 세력들의 입김이 작용했음은 물론이다.

회의에서 발표된 주제논문만 본다면 북한의 자세는 종전과 별 차이가 없다. '자주'를 강조하고 정치적, 군사적 대결상황이 본질적으로 해소되지 않으면 남북 간 화해는 언제라도 물거품으로 돌아간다는 종래의 주장을 반복했다. 그러나 남쪽이 주장하듯 상대적으로 쉬운 경제, 사회, 문화적 교류나 협력조차 이루지 못하는 처지에서 어떻게 이념문제가 걸린 정치, 군사 문제 해결로 건너뛴단 말인가. 굳이 앞뒤를 가릴 게 아니라 동시에 병행해 나가야 한다는 것이 필자의 토론 요지였다.

그런 중에서도 미세하나마 북한의 변화가 곳곳에서 감지된다는 것이, 해를 거듭하며 네 번째 진행된 이 회의에 줄곧 참석했던 한 학자의 분석이었다. 근원적 문제 해결을 주장하면서도 화해와 협력을 강조하는 남쪽 주장에 대응하는 분위기가 한결 누그러졌다는 것이다. 남쪽에 새 정부가 들어서면서 남북 사이에 새로운 전환점이 마련되지 않겠느냐는 조심스런 기대가 투영된 것으로 보였다. 섣부른 낙관이 오히려 일을 그르칠 수 있음을 경험을 통해 익히 알면서도, 이번에는 무언가 돌파구가 열리지 않을까 하는 희망의 씨앗을 보는 느낌이었다. 김대중 대통령의 취임사를 주의 깊게 지켜보겠다는 사석에서의 말도 의미심장하게 전달돼 왔다.

반주를 곁들인 식사시간은 정색을 하고 마주앉은 공식 회의석상보다 한결 유익한 자리였다. 술잔을 건네면서 좀처럼 입을 떼기 민망한 식량 사정도 두루 묻고 자식 이야기도 하면서 마음의 거리를 좁힐 수 있었다. 사소하지만 이런 경험들이 곳곳에 누적되면서 일정한 믿음이 쌓여 가는 것이 아닐까. 회의 마지막 날 해당화식당에서 들쭉술에 흠뻑 취하고 단고기 평양냉면을 들면서 석별의 아쉬움을 나눈 자리에서는 만 가지 감회가 뒤섞였다. 남과 북이 평화롭게 더불어 살고, 나아가 진정 하나가 되는 날을 앞당기기 위해 지금 우리가 할 몫은 무엇일까 곰곰 생각에 잠겼다.

_1998.2.25

| 물꼬 터진 겨레 상봉 |

어제 서울과 평양은 이산가족 상봉으로 눈물바다를 이루었다. 살아 있는지 죽었는지조차 알 수 없던 피붙이들을 반세기 만에 만나는 회한을 어찌 말로 표현할 수 있으랴. 얼굴마저 가물가물 알아보지 못하게 변한 가족들을 보면 돌아가신 부모님 생각에 눈물부터 솟지 않을 수 있겠는가. 마음만 트면 이처럼 만날 수 있는데 50년이 넘도록 담을 쌓고 살았던 세월이 허망하다. 이념과 체제가 갈라놓은 생이별 기간은 너무 길었다.

자신의 이념을 좇아, 또는 생존을 위해 월북하거나 월남한 사람들과 남은 가족들 가운데 어느 쪽이 더 한스러웠을까. 월북자 가족이니 월남자 가족이니 하며 감시와 모멸 속에 살아가며 겪은 고통과, 가족을 두고 떠난 죄스러움과 통한을 가슴에 품고 산 아픔의 무게를 비교하는 것 자체가 부질없는 짓일 터이다. 모두 분단이 낳은 희생자들이다. 잠시만 떨어져 있으면 다시 만난다고 생각했는데 반세기가 흐른 것이다.

이산가족 상봉, 눈물삼킨 이별
이념과 체제가 갈라놓은 생이별 기간은 너무 길었다. 50년 만에 이뤄진 겨레의 만남 역시 또 다른 이별의 시작이었다. 2000년 8월 17일 북한의 서울방문단 서기석(67)씨가 남쪽의 어머니 김금예(90)씨와 식사를 한 뒤 다시 기약없는 이별을 위한 짧은 작별인사를 나누면서 눈물을 흘리고 있다.

정상회담으로 바뀐 국민의식

남북이 불신과 반목을 접고 화

해와 협력의 새 시대를 열기로 합의한 뒤 처음 맞는 2000년의 광복절은 민족사에 큰 획을 그은 날로 기록될 것이다. 불가능하게만 보이던 남북 정상회담이 이루어져 민족 화해를 다짐한 뒤 불과 두 달 사이에 얼마나 많은 것이 바뀌었는가. 국민들 의식이 바뀌고 평화와 통일에 대한 기대가 커졌다. 남쪽에서 월북 가족이 있음을 감추고 살던 사람들이 떳떳이 나타났듯이 북쪽에서도 월남자 가족임을 숨기던 사람들이 남쪽 방문을 희망한다고 하지 않는가. "저마다 다들 간다고 야단입니다. 남쪽에도 숨어있는 사람까지 치면 이산가족 수가 굉장할 것입니다. 이곳에도 숨어있는 사람들이 많았는데 위원장이 남쪽에 간다고 하니 이젠 너도나도 가겠다고 나타납니다." 방북 언론사 사장단과 가진 대화의 자리에서 김정일 위원장이 한 이 발언은 남쪽뿐 아니라 북쪽에서도 엄청난 변화가 일고 있음을 상징적으로 보여준다.

미흡함을 따지자면 한이 없다. 내 손으로 지은 따뜻한 밥 한 그릇 대접하지 못하고, 고향 부모님 산소에 절도 올리지 못하는 아쉬움이 어찌 없겠는가. 가족끼리 잠자리를 함께 하며 밤새 나눌 이야기들은 또 얼마나 많겠는가. 마음은 급하지만 서두른다고 될 일은 아니다. 천신만고 끝에 잡은 기회를 놓치지 않도록 조심스레 보듬으면서 다음 다음의 기회를 연이어가야 한다.

이번에 가족을 만난 사람들은 그나마 다행인 편이다. 부럽고 안타까운 심정으로 상봉을 지켜보는 수많은 이산가족들의 마음은 어떨 것인가. 생사를 확인하고 서신이 오가며, 사람 수에 구애받지 않고 만날 수 있도록 이산가족 면회소 설치를 서둘러야 한다. 다행히 다음달과 그 다음달에 이산가족 상봉이 이어지고 고향방문도 가능하도록 하며, 궁극적으로 이산가족 재결합을 목표로 삼아 노력하겠다니 희망을 버리지 말자.

북한의 변화가 일시적 전술이라기보다는 냉전 해체를 향한 큰 틀에서 진전되고 있음을 시사하는 것들은 너무 많다. 이번 이산가족 상봉이 그러하고, 금강산 뱃길에 이어 육로로 개성 관광 길까지 터진다는 것도 그러하다. 경의선이 이어지고, 장관급 회담이 속개된다. 객관적 상황을 인정하지 않고 의심의 눈초리로 변화를 거부하면 아무런 진전을 이룰 수 없다.

통일을 준비하는 마음으로

남북 화해와 통일이 준비 없이 이루어지지는 않는다. 그동안 북쪽 사회에 대해 가졌던 편견과 적대감을 눅이는 노력이 필요하다. 불신을 떨치고 상대 처지를 이해해야 한다. 한쪽이 불신하면 상대방도 불신하게 된다. 그 결과는 적대와 반목, 소모적인 무한대결의 답습이다.

서로 부족한 것을 돕고 자존심을 존중하며 동포애를 발휘하는 것이 바로 통일을 앞당기는 길이다. 사정이 어렵다면 비료와 의약품부터 도와주자. 그것이 군사비를 훨씬 더 많이 아끼는 길이기도 하다. 남과 북이 서로를 감싸며 한걸음씩 다가서야 평화가 지속되고 끝내 통일이 다가온다. 눈물로 얼룩진 이산가족 상봉장의 모습은 겨레의 슬픔이자 한줄기 희망의 빛이다.

_2000.8.16

| 꽃 미녀 응원을 보며 |

부산 아시아경기대회에 나온 북한 선수들보다 응원하러 온 '꽃 미녀 응원단'이 더 화제다. 하나같이 예쁘다느니, 성형수술을 하지 않은 천연 미인이

라느니 하며 호들갑이다. 활달하고 현란한 응원과 율동, 재치 있는 말솜씨까지 곁들여 톡톡한 볼거리를 제공하고 있다. 여성을 외모로 판단하고 호기심의 대상으로 삼는 천박함을 탓하는 소리도 있고, 이런 속물근성을 겨냥해 미모의 여성만 뽑아 보낸 북쪽의 속셈을 싸잡아 질타하는 목소리도 있는 게 사실이다.

다행히도 이런 우호적 분위기 덕분에 애초 우려했던 걱정들, 혹시 응원단끼리 충돌이라도 생기면 어쩌나 하던 염려가 부질없는 군걱정이었음이 증명됐다. 속 보이는 짓이지만 북쪽의 애교 섞인 미인계를 웃으며 반길 용의가 그래서 있다. 처음에는 어색했지만 곧 어울리게 되고, 경기장마다 남북 공동 응원도 자연스레 펼쳐진다. 남북이 속없이 가까워지는 것을 못마땅해 하는 사람들로선 배 아픈 사태 진전일 것이다. 북쪽의 간계를 간파하기는커녕 맥없이 풀어져 웃는 모습들에 심기가 편치 않을 터이다.

남북이 자주 만나면 이해하는 마음이 생기고, 이해의 폭이 커지면 상대의 처지를 헤아려 역지사지하는 여유가 생기기 마련이다. 이념의 벽을 넘어 가장 인간적

아시안게임 북한 응원단
자주 만나면 이해하는 마음이 생기고, 이해의 폭이 커지면 상대의 처지를 헤아려 역지사지하는 여유가 생기기 마련이다. 이념의 벽을 넘어 인간적이고 질박한 모습이 잘 드러나는 스포츠 교류가 중요한 것도 이 때문이다.

이고 질박한 모습이 잘 드러나는 스포츠 교류가 중요한 것도 이 때문이다.

남북의 변화된 모습은 비단 부산 경기장에서만 볼 수 있는 게 아니다. 경의선과 동해선 철도, 그리고 도로를 연결하기 위해 비무장 지대에서 벌이는 지뢰 제거작업이야말로 엄청난 변화의 상징이다. 우발적 충돌이 발생하지 않도록 양쪽 군대가 핫라인을 설치하고 매일 통화하고 있다. 비무장 지대를 뚫고 길이 나며, 양쪽 군대가 총칼이 아니라 삽과 곡괭이를 들고 다가서는 모습을 전에 상상이나 할 수 있었던가?

물론, 남북의 군사적 대치 관계를 단선적으로만 봐선 안 된다. 언제라도 명령 한마디에 격돌상태로 치달을 수 있는 것이 엄연한 현실이다. 서해교전 때 그 위험성과 구조적 취약성이 잘 드러났다. 문제를 체계적으로 풀어야 한다. 엊그제 평양을 방문해 솔직한 대화를 나누고 워싱턴으로 돌아간 제임스 켈리 미국 대통령 특사의 보따리에 담긴 내용과, 북한과 미국의 대화 지속 여부 등을 주시하는 것도 그 때문이다. 한반도 평화구조 정착은 우리가 원하든 원치 않든 미국의 대북정책과 맞물려 있다.

북한이 '7.1 경제관리 개선조처' 에 이어 신의주 특구 계획을 발표하는 등 예상을 뛰어넘는 속도로 개혁과 개방에 나서는 것은 오랜 준비 끝에 드디어 주사위가 던져졌음을 뜻한다. 북일 정상회담도 여간 큰 결단이 아니다. 돌이키기 힘들 정도로 급속히 진행되는 북한의 변화가 성공을 거두도록 적극 도와야 한다. 북한의 실험이 실패하면 우리에게 직접적인 부담이 된다.

이런 마당에 난데없이 불거진 '대북 비밀지원설' 논란은 정부의 대북 화해정책을 지지해온 많은 이들을 당혹스럽게 한다. 2년여 전 산업은행이 현대상선에 대출한 거액이 '왕자의 난' 으로 표류하던 현대그룹 내부에서 부당하게 전용됐는지, 아니면 한나라당의 주장대로 뒷돈으로 북한에 건네졌

는지 아직 단정할 수 없다. 다만 대북지원이나 접촉이 투명해야 한다는 점
은 누구도 부정할 수 없는 원칙이다. 이 원칙이 흔들리면 도덕성이 타격을
받고 입방아에서 헤어날 수 없게 된다.

정부가 엉거주춤하는 사이에 의혹은 눈덩이처럼 커지고 있다. 막연히 아
니라고 부인할 게 아니라 결백을 입증할 수 있는 믿을 만한 조사를 통해 사
실이 아닌 점은 아니라고 분명히 밝히고, 국민의 이해를 구할 부분은 이해를
구해서 뒷말이 나오지 않도록 해야 한다. 남북 평화공존을 달가워하지 않는
세력들이 물고 늘어질 빌미를 줘선 안 된다. 그리해야 확인되지 않은 상태
에서 일단 의혹을 부풀려놓고 보자는 식의 무책임한 폭로나, 북한에 대한 정
당한 지원까지 싸잡아 비난하며 민족화합 노력에 흠집을 내는 정략적 태도
가 용납되지 않는 분위기가 조성될 것이다.

_2002.10.8

2장
부시의 패권주의, 그리고 한반도

미국 변수

| 남·북·미 신삼각구도 |

조명록 북한 국방위원회 제1부위원장 겸 총정치국장의 미국 방문에 관심이 쏠리고 있다. 그는 현역 차수로 사실상 북한의 2인자인데다 이제껏 미국을 방문했던 인사 중 최고위급이다. 제자리걸음 상태에 있던 북미 관계가 획기적으로 진전될지 모른다는 기대가 싹튼다. 핵, 미사일, 테러 지원국 해제 등 당면 현안은 물론, 적대관계를 청산하고 관계 정상화의 큰 틀을 짤 호기로 꼽히기도 한다.

그러나 한쪽에서는 북한이 과거 남한을 따돌리고 미국과 거래하던 '통미봉남'의 자세로 되돌아가는 것 아니냐고 우려 섞인 눈으로 바라보는 것도 사실이다. 과거 4자 회담 등에서 북미 사이에 오간 내용을 귀동냥하던 신세로 다시 전락할지도 모른다는 것이다.

남북 정상회담을 전후해 한미관계가 한때 미묘했다는 외교가 분석을 보더라도, 남북과 미국의 삼각관계가 어떻게 정리될 것인지는 두루 관심사다. 미국은 남북 정상회담 사실을 협의과정에서 뒤늦게 통보 받은데다 남북관계가 급진전하자 한때 당혹스런 태도를 보였다. 겉으로는 환영하면서도 자신이 모르는 꿍꿍이속이 있지나 않은지 경계하는 태도를 보인 것이다.

우선순위 다른 한미

장기적으로 볼 때 남북관계가 급진전되고 한반도 평화가 확고해지면 주한미군 문제 등 미국의 동북아 전략은 변화가 불가피하다. 최근 매향리, 노근리 문제에다 한미 주둔군지위협정 개정을 둘러싼 마찰까지 불거져 '반미'까지는 아니더라도 미국의 경각심을 더하게 했다는 게 외교가의 분석이다. 한국과 미국은 한반도의 안정과 평화 유지에 뜻을 같이하면서도, 세부적으로 들어가면 정책 우선순위에 차이가 날 수밖에 없다. 미국이 세계 차원에서 북한의 핵, 미사일 등 대량살상 무기에 최우선 관심을 쏟고, 지역 차원에서 중국과의 관계를 고려하며 한반도 안정과 평화를 맨 아래에 놓는다면, 우리는 그와 정반대다. 남북 화해와 이산가족 문제 해결, 경제협력, 군사적 신뢰구축 등이 우리로서는 가장 절실하고도 시급한 과제다.

북한은 이번에 남북관계와 북미관계를 동시에 풀어야 할 과제로 설정한 듯하다. 경제위기를 극복하려면 현실적으로 남쪽과 관계 개선을 꾀하지 않을 수 없고, 군사적 위협에서 벗어나 체제를 보장받으려면 궁극적으로 미국과도 관계 개선을 해야 한다고 보는 것이다. 1994년 여름 한반도 전쟁위기 때 미국의 태도를 반추해 보거나 한국군에 대한 전시 작전통제권이 미군에 있는 점 등이 이런 생각을 갖게 했을 것이다.

이런 상황에서 북한이 남북 정상회담에서 주한미군 주둔에 대해 양해했다는 데서 북한의 실용적 태도를 엿볼 수 있다. 주한미군 주둔의 구실을 '동북아의 균형자'로 한정한 바탕 위에서 주한미군의 지위를 변경하고 병력을 감축하면 실리를 챙길 수 있다고 계산했음직하다.

이렇게 본다면 우리는 조명록 부위원장의 방미를 계기로 한 단계 진전할 것으로 예상되는 북미관계의 변화에 적절히 대응해야 한다. 정상회담 이후 북쪽의 태도를 볼 때 북한이 남한을 제치고 미국과 직거래하는 종전 양태로 되돌아갈 위험성은 적어 보인다. 북한은 체제의 유지와 생존을 위해 이번에 미국과 포괄적 타결을 모색할 가능성이 높다. 김정일 국방위원장은 8월 남쪽 언론사 사장단을 만났을 때 "내 말 떨어지면 내일이라도 미국과 수교합니다. 미국이 테러국가 고깔을 우리에게 덮어씌우고 있는데, 이것만 벗겨주면 그냥 수교합니다"라고 한 말은 새삼 음미할 만하다.

'2+2' 평화협정 설득해야

북한이 정전협정을 평화협정으로 대체하자고 주장하는 데 대해, 우리는 나라의 통일문제를 그 주인인 우리 민족끼리 힘을 합쳐 자주적으로 해결해 나가기로 한 '6.15 공동선언'의 정신을 살려 남북 사이에 평화협정을 체결하고 미국과 중국이 이를 보장하는 '2+2' 형태로 가도록 설득해야 한다. 이와 함께 북한이 테러 지원국 멍에를 벗고 국제사회에서 정당하게 대우받을 수 있도록, 그리하여 국제기구에서 경협 자금을 얻을 수 있도록 최대한 도와야 할 것이다.

_2000.10.4

| 역사에 가정은 없지만 |

역사에 가정은 없다지만 아쉬움과 후회는 항시 남는다. 우리 민족이 일제 식민지로 전락한 과정이나, 해방 공간에서 극심한 좌우 대결로 외세를 극복하지 못하고 분단된 것이 대표적이다. 최근 한반도 상황도 마찬가지다. 조금만 잘 풀렸으면 쉽게 갈 수도 있는 길을 어렵게 돌아가는 느낌이다.

미국의 클린턴 행정부에서 대북정책 조정관을 지낸 웬디 셔먼의 「뉴욕타임스」 기고나 매들린 올브라이트 전 국무장관의 술회는 이런 생각을 더 많이 하게 한다. 북한과 미국 사이에 미사일 협상이 거의 마무리돼 합의가 가능할 것으로 보였고 클린턴 대통령의 방북도 성사될 단계였으나, 대통령 선거의 플로리다 재검표 문제가 장기화하면서 머뭇거리다가 기회를 놓쳤다는 것이다. 김정일 국방위원장이 사거리 300마일 이상 미사일의 생산, 시험, 배치를 하지 않을 것을 약속했고, 미사일 및 관련 기술의 수출을 중단하겠다고 밝혔으며, 현금보상 요구도 철회했다는 것이 접근된 미사일 협상의 내용이다. 협정의 검증 방법, 이미 생산한 미사

북한과 미국의 악수
6.15 정상회담 뒤 한반도엔 훈풍이 불었다. 2000년 10월에는 김정일 국방위원장의 특사인 조명록 차수가 워싱턴을 방문해 클린턴 대통령을 면담했다.

일의 처리, 대북 현물지원 문제가 남아 있었으나 해결이 가능한 상황이었다. 예상치 않은 플로리다 검표 시비와 클린턴의 머뭇거림이 없었다면, 북미 정상회담이 이루어져 전혀 다른 양상이 전개됐을 터이다. 북한이 조금만 빨리 협상을 진행시켰더라면 하는 안타까움도 든다.

부시의 '카우보이 스타일' 외교

아쉬움은 또 있다. 지난해 역사적 남북 정상회담 직후 뜨거운 열기를 업고 남북관계를 한층 진척시킬 수 있었는데 안팎의 '속도조절론'에 휘말려 주춤한 것도 잘못이다. 이는 남북이 마찬가지인데, 내부의 견제에 좌고우면하다가 호기를 놓쳤다. 역풍이 불기 전에 되물릴 수 없도록 충분히 멀리 가두는 것이 민족 이익에 부합하는 길이었다.

김대중 대통령과 조지 부시 미국 대통령의 정상회담에 따른 파장이 만만치 않다. 부시 행정부의 대북정책이 확정되지 않은 상태지만, 부정적 인식이 거칠게 표출된 것은 큰 부담으로 남게 됐다. 민감한 외교 사안을 '카우보이 스타일'로 해치운 것이다. 세밀하게 조율된 공동 발표문과 즉답적인, 그래서 더욱 본심이 드러난 기자회견 내용이 엇갈리고, 저마다 각기 다른 어조로 얘기했다. 같은 사람의 발언조차 오락가락하는 혼란이 있었다.

장기적 전망은 엇갈리지만, 현 단계에서 분명한 것은 국가미사일방어

매들린 올브라이트 미국 국무장관이 김정일 위원장 초청으로 평양을 방문했다.

(NMD) 계획 추진을 최우선 목표로 설정한 부시 행정부가 명분상 북한 미사일 위협을 강조하기 위해서라도 당분간 북한과 합리적인 대화를 하지 않을 것이란 점이다. 군수업자들의 지지를 받는 공화당 정권의 태생적 기반도 문제가 될 수 있다. 과거처럼 남북관계와 북미관계가 상승작용을 하면서 진전하기를 기대하기는 어렵게 됐다.

안타까운 것은 한반도가 미국의 영향력에서 벗어나는 데 일정한 한계가 있다는 점이다. 남북문제와 북미문제가 맞물려 돌아가는 상황에서 한쪽이 삐끗하면 다른 쪽에도 영향을 주기 마련이다. 돌파구는 현실적 바탕에서 찾아야 한다. 거꾸로 한 쪽에서 잘 풀면 다른 쪽에 긍정적 영향을 끼칠 수 있다. 현재로서 가장 현실적이고도 바람직한 방향은 남북이 민족적 견지에서 힘을 모으는 것이다. 남북이 주도적으로 문제를 풀어가야 외부 입김이 스며들 소지가 줄어든다. 김정일 국방위원장의 서울 답방과 실질적 성과가 요구되는 것도 그 때문이다. 북한이 현명하게 판단해야 한다.

주체적인 태도 견지해야

우리는 힘의 논리가 작동하는 냉엄한 현실을 고려해 미국과 불필요한 마찰은 피하되, 우리 주장을 당당히 효율적으로 펴야 한다. 중국과 러시아도 적절히 활용할 필요가 있다. 무엇보다 주체성과 일관성을 잃어서는 안 된다. 북한에 대한 미국의 부정적인 인식이 공표 되자 "그것 봐라. 우리가 전부터 문제가 있다고 하지 않았느냐"며 미국에 맞춰가야 한다는 식의 사대주의적 태도로는 분단현실을 한 치도 극복할 수 없다.

_2001.3.14

| 미중 갈등과 한반도 |

난데없는 미중 군용기 공중충돌 사건으로, 거침없이 내닫던 조지 부시 미국 대통령의 '힘의 외교'가 난관에 부닥쳤다. 처음 사건이 발생했을 때 고압적 태도로 정찰기 승무원들을 즉시 송환하라고 엄포를 놓았던 부시 대통령은 중국이 사과를 요구하며 완강히 버티자 일단 한발 물러서 유감을 표명하는 데 그쳤다. 억류된 승무원들의 송환이 늦어지면서 여론이 점차 강경 쪽으로 돌아서는 듯하나 미국 정부로서는 마땅한 대응책을 찾지 못해 초조한 기색이 역력하다.

중국도 물러서기 어려운 상황이다. 피해자인 중국 국민의 정서도 고려해야 하지만, 차제에 미국의 오만함을 고치겠다고 단단히 벼르는 모습이다. 대만에 이지스함을 팔지 말기를 미국에 요청했으나 한마디로 묵살 당한 데 대한 감정적 앙금도 깔려 있다. 장기적으로는 미국과의 무역마찰 등 경제적 측면을 고려해야겠지만, 당장은 굴러들어온 호박을 호락호락 넘겨줄 리 없다. 이제까지의 전략적 동반자 관계를 잠재적 경쟁자로 돌리고, 국가미사일 방어(NMD) 체제 구축을 통해 군사적 패권을 더욱 굳히려는 미국의 콧대를 꺾겠다는 것이다.

부시 행정부 자성 계기 되길

지금은 승무원 송환 문제가 걸려 있는 만큼 미국 내 여론도 강경 쪽으로 기울고 있으나, 이 문제가 풀리면 부시 외교팀의 미숙함에 대한 비판이 쏟아질 것으로 보인다. 외교란 언어의 마술이라고 한다. 일반인들 사이에서도 '아' 다르고 '어' 다르다고 하는데, 국가 간 미묘한 사안을 평화적으로 푸는

외교에서는 용어 선택에 더욱 신중을 기해야 한다. 뒷일을 생각해 표현의
방식이나 발언의 강도 등도 두루 고려해야 한다. 이번 사건에서는 사과의
수위를 놓고 '유감' '미안' '사과' 중 어느 것을 쓸 것이냐를 두고 양쪽이
자존심 대결을 벌이고 있다.

알미울 정도로 현란한 외교적 수사를 구사한 빌 클린턴 전 대통령과 대조
적으로 부시 대통령은 직설 어법을 쓴다. 그의 거친 말 한마디가 초강대국
미국의 정책을 왔다갔다하게 하고 상대편 국가의 운명에도 중대한 영향을
끼친다면 그의 어법을 개인 취향으로만 돌릴 일이 아니다. 이번 사건을 통
해 부시 행정부가 민감한 국제분쟁은 쾌도난마로 해결되는 것이 아님을 깨
닫고 자성한다면 불행 중 다행이다. 국가미사일방어 체제 추진이나 러시아
외교관 추방, 교토 기후협약 파기 방침 등 부시의 난폭한 정책은 곳곳에서
심각한 충돌을 빚고 있다.

남북관계에 불똥 튀지 않도록

미중 갈등은 우리에게 강 건너 불이 아니다. 해양세력과 대륙세력의 양대
축으로서 각각 남북한에 가장 큰 영향력을 행사하는 두 나라의 갈등이 길어
지면 우리에게도 불똥이 튈 가능성이 높다. 하루빨리 두 나라가 문제를 풀
고 동북아에서 긴장이 높아지지 않기를 바란다. 북한이 일주일이 넘도록 한
쪽을 편들지 않고 사태 추이를 주시하는 것은 시사하는 바가 크다. 미국이
대북정책 전반을 재검토하는 상황에서 불필요하게 자극하지 않겠다는 실용
적 태도가 엿보인다. 부시 행정부 안의 강온파 힘겨루기 과정을 낱낱이 관
찰하고 분석하겠다는 뜻도 담겨 있는 것 같다.

부시 행정부의 대북 강경 자세로 남북관계도 당분간 소강상태를 벗어나

지 못하게 됐다. 장관급 회담이 무기한 연기되고 탁구 단일팀 구성이 무산됐으며 적십자회담도 연기됐다. 상반기로 점쳐지던 김정일 위원장의 서울 답방도 늦춰질 것이란 분석이다. 정부가 취할 수 있는 선택의 폭도 매우 좁아졌다.

이런 흐름에 속도 조절론을 내세우고 남북화해 진전에 마음이 편치 않았던 세력들은 내심 환호작약할지 모르겠다. 그들은 상황 반전을 즐기면서 남북관계가 과거 대결상황으로 되돌아가기를 바랄지 모른다. 그들은 한미 공조를 강조하며 부시 행정부의 대북정책에 우리가 맞춰가야 한다는 주장을 편다. 그것이 민족의 이익에 합치하는지 배치되는지는 부차적 관심사로 보인다. 이런 때일수록 우리는 한반도를 에워싼 난기류를 냉정히 살펴 대처해야 한다.

_2001.4.11

| 더 커진 미국변수 |

홍순영 통일부 장관이 난감한 처지에 몰렸다. 6차 남북 장관급 회담이 결렬된 뒤 북한이 책임을 남쪽 수석대표 탓으로 돌리며 연일 공격하고 여당인 민주당의 눈길도 그리 곱지 않은 터에, 사사건건 대북정책을 비난해온 한나라당한테서 잘했다는 칭찬을 들으니 내심 곤혹스러울 것이다. 회담에서 수석대표의 언행도 분위기를 좌우하지만, 더욱 중요한 것은 남북의 기본 전략일 텐데 이렇듯 문제를 '개인화' 하는 것은 어느 모로 보나 바람직하지 않다.

어렵게 열린 장관급 회담이 깨진 주된 이유가 무엇이냐에 대한 해석은 분분하다. 회담이 성과 없이 끝난 뒤 홍 수석대표를 집중 비난하던 북한은 며칠이 지난 뒤 속내를 드러내는 주목할 만한 논평을 냈다. 남쪽의 비상경계 조처를 '미국의 대북 적대시 정책에 따른 것'이라고 규정해, 그동안 직설적으로 언급하기를 꺼리던 미국을 직접 겨냥한 것이다.

북한 안보불안감 가중

북한은 특히 미국 공군 비행대대의 한반도 증편에 신경을 곤두세우는 것 같다. 여러 정황을 볼 때 안보를 책임진 군부 쪽 입김이 커질 여건이 마련된 셈이다. 북한 군부가 김정일 국방위원장의 뜻을 정면으로 거스를 수 있겠느냐는 의문이지만, 최소한 김 위원장을 정점으로 하는 권력집단 안의 논쟁에서 군부가 협상파를 압도했을 개연성은 충분하다. 이들은 비무장지대를 뚫고 지나가야 하는 경의선 연결이나 금강산 육로관광 등에 줄곧 반대해 왔을 것이다. 북쪽 회담대표가 이런 미묘한 상황을 시사했다는 대목도 유념할 필요가 있다. 이 또한 협상전술로 치부할 수도 있겠으나, 협상파의 입지가 좁아졌음은 분명하다.

오랫동안 미국의 압박에 짓눌려온 북한이 최근 정세에 불안감을 갖는 것은 어찌 보면 당연하다. 미국은 겉으로는 '대화의 문이 항상 열려있다'고 강조한다. 그 문은 미국이 대화 재개의 조건으로 내건 '핵, 미사일, 재래식 무기' 문제를 의제로 받아들일 경우에 한하는 것임을 북한이 모를 리 없다.

토머스 허바드 주한 미국대사나 잭 프리처드 한반도 평화회담 특사는 대화를 강조하면서도, 북한이 오사마 빈 라덴의 알카에다 조직과 거래한 전력을 상기시키며 이들에 관한 정보를 제공할 것을 요구했다. 테러 편에 설 것인지 미국 편에 설 것인지를 말이 아닌 행동으로 보여 달라는 조지 부시 대통령의 선언도 있었으니, 북한으로서는 직접적 압박으로 느낄 수밖에 없을 것이다.

게다가 아프가니스탄 공격이 한 고비를 넘기는 듯하자 다음 차례는 이라크라느니 차제에 테러세력의 뿌리를 뽑아야 한다느니 하는 강경론이 흘러나오는 것도 심상치 않다. 존 볼튼 국무부 차관이 북한의 생물무기 위협까지 거론하면서 중압감은 더 커졌다.

북한은 한번 밀리면 미국 주도로 재편되는 구도에 속절없이 휘말릴 것이란 우려를 갖고 있는 듯하다. 북한이 이런 전방위 압박에 대처하는 방법은 남쪽과 더욱 밀착해 남북대화를 진전시키거나 일정한 긴장관계를 유발해 국면 전환을 꾀하는 방안이 있을 터인데, 우리의 바람과 달리 북한은 후자 쪽을 택한 것 같다. 남쪽의 보수적 여론과, 이에 밀려 전력지원이나 금강산 대금 지불 등에 소극적인 김대중 정부에 대한 실망감도 작용했을 것이다.

특사 활용해 대화 모색해야

'테러 지원국'이란 멍에로 인해 외교적으로 고립되고 국제금융기구의 경제적 지원도 받지 못하는 북한으로서는, 미국과 관계를 개선하는 것은 절박한 안보불안을 해소하는 동시에 경제난을 극복해 체제 안정을 이루기 위한 유일한 탈출구다. 북한은 이 문을 미국에서 열어주기를 고대하는데, 부시 행정부는 고압적 태도를 보이고 있는 것이다.

당분간 남북관계는 냉각기가 불가피하다. 그러나 일부에서 주장하듯 '급한 것은 북쪽이니까 그쪽이 굽히고 들어올 때까지 느긋하게 기다리면 된다'는 인식으로는 남북문제를 풀 수 없다. 일정한 냉각기를 가진 뒤 대북 특사 등을 활용해 적극적으로 대화의 길을 모색해야 한다. 이와 함께 대북 쌀 지원은 다른 현안과 연계하지 말고 인도적 차원에서 추진할 필요가 있다. 북한 지도층이 아니라 북한 주민의 마음을 얻어야 한다.

_2001.11.23

| 백령도와 9.11 항공기 테러 |

미국 심장부를 강타한 9.11 항공기 테러에 온 세계가 충격에서 헤어나지 못하고 있다. 첨단무기와 감시체계를 자랑하는 미국 한복판에서 허망하게 뚫린 방공망 앞에 안보개념을 재정립해야 한다는 말이 나오는 것은 당연하다. '절대 안보'보다 '포괄적 안보'를 추구해야 한다는 주장이 설득력을 높여간다.

일주일 전 각 신문 국방담당 논설위원들의 백령도 안보현장 견학은 여러 모로 유익했다. 백령도는 한반도의 냉전구조와 남북관계의 이중성을 가장 생생하게 느끼게 하는 곳이다. 백령도는 거리상 인천보다 평양에 더 가깝다. 산꼭대기 관측소에서는 북녘 땅 장산곶이 한눈에 들어온다. 가장 인접한 북쪽 섬 월래도와는 11킬로미터밖에 떨어져 있지 않고, 그 사이에 북방한계선(NLL)이 그어져 있다.

북쪽의 각종 장거리포들이 백령도를 겨냥하고 있듯이, 남쪽 역시 철저한 대비책을 마련해 놓고 있었다. 만일의 경우 고립무원 상태에서도 상당기간 버틸 수 있도록 식량에서부터 생필품, 탄약까지 일체를 나바론 요새와도 같은 지하동굴 벙커에 완벽하게 비축하고 있다. 군 장비도 최우선으로 배려하고, 북쪽 영공의 미세한 움직임까지 방공레이더를 통해 낱낱이 살피고 있었다.

세계 3위의 무기 도입국

말로만 듣던 최신 첨단무기들의 성능을 직접 보고 설명을 들으면서, 현대
전은 무기싸움이란 말이 실감나게 다가왔다. 이는 2년여 전 서해교전(연평
해전)에서 여실히 증명된 바다. 한번 발사할 때마다 억대의 돈이 날아간다
는 첨단무기의 위력은 바로 돈의 힘이다. 이런 무기를 갖춰 마음 든든한 한
편으로, 천문학적 돈이 드는 무기구입을 줄인다면 국민생활에 얼마나 보탬
이 될 것인가 하는 생각이 든다. 실제 우리나라가 지난해 아랍에미리트와
인도에 이어 세계에서 세 번째로 무기를 많이 구입한 나라(23억 달러어치)
라는 미국 의회 도서관의 연례보고서 내용은 이런 생각이 탁상공론이 아님
을 말해준다.

안보 개념과 국방비를 둘러싼 논란은 해마다 되풀이된다. 각 군이 최고
성능을 지닌 첨단무기를 탐내는 것은 어찌 보면 당연한 일이다. 육군은 육
군대로, 공군이나 해군은 또 그들대로 제 몫을 놓고 욕심을 부린다. 통일 이
후의 일을 생각해서라도 미리미리 적정한 투자를 해야 한다는 것이 이들의
논리다.

육군이 차세대 공격헬기, 공군이 차세대 전투기와 차세대 유도무기, 해군
이 이지스급 구축함의 도입을 다투어 추진한다. 무려 10조 원에 이르는 천
문학적 규모다. 보잉, 록히드 마틴 등 유수한 군수업체들이 잔뜩 군침을 흘
리고, 미국 등 각국 정부의 로비와 압력도 만만치 않다.

그러나 이 문제는 한정된 재원을 어디에 투자하는 것이 가장 국민을 위한
것이냐는 관점에서 봐야 한다. 한번 결정하면 몇 해에 걸쳐 엄청난 돈이 들

어가는 무기구입이 꼭 필요한지, 각 군의 이기주의를 극복해 효율적으로 조정하고 있는지, 무기구입이 제대로 관리되고 있는지도 따져봐야 한다. 율곡사업 비리와 린다 김 사건에서 보듯이 역대 정권에서 무기구입을 둘러싼 비리가 얼마나 많았는가. 금강사업으로 올해 미국에서 도입한 정찰기 4대 중 2대가 고장나 운용이 중단된 상태라는 사실이 며칠 전 국정감사에서 지적되기도 했다.

군사력 증강과 증오심 없애기

남북 정상회담 뒤 화해와 협력의 흐름이 일면서 북한에 '퍼주기' 한 돈이 얼마라는 비판은 하면서도, 전쟁 위험이 줄어듦에 따라 아낄 수 있는 돈, 즉 무기구입비가 얼마나 되는지는 외면하는 사람들이 많다. 북한에 지원한 식량이나 비료가 북녘 동포들의 가슴에 쌓인 절망과 증오를 없애고 동포애를 키우며 평화공존을 가져온다는 원론조차 균형 있게 제시되지 않는다.

방공감시 체계가 가장 철저하다는 미국 펜타곤(국방부)과 세계무역센터 빌딩도 증오심으로 무장한 자살테러에는 속수무책임을 보면서 민족화해의 소중함이 더욱 절실히 다가온다. 압도적으로 우세한 군사력을 갖추는 것만으로는 평화를 담보할 수 없다. 민족화해 흐름에 회의적인 사람들일수록 역으로 전쟁의 한기를 체감할 수 있는 백령도 같은 곳을 자주 찾기를 권한다.

_2001.9.14

| 반테러 전쟁과 한반도 |

미국의 아프가니스탄 공격이 연일 계속되고 있다. 압도적 군사력을 앞세운 미국의 일방적 공격에 아프간은 속수무책으로 당할 수밖에 없다. 공격 직후 조지 부시 대통령에 대한 미국민의 지지도가 급상승했지만, 한편으로 보복을 공언한 오사마 빈 라덴과 아프간의 테러 반격이 언제 시작될지 몰라 전전긍긍하는 기색도 역력하다. 항공기 테러보다 더욱 다루기 쉬운 생화학 무기가 사용돼 희생자가 엄청날 것이란 예상도 나온다.

보복의 악순환을 막아야 한다는 이성적 목소리는 강경론에 묻혀버린 느낌이다. '테러와의 전쟁'이 단기간에 끝날 것 같지도 않고, 불똥이 아프간에서 어느 나라로 튈지도 불투명하다. 동시다발 테러로 숨진 미국민들의 죽음도 안타깝지만, 앞으로 희생될 무고한 목숨들을 생각하면 이런 방식의 반테러 전쟁에 동의할 수 없다.

테러 사건이 터지자 당장 한반도에 끼칠 부정적 영향을 우려하는 목소리가 높았다. 대외의존도가 높은 우리 경제에 미칠 악영향은 물론이거니와 14년째 테러 지원국 명단에 올라 있는 북한과 미국의 관계가 더욱 악화되지나 않을까 하는 걱정이 그것이었다. 북한은 이번 테러를 비난하며 선을 그었다. 외무성 성명에 이어 리형철 유엔주재 북한 대사가 유엔총회 연설에서 테러 반대의 뜻을 분명히 했다. 미국이 북한에 은신해 있는 일본 적군파를 테러단체에서 제외한 것도 한 가닥 희망을 준다. 그럼에도 불구하고 테러전쟁 외에 다른 데 신경 쓸 겨를이 없는 미국 형편상 북미 대화의 재개는 상당 기간 뒤로 늦춰질 것 같다.

전쟁위협 줄어든 것만도 큰 변화

다행스런 것은 북한이 러시아, 중국과의 조율을 거친 뒤 남북대화를 우선하는 쪽으로 방향을 잡은 것이다. 테러로 인해 국제사회가 어수선한 가운데도 예정대로 5차 남북 장관급회담이 열렸고, 성과는 없었지만 금강산 관광 활성화를 위한 회담도 진행됐다. 3차 이산가족 상봉도 예정대로 16일부터 진행될 것이 확실하다.

지난해 남북 정상회담이 이루어지고 '6.15 공동선언'이 발표됐지만 북한이 달라진 것이 무엇이 있느냐, 괜히 우리만 들떠서 '밑 빠진 독에 물 붓기'식으로 일방적으로 지원을 하는 것 아니냐는 일부 보수세력의 비판은 여전하다. 특히 평양 통일축전에 갔던 일부 인사들의 돌출행동이 언론의 집중포화를 맞으면서 이런 비판이 더욱 거세게 일었다. 그러나 다른 것은 제쳐놓더라도, 현재 우리가 전쟁이나 테러의 위협을 피부로 느끼지 않는 것만 해도 엄청난 변화이고 성과다. 휴전선을 사이에 두고 170만 군대가 총칼을 마주하는 상황에서, 그리고 수만 명의 특수부대원들이 북한에 엄존한 상황에서 이런 정도의 믿음이 생긴 것만도 예전과 얼마나 달라진 것인가. 이조차 부정하는 사람들은 과연 어떤 상황이 되어야 비로소 북한이 달라졌다고 수긍할지 궁금하다. 대북 화해정책의 적실성은 결국 이렇게라도 평화상태를 유지하는 것 아니겠는가.

그러나 이는 초보 단계의 평화일 뿐이다. 남북이 지금과 같은 불안한 평화에 머물지 않고 좀더 확고한 믿음을 쌓으려면 헤쳐 나가야 할 난관이 한둘이 아니다. 군사적 신뢰가 쌓이고 군축이 이뤄지는 데까지 가야 한다. 그러기 위해서는 남북 간 교류 협력이 더욱 긴밀해져야 한다. 북한도 적극적으로 이에 상응하는 태도를 보여야 한다.

남쪽에서는 쌀이 남아돌아 농민들은 떨어진 쌀값을 걱정하고 정부는 적정재고량을 넘어 엄청난 관리비용을 걱정하면서도, 굶주리는 북녘 동포들에게 선뜻 식량을 지원하지 못하고 눈치를 봐야 하는 것이 우리 수준이다. 한쪽이 망해야 남북문제가 풀릴 것으로 생각하는 완고한 냉전세력이 여전히 목청을 높인다. 이번에 한나라당이 농민들을 의식해 앞장서 대북지원 주장을 펴 물꼬를 튼 것은 어쨌든 평가할 만한 일이다.

테러를 방지하는 최선의 길이 분쟁과 대립 가능성을 줄이고, 무엇보다 상대방의 증오심과 절망감을 없애는 것이라면, 이는 한반도의 평화를 유지하는 데도 똑같이 적용된다.

_2001.10.12

| 부시의 소탐대실 |

며칠 뒤 서울에 오는 조지 부시 미국 대통령이 무슨 말을 할지에 온통 관심이 쏠리고 있다. 정상회담에서 다룰 의제는 두 나라 실무진들이 정교하게 조율하는 것이 상례지만, 부시가 기자회견장에서 무슨 돌출 발언을 할지는 누구도 예측할 수 없다.

부시 대통령이 북한을 겨냥해 '악의 축'이란 극단적 용어를 써 파문을 일으킨 배경에 대해서는 분석이 엇갈린다. 2001년 3월 김대중 대통령과 첫 정상회담에서 김정일 국방위원장에 대해 약간의 회의를 갖고 있다고 말해 찬바람을 일으킨 것에서 훨씬 더 나간 것이다. 그것도 즉흥적인 발언이 아니고 몇 차례 독회를 거친 국정연설에서 나온 것이니 만큼 철저히 계산된 발언으로 봐야 할 것이다. 연설 직후 참모들이 일제히 나서서 북한을 몰아붙이며 비난한 것은 잘 짜인 각본에 따른 것처럼 보이기도 했다.

그동안 부시 대통령의 방한을 남북관계 개선은 물론, 북미 대화 재개의 계기로 삼겠다고 내심 별러온 정부로선 당혹스런 일이 아닐 수 없다. 부시를 설득해 대북한 압박을 누그러뜨리도록 유도하기는커녕 현상유지에도 급급해야 할 처지에 몰렸으니 혹을 떼려다 오히려 붙인 격이다. 슬쩍 힘을 과시했을 뿐인데도 한반도 전쟁위기론이 번지면서, 한가롭게 퍼주기 타령이나 하던 우리 사회의 분위기가 싹 변한 것은 물론이다.

치밀하게 계산된 '악의 축' 발언

악의 축 발언에 대한 우려와 비판의 목소리가 곳곳에서 터져 나오자 미국은 이를 진정시키려는 몸짓을 보이고 있다. 콜린 파월 국무장관의 발언이 대표적이다. 파월 장관은 상원 예산위원회에서 "북한과 이란은 이라크와 다소 다른 범주에 속한다. 북한과 전쟁할 계획은 없다"고 말했다. 미국의 강경한 태도가 수그러든 것은 다행이지만, 그렇다고 일희일비할 일은 아니다.

이번 악의 축 소동을 일으키며 미국은 여러 모로 이득을 챙겼다. 국방예산을 늘리고 미사일방어(MD) 체제 구축을 위한 토대를 닦는 한편, 국내에서 정치적으로 몰릴 가능성이 큰 엔론 추문에서 미국민의 눈을 돌리는 데 일단 성공한 셈이다. 한국과 관련해서는 껄끄러운 주한미군 용산 기지 이전 논란을 잠재우고, 차기 전투기 사업 경쟁에서 탈락될 위기에 놓였던 보잉을 가장 유력한 후보로 떠오르도록 하는 눈부신 성과를 거뒀다. 미국에서 경쟁사인 록히드 마틴에 밀린 보잉의 군수산업을 살리는 부담을 한국에 지운 셈이다. 전투기뿐 아니라 앞으로 한국에 각종 무기를 팔 때 딴소리가 나오지 못하도록 여러 겹의 차단막을 쳐놓았다.

이렇게만 본다면 부시의 초강경 노선은 엄청난 경제적 성과를 거둔 셈이다. 그러나 이런 효과는 근시안적 셈법일 뿐 길게 보면 소탐대실의 우를 범하는 것이다. 무엇보다 불평등한 한미 동맹관계의 어두운 실상이 적나라하게 드러났다. 미국이 일방적 잣대로 모든 것을 재단하며, 자신의 이익을 위해선 무슨 짓을 할지 모른다는 불신감이 커졌다. 일부 식자층과 운동권에 국한됐던 미국에 대한 반감을 널리 확산시키는 계기가 된 것이다. 부시 진영의 이런 오만과 군사적 일방주의는 전통적 우방이던 유럽 각국의 자존심에도 커다란 상처를 입혀 곳곳에서 불만이 터져 나오고 있다.

돌발변수가 없다면, 겉치레로나마 방문한 나라의 체면을 세워주는 관례에 따라 부시 대통령은 서울에서 다소 유연한 모습을 보일 것이다. 두 나라는 큰 틀에서 한미 동맹관계를 재확인하고 북한의 대량살상 무기 확산에 반대한다는 뜻을 밝히며 미국은 한국 정부의 대북 화해정책을 지지하는 선에서 봉합할 가능성이 높다. 챙길 것을 상당히 챙긴 마당에 말치레 차원의 인심을 쓸 테지만, 그 사이 벌어진 틈새와 감정의 골이 근본적으로 메워질지는 의문이다.

우리 사회 일각에서 한미 양국의 힘의 차이를 인정하고 이에 따라야 한다는 논리가 횡행한다. 그러나 김대중 대통령은 부시의 무리한 요구에 대해서는 단호히 거부하는 태도를 보이는 것이 옳다는 충고에 귀를 기울여야 할 것이다. 주권국으로서의 최소한의 자존심도 문제지만, 부당한 압력에 굴복하면 그런 압력이 되풀이될 것이기 때문이다.

_2002.2.15

민족의 선택

| 금강산과 영해 침범 |

엊그제 금강산에 다녀왔다. 2년 반 전 금강산 관광사업이 막 시작됐을 때 느꼈던 감동과 수려한 풍광을 다시 음미하고 싶었던 것이 첫째 이유지만, 이런저런 달라진 모습들을 통해 남북관계의 앞날을 가늠하고 싶었다.

그런데 공교롭게도 그 사이 남쪽에서는 북쪽 선박의 영해 통과 문제가 터졌다. 필자가 '나무꾼과 선녀'의 전설이 얽힌 금강산 상팔담과 동해바다에 펼쳐진 해금강, 삼일포 호수의 장관에 흠뻑 취해 있는 동안 북쪽 선박의 영해 침범으로 우리 사회가 또 한바탕 홍역을 치르고 있었던 것이다. 한쪽에서는 관광, 다른 쪽에서는 영해 침범이라는 이중적 남북관계의 현주소가 여실히 드러났다.

금강산의 빼어난 자태는 예전 그대로였지만, 그 사이 많은 것이 달라져 있었다. 산 들머리 온정리에 음식점이 지어져 배에서 내릴 때 점심 도시락을 싸가야 했던 불편이 사라졌고, 북에서 길러낸 무공해 야채를 맛볼 수 있었다. 대형 온천장이 세워져 금강산 맑은 물에 세속에 찌든 때를 벗기는 호사도 누렸다. 무엇보다 어색하고 딱딱했던 북쪽 안내원들의 태도가 훨씬 유연해졌다. 스스럼없이 대화를 나누며 가뭄 걱정을 했고, 금강산 사업은 계속돼야 한다고 강조하기도 했다.

무형의 부수 효과

언제 봐도 신묘한 금강산 절경, 하늘을 향해 기운차게 뻗은 봉우리들의 장쾌한 기상에 설렘과 감동이 되살아나면서도 마음 한구석에 어두운 그림자를 떨칠 수 없었던 것은 최근 관광사업이 활력을 잃은 것과 무관하지 않을 터이다. 수익성 없는 사업은 오래 지속될 수 없다는 당연한 사실이 새삼 실감된다. 관광객이 줄더라도 매달 약정된 금액을 내야 하는 지금 형태로는 채산을 맞추기 어렵다. 또 정해진 일정에 따라 며칠을 꼼짝없이 배 안에 갇혀 지내야 하는 단조로운 방식으론 경제적 부담도 부담이려니와 자유분방한 관광의 제 맛을 만끽할 수 없다. 관광 활성화의 세 가지 요건 중 금강산이라는 상품성을 빼고는 접근의 용이성이 부족하고 자유로운 활동도 제한된 탓이다. 일년에 관광객 50만 명을 목표로 했던 것이 이제껏 41만 명에 그친 것이 이를 잘 말해준다.

육로 관광길이 터져 학생들이 수학여행을 갈 수만 있다면, 분단된 조국 현실을 실감하는 산 공부가 될 터인데 하는 아쉬움이 앞선다. 현지 현대 관계자는 관광특구 지정이나 육로관광, 관광대가 인하 등과 관련해 북쪽과 협상이 잘 진행돼 곧 타결될 것 같다고 낙관적으로 보고 있었다.

그러나 금강산 사업이 지닌 민족사적 의의를 되새겨보면 채산성만 따질 일은 아니다. 금강산 관광이라는 공동 사업을 통해 남북이 얼마나 가까워졌는지를 생각하면, 돈으로는 따질 수 없는 무형의 부수 효과를 거두고 있는 것이다. 마음속에 깔려 있던 전쟁 공포가 상당히 완화된 것을 어찌 돈으로 환산할 것인가. 남북이 서로 못미더워 만일의 경우에 대비해 지출했을 무기 구입비를 생각하면, 금강산 관광사업에 드는 비용을 평화유지를 위한 생산적 투자로 볼 수도 있는 것이다.

강경 대응 눅이는 금강산

북쪽 선박의 영해 통과 문제를 놓고 전개된 일련의 사태가 이를 웅변한다. 예전 같았으면 극단적 강경론이 득세해 군사적 긴장으로 이어질지도 모를 초강경 대응을 했을 터인데, 설득과 대화로 풀어간 것은 매우 다행한 일이다. 사전 통고나 허락 없이 불쑥 영해로 들어온 북쪽의 막무가내식 태도가 사태를 악화시킨 잘못이 크지만, 안보위기를 들먹이며 문제를 지나치게 확대할 일은 아니다. 앞으로 남북이 규정을 만들고 절차를 밟아 서로 영해를 이용할 수 있다면 두루 경제적 실리를 얻는 전화위복의 계기가 될 수 있다. 서해교전 때도 그러했듯이, 금강산 관광사업이 없었더라면 강경 쪽으로 치달을 수도 있었다.

좀처럼 실마리를 찾지 못하는 북미관계와 중층적으로 얽힌 남북문제를 풀기 위해서는 남북 양쪽의 주체적 결단이 필요하다. 북쪽이 대화를 재개하고 6.15 공동선언에서 약속한 김정일 국방위원장의 서울 답방을 조속히 실천하는 일은 그런 의미에서 더욱 시급해졌다.

_2001.6.8

| 이회창 총재의 대북관 |

| 이회창 총재의 대북관 |

한나라당은 이회창 총재의 미국 방문 성과에 한껏 고무된 표정이다. 그도 그럴 것이 딕 체니 부통령을 비롯해 콜린 파월 국무장관, 리처드 아미티지 국무부 부장관, 폴 월포위츠 국방부 부장관, 콘돌리자 라이스 백악관 안보보좌관 등 미국 행정부의 한반도 관련 인사들을 두루 만났으니 여간 대접받은 것이 아니다.

그러나 미국이 이처럼 이례적으로 환대한 이면을 따져보면 외교통로를 다양화했다거나 이 총재의 위상이 높아졌다고 흡족해할 일만은 아니다. 마치 대선을 앞둔 검증 절차처럼 보였다는 한 측근의 말이 환대의 의미를 적확히 드러낸 것이라면, 이번에 상당한 빚을 진 셈이다. 이 총재가 미국 정부 관리들과 주고받은 대화의 내용은 주로 남북문제였으며, 어쩌면 양쪽 생각이 그리도 똑같을 수 있느냐는 게 배석했던 인사들의 전언이다. 면접시험에서 주파수를 맞춰 무난히 넘겼다고 좋아하는 모습에서 한국과 미국 사이의 힘의 현주소를 떠나 한편으로 참담한 느낌이 든다.

북한을 몰아부치는 부시

이 총재는 워싱턴 연설에서 그의 대북정책 방향을 '전략적 포용'이라고 밝히고, 그 내용을 다섯 가지로 정리했다. 새해 기자회견에서 밝혔던 전략적 상호주의, 국민적 합의와 투명성, 검증이라는 세 원칙에서 한

대선후보 시절 이회창 총재가 미국을 방문해 햇볕정책을 비난하고 상호주의와 검증을 강조한 것은 간신히 대화로 가는가 싶던 흐름에 찬물을 끼얹는 결과를 초래했다.

걸음 더 나아간 것이다. 다섯 가지 내용은 한반도의 평화와 안정, 남북관계의 상호주의, 대북정책에 대한 국민적 합의, 인권·민주주의·자유시장 경제 발전, 강력한 국방력이다. 이 총재는 김대중 대통령이 추진해온 햇볕정책은 어느 정도 긍정적 성과가 있었다고 생각한다면서도, 성과에 집착하여 무리하게 추진하다보니 국민적 합의가 무너졌고 국민의 불안을 증폭시켰을 뿐만 아니라 한국 경제에도 부정적 영향을 끼쳤다고 폄하했다.

부시 정부가 말로는 북한과 대화의 문이 열려있다고 공언하면서도 까다로운 전제조건을 달아 지나치게 몰아세워 북한의 반발을 초래함으로써 남북대화에 악영향을 끼친다는 게 한반도 전문가들의 일반적인 분석이다. 이러한 부시의 대북 불신은 취임 후 첫 국정연설을 하면서 북한을 이라크, 이란과 함께 '악의 축'이라고 거칠게 비난한 데서 드러나듯 전혀 변하지 않고 있다.

김대중 대통령은 부시 대통령의 방한을 북한에 대한 압박 완화의 기회로 삼겠다면서 그 준비에 총력을 기울여 왔으나 전망은 불투명하다. 정부는 남북관계의 진전된 모습을 보여야 한다고 북한을 설득해 왔다. 북한이 도널드 그레그, 제임스 레이니, 스티븐 보즈워스, 리처드 워커, 윌리엄 글라이스틴 등 전직 주한 미국대사들을 대거 평양에 초청한 것도 '불량국가' 이미지를 씻고 미국 정부의 강경 분위기를 누그러뜨려 대화의 길을 터보려는 안간힘으로 읽힌다. 그런 마당에 이 총재가 미국에서 햇볕정책을 비난하고 상호주의와 검증을 강조한 것은 간신히 대화로 가는가 싶던 흐름에 찬물을 끼얹는 결과를 낳았다.

특히 김정일 국방위원장의 서울 답방을 정치적으로 이용될 소지가 있다며 반대하고 나선 것은 정략적이란 인상을 지울 수 없다. 김 위원장의 서울 답방이 성사되면 정권 차원을 떠나 한반도의 긴장을 완화하고 평화체제를 굳히는 데 결정적으로 도움이 될 것은 두말할 나위가 없다. 이 총재의 부정적 태도가 '남쪽에서 그토록 반대하는데 어떻게 서울을 답방하겠느냐'는 빌미를 북한에 제공한다면 불행한 일이다.

얼마 전 미국 정보기관이 국방비 감축을 막고 미사일 방어체제를 추진하기 위해 북한의 미사일 위협을 고의로 부풀렸다는 외신 보도가 있었다. 차기 전투기 판매를 위해 한국에 전방위로 압력을 넣는다는 얘기도 들린다. 힘을 앞세워 세계 전략의 틀을 짜는 미국으로서는 한반도 문제가 여러 선택치 가운데 하나일 터이다. 그러나 우리에게는 사활이 걸린 문제다. 분단 현실을 우리 눈으로 봐야 하는 까닭이다.

이회창 총재가 집권하면 보수적 정책으로 인해 남북이 과거의 대결구도로 뒷걸음질할 것이란 우려를 그 스스로가 불식시키지 못한다면 선거 전략에도 보탬이 되지 않을 것이다. 이 총재가 보수적 인사들한테 치우쳐 최소한의 균형감마저 잃지 않기를 진심으로 바란다.

_2002.2.1

| 주목되는 북한의 선택 |

북한 핵 파문은 소강상태를 보이고 있다. 그러나 시한부 소강에 지나지 않는다. 한국과 미국, 일본, 유럽연합 등은 한반도에너지개발기구(KEDO) 집행이사회에서 12월과 내년 1월 치 대북 중유공급을 중단하기로 했다. 조지 부시 미국 정부는 의회의 강경 기류를 빙계삼아 대북 중유공급 예산을 내

년부터 아예 신청하지 않을 방침이라고 한다.

미국이 이런 압박만 하는 것은 아니다. 북한이 극단적으로 반발하지 않도록, 곧바로 부시 대통령의 성명을 통해 유화책을 내놓았다. 북한을 침공하지 않겠다고 거듭 약속하고, 북한이 핵 개발 계획을 포기하면 미국은 북한 인민의 생활을 크게 개선시킬 중요한 조처를 취할 준비가 돼 있다고 다시 밝힌 것이다. '북한과 다른 미래를 희망한다'는 표현을 쓴 것도 눈길을 끈다. 콜린 파월 국무장관도 회견을 통해 미국의 주권을 북한의 주권 위에 강제할 의도가 없다며 미국은 북한을 주권국가로 인정하고 있다고 강조했다.

'사실상 일괄타결' 모색하길

이런 일련의 발언들은 북한이 외무성 대변인 담화를 통해 밝힌 자주권 인정과 불가침 확약, 경제발전에 장애를 조성하지 않을 것 등 3대 요구사항에 에둘러 화답한 것으로 해석할 수 있는 대목이다. 물론 미국의 전제조건은 확고하다. 북한이 먼저 핵을 포기해야 한다는 것이다.

이런 미국의 이중적 태도를 어떻게 해석하느냐는 북한의 선택에 달려 있다. 거칠게 말하면, 미흡하지만 미국 대통령과 국무장관이 공식적으로 약속한 것을 기정사실화하면서 못 이기는 척 받아들이느냐, 아니면 더 확실한 제도적 보장을 요구하며 불가침조약 체결 주장을 고수하느냐.

부시 정부가 북한을 '악의 축'으로 지칭하며 거칠게 몰아붙이던 기세에 비춰보면 지금의 태도는 많이 누그러진 것이다. 미국이 더 급한 이라크 사태에 발목이 잡혀, 시간 조절을 위해 평화공세를 펴는 것일 수도 있다. 그러나 한국을 비롯해 일본, 중국, 러시아 등 주변국들의 '평화적 해결' 요구가 미국의 일방적 공세를 억제하는 측면이 크다. 남북대화와 북일 수교협상을 북한과의 대화통로로 미국이 인정하도록 하는 데도 애를 써야 한다.

햇볕정책을 펴온 김대중 정부의 영향력은 갈수록 줄어들 수밖에 없다. 미국 정부는 자신의 대북 강경 기조에 순응하는 정부가 들어설 가능성을 재며 시간을 벌고 있다. 다음에 어떤 정부가 들어설지 북한 역시 초조하게 지켜보고 있을 터이다. 고이즈미 준이치로 일본 총리는 국내 보수파의 반발로 입지가 좁아졌고, 북한의 울타리가 돼주었던 중국도 지도부가 4세대로 넘어가면서 실용적 태도를 취할 가능성이 많아졌다.

이런 상황을 종합할 때 북한으로선 선택의 여지가 그리 넓지 않아 보인다. 무엇보다 경제난이 화급하다. 문제는 미국의 끊임없는 압박을 어느 선에서 저지하고, 체면을 유지하면서 대화에 나서느냐 하는 점이다. 북한의 핵개발계획 시인이 미국과의 담판을 끌어내려는 승부수라는 관측이 맞다면 유연한 전략적 선택은 더욱 긴요하다. 일괄 타결이 바람직하지만, 그것이 쉽지 않다면 사실상의 일괄타결 효과를 이끌어내는 방안을 적극 모색할 필요가 있다.

결단 늦어 기회 놓치면 안돼

북한은 종종 결단의 시기를 늦춰 잡는 병폐를 보여 왔다. 그러다가 좋은 기회를 그대로 흘려보내는 실수를 범했다. 클린턴 정부 말기에 절호의 수교 기회를 놓친 것이 대표적이다.

북한이 현명한 선택을 하도록 하는 데 우리 정부가 더욱 능동적인 구실을 하는 게 긴요하다. 모든 통로를 동원해 북한을 진솔하게 설득해야 한다. 한미공조와 민족공조의 중간에 낀 미묘한 상황을 충분히 활용해야 할 것이다. 물론 미국이 더욱 성의를 보여야 한다. 힘을 바탕으로 상대방을 굴복시키려해선 안 된다. 북미 갈등의 핵심은 바로 뿌리 깊은 불신이다.

북한이 남북관계를 더 진전시켜 국제사회의 의구심을 없애는 노력을 하는 것도 필요하다. 금강산 육로관광을 비롯해 경의선과 동해선 철도 및 도로의 연결공사를 차질 없이 진행하고, 지키지 못한 약속으로 남아 있는 김정일 국방위원장의 서울 답방을 대선 직후 실행하는 것도 한반도 평화와 안정에 도움이 될 것이다.

_2002.11.22

| 무기수입과 군축 요구 |

조지 부시 미국 대통령이 한국을 방문해 북한을 공격할 뜻이 없다고 했을 때 많은 국민들은 안도의 한숨을 내쉬었다. 그러나 이런 약발이 언제까지 갈지 누구도 장담할 수 없다.

관심이 쏠렸던 차기 전투기(FX) 도입 문제에 대해서는 한미 정상회담에서 한마디도 없었다는 게 청와대의 공식 설명이다. 뒤에서 무슨 얘기가 오갔는지 양쪽이 굳게 입을 다물고 있으니 오로지 결과가 말해줄 것이다. 그러나 1년 전부터 콜린 파월 국무장관이 나서 F-15K 구매를 종용하고, 보잉사 사장이 각 군 총장을 만나는 등 총력을 기울여온 미국이 막바지 단계에 손놓고 있었을 리 만무하다. 해외 무기판매를 다뤄온 피터 로드먼 국방부 국제안보 담당 차관보가 비공식 수행원으로 따라온 데서도 미국의 의지가 읽힌다. 우리 국방부가 미리 알아서 긴 흔적도 있다. 기종 선정 기준을 바꿔 '정책적 고려' 항목을 넣음으로써 미국에 엄청나게 유리한 특혜를 준 것이다.

세계 4위의 무기수입국

한국 정부가 계획 중인 무기도입은 무려 10조 원 규모에 이른다. 이번에 경쟁이 세게 붙은 4조 2천억 원 규모의 차기 전투기 도입 문제 말고도 2조 4천억 원 규모의 대공 유도무기(SAM - X) 도입 사업이 기다리고 있다. 이 사업에는 미국 레이시온사의 패트리어트 개량형 팩 - 3이 단독 참여해 협상 중이다. 2조 1천억 원 규모의 차기 공격용 헬기(AH - X) 도입은 우리 지형을 볼 때 그 많은 돈을 들일 필요가 있느냐는 논란에 휘말려 전망이 불투명해지긴 했으나, 보잉의 아파치 헬기(AH - 64D)가 유력했다. 이밖에 해군에서 추진 중인 이지스급 구축함 도입도 관심사다. 무기 판매업체들로서는 하나같이 군침이 도는 대형 사업들이다.

흥미로운 것은 한국의 무기수입이 냉전이 해체되기 시작한 1990년대 들어 부쩍 늘어났다는 점이다. 북한의 위협이 상대적으로 줄어들었는데 무기수입이 늘어났다는 것은 시사하는 바가 크다. 스톡홀름 국제평화연구소(SIPRI) 보고서를 보면, 한국은 1990 ~ 1994년에 주요 재래식 무기수입국 가운데 17위였으나, 1994 ~ 1998년에는 5위로 껑충 뛰어올랐다. 2000년 현재 한국은 대만, 사우디아라비아, 터키에 이어 세계 4위의 무기수입국이다. 한국이 1997년 아이엠에프 위기를 겪으면서도 무기수입이 늘어난 역설적 현상은 구매자의 경제적 여유보다도 무기 판매자의 이윤이 무기거래를 더 좌우한다는 한 외국 전문가의 분석을 곱씹게 한다.

한국의 수입 무기 가운데 약 81퍼센트가 미국산이다. 역대 군사정부는 정통성 결여와 독재란 비판을 막기 위한 방편으로 값비싼 미국 무기를 구입했다. 그런데 이제는 미국의 대북 강경책을 막기 위해 울며 겨자 먹기로 무기 구입을 하게 된 꼴이다.

물론 군사비를 늘리려는 군의 욕구도 무시할 수 없다. 군부는 북한의 군사력을 과장하면서 첨단무기의 도입이 필요하다고 주장한다. 그러나 1999년 6월의 연평해전(서해교전)은 남북 사이에 첨단무기 수준의 격차가 얼마나 벌어져 있는지를 여실히 보여주었다. 최근 북한의 군사적 위협을 강조하기 어려워지면서 등장한 것이 불안정한 동북아 정세에 대비해야 한다는 논리다.

갑자기 북한의 군사적 위협을 부풀린, 출처가 의심스런 미국 군사당국의 정보들은 대개 무기판매와 무관하지 않다는 지적도 나온다. 예를 들어 차기 대공 유도무기인 패트리어트의 필요성을 강조하기 위해 북한의 스커드 미사일 위협이 부각된다. 난데없이 북한의 탱크 전력이 증강됐다는 위협론이 제기되면, 그것은 공격용 헬기 판매와 연관이 있다.

역지사지하는 자세 필요

무기수입은 한정된 재원을 국민의 삶의 질 향상에 쓰지 못하고 소모적으로 쓴다는 점에서도 문제지만, 남북 간 군사적 신뢰를 무너뜨린다는 점에서 평화에 역행한다는 비판을 받는다. 한국과 미국이 계속 첨단무기를 늘려가면서 북한에 대해 재래식 군사무기 감축과 후방 배치를 요구하는 것은 억지스런 주장이다. 역지사지하는 자세가 필요하다. 한반도 평화체제를 구축하기 위해서는 군축과 군사적 신뢰를 강조하면서 한편으로 무기도입을 늘리는 현재의 모순을 슬기롭게 풀어야 한다.

_2002.3.1

북핵위기

| 핵 위기의 실체적 진실은 |

북한의 핵개발 계획 시인으로 불거진 위기는 한국, 미국, 일본 세 나라 정상회담을 거치며 숨 가쁜 첫 고비는 일단 넘긴 것으로 보인다. 세 정상은 북한이 신속하고 검증 가능한 방법으로 핵 개발 계획을 폐기할 것을 촉구했으나, 문제를 평화적으로 해결한다는 쪽에 무게를 실었다.

조지 부시 미국 대통령이 종전의 강경 자세를 누그러뜨린 것은 매우 다행스런 일이다. 그는 북한을 공격할 의사가 없음을 재확인하고, 두 나라 관계를 변화시키기 위해 과감한 접근방법을 취할 준비가 돼 있다고 밝혔다. 특히 그가 회담 도중 네댓 차례 기회란 말을 사용했으며, 남북대화 및 북일 수교회담이 북한과 중요한 통로로 활용될 수 있다는 점에 동의한 것은 큰 진전으로 볼 수 있다.

그러나 북한 핵문제가 어떤 방향으로 풀릴지 가늠할 수 있는 상황은 아니다. 외무성 대변인 담화에서 드러났듯이 북한이 "먼저 핵을 포기하라"는 압력을 쉬 받아들일 것 같지는 않다. 북한이 이를 거부할 경우 대북 압박이 어떻게 전개될지 예측하기 쉽지 않다.

한미 양국의 '정보공유' 의문

사실 난데없는 이번 '핵 시인' 파동은 모호한 점이 한둘 아니다. 사안의 심각성에 비해 정보가 지나치게 제한됐다. 언론뿐 아니라 정부의 책임 있는 당국자들도 정확한 정보에 접근하지 못한 느낌이다. 한미 양국의 정보 공유가 어느 선까지 이뤄지고 있는 것인지 근본적인 의문을 품지 않을 수 없는 상황이 전개됐다. 같은 대통령 밑에 있는 기관끼리도 모든 정보를 주지는 않는 게 속성이라지만, 핵심 정보를 가감하거나 윤색하지 않고 전달하는 것이야말로 신뢰의 첫걸음이다.

온갖 분석과 해석은 미국의 일방적 통보에 근거해 나왔는데, 북한이 핵 개발 계획을 시인했다는 제임스 켈리 특사의 전언이 실체적 진실에 온전히 부합하는지 의문이다. 의도적 과장이나 왜곡이 아니더라도 말 느낌의 차이가 있을 수 있다.

북 외무성 대변인의 담화 내용은 더욱 헷갈리게 한다. 미국 특사에게 "가중되는 미국의 핵 압살 위협에 대처하여 핵무기는 물론, 그보다 더한 것도 '가지게 되어 있다'는 것을 명백히 말해 주었다"는 표현이 그것이다. 핵을 가지고 있다는 것인지, 아니면 가질 도리밖에 없지 않겠느냐고 따지는 것인지 모호하다. 아마도 이런 모호성이 북한이 노리는 '협상카드'일 터이다.

아펙 3국 정상회담에서 남북대화와 북일 수교협상이 북한을 설득할 통로라고 인정한 것은 현 단계에서 의미하는 바가 크다. 이는 핵 위기와는 별도

78

로 남북대화를 진전시킬 길을 열어놓은 것이며, 그리해도 좋다고 미국이 양해한 것으로 해석된다.

현재 북한의 경제시찰단이 서울에 와 곳곳을 둘러보고 있다. 개성공단이나 금강산 특구 지정이 곧 이뤄진다는 소식도 들린다. 비무장지대의 지뢰 제거작업이 끝나면 경의선과 동해선이 연결된다. 이런 현실을 고려할 때 북한과의 통로 확보는 우리가 한미 공조의 틀을 유지하면서도 위기를 완화하고 중재자 구실을 할 독자적 공간을 갖는 것이다.

일괄타결 해법과 우리의 역할

한반도 핵 위기가 고조되던 1994년 "핵을 가진 자와는 악수할 수 없다"는 김영삼 대통령의 언명에 따라 우리는 강경 일변도로 치달았다. 이는 미국 내 강온파 힘겨루기에서 강경파의 손을 들어준 결과를 빚었으며, 한반도 운명을 미국의 손에 내맡길 수밖에 없게 만들었다. 이런 어리석음을 되풀이해선 안 된다.

북한이 핵 개발을 추진해선 안 되는 것은 두말할 나위도 없다. 북의 진정한 의도는 미국으로부터 체제 보장을 얻어내려는 데 무게중심이 있다는 게 전문가들의 대체적 견해다. 문제는 핵 의혹이 말끔히 가시도록 '완전한 사찰'을 받고 그 결과 핵 의혹이 '종이 호랑이'였음이 드러났을 때 미국이 어떻게 나올 것이냐에 대한 북한의 불신과 의심이 크다는 점이다. 일괄타결 방식이 유일한 해법이란 주장이 그래서 설득력을 얻고, 우리의 적극적 역할이 더 부각된다.

_2002.10.29

| 미국발 '신북풍' 파장 |

분단 상황에서 북한의 존재는 어떤 형태로든 남쪽에 영향을 끼친다. 특히 선거 때면 북쪽 동향은 뜨거운 관심사가 된다. 과거 집권세력은 어떻게든 북의 존재를 선거에 이용하려 했고, 야당은 '북한 변수'가 악재로 떠오르는 것을 막는 데 심혈을 기울였다.

국민들 뇌리에 깊이 박혀 있는 사건만 해도 한둘이 아니다. 5년 전인 1997년 이회창 후보와 김대중 후보가 접전을 벌일 때 이 후보의 당선에 공을 세워보려던 정치꾼들이 중국 베이징에서 북한 비선조직을 만나 판문점 무력시위를 부탁한 사건이 있었다. 하지만 북쪽이 외면해 이 공작은 실패로 돌아갔다.

1996년 4.11 총선 때는 선거를 며칠 앞두고 북한군이 비무장지대에서 연사흘 무력시위를 벌여, 장학로 청와대 비서 수뢰사건으로 궁지에 몰리던 김영삼 정부와 여당이 승리하는 데 일등공신 구실을 했다. 북한이 어떻게 해서 때맞춰 '북풍'을 불어 보냈는지는 아직도 장막에 가려있다.

대선 앞두고 공해서 선박 나포

이번에는 북풍 걱정 없이 지나가나 했으나 여지없이 돌발 변수가 생겼다. 미국이 스커드 미사일을 싣고 항해하던 북한 배를 인도양에서 나포한 것이다. 미사일 수입국인 예멘이 거세게 항의하고 국제법 위반이라는 비난이 높아지자 미국이 이틀 만에 배를 풀어줬지만, 유례가 없는 일인지라 그 배경에 관심이 쏠리고 있다. 미사일 등 대량살상 무기 확산을 막는다는 것은 미국의 확고한 의지이고, 북한에 대한 핵 포기 압박을 겸해 대북 경고 차원에서

‘실력 행사’를 했을 개연성이 높다.

하지만 시기의 미묘함 때문에 이런저런 뒷말들이 나온다. 지난달 중순 남포항 출발 때부터 문제의 배를 추적 감시하던 미국이 대선에 어떤 영향을 줄지 뻔히 알면서도 화물선 나포라는 무리수를 쓴 것은 선거에 개입하려는 게 아니냐는 의심을 살 만하다. 직접적 개입은 아니더라도 최소한 대북 경계심을 부각시킴으로써 여중생 압사사건으로 걷잡을 수 없이 번지는 반미기류를 진정시키려는 의도는 있었음직하다. ‘미국 발 북풍’이란 신조어가 그래서 나온 것 같다.

그러나 북풍은 북에서 더욱 세차게 불어온다. 북한은 미국이 제네바 기본합의에서 약속한 중유공급을 중단한 데 맞서 핵 동결 조처를 해제하겠다고 밝혔다. 선박 나포란 강경 조처에 초강경으로 맞받아친 것이다. 핵 시설을 재가동하겠다는 북한의 ‘벼랑 끝 전술’로 인해 북미 대치가 가팔라지고 한반도 위기가 고조될 것이 뻔하다.

대선 막바지에 터진 돌발 변수가 선거에 어떻게 작용할지 가늠하기는 어렵다. 다만 예전처럼 북풍이 일방적으로 판세를 좌우할 것 같지는 않아 보인다. 국민의식 등 전반적 상황이 달라졌기 때문이다.

미국은 대북 화해정책을 고수하는 김대중 정부와 골치 아프게 조율하기보다는 대북 강경 기조에 공감하는 이회창 후보가 무난히 당선될 것으로 보고 시간이 흐르기를 기다려왔을 것이다. 그런데 여중생 압사사건과 미군병사 무죄 평결로 불붙은 한국민들의 반미운동이 폭넓은 국민적 지지를 받으면서 상황이 급변했다. 이런 흐름은 노무현 후보에게 유리하게 작용하는 게 사실이다.

한반도 앞날 가를 분기점

최근의 반미 기류는 불평등한 양국 관계에 대한 누적된 불만과 분노, 그리고 자존심 회복 요구가 여중생 사망사건을 계기로 폭발한 것이다. 이런 분위기 변화는 해묵은 색깔론이나 북풍, 그리고 미국의 입김이 예전처럼 일방적으로 먹히지 않게 됐음을 뜻한다. 미국에 대한 국민들의 시각이 바뀐 것도 그러하거니와, 남북 정상회담 이후 화해와 협력의 흐름이 거스를 수 없는 대세로 자리 잡아 냉전적 여론몰이가 좀체 통하지 않는다.

북한의 핵동결 해제 선언으로 높아진 한반도 위기감에서 실감할 수 있듯이, 벼랑으로 치닫는 북미 갈등과 대치를 풀기 위해서는 우리의 노력이 절실하다. 최악의 상황이 벌어지지 않도록 슬기롭게 중재 구실을 해야 한다. 이번 선거는 미국을 포함한 한반도 문제를 대화와 설득을 통해 풀어갈 것이냐, 압박과 대결 국면으로 몰아갈 것이냐를 가르는 중대한 갈림길이 될 것이다. 선거 때마다 우리를 옥죄던 북풍도 이번이 마지막이 되기를 갈망한다.

_2002.12.13

| 한반도, 위기냐 기회냐 |

북한 핵문제로 한반도 기류가 쉴 새 없이 뒤바뀐다. 먹구름이 잔뜩 낀 사이로 한 줄기 햇발이 비치는가 싶다가도 금세 비구름이 몰려오는 형국이다.

베이징 3자 회담을 전후해 한반도 정세가 널뛰듯 춤추는 데는 미국 행정부 내 강온파 사이의 갈등과 힘겨루기가 바탕으로 깔려 있다. 미국 언론들도 어느 쪽 목소리에 무게를 싣느냐에 따라 전망과 주장이 확연히 갈린다.

열쇠를 쥔 조지 부시 대통령이 확고한 방침을 굳히지 않아 이런 양상이 더 심하게 나타나는 것 같다.

3자 회담에서 오간 얘기와 북한의 '대범한 제안'의 윤곽은 대충 드러났다. 하지만 북한의 진의는 여전히 안개 속이다. '핵무기 보유'를 시인했다는 보도가 먼저 터져 나와 충격과 혼란이 증폭됐으나, 앞뒤 정황이 알려지면서 그것이 무엇을 뜻하는지 어렴풋이 짐작이 된다.

북한, 운명걸고 '올인 베팅'

시간 순서로 보면, 리근 북한 대표가 핵과 미사일 포기를 대가로 미국의 불가침 약속과 체제 보장 등을 요구하는 '대범한 해결 방도'를 회담장에서 제안했고, '핵 보유' 발언은 나중에 만찬장에서 따로 했다고 한다. 북한이 포괄적 제안을 하고서 자신이 얼마나 큰 양보를 했는지 강조하기 위해 핵 보유 발언을 추가했을 가능성이 크다. 북한으로서는 자신이 가진 모든 카드를 꺼내서 운명을 걸고 '올인 베팅'을 하는 처지라 가능한 한 판을 키우려 했을 게 당연하다. 이런 판세라면 핵무기의 실재 여부나, 보유했다는 핵무기의 수준, 실전 사용 가능성 따위는 확인하기 힘들 것이다. 핵심은 이를 폐기할 뜻을 밝혔다는 데 있다.

북한이 치밀한 계산 끝에 승부수를 던진 것이라면 웬만한 '훈수' 따위는 귀에 들리지도 않을 터이다. 이라크전 진행 과정을 보고 '학습 효과'를 말하는 마당에 투명한 태도를 보이라고 다그치는 것은 한계가 있다.

이제 공은 미국으로 넘어가 있다. 미국의 첫 반응은 긍정적으로 나왔다. 콜린 파월 국무장관은 "3자 회담이 유용한 것으로 드러났다"며 "북한의 제안을 심도 있게 검토하고 있다"고 밝혔다. 부시 대통령이 노무현 대통령에게 전화를 해 비슷한 인식을 전한 것도 일단 파월 쪽의 손을 들어준 것으로 보인다.

그런데도 계속 혼선이 이는 것은 워싱턴 정가를 주름잡고 있는 강경 매파들의 완강한 태도와 야심 때문이다. 이들은 북한 체제 전복을 공언해 왔고, 이라크전 승리에 고무돼 있다. 미국의 '북한 위협론' 강조가 단순히 북한만 겨냥한 게 아니라, 세계 패권전략 차원에서 동북아 통제 및 중국 견제, 미사일 방어체제 추진, 군수 산업체들과의 유착 등 다목적 필요에 따라 증폭됐다는 분석은 설득력이 높다. 그렇다면 미국이 북한 위협론 카드를 거둬들일 정도로 큰 상황 변화가 없다는 점에서 한반도 정세는 구조적으로 지금처럼 지지부진하게 끌려갈 우려가 있다.

한반도에서 전쟁이 일어난다면, 비록 그것이 처음에는 국지전으로 시작하더라도 결국은 민족 공멸로 이어진다. 현실적으로 남한의 북침이나 북한의 남침 가능성이 극히 낮다면, 핵 갈등으로 인해 미국이 북한을 선제공격하지 않도록 하는 게 우리의 지상 목표가 돼야 한다.

이를 위해 북한 핵문제는 대화를 통해 평화적으로 풀어야 하고, 그러한 해법이 실제로 가능하다는 논리를 효과적으로 전파하고 압박해야 한다. 우선 협상을 추진하는 미국 내 온건파의 입지가 단단해지도록 힘을 실어줘야 한다. 일본이나 러시아 등 주변 강대국들이 평화적 해결에 한 목소리를 내도록 하고, 무엇보다 중국과 깊숙이 상의하고 조율할 필요가 있다.

강경파에 빌미 주지 말아야

남북대화를 진전시켜 북한 정권이 '말이 통하는' 합리적 상대라는 인식을 국내외에 과시하는 것도 중요하다. 이는 '대화 무용론'을 펴며 군사적 개입 기회를 엿보는 강경파들의 의도를 차단하는 구실을 할 것이다.

곧 있을 노무현 대통령과 부시 대통령의 정상회담에서 큰 가닥을 잘 잡지 못하면 한반도 정세는 혼미를 거듭하게 될 가능성이 높다. 안보뿐 아니라 경제에 미치는 악영향도 심대하다. 김대중 정부 때 부시 대통령과의 첫 회담을 그르쳐 화근이 된 것을 반면교사 삼아 치밀하게 준비해야 한다. 지금 우리는 위기와 기회의 고비에 서 있다.

_2003.5.2

| 대화 병행론과 연계론 |

"핵을 가진 자와는 악수할 수 없다"며 남북대화의 통로를 닫았던 김영삼 전 대통령의 단호한 조처는 북한 핵문제로 야기된 한반도 위기 국면에서 우리가 제 목소리를 내지 못하고 '왕따'를 당하게끔 자초한 결정적 실책으로 꼽힌다. 취임 초기 잠깐을 빼고 김영삼 정부는 줄곧 대북 강경 쪽으로 치달았고, 결과적으로 '북한 폭격'을 주장하던 미국 강경파들에게 힘을 실어줬다. 그러다 미국 정부가 강경파의 논리대로 정말로 북폭 방침을 정하자 화들짝 놀라 허둥지둥 반대하는 자가당착의 행태를 보였다.

남북대화의 문을 닫은 결과는, 한미 공조에 의지해 미국의 페이스대로 끌려가는 외길뿐이었다. 북한과 미국이 전쟁 일보직전의 갈등으로 치달을 때도 전혀 견제 구실을 못했다. 우여곡절 끝에 북한과 미국이 대화를 시작했을 때도 뒷전에서 귀동냥만 하다가 경수로 부담만 떠안아야 했다.

뒷전으로 밀린 남북문제

한반도 문제는 구조적으로 민족내부 문제와 국제적 문제가 뒤엉켜 있다. 핵문제나 미사일 문제 등 국제적 갈등이 부각되면 교류와 협력을 내세운 남북대화는 부차적 변수로 전락해 뒷전으로 밀리게 돼 있다. 그러나 결정적 순간에는 남북대화가 상대의 진의를 파악하고 우리의 속내를 전할 수 있는 '핫라인' 구실을 한다. 또 남북대화가 정례적으로 진행된다는 것 자체가 위기감을 눅이는 효과를 낸다. 남북대화를 국제적 갈등 상황과 연계시키지 말고 에둘러 가면서 병행해야 하는 까닭이다.

북한이 '한반도 비핵화 공동선언'을 무시하고, 베이징 3자 회담에서 남쪽을 배제하며 미국과만 담판하려는 것은 우리 처지에서 보면 당연히 화가 나는 일이다. 필요할 때는 도움을 요청하면서 중요한 일에는 따돌리는 행태에 "언제까지 끌려 다닐 것이냐"는 볼멘소리가 나오기도 한다. 하지만 입장을 바꿔 생각하면 북한 나름의 절실한 논리가 있다. 북한으로서는 군대의 전시 작전통제권도 없고 한미 군사동맹에 따라 미국의 의도를 따를 수밖에 없는 남한과 얘기하기보다는 미국과 담판을 짓는 게 문제 해결의 지름길임을 경험을 통해 익히 알고 있을 터이다. 이런 딜레마는 지금의 정전상태를 평화상태로 바꾸지 않는 한 근본적으로 해소될 수가 없다.

미국 역시 남쪽의 행동반경을 철저히 '통제'했다. 남북이 '동족 간 대화'니 '민족공조'니 하면서 일정한 속도 이상으로 나가려 하면 철저히 견제했다. 2000년 6월 역사적인 남북 정상회담을 이뤄내고 6.15 공동선언에 합의한 김대중 정부가 미국의 허락도 없이 북한과 평화 문제를 협의하고 '한반도 평화 선언'이라도 할까봐 내심 초조해 했다.

노벨평화상을 타 국제적 위상이 한껏 높았던 김대중 대통령이 첫 한 미 정상회담에서 아들뻘 되는 조지 부시 대통령한테서 무례와 수모를 당한 것도, 따지고 보면 엄청난 미국의 압력에 굴하지 않고 남북대화의 효용성을 고집한 데 대한 보복과 길들이기의 측면이 있다.

YS와 DJ, 누구의 길을 따를 것인가

노무현 대통령의 낯 뜨거운 '미국 칭송'과 일방적인 한미 정상회담 결과는, 그 속내가 어떻든 '힘의 논리'에 굴종한 부끄러운 사례로 기록될 것이다. 주한미군의 후방 재배치를 무기로 한 미국의 길들이기에 두 손을 든 셈이다. 자주국방 얘기도 쑥 들어갔다. 앞으로 상황 전개에 따라 미국이 요구할 것으로 보이는 단계적 제재 등 '추가 조처'에 어떻게 대응하며 위험수위를 낮춰야 할 것인지 치밀한 준비와 논리개발이 필요하다. 또 지리하게 시간을 끌 것으로 예상되는 핵문제 진행상황과 남북대화를 어떻게 맞물리며 조율할 것인가가 노무현 정부의 당면 과제가 될 터이다.

한미 정상회담 직후 열려 관심을 모은 남북 경추위 회담은 예상대로 난항을 겪었다. 단기적으로 보면 남북대화에서도 협상용 엄포나 잔기술이 전술적 효과를 거둘지 모른다. 그러나 장기적으로 보면 원칙과 신뢰가 바탕이 되지 않으면 더 큰 것을 놓친다는 점을 간과해선 안 된다. 노무현 대통령은 남북문제에서

노-부시 한미 정상회담
노무현 대통령은 남북문제에서 극과 극으로 길을 달리했던 김영삼 대통령과 김대중 대통령 중 누구의 길을 따를 것인지 심각히 고민해야 한다. 그에 따라 훗날 역사의 평가가 달라질 것이다.

극과 극으로 길을 달리했던 두 김 대통령 중 누구의 길을 따를 것인지 심각히 고민해야 한다. 그에 따라 훗날 역사의 평가가 달라질 터이다.

_2003.5.24

| 1994년과 같은 점, 다른 점 |

남북 군인들이 비무장지대에서 만나 사이좋게 얘기하며 걸어가는 사진이 그제 각 신문 1면을 일제히 장식했다. 경의선과 동해선 철도 연결 작업을 직접 확인하기 위해 다른 군복을 입은 군인들이 상대방 지역을 둘러보는 상직적인 장면이니 '그림'으로서도 충분히 대접받을 만한 뉴스 가치가 있다.

남북은 오늘 경의선과 동해선 철도 연결식을 실무급들만 참석한 가운데 간소하게 치르기로 했다. 철도 연결이 함축하고 있는 의미에 걸맞게 성대히 치르자는 북쪽 제안에 남쪽이 반대했다고 한다. 비무장지대와 군사분계선을 뚫고 철로를 잇고, 언젠가는 시베리아를 거쳐 유럽으로 뻗어갈 '철의 실크로드'를 발진하는 역사적 행사치고는 너무 조촐하게 치러져 오히려 어색할 지경이다. 6.15 공동선언 세 돌을 맞으며 모두 느끼는 답답함과 썰렁함을 그대로 반영하는 듯하다.

착잡함으로 맞는 '6.15 선언'

3년 전 평양 순안공항에서 남북 정상이 두 손을 잡았을 때의 감동은 식고 차가운 기운만 감돌고 있다. "한반도에 더 이상 전쟁은 없다"는 선언에 고무돼 희망찬 앞날을 꿈꾸었던 기대는 까만 옛날이 됐다. 그날의 감격을 일구었던 주역들은 지금 특검 조사를 받고 있다. 한반도에서 전쟁과 분단을 끝내고 평화와 통일의 날을 앞당기기를 갈망했던 남북 정상회담의 핵심 본질은 묻히고, 그 과정에서 파생된 곁가지 부작용들만 부각돼 실정법의 잣대로 '희생양'을 찾는 것 같아 안타까운 심정이다. 진실을 밝히되 어렵게 쌓아올린 남북관계를 손상하지 말아야 한다는 애초의 다짐도 묽어졌다. 여야의 재개정 협상을 전제로 공포된 특검법이 정쟁에 밀려 전혀 손질되지 않은 채 흘러간 것부터가 정치권이 민족문제를 진정으로 고민하지 않고 있음을 여실히 보여주는 것이었다.

더 강경해진 미국, 달라진 남한 위상

북핵 문제로 야기된 북한과 미국의 갈등은 갈수록 위험수위로 치닫고, 미국이 북한에 대한 압박수단으로 '선택적 지지'를 이미 시작했다는 분석들이 나오고 있다. 마약 등 불법거래를 단속한다는 명목으로 국제법 위반 논란을 피해가며 해상봉쇄를 힘으로 밀어붙일 태세다. 전반적으로 미국은 '대화를 위한 압박'보다는 '제재로 가는 압박', '다자간 회담'보다는 '다자간 압력'으로 방향을 잡았다는 느낌을 지울 수 없다. 베이징 3자 회담이니 5자 회담이니 하며 형식 문제로 또 시간을 끌 모양이다. 미국으로선 급할 것 없으니 아쉬우면 굽히고 들어오라는 것이다.

부시 대통령이 대북 압박기조를 누그러뜨리지 않고 북한이 이에 반발하고 있어, 가운데 끼인 우리는 갈수록 난감한 처지로 몰리고 있다. 하지만 그럴수록 북핵 문제의 평화적 해결 원칙을 더 강조해야 한다. 한국, 미국, 일본의 공조에 매달리다 보면 미국의 일방적 강경책에 끌려가지 않을 수 없게 돼있다. 민족의 운명이 걸린 문제이니만큼 관계가 껄끄러워지더라도 독자적인 목소리를 내야 한다.

현 상황은 전쟁 직전까지 갔던 1994년 핵 위기 때와 대체로 비슷하지만, 크게 다른 점으로 상반되는 두 가지 요소를 꼽을 수 있다. 하나는 부시 정부가 클린턴 정부보다 북한에 대해 훨씬 적대적이고 강경하며 독선적이어서 협상에 의한 사태 해결을 어렵게 한다는 부정적 측면이다. 다른 하나는 남한의 달라진 위상이다. 1994년에는 대화상대로 인정받지 못했던 반면, 이번에는 상대적으로 독자적 구실을 할 수 있는 공간이 마련돼 있다. 남북 정상회담이 열렸고 교류와 협력도 활발히 진행되는 등 관계가 크게 호전됐다. 이를 제대로 활용해 위기를 막아야 한다.

'참여정부' 들어서 미국의 압력으로 중심이 흔들리면서 남북관계가 '국민의 정부' 때보다 소원해졌다는 지적을 받고 있다. '평화번영 정책'이라는 말로만 '햇볕정책'을 계승했다고 할 게 아니라 실질적으로 이어받았다는 믿음을 주도록 해야 한다. 문제는 일관성이다. 일관성이 있어야 신뢰를 얻을 수 있고 지렛대 구실도 할 수 있다. 그런 점에서 노 대통령의 방미, 방일 외교는 먼 앞날을 내다보지 못하고 자충수를 둔 것이라는 비판을 면할 수 없다. 어려운 때일수록 '전술' 보다 '원칙' 이 빛을 내는 법이다.

_2003.6.14

3장

마음의 포용이 먼저다

정상회담 전후

| 남북문제 '감동' 으로 풀자 |

새 천년 새 세기를 소망과 설렘으로 열어보자. 묵은 천년, 묵은 백년은 고난과 시련으로 굴곡진 세월이었다. 그러나 다가오는 백년, 천년은 한민족이 활기로 용솟음치는 희망의 시대가 되어야 한다. 한반도의 현실은 아직 어둡지만, 시야를 넓히면 역사적으로 민족의 재통합은 불을 보듯 환한 일이다. 언제 이루어질지, 어떤 형태로 재결합할지는 몰라도 새 세기 안에 분단을 마감하고 민족 통일을 달성할 것임을 의심하는 사람은 아마 없을 것이다.

과거를 돌이켜보자. 꼭 1000년 전인 서기 1000년은 고려 초인 7대 목종 시절이다. 거란족의 침입이 잦아 서희 장군이나 강감찬 장군이 전장을 누비던 시련의 시절이 그 즈음이다. 시간을 한 세기 전으로 끌어올리면 1900년은 조선조 말 26대 왕인 대한제국 고종황제 시절이다. 국운이 쇠잔해 일본과 청국, 러시아의 침탈이 가중되던 때로, 이 해에 러시아에 거제도 조차를 허용했고 일본 자본으로 한강철교를 놓았다.

비록 고난으로 점철됐지만, 민족개념이 희미하던 천 년 전이나 나라의 명운이 경각에 달린 백 년 전에도 한민족의 찢김이란 상상할 수조차 없는 일이었다. 역사의 눈으로 보면 지금 수십 년 동안의 분단은 찰나에 지나지 않을 수도 있다. 다시 합친다는 의지만 잃지 않으면 민족의 재결합은 예정된 길을 밟아갈 것이리라.

차가운 머리보다 뜨거운 가슴을

그렇다고 거저 주어지는 것은 아니다. 문제는 우리가 얼마나 준비를 갖추느냐에 달려 있다. 준비 여하에 따라 시기가 앞당겨질 수도 있고, 재통합에 따른 혼란이나 갈등, 후유증을 줄일 수 있다. 민족의 재통합이 퇴행이 아니라 비상을 약속하는 활력소가 되도록 해야 한다.

이념의 껍질로 단단히 에워싸인 답답한 현실을 깨는 돌파구가 필요하다. 그것은 메말라 황량해진 가슴에 뜨거운 '감동'을 불어넣는 일로부터 비로소 가능할 것이다. 얽힌 매듭을 푸는 실마리는 차가운 머리보다 뜨거운 가슴에서 시작되어야 한다. 남북 사이에 드리워진 두터운 이념의 장벽, 군사적 대립, 정치적 이해득실, 문화갈등 등 숱한 난제들과 한반도 주변 열강들의 복잡한 역학구도나 야멸찬 이해타산에 대처하는 일은 아마도 차가운 머리로 냉정하고 치밀하게 계산해야 할 터이다.

그러나 그것만으로는 응어리져 딱딱하게 굳어진 껍질을 꿰뚫을 수 없다. 그에 앞서 마음의 벽을 허물 수 있는 감정의 오고감이 전제되어야 한다. 이데올로기의 주술을 풀고 적대감을 녹이는 것은 동포애의 확인 말고 다른 방법이 없다. 감동은 바로 상대가 지금 가장 절실히 원하는 것을 조건 없이 베푸는 데서 싹튼다. 민간은 민간대로, 정부는 정부대로 할 일이 많다.

지금 북녘 동포들의 가장 큰 바람은 허기진 배를 채우는 일이다. 먹거리를 직접 지원하거나 식량을 증산할 수 있는 비료나 우수한 종자를 제때 주는 것 이상으로 반가운 선물은 없다. 현재 통치하고 있는 저쪽 정권에 얽매이지 말고, 주린 배를 움켜쥔 북녘 동포들의 고단한 삶을 먼저 생각해야 한다.

비전향 장기수, 가족 품으로

남파 간첩으로 오랜 기간 복역하다 출소한 비전향 장기수들을 북으로 되돌려 보내는 것도 뜨거운 가슴으로만 가능한 일이다. 수십 년 옥고로 이미 상당한 죗값을 치렀다면, 늙고 병든 몸을 북녘 가족들 품에서 지낼 수 있도록 인간적 관용을 베풀지 못할 게 없다.

이들 또한 분단체제의 희생자들이다. 북쪽에 볼모로 잡혀 돌아오지 못하는 사람들과의 형평성을 들먹이면 문제는 원점으로 돌아간다. 원점보다는 반걸음이라도 앞으로 나아가는 것이 낫다. 그렇게 하는 것이 이산가족 문제를 푸는 열쇠가 될 수 있다.

스스로 변할 의지도 능력도 없는 북한을 무작정 돕자는 말이냐는 일각의 반발도 있다. 그러나 남북 체제경쟁은 이미 저울추가 기울었고, 더 이상 제로섬 게임이 아니다. 언제나 현상의 타파는 자신 있는 쪽에서 시도하는 것이고, 한쪽이 주도적으로 나서지 않으면 늘 제자리다. 상호주의를 내세워 조건을 붙이고 이해득실을 저울질하다 보면 한걸음도 나아갈 수 없다. 새 천년, 새 세기를 민족 대화해의 터를 고르는 일로 시작하자.

_2000.1.5

1994년 7월 8일 김일성 북한주석 사망 소식이 알려지자 남쪽의 반응은 미묘하고 착잡했다. 보름쯤 뒤면 회담을 하기로 합의한 상태에서 상대방이 세상을 떠났으니, 분단 뒤 첫 남북 정상회담 개최에 들떠 있던 국민들의 실망은 컸다. 카리스마를 지녔던 김 주석의 사망으로 북한체제가 급속히 붕괴하면서 흡수통일의 길이 열리는 게 아닌가 하는 성급한 기대감도 한편에서 일었지만, 민족의 화해를 바라던 사람들은 김 주석이 정상회담이라도 마치고 사망했더라면 좋았겠다며 민족 운이 지독히도 없음을 한탄했다. 남북의 진정한 화해는 그만큼 숱한 고비와 우여곡절을 겪어야 한다는 교훈이 아닐까 싶다.

그로부터 6년이 흐르며 국내외 환경은 크게 바뀌었다. 한반도 위기설이 나돌 만큼 급박한 상황에서 카터 전 미국 대통령의 중재로 추진됐던 지난번과는 달리, 이번에는 정상회담 개최를 남북이 주도적으로 합의했다는 점에서 큰 차이가 난다. 남북의 직접대화는 한반도 문제 해결의 핵심 열쇠다. 미국, 중국, 일본, 러시아를 비롯해 세계 각국이 정상회담 소식에 일제히 환영과 지지를 보내는 것도 남북 화해 모색이 일과성에 그치지 않으리라는 기대를 반영하는 것으로 보인다.

일괄적인 포용정책의 결실

그동안 한사코 남한 정부를 외면해오던 북한이 정상회담에 응한 것은 일관된 포용정책의 결실이라는 평가에 인색할 필요는 없을 것 같다. 포용정책에 대한 국제사회의 절대적 지지는 북한으로 하여금 남한을 제쳐놓고는 외부지원을 얻기 어렵다는 자각을 하게 했을 것이다. 김정일 정권이 최악의 체제위기를 어느 정도 수습하고 남쪽과 협력해 경제난을 극복하려는 정책으로 돌아선 것으로 분석된다. 꽉 막혀있던 민족 운이 이제 비로소 트이려나 하는 섣부른 꿈도 꾸어 본다.

그래서 벌써부터 많은 기대로 가슴이 설레지만, 의제나 절차 등 준비접촉을 거치며 넘어야 할 산이 많으므로 남북이 두루 신중하고 차분해져야 한다. 엉뚱하게 일이 꼬이지 않도록 서로 조심할 필요가 있다. 공교롭게도 총선을 사흘 앞두고 정상회담 소식이 발표된 탓에 이런저런 뒷말이 나오는 것도 사실이다.

이왕이면 며칠 참았다가 선거 뒤에 발표했더라면 역사적 의의가 더욱 살아날 텐데 하는 아쉬움이 남는다. 그 때문에 북쪽에 상당한 대가를 약속한 것 아니냐는 야당의 주장이 나오고 있다. 설사 무슨 약속이 있었더라도 당분간 밝혀지지 않을 터이고, 정부 주장대로 대가가 없었더라도 이를 입증할 방법이 없으니 이래저래 뒷말은 나오게 마련이다.

발표 시기를 둘러싼 논란이 있기는 하나, 사안이 사안인 만큼 여든 야든 이번 일을 선거에 연관시키

남북 정상의 첫 만남

이념의 껍질로 단단히 에워싸인 남북관계의 답답한 현실을 깨는 돌파구가 필요하다. 그것은 메말라 황량해진 가슴에 뜨거운 '감동'을 불어넣는 일로부터 비로소 가능할 것이다. 얽힌 매듭을 푸는 실마리는 차가운 머리보다 뜨거운 가슴에서 시작되어야 한다.

지 말았으면 한다. 정상회담을 요란하게 선전하는 것도, 전체적 의미보다는 '총선용'이라며 폄하하는 것도 민족의 장래를 위해 바람직하지 않다. 민족 문제를 정략적으로 접근하면 총선 뒤에도 감정대립이 이어져 두고두고 후유증을 남기게 된다.

화해와 협력의 기운 제대로 살려야

정상회담 소식이 총선에 어떤 영향을 줄지 단언할 수는 없지만, '북한변수'가 예의 매서운 북풍이 아닌 따스한 훈풍이라는 점은 시사하는 바가 크다. 지향점이 다르기 때문에 앞으로 전개될 양상도 과거와는 전혀 다를 것이다. 구조적으로 본다면, 북풍으로 상징되던 기왕의 남북관계가 상대방의 위협을 강조해 증오심을 바탕으로 자신의 권력을 유지하려던 '적대적 의존관계'였다면, 앞으로의 관계는 상대방의 존재를 인정하며 공존의 길을 모색하는 '호혜적 협력관계'로 변해갈 것이다.

남북의 정상이 자리를 함께 한다니 회담 결과도 기대되려니와, 만남 그 자체만으로도 의미가 크다. 이제까지 총리급 회담이 몇 차례 진행됐고, 이런 저런 회담이 있었지만, 양쪽 정상이 얼굴을 맞대는 것은 차원이 다르다. 170만 군대가 총부리를 맞겨누며 대치하는 가운데 민족의 가슴은 멍들고 전쟁 공포에 질려 옥죄어 살 수밖에 없었다. 남북의 평화 공존 모색은 이제까지 감정적, 충동적, 배타적이었던 남북관계가 이성적, 합리적, 호혜적으로 바뀔 개연성을 높여준다. 모처럼 한반도에 부는 화해와 협력의 기운을 제대로 살려야 한다.

_2000.4.12

| 남북관계의 진전과 개혁 |

남북 정상이 평양 순안 비행장에서 처음 손을 맞잡은 뒤 20일이 흘렀지만, 그날의 감격과 흥분이 좀처럼 가시지 않는다. 우리 사회에 던진 충격이 워낙 컸기 때문일 것이다. 이런저런 자리의 화제도 남북 얘기가 단연 으뜸이다. 김정일 국방위원장의 파격적 언행으로부터, 북한의 변화가 일시적인 전술 변화인지 큰 틀의 전략적 변화로 보아야 할 것인지에 관한 논란을 거쳐, 앞으로 남북관계가 어떻게 진전될 것인지로 대화는 이어진다. 그동안 북한 사회와 김정일에 대해 너무도 무지했던 원인을 정부와 언론 탓으로 돌리며 힐난하기도 한다.

남북관계를 꾸준히 개선하려면 신뢰를 쌓아야 하고, 그러려면 정상회담에서 약속한 것을 성실히 지켜야 한다. 이산가족 상봉 합의 등 첫 단추는 잘 끼웠다. 그러나 앞으로 해야 할 일들이 산처럼 쌓여 있다. 체제의 특성상 북한으로서는 최고 지도자와 권력 핵심층의 결정이 상대적으로 중요하지만, 남쪽은 국민적 합의가 뒷받침되지 않으면 힘을 받을 수 없다. 소수파인 김대중 정권이 특히 임기 후반에 접어들면서 얼마나 국민적 지지를 이끌어낼 수 있을지가 핵심 열쇠다. 이번 회담에서도 북쪽은 자신들은 약속을 충실히 지키겠지만, 남쪽이 과연 약속을 지킬 수 있느냐고 몇 번이나 되물었다고 하지 않는가.

비정상적 상황 깨지는 충격

남북관계 진전은 우리 사회에 큰 변화를 일으킬 것이 분명하다. 이제까지 분단의식과 분단문화에 젖어서 지극히 비정상적 상황을 정상처럼 여기고 살았던 데서 깨어나는 충격은 클 수밖에 없다. 특히 남북관계 진전과 우리 사회의 핵심 과제인 개혁 추진이 어떤 함수관계에 있는지가 관심사다.

남북관계 진전이 개혁 추진에 도움이 될 것으로 믿는 사람들은, 소수파인 김대중 정권 지지도가 높아지면 개혁의 걸림돌들을 돌파하는 데 보탬이 될 것으로 본다. 그것이 기득권 세력들의 보수적 목소리와 저항을 누르는 데도 유리하다는 분석이다. 보수 원조를 자임하던 자민련의 색깔이 흐려지기 시작했으며, 엊그제 한나라당에서는 안영근 의원 등 소장파 의원들이 국가보안법 폐지를 주장하며 보수 일색 당론에 이의를 제기하기도 했다. 남북 이슈가 구체적으로 부각되면 우리 사회의 가장 큰 병폐이자 현 정권의 아킬레스 힘줄인 지역주의나 계층 간, 정파 간 갈등 양상이 다소 수그러들 것이란 전망도 나온다.

그러나 부정적 여파를 걱정하는 견해도 있다. 남북관계 진전이 개혁 추진에 대한 정권의 긴장감을 떨어뜨릴지 모른다는 우려의 소리다. 국민 합의를 이끌어내는 과정에서 보수권의 목소리까지 함께 아울러야 한다는 부담감 때문에 갈등 표출을 꺼리고 개혁 속도를 늦출지 모른다는 것이다. 이와 함께 남북 경제협력이 활성화되려면 국내 기업들의 지원이 필요한데, 경제 중심 논리로 가다보면 개혁은 뒷전으로 밀릴 가능성이 높다. 현대그룹의 난맥상이 대표적 사례다.

개혁이 선행되야

김대중 대통령이 어떤 선택을 할지 알 수는 없다. 다만 '역사에 남는 대통령'으로 자리 매김 되려면 남북관계뿐 아니라 국내 문제에서도 장기적으로 성과를 내는 '둘 다 이기는 정책'을 펴야 한다. 당장 힘들더라도 국가 백년

대계를 생각한다면 개혁 과제를 뒤로 돌려서는 안 된다. 길게 보면 남북관계도 사회개혁이 뒷받침되지 않으면 탄력을 잃게 된다. 동전의 앞뒷면과 같다. 아이엠에프 위기에서 벗어나고 정상회담을 성사시킨 저력으로 리더십을 발휘해야 한다.

개혁에 차질을 주는 것은 비단 기득권층의 발목잡기뿐이 아니다. 집권세력 내부의 한탕주의도 척결하지 않으면 안 된다. 국민의 지지가 높아질수록 더욱 근신하고 자중해야 한다. 긴장이 풀어져 온정주의나 내 식솔 챙기기 따위의 행태가 나오면 벌어놓은 점수를 순식간에 까먹게 된다. 개혁 과정에서 구조조정 등으로 직접 피해를 입는 당사자들의 반발을 누그러뜨리려면 고통을 함께 나눈다는 믿음을 주어야 한다. 개혁의 당위성에는 공감하면서도 '나만 당한다'는 생각을 갖게 되면 순탄한 개혁은 기대하기 어렵다.

_2000.7.5

| 속도조절론의 함정 |

남북 정상회담 이후 봇물처럼 터지던 남북 관련 행사가 뜸해졌다. 이산가족 상봉에 이어 장관급회담이 열리고, 국방장관 회담에 경제 실무단 접촉, 적십자 회담에 김용순 특사 방한 등 한꺼번에 많은 대화들이 쏟아져 온통 남북 관련 행사들로 꽉 찬 듯한 착각을 일으키게 했던 것이 사실이다.

이런 가운데 우리 사회의 일각에서 남북관계 개선의 속도를 늦춰야 한다는 이른바 '속도조절론'이 나왔다. 감당하기 어렵고 국민들에게 혼란감을 준다는 것이었다. 마침 경제적 어려움까지 닥치면서 대통령이 남북문제에만 집착할 것이 아니라 내치에 더욱 힘써야 한다는 논리가 겹치며 속도 조절론은 힘을 얻게 됐다. 북한도 이런저런 행사로 일손이 달려 부담스러웠는지 '호흡조절'을 하려는 기색을 보여 자연스레 남북대화는 소강국면에 들어선 느낌이다.

북한은 노동당 창건 55돌 행사를 준비하느라 남북대화 일꾼들이 대거 투입됐다고 한다. 조명록 국방위원회 제1부위원장의 방미와 북미관계 개선이란 큰일을 치르는 데도 적지 않은 준비가 필요했을 것이다. 앞으로 매들린 올브라이트 국무장관과 빌 클린턴 대통령의 방북이 예정돼 있어 더욱 바빠질 것이다.

남북 현안 오히려 늦어서 문제

그러나 이러한 속도 조절에는 함정이 도사리고 있다. 남북이 두루 경계해야 한다. 특히 남쪽에서 일고 있는 속도 조절론에는 자칫 남북관계를 역진시킬 독소가 잠복해 있다. 과연 남북관계 개선 속도가 인위적으로 조절해야 할 만큼 빠른 것인가. '탈냉전의 지각생'인 한반도의 냉전구조를 해체하려면 어느 정도의 속도는 불가피하다. 노태우 대통령 시절 총리회담을 정례적으로 열고 남북 기본합의서를 체결하던 속도가 유지됐더라면 지금쯤은 남북화해가 한창 진행되고 평화가 상당히 정착됐을 터이다.

막연히 속도가 빠르다고 하지만 그 내용을 들여다보면 전혀 사정이 다르다. 단지 여러 가지 문제들이 겹쳐서 빠른 것처럼 보일 뿐이다. 사안별로 따져보면 오히려 늦어져서 문제다. 우선 이산가족 문제는 빠를수록 좋다. 상봉도 자주 하고 생사확인과 서신교환도 서둘러야 한다. 면회소 설치도 더욱 앞당기도록 다그쳐야 한다. 군사적 긴장완화 역시 빠를수록 좋다. 상호 신뢰가 쌓여야 전쟁위협도 줄어들고 앞으로 군사비를 줄여 남북 두루 삶의 질 높이기에 눈을 돌릴 수 있을 게 아닌가. 남북 교류와 협력 역시 빨라서 나쁠 게 없다. 조급하게 서둘지만 않는다면 남북 경제협력으로 인한 성과는 서로에게 이익이 될 것이다.

그런데도 속도 조절론이 먹혀들고 심리적 위축감을 주는 까닭은 무엇일까. 정상회담 이후 남북 합의가 차질 없이 실천되는 데 따른 역작용은 아닐까. 으레 밀고 당기고 하면서 시간을 끌던 남북대화가 너무도 순탄하게 진행되는 '익숙지 않은' 상황 전개에 겁이 난 것은 아닐까. 더욱이 속도 조절론 제기가 남북 화해 분위기에 부정적인 견해의 다른 표현일 수도 있음을 간과해서는 안 될 것이다.

북미관계 급진전도 속도 조절론의 허구성을 드러낸다. 북미관계는 제자리걸음인데 남북관계만 너무 앞서가는 것 아니냐는 논리는 이제 설득력이 없어졌다. 경제 등 내치와 남북문제는 대치되는 게 아니라 얼마든지 병행이 가능하다.

남북화해 독려한 노벨 평화상

김대중 대통령의 노벨 평화상 수상은 좁은 국내적 시각과 달리 국제사회가 한반도 문제를 어떤 눈으로 바라보고 있는지를 여실히 보여준다. 노벨 평화상 수여는 이제까지의 성과를 인정하는 것 못지않게 한반도 평화정착 노력을 독려하는 뜻이 강하다.

속도니 시간이니 하는 개념은 상대적이다. 남북이 갈라져 지낸 세월이 반세기가 넘었다. 적대와 대결의 고리를 끊는 역사적 작업은 이제부터다. 남북 화해와 협력의 속도를 늦춰선 안 된다. 오히려 박차를 가해야 한다. 북한 역시 남쪽의 속도 조절론에 기대거나 북미관계에 매달려 남북관계 진전에 소극적 태도를 보여서는 안 될 것이다.

_2000.10.18

| 조문의 정치학 |

범인이든 위인이든, 한 인간의 삶을 일률적으로 규정하기는 어렵다. 그러나 한 인간을 특징짓는 데는 그의 다양한 삶 가운데서도 가장 인상적인 일이 무엇이었는지가 큰 영향을 주지 않나 싶다. 특히 인생 만년의 강렬한 인상은 과거의 공적이나 허물을 덮기 십상이다. 나이가 들수록 행동거지를 조심하고 덕을 베풀어야 한다는 말도 그래서 나온다.

학생운동권에서도 치열한 논란이 일고 있다지만, 타계한 정주영 현대그룹 명예회장이 남긴 족적은 너무 크고 다양해서 한두 마디로 규정하기 어렵다. 맨손으로 현대왕국을 일구고 나라 경제를 좌지우

북의 정주영 조문단
남북관계가 더욱 진척돼 정주영과 같은 '특별한 인물'만이 아니라 보통 이산가족들도 경조사에 서로 오갈 수 있는 길이 트인다면 얼마나 좋을 것인가. 송호경 북한 아태평화위원회 부위원장이 2001년 4월 서울 청운동 고 정주영 전 현대그룹 명예회장의 빈소를 찾아 장남인 정몽구 현대자동차 회장에게 조화와 함께 김정일 국방위원장의 위로를 전하고 있다.

지했던 기업가로서의 공적이 엄청난 반면, 그렇게 성공하기까지 그늘에 드리운 정경유착이나 노조 탄압, 대통령 출마 등 부정적 유산도 적지 않다. 앞으로는 그런 인물이 나오기 어려울 것이란 말은 한국사회가 이제 틀이 잡혔다는 말과 일맥상통한다.

그의 삶에 대한 총체적 평가는 평소 가까이 접하지 못했던 필자의 몫이 아니다. 다만 말년에 그가 정열을 쏟은 대북 사업이 민족화해에 크게 기여했다는 평가에는 인색하고 싶지 않다. 실향민이어서 북쪽 고향에 남다른 애착이 있었든, 자본가로서 시장 선점 욕심이 유달리 강했든, 그가 아니면 누구도 해내지 못할 큰일들을 했다. 소 떼를 이끌고 판문점을 넘어간다는 것을 그 누가 상상할 수 있었을까. 분단의 벽을 넘는 소 떼를 보며 "차라리 소가 되고 싶다"고 절규한 이산가족들의 한을 상기해보면, 얼마나 대단한 일이었는지 새삼 느껴진다.

금강산 관광사업만 하더라도 그가 아니었으면 엄두를 못 낼 일이었다. 수량적으로 계산할 수는 없지만, 금강산 관광을 통해 남북 사이에 패인 감정의 골이 엄청나게 메워졌을 것이다. 남북 정상회담이 이루어진 것도 상당부분 그의 노력에 힘입은 바 크다.

이런 각별한 인연이 있는지라 김정일 북한 국방위원장이 조문사절단을 보내 그의 죽음을 애도한 것은 한편 당연하면서도 매우 아름다운 일이다. 평양과 금강산 현지에 분향소를 차려 문상하게 하고, 조문사절단을 직접 보낸 것은 분단사상 처음 있는 일이다. 노구를 이끌고 주위의 부축을 받으면서 남북을 오간 열정과, 그를 사업 파트너로 삼아 얻은 실질적 이득을 고려해 북한으로서는 최고의 예우를 한 것이다.

단절된 대화를 잇는 다리

.우리 민족은 예부터 이웃의 애경사에 슬픔과 기쁨을 함께 나누었다. 경사에는 빠져도 애사만은 반드시 챙기는 것을 도리로 여겼다. 사이가 나쁜 이웃끼리는 그런 기회에 화해하는 미풍양속도 있었다. 그래서인지 1994년 김일성 북한 주석이 숨졌을 때 남쪽 사회에서 소모적인 '조문파동'으로 남북관계를 크게 벌어지게 한 것은 두고두고 아쉬움으로 남는다. 그때 조금만 마음의 문을 열었더라도 남북화해는 훨씬 앞당겨졌을 개연성이 높다. 중국 천하를 놓고 다투었던 장제스 총통이 1975년 숨졌을 때 중국은 정중한 조의를 표했고, 이듬해 마오쩌둥 주석이 숨지자 대만도 같은 조처로 화답했다.

남북관계는 지금 중대한 전환기를 맞고 있다. 북한 조문사절단은 불과 몇 시간 서울에 머문 뒤 돌아갔지만, 조문단이 왔다는 것 자체만으로도 남북관계 진전에 이정표가 될 수 있다. 한미 정상회담에 대한 불만으로 남북 장관급회담이 무기한 연기된 상황에서 단절된 대화를 잇는 다리가 될 수 있다. 김정일 국방위원장의 서울 답방 분위기 조성에도 긍정적 효과가 기대된다.

무엇보다 적자 누적으로 중단 위기에 놓인 금강산 관광사업이 지속될 것이라는 소식은 매우 고무적이다. 남북이 화해의 상징인 금강산 관광사업을 계속 이어가고, 뱃길뿐만 아니라 육로도 뚫어 상생의 길로 나아가기 바란다. 화해와 협력을 바탕으로 민족의 살길을 찾아야 한다. 남북관계가 더욱 진척돼 정주영씨와 같은 특별한 인물만이 아니라 보통 이산가족들도 경조사에 서로 오갈 수 있는 길이 트인다면 얼마나 좋을 것인가.

_2001.3.28

| 화평케 하는 자 |

북한을 다녀온 흥분이 채 가시지 않은 듯 임동원 대통령 특사는 상기된 표정이었다. 밤샘협상을 하고 눈도 못 붙인 채 서울로 돌아와 남북이 같은 시각에 공동 보도문을 발표하느라 숨 가쁘게 돌아갔던 전날에 비해, 긴장을 풀고 푹 쉰 탓인지 한결 여유가 있었다.

언론사 통일문제 담당 논설위원들에게 방북 결과와 뒷얘기를 설명하는 자리에서 임 특사는 마침 일요일인 그 날 교회에 가서 감사 기도를 드렸다는 얘기부터 시작했다. 그는 신약성서 마태복음에 나오는 예수의 유명한 '산상수훈' 중 "화평케 하는 자는 복이 있나니" 하는 대목에서 '화평케 하는 자'를 영어로 '피스 메이커'로 표현한다는 설명을 곁들였다. 화해자, 조정자, 중재자 등의 뜻을 지닌 말이다. 햇볕정책이 평화정책임을 강조하는 그의 말 속에서, 자신의 이번 방북활동이 한반도 평화와 민족의 화해에 크게 기여했다는 자부심을 갖고 있음을 역력히 느낄 수 있었다.

남북, 북미 두 축의 대화

'2003년 위기설'이 나돌고, 마주 달리는 열차처럼 팽팽하던 북한과 미국이 일단 대화하기로 방향을 잡은 것은 매우 다행스런 일이다. 물론 대화한다고 모든 게 잘 풀릴 수는 없다. 핵, 미사일 등 대량살상 무기에 대한 양쪽의 견해 차이가 워낙 커 좀체 접점을 찾기 힘들 것이다. 그럼에도 멀리서 눈흘기며 험담만 하기보다 자리를 함께 한다면, 큰 소리로 다투다가도 상대방에 대한 이해심도 생기고 타협의 실마리도 찾을 수 있다.

남쪽의 방송 시청은 물론 신문 보도까지 인터넷을 통해 즉시 파악하는 것으로 알려진 김정일 국방위원장이 김대중 대통령의 권유대로 잭 프리처드 대북교섭 담당 대사의 방북을 받아들이기로 한 것은 오랜 검토 끝에 나름의 판단이 섰기 때문일 것이다. 과거와 같은 '벼랑 끝 전술'이 조지 부시 대통령에게는 통하지 않을 것이란, 김 대통령의 경험에 바탕한 간곡한 충고도 어느 정도 영향을 끼쳤을 터이다.

어떻게 하든 한반도에서 전쟁 위험은 걷어내야 하므로 북미대화 진전은 중요하다. 한반도 위기상황은 '민족 앞에 닥쳐온 엄중한 사태'이며 이를 슬기롭게 풀지 못하면 어떤 재앙을 겪을지 알 수 없기에 가능한 모든 수를 찾아야 한다. 9.11 테러 이후 미국의 핵 억제 정책이 외교적 비확산에서 군사적 비확산으로 바뀌었음은 북한도 충분히 알고 있을 터이다.

북한이 '선미후남' 정책을 접고 남북대화를 먼저 진행하면서 미국과도 엇비슷하게 대화를 병행하는 것이 가장 바람직하다. 두 축의 대화가 앞서거니 뒤서거니 해야 탄력도 붙고 틀이 견고해진다. 남북 군사당국자 회담은 평화 분위기 조성의 상징성이 크다. 군사적 긴장완화와 신뢰구축을 위해서도 긴요하지만, 경의선 연결이나 이번에 새로 합의한 동해선 연결 등이 이뤄지려면 군사당국자 간 협의가 선행돼야 한다.

이번에도 회담 초반에 민족공조와 국제공조를 놓고 말싸움이 있었고, '주적론'을 놓고도 논쟁이 치열했다고 한다. 공조 문제는 현실적 이유 때문에 불씨는 남겨 놓은 채 어정쩡하게 봉합하고 갈 수밖에 없을 것이다. 민족공조를 위해 한미일 공조 틀을 포기하라는 요구를 남쪽이 수용할 리 없음은 북쪽도 잘 알 것이다. 6.15 남북 정상회담 때 자주의 문제를 놓고 논쟁을 하다가 '열린 자주'로 봉합한 것과 같은 맥락이다.

실익 없는 '주적론' 고수

다만 '주적론'은 우리가 솔선해서 폐기하는 것이 옳다. 우리나라 말고 어느 나라 군대도 주적이 누구라고 밝히지 않는다. 추상적으로 표현해도 될 것을 굳이 적시해 상대를 자극할 필요가 없다. 극우세력의 이념공세와 불필요한 논란을 꺼려 주적론이 그대로 유지됐는지는 몰라도, 이것은 폐기하는 것이 논리에도 맞고 실익도 있다.

모처럼 원상회복된 남북관계 훈풍을 살려야 한다. 웬만한 돌발변수에는 흔들리지 않도록 남북 사이의 신뢰를 굳게 다지고, 혹시 역풍이 불더라도 되돌리기 어렵도록 멀리 나가둬야 한다. 민족의 안위보다 더 중요한 것은 없다. 화평케 하는 자는 복을 받을 것이란 믿음은 특정 종교에만 해당되는 진리는 아닐 터이다.

_2002.4.12_

| 김정일과 박근혜 |

평양을 방문한 박근혜 의원과 김정일 국방위원장이 나란히 서서 찍은 사진은 '역사적 사진'으로 기록될 것임이 분명하다. 오래도록 한반도를 갈라 통치해온 박정희 전 대통령의 딸과 김일성 전 주석 아들의 특이한 만남이라는 상징성 때문이다. 냉전시대 치열하게 체제경쟁을 벌인 두 사람의 2세가 만나는 장면은 시대상황이 달라졌음을 여실히 보여주는 것이다. 동시에 두 사람이 개인사적으로 묵은 악감정을 푸는 모습으로도 비친다.

김정일 국방위원장이 박근혜 의원에게 베푼 환대는 여러 모로 파격적이었다. 최성홍 외교통상부 장관이 사대주의적 망언을 했다고 격렬히 규탄하며 남북 경제협력추진위 회의를 무산시킨 가운데 박 의원을 초청한 것부터가 이례적이다. 중국 베이징에 자신의 전용기를 보낸 것이라든지 백화원 초대소 숙박, 면담에 이은 만찬, 신속한 동정보도, 판문점을 통한 귀환 등 국빈에 준하는 융숭한 대우를 넘어 살뜰한 배려를 아끼지 않았다. 이산가족 면회소 설치, 동해안 철도 연결 등 박 의원이 제기하는 문제에 대해서도 대부분 선선히 동의했다.

그 중에서도 1968년 북한 특수부대원들의 청와대 습격사건에 대해 극단주의자들의 잘못이었다며 미안함을 표시한 것은 각별한 소회를 자아낸다. 과거 김일성 주석이 이런 뜻을 에둘러 표현한 바 있지만, 김 위원장이 박 의원에게 직접 사과한 것은 또 다른 차원이다.

두 사람이 공통의 화두로 삼았다는 7.4 남북 공동성명은 지금도 평가가 엇갈린다. 1972년 박정희 대통령의 밀사로 평양에 간 이후락 중앙정보부장이 김일성을 만나 틀을 잡았다는 7.4 공동성명은 남북 사이에 맺은 첫 공식 합의란 점에서 기념비적 의의를 지닌다는 게 대체적 평가다. 자주, 평화, 민족 대단결의 통일 3원칙은 1991년 남북 기본합의서, 2000년 6.15 공동선언의 기본 정신으로 자리 잡았다.

반면 남북의 독재정권이 각자의 통치체제를 공고히 하기 위해 서로 이용했다는 비판도 만만치 않다. 7.4 공동성명 뒤 박정희 대통령은 대통령 직선제를 없애는 등 장기집권을 위한 유신체제로 줄달음쳤고, 김일성 수상은 헌법을 고쳐 주석제로 가면서 명실상부하게 유일 지도체제를 완료했다.

박정희와 김일성이라는 두 권위주의적 지도자가 각기 남북을 통치한 1961~1979년의 18년은 남북의 체제경쟁이 가장 치열했던 시기였다. 박정희

가 다섯 살 연하였고, 김일성이 항일 빨치산 투
쟁 경력을 가졌던 반면 박정희는 일본 관동군 장
교를 지냈다. 박정희는 이에 따른 열등감을 경
제개발을 통한 체제경쟁 승리로 보상받으려 했
고, 1970년대에 드디어 남북의 경제적 우열을 뒤
집는 성과를 거두기도 했다.

공감대 지닌 독재자의 아들과 딸

북쪽의 새 통치자로 자리를 굳히고 김대중 대
통령과 남북 정상회담을 한 김정일 국방위원장
이 한국미래연합 창당을 준비중인 박근혜 의원
을 초청하고 결과적으로 그의 이미지 형성에 도
움을 준 배경에 궁금증이 이는 것은 당연하다.
박 의원 초청을 통해 남쪽 정치에 관여하려 한다
는 분석이 있지만, 그렇게만 보기에는 박 의원의

김정일 – 박근혜 회담

김정일 위원장이 박근혜 의원을 초청한 것은 절
대 권력자의 2세라는 운명적 동질감을 박 의원에
게 느꼈기 때문이 아닐까 하는 분석도 있다. 두
사람은 아버지의 후광으로 오늘의 정치적 입지를
구축한 반면, 고독한 성장과정에 대한 연민의 공
감대도 있을 것 같다.

현실적 영향력이 그리 커 보이지는 않는다. 김정일 위원장이 북한 내부적으
로 '광폭정치'를 선전하고, 자신에게 적대적인 한나라당 이회창 전 총재를
제외하면 남쪽의 어떤 보수진영 인사와도 대화할 수 있다는 메시지를 보내
기 위해 박 의원을 택했다는 관측도 나온다.

그러나 그에 못지않게 김 위원장이 '절대권력자의 2세'라는 운명적 동질
감을 박 의원에게 느낀 것이 아닐까 하는 사회심리적 분석도 설득력이 있
다. 아버지의 후광으로 오늘의 정치적 입지를 구축한 반면, 고독한 성장과
정에 대한 연민의 공감대도 있을 것이란 관측이다. 김 위원장은 치밀하고

냉정한 면과 함께 즉흥적이고 낭만적 기질도 드러낸다는 게 관측자들의 평가다. 가장 근본적인 신뢰관계를 쉽게 무너뜨리는 등 상식을 뛰어넘는 '돌출'도 결국 이런 점에 기인하지 않나 싶다.

남북이 안고 있는 여러 문제 가운데 핵심은 평화를 어떻게 유지하느냐 하는 점이다. 여러 가지 문제점에도 불구하고 김정일과 박근혜 두 사람의 만남에 일단 긍정적 점수를 주는 것은 남북화해 및 협력, 그리고 평화에 보탬이 되리란 생각 때문이다.

_2002.5.24

| '평화 한반도'를 위한 덕담 |

새해는 평화로운 한반도 시대가 본격적으로 열리는 해가 되었으면 한다. 북한 핵 위기를 코앞에 두고 웬 뚱딴지같은 소리냐고 할지 모르지만, 새해 첫머리에 이런 바람과 덕담조차 없다면 현실이 너무 삭막하다.

올해 2차 남북 정상회담이 열리고, 서울을 방문한 김정일 국방위원장이 '한반도 평화 선언'에 서명하는 꿈을 지레 접고 싶지는 않다. 북한 핵 위기가 급박해질수록 김정일 위원장의 서울 답방 필요성은 더 절실하다. 정상회담에서는 서로 무력침공을 하지 않고 군사적 신뢰를 구축하기 위한 토대를 마련하며 민족경제 공동체를 일구는 실질적 협력을 다짐하는 등 한반도 평화를 정착시킬 항구적인 틀을 논의했으면 한다. 지뢰가 제거된 비무장지대를 뚫고 금강산 육로관광과 개성공단 건설이 이뤄져 남북 사이에 인적 물적 교류가 활발해짐은 물론, 남북으로 연결된 경의선과 동해선이 멀리 러시아와 중국을 거쳐 유럽으로 뻗어간다면 겨레의 앞날에 새 희망이 싹틀 것이다.

김대중 대통령과 노무현 대통령 당선자는 북한 핵 위기를 대화를 통해 평화적으로 풀어야 한다고 강조하고, 북한과 미국 사이에서 주도적인 중재 구실을 하겠다고 다짐했다. 그 첫걸음은, 힘을 보태줄 것으로 기대되는 중국, 러시아는 물론 일본이나 유럽연합에 도움을 호소하는 것이다. 관련국들이 힘을 모아 조지 부시 미국 대통령과 김정일 위원장이 강경한 태도를 누그러뜨리도록 압박을 가하는 뜻이다.

남쪽의 중재가 성공해 북미대화가 성사되려면 미국을 상대로 한 설득과는 별도로 북쪽이 남쪽에 무게를 실어줘야 한다. 말로는 민족공조를 외치면서 행동으로는 남쪽 온건파의 입지를 좁히는 행태를 계속해선 안 된다. 실제 남쪽 사회에 대한 근본적 인식이 바뀌어야 한다. 여중생 사망사건을 계기로 불평등한 한미 주둔군지위협정(소파) 개정을 요구하는 촛불시위가 확산되면서 전쟁을 반대하고 한반도 평화를 기원하는 목소리가 커지는 참뜻을 북한은 바로 알아야 한다. 성숙한 시민의식이 주권국가 국민으로서의 자존심 회복을 당당히 요구하기에 이르렀다. 그동안 미국은 한국 정부에만 압력을 가하면 됐으나, 앞으로는 양국 관계가 질적으로 달라질 것임을 예고하는 대목이다.

맞춤형 촛불시위

퇴임을 앞둔 김대중 대통령이 미국의 대북 '맞춤형 봉쇄' 해법에 대해 단호하게 반대의 뜻을 밝힌 것은 이런 사회적 분위기와 관련이 깊다. 노무현 당선자가 한미공조에 대해 "미국이 일방적으로 발표하고 한국은 수용하는 절차가 아니라 사전에 함께 충분히 논의하고 검토해야 한다"고 재정의하고

"북핵문제를 둘러싸고 미국이 취하는 조처가 한국민에게는 사활적 이해관계로 다가오므로 미국은 한국의 의견을 최우선으로 존중해야 한다"고 강조한 것도 같은 맥락에서 매우 중요한 변화다.

월드컵 4강 신화를 이루는 과정에서 자연스럽게 형성된 자신감과 '꿈은 이루어진다'는 자긍심, 촛불시위로 표출된 민족적 자존심, 낡은 정치 틀을 깨뜨리는 데 한몫을 한 정치개혁 요구 등은 힘차게 변화하는 남쪽 사회의 역동성을 잘 보여준다. 낡은 질서가 깨지면서 솟구치는 힘과 거기에 담긴 의미를 바로 보아야 한다.

북한도 시대 흐름에 맞게 나름대로 변해야 한다. 북한이 경제관리 개선조처, 신의주 특구 지정, 북일 수교회담, 남북관계 진전 등 개혁과 개방을 향한 발걸음을 내딛는 듯하다가 핵 갈등으로 예의 벼랑 끝 전술로 되돌아간 것은 안타깝기 짝이 없다. 싸움을 말리겠다는 사람이 있기는 하나 위험한 선택임이 틀림없다. 예기치 못한 돌발사태도 우려되지만, 그 와중에 경제난은 갈수록 심화된다.

북한은 체제 안전 보장을 미국과의 맞대결을 통해서만 얻으려 할 게 아니라 국제사회와의 연대, 특히 남쪽과의 긴밀한 협조를 통해 돌파하는 방안을 찾기 바란다. 노무현 대통령의 당선은 남녘 겨레가 대결과 압박보다는 평화와 대화를 선택했다는 뜻임을 바로 인식한다면, 북한은 남쪽의 선의와 자주적 결단을 믿고 평화의 길로 나서야 한다. 그 길목에 2차 남북 정상회담의 효용성이 있다. 새해 벽두에 거는 기대다.

_2003.1.3

114

남남갈등 바로보기

언론 개혁 조처와 언론사 세무조사를 계기로 모처럼 지식인들이 나서서 논쟁을 벌이고 있다. 언론 매체들이 다투어 마당을 제공한 탓이 크다. 제삼자 격인 지식인들한테 누가 더 지지를 받느냐를 놓고 힘을 겨루는 양상이다.

이런 배경이 깔린 토론이고 논쟁이기에 부작용도 있지만, 서로 자신의 생각을 숨김없이 드러내면서 논쟁 마당으로 나온다는 측면에서는 긍정적이다. 자신이 원해서건 이런저런 관계로 원고청탁을 거절하지 못해서건, 어느 정도 '용기'와 '각오' 끝에 나선 것이기에 논점이 비교적 명확하다. 말하고자 하는 내용이 분명하니 속내는 감추고 겉만 꾸며 독자들을 호도하는 것보다 훨씬 '생산적'이다. 때로 감정적이거나 천박한 표현들이 나오는 것은 문제지만, 그것은 지식인으로서 스스로 평생 감당해야 할 짐이니 논외로 치자.

논쟁이 가열돼 반론을 부르고 인터넷 등에서 공격을 받기도 하지만, 그런

'불편'을 감수하지 않으면 글쓰기를 할 수 없는 세상이 됐다. 개중에는 세상이 왜 이리 시끄럽게 됐냐고 불평하는 사람도 있지만, 이는 과도기적 현상이다. 귀에 거슬리는 얘기를 하면 말로 반박하는 게 아니라 잡아가 혼내고, 자신의 생각을 펼칠 기회조차 박탈해 침묵시키던 지난 시절에 비하면 얼마나 건강하고 발전한 것인가. 다른 측면에서 보면 한쪽으로 기울었던 저울추가 이제 엇비슷하게 균형을 잡아간다고도 볼 수 있다.

강요된 침묵과 건강한 논쟁

이번 논란은 언론 개혁 문제를 놓고 일어났지만, 사실 이 문제뿐 아니라 치열한 논쟁을 거쳐 정리해야 할 일들이 많다. 남북문제는 그런 열띤 토론이 가장 필요한 분야다. 민족의 앞날을 좌우하는 중요한 화두인데도 핵심을 제쳐둔 채 비논리적 주장이나 정략적 공방으로 소모전을 벌여왔다. 생각이 같든 다르든 차분하게 토론해 최소한의 합의나 공감대를 찾는 노력을 해야 한다.

과연 통일이 필요하다고 보는지에서 시작해 통일을 한다면 어떤 통일을 해야 하는지, 통일을 위해 어느 정도의 대가를 치를 수 있는지, '6.15 남북 공동선언'에서 밝힌 남쪽의 연합제 안과 북쪽의 낮은 단계의 연방제 안 사이의 공통점은 검토해 수용할 만한 것인지, 북한 사회를 어떻게 보는지 등등 진지하게 토론할 것이 많다. 또 평화유지 관리에 중점을 둔다면 남북 사이에 지속적으로 긴장을 완화시킬 방안이 무엇인지, 평화협정을 새로 맺어야 하는지, 군축은 어떻게 추진할 것인지, 주한미군의 존재는 어떤 의미를 지니는지 등을 이성적으로 논의해야 한다.

구체적 사안을 보면, 북한에 대한 정부 지원이 '퍼주기'라는 비판은 과연 옳은 지적인지, 아니면 평화유지 비용으로 봐야 할 것인지, 김정일 북한 국방위원장의 답방을 환영하는지 반대하는지 등을 솔직하게 터놓고 토론할 필요가 있다. 그리고 이도 저도 반대라면 과연 무슨 대안이 있는지, 어떻게 하자는 것인지도 따져봐야 한다.

돌이켜보면, 남북 정상회담 뒤 분위기가 무르익었을 때 당연히 해야 할 일들을 제때 처리하지 못한 잘못이 크다. 남쪽에서 독자적으로 할 수 있었던 일도 '속도 조절론'에 밀려 제대로 추스르지 못했다. 국가보안법 개폐 등 논쟁이 일 만한 사안들은 아예 회피했다. 다소 힘이 들고 시끄럽더라도 정공법으로 문제를 풀어야 했다.

민족모순 이성적으로 봐야

반세기 동안 쌓인 온갖 모순이 농축된 남북문제를 풀려면 모든 구성원들의 지혜를 모아도 부족하다. 우리가 바란 대로 안 될 수도 있고, 예상했던 것보다 훨씬 잘 풀릴 수도 있다. 남북 정상회담이 열리고, 남북 간 대화가 활발했던 것이 예상보다 잘 풀린 일이라면, 현재 남북관계의 정체나 북미 갈등 등 답답하게 꼬인 상황은 우리 뜻대로 안 된 것이라 할 수 있다.

국정원 간부 파면 사건에서 보듯이 미국, 일본, 중국, 러시아 등 주변국들은 한반도 상황 변화에 촉각을 곤두세우고 있다. 결국 민족문제는 남북이 힘을 모아 자주적으로 풀어야 한다. 대립이 오래 가면 남과 북 모두 헤어날 수 없는 늪에 빠진다는 것을 인정하는 바탕 위에서 건설적 논의가 진행돼야 한다. 겨레의 해방과 함께 분단이란 비극이 비롯됐던 8월은 이런 논의를 하기에 적기다.

_2001.8.3

겨레가 해방되고 분단의 고통이 시작된 8월은 그 어느 때보다 민족 문제를 떠올리게 한다. 올해 광복절은 고이즈미 준이치로 일본 총리의 신사 참배와, 북한과 미국의 갈등 여파로 남북대화가 몇 달째 중단된 답답한 상태에서 맞는 터라 어느 해보다 우울하고 착잡하다. 일본이나 미국이 아직도 민족의 자존심을 짓밟고 겨레의 앞날을 좌지우지하고 있음은 안타까운 일이다. 일본과 미국에 우익성향 정권이 들어서 자국 우월주의에 빠진 극우세력과 영합해 펴는 정책을 우리 힘으로 막기는 역부족이다. 다만 우리와 직접적으로 연관된 일에서는 최대한 노력을 기울여 민족이익을 지켜야 한다.

또한 화살을 밖으로만 돌릴 게 아니라 우리 스스로 외세의 개입을 막고 극복하겠다는 의지가 얼마나 치열했던가를 반성해야 한다. 해방 직후 친일파 청산을 통해 민족정기를 바로 세우지 못한 잘못, 그리고 지금도 끈질기게 흐르는 친일옹호 세력의 뿌리를 뽑지 못하고 있는 잘못을 자책해야 한다. 친일파들은 이미 수명을 다했지만, 역사적 청산이 이뤄지지 않아 그들의 논리, 그들의 행태는 아직도 우리 정신세계를 지배하고 있다. 일제 때는 일본 침략자들에게 붙어서, 해방 뒤 미 군정기에는 미국에 기대어 민족 이익보다 개인 영달을 추구했던 세력들이 우리 사회의 주도권을 쥐고 기득권층으로 온존해 왔음을 간과해선 안 된다.

이들은 군사독재 정권이 들어서면 그들에게 붙어서, 정권이 바뀌면 또 재빨리 변신해 지배적 지위를 유지하곤 했다. 과거의 부끄러운 이력은 화려한 경력과 경륜으로 둔갑했다. 이들은 순망치한의 논리로 끼리끼리 돕고 세력을 확장하는 결속력을 과시한다. 이들에 목을 맨 세력들도 만만치 않아 이

땅의 변화와 개혁을 꾀한 시도는 늘 '안정 우선 논리'에 꺾여 좌절됐다. '나라 세우는 일이 시급하므로" "공산침략에 대항하기 위해" "경제건설부터 하고 나서" "불행한 과거를 잊고 화합해야 하므로" 등등의 현실 타협론에 번번이 밀렸다. 바로 냉전세력의 논리다. 이들은 변화에 대한 국민의 불안감을 자극하고 증폭시켜 기존 질서를 유지하고 강화하는 데 이용했다.

남과 북, 자주적 관계개선 시급

현실추수 논리는 미국 입김에서 벗어나지 못하는 데서도 잘 나타난다. 미국의 눈치를 살피는 것이 체질화돼 있다. 세계의 유일 초강대국인 미국의 힘을 제대로 보지 못하는 편협한 국수주의에 빠져선 안 되지만, 주한미군 문제나 소파협정 개정에서 드러나듯 민족의 자존심을 지키려는 최소한의 노력조차 지레 포기하는 것이 아닌가 반성해야 한다. 그런 바탕 위에 서야 민족문제를 바로 보고 해법을 찾을 수 있다.

지난해 남북 정상이 만나 '6.15 공동선언'을 발표하고 이산가족 상봉이 이루어지는 등 역동적으로 펼쳐지던 남북관계는 싸늘하게 식었고, 답답한 상황을 풀 돌파구는 보이지 않는다. 일러야 장쩌민 중국 주석이 평양을 방문하고, 그 뒤 아태경제협력체(아펙)가 열릴 10월 이후에나 북미대화, 남북대화가 재개될 가능성이 있다. 미국의 현실적 영향력을 무시할 수 없는 남쪽의 한계도 문제지만, 미국과의 관계에 남북대화를 연계하는 북한의 단선적 태도도 문제를 어렵게 만든다.

남북 정상회담에서 한 약속의 실천이 지연되는 데 따른 실망은 남북 사이의 근본적인 신뢰를 흔든다. 합의한 일은 어떤 난관이 있어도 지킨다는 믿음이 있어야 관계가 굳어지고 성숙된다. 김정일 국방위원장의 서울 답방이나 장관급 회담의 지연도 그렇지만, 최근 금강산 관광특구 지정과 육로관광을 협의할 남북 당국의 대화 약속이 유야무야된 것은 신의를 저버린 행태다. 눈앞의 이익에 급급해 우선 실리를 챙기겠다는 태도야말로 소탐대실의 단견이다. 클린턴 대통령 시절에 결단의 시기를 놓친 것이 민족문제를 꼬이게 만들었듯이, 북은 작은 이익을 탐하다 큰 것을 잃는 잘못을 되풀이해선 안 된다. 남북이 자주적으로 문제를 풀지 못할 때 외세의 개입은 필연적이며 냉전세력의 목소리가 커진다는 엄연한 사실을 잊어서도 안 된다. 말로만의 자주가 아닌 실천적 자주가 필요하다. 남쪽이 민족적 양심세력의 입지를 좁히고 신뢰를 잃게 된다면 북쪽은 누구와 대화할 것인가.

_2001.8.17

| 남남갈등 바로 보기 |

'8.15 평양 민족통일 대축전'에서 발생한 돌출행위의 여진이 가시지 않고 있다. 정부는 일부 인사에 대한 사법적 처리로 서둘러 선을 긋고 넘어가려 했으나 여의치 않다. 처음에는 한나라당의 의례적 정치공세쯤으로 여겨졌던 통일부 장관 해임 건의안 제출에 자민련이 가세하는 모습을 보이면서 '실제 상황'으로 돌변해 버렸다. 이제껏 공동여당의 틀 안에서 온갖 혜택을 누리던 자민련이 정작 협조가 필요한 결정적인 시기에 애를 먹이면서 자신의 존재를 과시하기 때문이다.

당의 이념적 정체성 운운하지만, 그런 말을 하려면 진작 자신의 고유한 목소리를 내야 했다. 국민의 눈총은 안중에 없이, 책임은 지지 않으면서 권력의 단맛만 즐기는 김종필 자민련 명예총재의 구태의연한 정치 행태에 넌더리가 날 지경이다. 정치는 현실이라지만 처음부터 잘못된 만남은 두고두고 짐으로 작용하는 법이다.

자민련에서 자가발전하는 이른바 '제이피 대망론'이란 것도 따지고 보면 허깨비 장난에 지나지 않는다. 현재의 미묘한 여소야대 구조에서나 그의 존재가 돋보일 뿐, 홀로서는 순간 '용도가 다한 정치인'으로 전락할 것은 불을 보듯 훤한데도 선거가 임박하면 되풀이 하는 몸값 올리기 내지 국민 현혹하기의 일환이 아니겠는가. 이런 거품을 알면서도 그를 부각시키는 배경에는 다분히 정치적인 이해가 개재돼 있기 마련이다.

임동원 장관의 거취는 특정인이 통일부 장관을 맡느냐 마느냐 하는 문제가 아니다. 그동안 김대중 대통령의 최대 치적인 남북 정상회담과 남북 평화구조 정착의 실질적인 사령탑 구실을 해왔기에, 그의 강제 퇴진은 햇볕정책의 총체적 붕괴로 비치게 된다. 정부가 일부 언론과 정치권의 의도된 압력에 밀리느냐 버티느냐를 가르는 것이기도 하다. 그의 해임을 계기로 본격적인 정권 흔들기가 기승을 부리고 김대중 정권의 레임덕도 앞당겨질 가능성이 크다. 최악의 경우 국회 표 대결에서 지는 한이 있더라도 남북화해 의지는 확고함을 밝히는 것이 훗날을 위해 필요하다.

진솔하고 수준 높은 대화

이 참에 우리는 어느새 우리 사회의 핵심 화두로 떠오른 이른바 '남남갈등'이니 '국론분열'이니 하는 말에 대해 깊이 생각할 필요가 있다. 민족의 장래 문제를 놓고 벌이는 논란이 과연 '갈등'이나 '분열' 같은 부정적 용어로만 치부돼서야 되겠느냐는 생각 때문이다.

사람마다 생각이 다른 것은 당연하다. 이제까지는 억눌리고 짓밟혀서 제 생각을 표현하지 못했을 뿐이다. 이를 놓고 나라가 갈가리 찢기는 것처럼 과장하면서 획일성만 강요하면 우리 사회에는 발전이 없다. 저마다 자신의 생각을 진솔하게 밝히고 서로의 다름은 토론을 통해 조율해 합리적 길을 찾는 것이 민주주의의 본령이다. 다만 전제가 있다. 논의의 수준이 높아져야 한다. 자신과 다른 견해는 무조건 배척하고 심지어 적대적으로 대하는 것은 어느 쪽이든 옳지 않다.

이런 측면에서 볼 때 그동안 정부가 이 문제를 소홀히 했거나 일부러 회피한 감이 있다. 당시로서는 조용히 넘어가는 게 잘한 것 같았지만, 결국 문제를 드러내지 않고 곪도록 덮어둔 대가를 톡톡히 치르는 것이다.

다소 힘들고 혼란스럽더라도 과도기의 진통으로 여기고, 문제의 본질을 진지하게 토론하면서 합리적 대안을 찾는 것이 정공법이었다. 보수진영과 진보진영 간에도 대화를 해야 하지만, 통일운동에 앞장서왔다는 자부심을 갖고 있는 진보단체 구성원들 사이에도 '말로만의 토론'이 아닌 '삶의 무게를 실은 진솔한 대화'가 있어야 했다. 이런 과정을 통해야 차이점도 분명히 드러나고 일부의 편향성도 극복할 수 있었을 것이다.

김포공항에서 일부 보수단체 회원들과 진보단체 회원들이 경찰을 사이에 두고 맞시위를 벌인 사건은 '남남갈등'의 표본으로 부각되면서 온통 난리가 날듯이 과대 포장됐다. 그러나 냉정히 보면 우리 사회에서 이들의 행위에 동조하는 사람들이 과연 얼마나 될까. 전체적으로 보면 '한줌' 밖에 안 되는 사람들의 극단적인 행동을 두고 분열상을 증폭시키는 것은 결코 정직한 태도가 아니다. 우리 사회 구성원들은 모두 자신에게 좀더 정직해져야 한다.

_2001.8.31

| 서해교전 이후 |

역사의 중요한 전기는 오판에서 비롯된 경우가 많았다고 한다. 1953년 휴전 이후 사실상 정규군 사이의 첫 전투인 서해교전에서 북한은 무엇을 느꼈을까. 애초 북한이 서해 사건을 일으킨 의도가 무엇이었든, 그 결과는 전혀 예기치 않은 쪽으로 나왔다고 필자는 생각한다. 남쪽이 그렇게 강력히 대응하리라고 생각하지 않았던 것이 북한의 첫 번째 오판이었다면, 남북의 전투력 차이가 그렇게까지 날 줄 미처 몰랐던 것은 더욱 중대한 판단착오였다고 본다. 컴퓨터로 순식간에 발사되는 첨단 무기의 위력은 손으로 일일이 조작하는 북한군과 속도와 화력 면에서 상대가 되지 않았다.

물론 서해교전이 남북 군사력 차이를 대변한다고 속단할 수는 없다. 북한에는 이번에 맞붙은 배들보다 중무장한 전투함들이 많다. 국방백서에는 남쪽 선박이 200여 척임에 비해 북쪽은 990여 척이라고 쓰여 있다. 그러나 북쪽 선박들은 매우 낡은데다 소형 선들이라 총 톤수에서 뒤진다. 1995년 미그 19기를 몰고 넘어왔던 이철수 대위의 증언대로 낡은 비행기에다 유류난 때문에 비행훈련이 힘든 상황이라면, 공군력에서도 큰 차이가 날 것이다. 육군의 경우 병력 수는 비교가 안 되지만 무기의 질은 남쪽이 앞선 것으로 평가된다. 군사력이 열세

서해교전
서해에서 잇달아 벌어진 교전으로 햇볕정책은 중대한 시련을 맞기도 했다. 1999년 6월 서해 연평도 인근 해역 교전 때 우리 해군 고속정과 북한 경비정이 충돌하고 있다.

라는 국방부 주장과는 달리 많은 학자들은 우리 쪽이 이미 앞서 있다고 분석한다. 북한이 장거리 미사일을 개발해 인공위성을 쏘아 올리고 핵무기 개발 의혹까지 받지만, 특정 분야에 집중 투자하는 사회주의권 특유의 '불균형 발전'에 따른 것으로 봐야 할 것이다.

엄청난 전투력 차이에 충격

현격한 전투력 차이를 실감한 서해 사건으로 북한 지도부는 엄청난 충격을 받았을 것이다. 여기에 위기감을 더한 것이 긴밀한 한미 군사공조 체제다. 일방적으로 당한 북한이 굴욕감을 참으며 꼬리를 내린 것도 이 때문일 것이다. 서해 사건을 통해 북미관계 개선의 중요성을 부각시키려 했는데, 감정적으로 일을 확대하다가 뒤틀려 혹시라도 미군에 빌미를 준다면 체제 존립을 걱정하지 않을 수 없다. 북한은 그동안 미국이 유고 다음으로 노리는 공격 목표는 자신이라며 잔뜩 경계해왔다. 한미 작전계획 '5027 – 98'을 들먹이며 '북침 위협'을 선전하기도 했다. 중국의 존재 등 동북아 정세를 볼 때 우리 눈으로는 북쪽 주장이 상투적 트집이나 내부 단속용 엄살로 비치지만, 그들 처지에서는 절박할 수도 있다.

냉정하게 말하면, 지금 북한으로서 가장 믿을 것이라고는 서울과 지리적으로 가깝다는 사실뿐일지 모른다. 전면전을 치를 능력은 없어도 서울을 '불바다'로 만들고 남쪽에 치명적 타격을 준 뒤 자폭할 능력은 충분히 보유하고 있다. 어찌 보면 이것이 가장 위협적인 '방어기제'다. 주한미군의 존재도 억지력인 동시에 '인질'의 성격도 있다. 이러한 상황에서 한국, 미국, 일본 세 나라는 페리 대북정책조정관을 통해 핵과 미사일 개발 중단 등을 요구한다. 경제난을 타개하기 위해서는 바깥 나라의 도움이 절실하지만, '무장

해제' 뒤 달리 기댈 곳이 없다는 게 북한의 딜레마다. 금창리 핵 의혹을 부풀리며 응징론을 편 미국 공화당 강경파들이나, 햇볕정책을 유화책이라고 몰아붙이는 남한 강경파들의 행태를 보면 두 나라 정부의 약속을 곧이곧대로 믿기도 어려울 것이다.

뒤틀린 감정의 분출구?

한반도 상황은 큰 틀에서 종합적으로 봐야 한다. 판문점에서는 어제 유엔사와 북한의 장성급 회담이 열려 서해 사건 책임 공방을 벌였고, 중국 베이징에서는 남북 차관급 회담이 하루 늦게 열려 어렵사리 진행되고 있다. 북한이 한 관광객을 붙잡아 조사하면서 햇볕정책의 상징인 금강산 관광도 잠정 중단되는 등 남북관계 전체가 삐걱거린다. 정부의 햇볕정책은 시험대에 올라 있다. 일련의 일들이 치밀하게 조율된 것으로 보기는 어렵지만, 서해 사건으로 잔뜩 구겨진 자존심과 뒤틀린 감정들이 분풀이할 곳이 생기면 불쑥불쑥 터져 나오는 것으로 보아야 할 것이다. 서해교전이란 충격 뒤에 어차피 치러야 할 '홍역'인지도 모른다. 그것이 군사적 방법으로 표출되지 않는 것을 다행으로 여겨야 할 것인가. 북한의 오판에서 비롯한 서해 사건이 한반도 평화체제 구축에 긍정적으로 작용하도록 해야 한다. 남과 북에서, 그리고 미국에서 합리적 목소리들이 감정적 강경론을 딛고 일어서야 악순환의 고리를 끊을 수 있다.

_1999.6.23_

| '서해긴장' 덧내지 말라 |

북한 인민군 해군사령부가 발표한 이른바 '5개 섬 통항 질서'는 새삼 서해에 긴장을 몰고 왔다. 백령도 등 서해 다섯 개 섬 수역에 일방적으로 통행로를 설정하고, 이를 벗어날 경우 영해나 영공 침범으로 간주하겠다고 선포한 것이다. 북한의 엄포에도 불구하고 서해 5도를 다니는 여객선들은 해군의 호위를 받으며 예전 뱃길로 통행중이어서 당장 무력충돌을 염려할 단계는 아니나 안심하기엔 이르다.

'5개 섬 통항 질서' 발표는 북한이 2002년 9월 2일 선포한 서해 해상군사 분계선에 대한 후속 보완 조처의 성격을 띤다. 서해교전 참패로 주춤했던 북한은 몇 달 뒤 충격을 추스른 듯 이제까지 실질적으로 통용돼온 북방한계선의 무효를 선언한 데 이어 이번 발표를 통해서는 통항로를 지정하는 정교한 논리를 내세우고 있다. 서해 5도 관할권을 인정하는 등 유연한 면도 보이나 쉬 넘길 일이 아니다. 혹시라도 남북 간에 무력충돌이 벌어진다면 안전한 항로를 이미 제시하지 않았느냐고 책임을 우리 쪽에 떠넘길 가능성이 크다.

권력 교체기마다 개입

북한이 총선을 앞둔 민감한 시기에 긴장을 높이는 이유가 무엇인지를 두고는 여러 분석이 나온다. 꽃게 철을 맞아 심리적으로 우리 쪽 출어를 위축시켜 어장을 넓히려는 것, 지지부진한 북미 고위급회담에서 양보를 얻어내려는 전략, 김대중 대통령이 제안한 베를린 선언의 진의를 캐보려는 의도, 대내 결속 강화용 등 여러 풀이가 나온다. 선거 시기를 맞은 남한 내부를 분열시키려는 대남 전략 측면도 물론 크다.

북한은 남쪽의 권력 교체기마다 직간접적으로 영향을 끼쳐왔다. 지난 1996년 4.11 총선을 앞두고 휴전선 비무장지대에서 사흘 동안 무력시위를 벌이며 이른바 '북풍'을 일으켜 당시 여당인 신한국당에 큰 도움을 준 일이 있고, 1997년 대선 때도 판문점에서 '총풍'을 일으켜 분위기를 잡아달라는 남쪽의 요청을 받기도 했다. 1987년 대선을 앞두고 터진 대한항공기 폭파사건은 노태우 후보의 당선에 결정적 기여를 했다.

북한 지도부의 의도가 무엇이든, 때가 때인지라 당장 김대중 정부의 햇볕정책에 대한 공방이 벌어졌다. 북한의 전략이 현실적으로 상당한 효과를 거두고 있는 것이다. 야당은 어설픈 햇볕정책이 북한의 간만 키워 놓았다며 대북 강경책을 주문하고 있다. 이에 정부와 여당은 이탈리아와의 수교, 일본과의 수교협상, 중국과의 관계 등 국제적 여건이나 전반적 정세로 볼 때 북한의 무력도발 가능성은 매우 낮다고 하면서도, 만일 북한이 북방한계선을 침범한다면 지난해 서해교전에서 보여준 응징자세를 과시할 것이라고 단호한 태도를 밝혔다.

큰 틀에서 보면 서해교전의 쓰라린 경험이나 경협 중단에 따를 경제적 손실, 국제적 고립 등 치러야 할 대가를 생각할 때 북한이 섣불리 나서기는 어려울 것이다. 그러나 야당의 정략적 공세와 이를 잠재우려는 듯한 정부의 강경 노선이 맞물리면, 자칫 현장에서 벌어지는 작은 마찰이 크게 확대될 위험성이 높다. 이번에도 북한이 무모하게 도발적 태도를 보인다면 선거를 의식해서라도 보란 듯이 강력하게 대응할 것이 뻔하다.

꽃게잡이 공동조업은 꿈인가

다시 꽃게잡이 철을 맞아 남한과 북한이 서로 충돌할 위험성이 커졌다. 북한이 전면적 도발은 않더라도, 부분적으로 어선을 나포하거나 여객선 안전을 위협해 긴장을 높일 개연성은 여전하다. 비싼 꽃게가 하필 남북이 맞서는 곳에서 많이 잡힐 게 뭐냐고 탓할 수도 있지만, 생각을 바꾸면 꽃게가 민족 화합에 기여할 수도 있다. 남북이 공동어로구역을 설정해 함께 조업한다면 서로 이익이 된다.

누구도 남북 대치상황을 정략적으로 이용하려 해서는 안 된다. 서해 긴장이 덧나지 않고 그대로 아물도록 사려 깊게 대처해야 한다. 북한은 이러한 객관적 상황을 정확히 인식해야 한다. 섣부른 모험은 두루 해를 끼칠 뿐이다.

_2000.3.29

| 서해교전 진실 찾기 |

지난해 서해 5도 중 가장 북쪽에 있는 백령도를 방문한 느낌을 쓴 적이 있다. 인천보다 평양이 훨씬 가깝고 북녘 땅 장산곶이 빤히 보이는 지리적 근접성보다는 이곳이 접전 지역임이 더 실감났다. 섬 전체를 감도는 냉랭한 기운과 팽팽한 긴장감 때문이었다.

영화 '나바론의 요새'를 연상케 하는 산 속 동굴벙커들과 그것들을 서로 연결하는 지하통로, 고립된 상태에서도 상당기간 버틸 식량, 생필품과 탄약들, 마주 보이는 북쪽 해안 진지들…. 각종 장거리포는 서로를 정조준으로 겨냥하고 있었다. 전쟁이나 그에 버금가는 국지적 분쟁이 발생하면 말 그대로 뼈를 묻으며 섬을 '사수' 해야 하는 절박한 곳이다. 연평도 부근 서해상에서 교전이 발생했다는 소식에 백령도 생각부터 떠오른 것도 그런 서늘한 느낌 때문이었을 것이다.

　북한이 서해교전을 일으킨 진정한 이유를 가늠하기가 정말로 어렵다. 치밀하게 계획된 도발인지, 우발적 충돌의 확대인지를 놓고 논란이 분분하다. 아무리 따져 봐도 북한이 기대하던 미국과의 대화 기회를 송두리째 날려버릴 위험을 감수하면서까지 도발을 감행해 얻을 소득은 별로 없어 보인다. 미국은 서해교전이 벌어지자 대북 특사 파견 방침을 거둬들였다. 강경론이 다시 득세했다. 사건 발생 직후 일각에서 제기됐던 북한의 '월드컵 재 뿌리기' 의심은 사그라지는 듯하다. '못 먹는 감 찔러나 보자'는 마음보였다면 개막 한 달이 지나서 도발했다는 게 설명되지 않는다. 교전 다음날 북한 축구협회장 이름으로 월드컵 성공 축하편지를 보내온 것과도 아귀가 맞지 않는다.

아슬아슬하게 지켜온 평화

　그나마 가장 그럴듯한 분석은 꽃게잡이를 둘러싼 신경전이 무력 충돌로 비화한 것 아니냐는 우발적 충돌설이다. 바다에 금이 그어진 것도 아닌 터에 금값인 꽃게를 서로 많이 잡겠다고 다투다 실랑이가 벌어지고, 기싸움이 교전으로 치달았다는 것이다. 교전 며칠 전부터 남쪽 어선들의 어업통제선 월선이 되풀이돼 북쪽을 자극했다는 증언도 나와 설득력을 높인다. 물론, 남쪽 어선의 월선이 북쪽의 선제사격 책임을 면해 주는 것은 아니다. 어선이 통제선을 넘어갔다고 우리 함정에 선제사격을 가할 수는 없기 때문이다. 그러나 북쪽의 신경을 건드려 북방한계선을 넘어오게 했고, 우리 함정과 대치 끝에 과잉행동을 할 빌미를 제공했을 가능성은 크다.

　교전이 진행되면서 북쪽 유도탄정의 스틱스 미사일 레이더가 가동되는 등 확전 가능성이 매우 높았다는 사실은 남북 간에 유지되는 평화가 얼마나 아슬아슬한 것인지를 잘 말해준다. 만일 북쪽에서 미사일을 발사했다면 우리 쪽에서도 응사해 양쪽은 삽시간에 단계적 확전 과정을 밟게 됐을 터이다.

서해에서 해마다 꽃게잡이 철이면 벌어지는 예고된 분쟁과 이번과 같은 무력충돌을 막으려면 문제를 근원적으로 풀어야 한다. 우선 북방한계선의 개념을 명확히 할 필요가 있다. 잘 알려졌듯이 북방한계선은 1953년 정전 직후 마크 클라크 유엔군 사령관이 북쪽과 협의 없이 일방적으로 설정한 해상 경계선이다. 북쪽은 한사코 이를 인정하지 않았고, 이곳은 국제적 분쟁 수역이 돼 왔다.

이런 객관적 사실을 애써 외면하면서 해상 군사분계선 침범이나 영해침범으로 몰아치고 단호한 응징을 부르짖는 보수 · 수구세력의 강경 몰이는 무책임할 뿐더러 정직한 태도가 아니다. 김영삼 정부 시절 이양호 국방부 장관은 국회에서 "북방한계선은 어선 보호를 위해 우리가 그어놓은 것으로 북쪽이 넘어와도 정전협정 위반이 아니다"라고 공언한 바 있다.

이성적인 대처 필요한 때

3년 전 서해교전의 상처를 잘 아물리고 평화를 키우면서 일년 뒤 남북 정상회담이란 결실을 맺었듯이, 이번에도 지나치게 흥분하지 말고 이성적으로 대처해야 한다. 전사자와 유족들의 아픔을 잘 알기에, 그런 비극이 더 번지지 않도록 막아야 할 책무가 있다. 다행히 국민들의 대응도 한결 성숙해졌다.

서해교전 발생 소식에 백령도를 떠올린 것은 일촉즉발의 위기 속에서 일상을 꾸리는 그곳의 긴박한 분위기 때문이었지만, 냉정히 보면 한반도 전체가 백령도 상황과 크게 다를 바 없다. 이성적 태도는 그래서 더욱 중요하다.

_2002.7.5

| '김정일 답방' 논란 보기 |

김정일 북한 국방위원장이 부산 아시아경기대회 때 남한에 올지 모른다는 얘기가 계속 나돌고 있다. 선수단 외에 대규모 응원단까지 보내는 것으로 미루어 뭔가 깜짝 놀랄 일이 벌어지는 것 아니냐는 추론이 확산되고 있는 것이다.

여러 모로 볼 때 답방하기에 가장 자연스런 적기이기는 하다. 북한은 남쪽에서 김 위원장의 답방을 촉구할 때마다 "시기가 문제일 뿐 약속은 꼭 지킨다"고 말해 왔다. 그 시기가 김대중 대통령 임기 안이라는 표현은 없었지만, 모두 그렇게 여겼던 게 사실이다. 물론 정부는 강력히 부인한다. 답방 일정이 확정됐는데도 극적 효과를 노려 감추거나 발표를 늦추는 것 같지는 않다. 그런데도 답방설이 계속 나오는 것은 그럴 만한 까닭이 있을 터이다.

역설적이지만 답방설을 부풀린 것은 한나라당 쪽이다. 대선 전에 김 위원장이 와서는 안 된다고 거듭 강조하다 보니 뭔가 막후에서 일이 진행되는 것 아니냐는 추측에 무게가 실렸다. 남경필 대변인은 "대선 전 답방은 시기도 적절치 않고 합당한 명분도 없다"고 공식적으로 반대했다. 이회창 후보도 "임기가 얼마 남지 않은 물러가는 대통령과 만나 어떤 큰 결정을 할 수 있겠느냐. 다음 정권의 정상과 만나는 게 순리라고 생각한다"고 아예 못을 박았다. 한나라당이 이처럼 반대하고 나서는 것은 답방이 성사되지 않도록 미리

쐐기를 박고, 설사 답방 하더라도 정치적 파급효과를 줄이겠다는 속내가 반영된 것일 터이다. 김정일 위원장에게 약속을 지키지 않을 빌미를 제공하는 것 따위는 뒷전이다.

김 위원장이 남쪽에 온다고 해서 그것이 대선에 결정적 영향을 줄지는 불투명하다. 일반적으로 이회창 한나라당 후보 쪽에 불리하게 작용할 것으로 보기는 하지만 단언할 수는 없다. 정부가 이를 정략적으로 이용하려 할 경우 보수세력을 결집시키는 등 오히려 역풍을 부를지도 모른다. 2년여 전 정부는 4.13 총선을 사흘 앞두고 깜짝쇼 식으로 남북 정상회담 개최를 발표했다가 되레 손해를 봤다. 우리 국민이 그런 정도의 꾐수는 충분히 가릴 것이다. 따라서 이 문제는 대선 전략 차원에서 누구에게 유리하고 불리하고를 따질 게 아니라 민족적 차원에서 한반도 평화에 바람직한지 아닌지를 진지하게 검토해야 한다. 기회는 자주 오는 게 아니다.

평화로 다가서는 큰 걸음

최근 한반도 정세는 그 어느 때보다 남북이 가까이해야 할 필요성을 느끼게 한다. 고이즈미 준이치로 일본 총리가 오늘 평양을 방문해 역사적인 북일 정상회담을 하는 것은 북한이 엄청난 변화의 한복판에 서 있음을 실감케 한다. 북한은 7월부터 '경제관리 개선조처'를 실시해 쉽게 되돌리기 힘든 변화의 발걸음을 내디뎠다. 이 실험에 성공해 경제를 되살리고 체제를 안정시키려면 일본의 보상금 등 외부 자본이 절실한데, 이를 위해서라도 남쪽과 사이좋게 지내야 한다.

만일 이런 때 김정일 위원장이 남쪽에 온다면, 남북 정상 사이에 최우선으로 해야 할 일은 한반도 평화 선언이 돼야 할 것이다. 평화협정은 미국과 체결해야 한다는 그동안의 북쪽 주장을 보거나 미국의 노골적 견제 등을 고려할 때 쉬운 일은 아니겠지만, 한반도 평화 선언은 대북 강경 기조를 버리지 않는 조지 부시 미국 정부 등 외부 입김을 차단하고 우리 손으로 한반도의 평화를 지키는 데 핵심이 될 것이다.

얼마 전 비밀이 해제된 미군 문서에서 미국이 제네바 핵 합의 이후인 1998년에도 북한에 대한 핵폭탄 투하를 가상한 모의 훈련을 반복해 실시한 것으로 드러나 충격을 주고 있다. 김영삼 대통령 시절인 1994년 여름 전쟁위기를 넘기고, 김대중 대통령이 워싱턴을 방문해 빌 클린턴 대통령과 한반도 평화를 논의하던 시점에 미국 군부는 핵폭탄 투하 훈련을 하고 있었던 것이다. 한반도의 평화와 민족의 안전은 우리가 지켜야 한다는 당연한 명제를 새삼 되새기게 한다. 말 포장이야 어떻든 내용적으로 남북 대결을 부추기고 김정일 위원장의 답방까지 반대하는 한나라당은 이런 엄혹한 현실을 얼마나 염두에 두고 있는지 모르겠다.

_2002.9.17

| 소모적인 안보논쟁 |

꼭 30년 전. 전방 소총소대에서 졸병으로 근무하다 보니 밤에 보초를 서는 일이 많았다. 보초를 서다 인기척이 나면 수하를 하도록 돼 있었다. 수하 요령은 "손들엇, 움직이면 쏜다!"고 소리치고, 그날의 '암구호'를 주고받은 뒤 "누구냐?" "용무는?" 식으로 차례로 물어 이상이 없으면 "보초 전 3보 앞으로!"라고 명령한 뒤 눈으로 확인하라고 돼 있다. 그러나 늘 아는 사람이 순찰을 돌거나 근무교대를 위해 오는 것이기에 대충 형식적으로 때우곤 했다.

그런데 신병이 부대에 오면 교본에 나온 대로 하는 통에 애를 먹는 일이 종종 있었다. "손들엇" 했을 때 "음, 수고한다. 나 소대장이다" 하거나 "야, 나 이 일병인데 교대해주러 왔다"고 하면 다음은 생략하고 "근무중 이상무" 하면 될 것을, 뻔히 누군 줄 알면서도 기계적으로 암구호를 묻고 "누구냐" "용무는" 하고 이어지니 "이 고문관…"하며 욕설부터 나가지 않을 수 없다.

전시의 수하요령과 평시의 수하요령이 같고 전방이나 후방의 구분이 없기 때문에 수하는 잘 지켜지지도 않고 웃지 못할 일도 벌어진다. 한번은 '꼴통'으로 소문난 옆 소대 선임하사가 술을 마시고 지나가다 암구호에 답을 못하자, 총구를 겨누며 곧 방아쇠라도 당길 듯 설치며 그의 혼을 빼놓아 다들 고소해했던 일도 있다.

과대 포장된 '철통방어론'

최근 해상 북방한계선(NLL)을 둘러싼 우리 사회의 안보논쟁을 보면서 까마득한 옛날 일이 생각나는 것은 이런 소모적 논쟁이 현실에 맞지 않는 규정에서 비롯됐다는 생각이 들기 때문이다. 북방한계선 설정 자체도 그렇고, 이를 어기는 선박에 대한 대처 지침도 현실과 거리가 있다. 전운이 채 가시지 않은 휴전 직후에 만들어진 규정이, 남북 정상들이 만나는 지금까지 바뀌지 않았으니 문제가 생기지 않을 리 없다.

북방한계선이 유엔군 사령관의 일방적 선언으로 그어진 것임은 잘 알려져 있다. 북방한계선이란 이름이 암시하듯, 양쪽의 충돌을 막기 위해 남쪽 함정이나 항공기가 이 선 북쪽으로 올라가지 않도록 규제한 것이다. 정전협정에 규정된 경계선이거나 또는 북한에서 인정한 해상 분계선이 아니다. 그런데도 이를 어기면 '영해 침범'이니 '해상주권 포기'니 하는 것은 국제적으로 인정받지 못하는 우리 위주의 명분론이다.

서해도 그렇지만, 동해안 저진항에서 218마일 공해상으로 뻗은 동해 북방한계선이야말로 '원칙'대로 하자면 서로 피곤하다. 실제 이번 일이 터지기 전에 러시아를 오가는 우리 상선들은 아무 일 없이 이 선을 넘나들며 북한 해상을 통과했다고 한다. 공해상에 그어진 선을 놓고 기계적으로 적용하자면 엄청난 군사력이 소진되거니와, '교전수칙'에 따라 무리한 검색이나 나포를 하면 국제법적으로도 공연한 분쟁을 일으키게 된다.

합참에서도 이런 점 때문에 해상작전 예규를 보완해 '절대 사수구역' '경비구역' '공해권'으로 나누어 합리적으로 대처하는 방안을 검토하다가 "북방한계선을 포기하는 것 아니냐"는 보수여론의 공세에 밀려 주춤하는 기색이다. 해역에 따라서도 대처가 달라져야 하지만, 상대방 선박이 군함이냐 비무장 상선이냐 또는 정체가 의심스런 선박이냐에 따라 대응을 달리하도록 세부적으로 규정해야 한다.

안보가 최우선이라는 데 이의를 달 사람은 없다. 그러나 현실적으로 맞지 않는 것까지 안보란 이름으로 과대 포장하면 실질적으로 도움이 되지 않을 뿐더러 오히려 부담이 된다. 이태 전에 발생한 서해교전(연평해전) 경험을 보더라도 지나친 안보 강조가 어떤 결과를 빚었는지 이성적으로 살펴볼 필요가 있다. 북한군 선박이 남쪽으로 넘어온 데 대해 보수언론이 우리 군이 소극적으로 대응한다고 몰아붙이자 급기야 국방장관이 "앞으로는 강력히 대처하겠다"고 다짐하게 됐고, 그 말이 족쇄가 돼 '선체 충돌작전'을 펴며 밀어내기를 하다가 무력충돌로 이어졌다. 다행히 남쪽의 압도적 승리로 끝

났고 북쪽에서 추가로 보복을 하지 않았기에 망정이지, 일촉즉발의 위기상
황이었음을 간과해선 안 된다. 융통성 없이 철통방어를 외치는 것은 기분에
는 맞을지 모르지만 국익에는 도움이 되지 않는다.

_2001.6.22

| 특검, 숲을 봐야 |

대북송금 사건 특검법을 둘러싼 논란은 일단 '제한적 특검제' 추진 쪽으
로 결론이 났다. 노무현 대통령이 어떤 선택을 할지 지켜본 국민의 첫 반응
은 놀라움이다. 마지막 순간까지 한나라당과 협상을 진행하고 국무회의 직
전 최종 방향을 건의한 민주당 지도부도 내심 '조건부 거부권'을 행사하리
라 예상했던 터여서 노 대통령의 특검법 원안 공포는 또 하나의 '파격'이자
'승부수'로 여겨진다.

국내정치 측면에서만 보면, 노 대통령의 결단은 현실을 고려한 신선한 결
정으로 다가온다. 과반수 의석을 가진 한나라당의 협조를 이끌어내지 못하
고 무한 정쟁으로 치달으면 제대로 일을 할 수 없다고 보고, 한나라당이 놀
랄 만큼 '통 크게' 받아들임으로써 명분을 선점하고 '신뢰의 정치'를 내세
워 정국을 유리하게 이끌겠다는 뜻이 엿보인다.

'노무현식' 파격 해법

그러나 한편으로 회의와 불안이 앞서는 것은 과연 이런 시도가 뜻대로 먹
힐 것인가 하는 점이다. 이제까지의 경험으로 볼 때는 일단 부정적으로 판

단할 수밖에 없다. 노 대통령의 고육지책, 고뇌 어린 선택으로 이해하고자 하면서도 선뜻 동의하기 어려운 것이 이 때문이다.

특검법은 단순히 여야 사이의 문제만이 아니라 남북문제가 더 첨예하게 얽혀 있다. 북한은 연일 특검 반대를 겨냥해 압박을 가하고 있으며, 현대그룹에 송금액 이상의 혜택을 베풀었다고 주장한다. 정상회담과 연결짓지 말라는 뜻이다. 특검은 속성상 일단 불이 붙으면 어디까지 번질지 모르는 위험성을 갖고 있다. 누구도 통제할 수 없는 상황이 벌어질지 모른다는 우려가 나오는 것도 그 때문이다. 남북관계와 국익을 고려할 때 극도로 민감한 내용을 어디까지 드러내야 할지 논란이 일 터인데, 시각에 따라서 정반대 주장이 나올 수 있다.

특검법 세부 사항이 어떻다느니 하는 점을 떠나서, 우리가 근본적으로 되돌아 봐야 할 대목은 지금과 같은 남북 교류와 협력이 어떤 여건에서 싹트고 진전됐는지 하는 맥락이다. 김영삼 정부 때 남북이 적대와 대결로 치닫다가 김대중 정부 들어서서 간신히 대화의 통로를 트고 역사적인 남북 정상회담이 열렸으며, 그 뒤 각종 만남이 이어지게 된 과정을 되새겨야 한다.

북한 핵문제로 한반도 평화가 위협받고 있는 가운데도 국민들이 전쟁 공포에 짓눌리지 않고 일상을 누리는 것도 따져보면 남북 사이에 기본적인 신뢰가 깔려 있기에 가능하다. '설마 동족끼리 함께 망하는 길을 가겠느냐' 하는 믿음을 가지게 된 것만도 얼마나 큰 변화인가. 불과 몇 해 사이에 바뀐 생각들이다.

대북송금 사건의 실체적 진실은 분명히 밝혀야 한다. 남북관계에 왜곡된 부분이 있다면 바로잡고 무거운 교훈으로 삼아야 할 것이다. 하지만 역사적 맥락을 무시하고 모든 것을 실정법 잣대로만 재려고 해서는 안 된다는 점 또

한 분명하다. 잡초와 덩굴로 뒤얽힌 곳에 새 길을 내는 과정에서 생긴 생채기는 그것대로 고려해야 할 터이다. 나무를 보고 숲을 보지 못하는 어리석음을 범해서는 안 되는 까닭이 여기에 있다.

원칙과 현실 사이의 괴리

노무현 정부 출범 뒤 벌어진 몇몇 인상 깊은 장면들은 국민 뇌리에 깊이 남아 있다. 개혁에 저항하는 검찰의 조직이기주의를 당당한 공개토론으로 맞서 제압하고, 도덕성을 앞세운 '파격적' 각료 인선으로 새바람을 일으켰다. 이번 특검법 공포도 매우 인상적이다. 다만 그것들이 어떤 연관을 맺고 있는지 선명하지 않다. '원칙'과 '현실' 사이의 괴리와 고민도 느껴진다. 북한 핵문제에 대한 평화적 해결 논리와, 명분 없는 미국의 이라크 공격에 대한 지지 및 파병 사이의 틈이 대표적이다. 국제적 고립으로 곤경에 빠진 미국을 도와 환심을 삼으로써 우리에게 유리한 환경을 만들어 보자는 자국 중심주의는 실용주의 외교이고 불가피한 선택일까.

특검법 원안 공포는 원칙과 현실 사이에서 어느 쪽을 택한 것일까. 특검법 공포라는 루비콘강은 이미 건넜지만 보완책 마련의 중요성은 더 커졌다. 아마도 그 결과가 노무현식 파격 해법의 성패를 가를 것이다.

_2003.3.18

북한 다시 보기

| '김정일 이미지'의 허실 |

북한의 김정일 국방위원장이 중국을 방문해 장쩌민 주석과 나눈 이야기들이 일부 알려졌다. "조선 문제는 조선 사람끼리 해결해야 한다"거나 "중국의 개혁개방 정책이 그동안 성공을 거둔 것에 대해서 평가한다"는 등 그의 발언에 실린 무게와 담긴 의미를 정상회담을 앞둔 우리로서는 면밀히 분석해야 할 것이다. 곁가지일 수도 있지만, 김 국방위원장의 모습을 전한 탕자쉬안 중국 외교부장의 말도 관심 대상이다. 회담에 배석했던 탕 부장은 김정일에 대해 "두뇌 회전이 빨랐고, 사물에 대한 반응도 민첩했으며, 목소리도 우렁차 아주 건강해 보였다"고 말했다. 그는 또 "김 위원장이 과거 술과 담배를 많이 했으나 담배는 끊었고, 술은 포도주를 조금 했다"고 전했다. 탕 부장의 전언이 치밀하게 계산된 것인지 알 수는 없으나, 이제까지 알려졌던 김정일의 이미지와는 사뭇 다르다.

실체적 진실과 상관없이 이제까지 우리에게 각인돼 온 김정일의 이미지
는 음울하고 괴팍하며 충동적 성격이어서 어디로 튈지 모르고, 고집 세고 공
격적이며 오만하고 잔혹한 인물로 그려져 왔다. 인민들의 고통에는 아랑곳
없이 '기쁨조' 에 둘러싸여 밤마다 연회를 즐기는 방탕한 생활을 하는 것으
로도 알려져 왔다. 이렇듯 한 인간으로서 부정적인 면들을 모두 모아놓은
듯한 인물이 권력을 제대로 유지할 수 있을까 의심이 갈 법하다. 이같은 그
의 이미지는 냉전시대에 탈북한 '귀순자' 들의 입을 빌려 우리 언론이 전파
한 것들이다.

정상회담서 진면목 드러날 듯

올해 초 김대중 대통령은 외신과의 회견에서 "지도자로서 판단력과 식견
등을 상당히 갖추고 있는 것으로 알고 있다"고 평가해 발언 배경에 관심이
쏠렸다. 어느 것이 김정일의 진면목인지 자신 있게 단정할 수는 없다. 지금
까지 김정일을 직접 만났던 사람들의 인물평도 제각각이다. 신상옥 – 최은
희씨 부부, 서동권 전 안기부장, 정동성 전 체육부장관, 황장엽씨, 정주영 전
현대그룹 명예회장 등이 그들이다. 긍정적이든 부정적이든 머리 회전이 빠
르고 실용주의자이며 권력유지에 냉혹하다는 점에서는 공통점을 보인다.

몇 해 전 출판된 조영환 교수의 『매우 특별한 인물, 김정일』은 정치학자가
김정일이란 한 인물에 초점을 맞춰 쓴 흥미롭고 특이한 책이다. 북한을 세
차례 방문했던 조 교수는 김정일을 자주 만나는 중국과 러시아 인사들의 증
언을 널리 소개하면서 정치심리 분석에 정신분석학까지 동원해 김정일의
내면성과 통치술을 다각도로 깊이 있게 분석했다.

김정일의 전 동거녀 성혜림씨의 조카딸로서, 외국에 망명해 숨어 지내는

이남옥씨가 일본 「문예춘추」 회견에서 밝힌 점도 흥미롭다. 그는 평양 김정일의 공관에서 지낸 13년을 회고하면서, 서울에서 피살된 오빠 이한영씨의 극단적 비판과는 달리 "김정일이 주변 사람들에게 소리를 지르거나 폭력을 행사하는 일을 본 적이 없다"고 긍정적으로 묘사했다.

그러나 김정일의 진면목을 가장 정확히 꿰뚫어볼 수 있는 사람은 두 번 이상의 정상회담을 통해 직접 맞닥뜨릴 김대중 대통령이다. 민족의 장래와 민감한 현안을 놓고 장시간 토론할 것이기에 깊이 있는 인물 파악이 가능할 것이다.

차원을 달리해서 본다면 '개인 김정일'과 북한 사회를 이끌고 있는 '지도자 김정일'은 엄밀히 구분해야 한다. 그의 성격이 어떠하든, 취향과 생활태도가 어떻든, 우리로서 가장 관심을 가져야 할 부분은 최고 지도자로서 김정일이 북한 사회를 어떻게 이끌어 가는가 하는 점이다. 북한 정권이 구조적으로 안정돼 있는지, 체제유지에 문제는 없는지, 앞으로 어떤 정책을 펼지 등이 일차적 관심이 되어야 한다. 성격상 수줍음을 많이 탔다는 박정희 전 대통령은 정적을 다룰 때는 잔혹했으며, 숨을 거둘 때까지 유신독재를 놓지 않았다. 못 말리는 '바람둥이 클린턴'과 성공한 대통령으로 자리 매김되는 '지도자 클린턴'은 전혀 다른 것과 같은 차원이다.

우리의 좋고 싫음에 상관없이 북한을 이끌어 가는 것이 김정일 체제라면, 그에 대한 객관적 평가와 균형 잡힌 이미지 형성은 남북의 화해와 한반도의 평화를 위해서도 필요하다.

_2000.6.7

| 전환기의 지식인 |

10년 전인 1990년 초 동유럽 국가들이 잇따라 무너지고 독일이 통일되며 소련이 해체되는 세기적 변화를 겪으며 국내 지식인들이 받은 충격은 컸다. 특히 사회주의에 애정과 기대를 가지고 있던 진보 진영에서는 현실 사회주의 붕괴라는 현상을 어떻게 해석하고 수용할 것인가에 대한 인식 혼란이 엄청났다. 이론과 현실의 간극이 너무 컸기 때문이다. 시간이 흐르며 대체로 정리가 됐지만, 교조적 시각에서 객관적 변화를 인정하지 않으려는 사람들도 있었다. 당사자인 소련이나 동유럽 지식인들이 대부분 스스로 변화를 인정하고 세계 흐름이 그쪽으로 가는데, 먼발치에서 피상적으로 지켜보며 낡은 사고 틀을 고집한 것은 분명 비극적 희극이었다.

한반도에 부는 변화 바람

남북 정상회담을 계기로 한반도에 부는 변화의 바람을 놓고도 이런 양상이 재연될 가능성이 매우 크다. 이번에는 보수 진영에서의 인식 혼란이 커질 것이다. 큰 틀에서 볼 때 남북관계가 전환기에 들어섰음을 부인하기는 어렵게 됐다. 북한이 예상을 깨고 정상회담에 응한 것이나 획기적인 '남북 공동선언'에 합의한 것 등은 북의 변화를 전제하지 않으면 설명하기 어렵다. 김정일 국방위원장이 대남 적화노선을 명시한 노동당 규약 개정 뜻을 밝혔다는 것이나 주한미군에 대한 인식 변화도 놀라운 일이다. 방북 마지막 날 오찬석상에서 북한군 총수 격인 조명록 인민군 총정치국장이 민족화해의 역사적 결단을 높이 평가하고, 남한 정보책임자인 임동원 국가정보원장이 이 땅에서 전쟁을 없애자며 건배를 제의한 장면은 매우 상징적이다.

괴팍한 은둔자로 알려진 김정일 위원장의 거침없는 언행이 텔레비전을 통해 생생히 전달되면서 그동안 우리가 얼마나 편향된 인식에 젖어 있었나를 느끼게 된다. 설사 치밀하게 계산된 행동이라 하더라도 그 정도로 자연스럽게 '연기' 할 능력이라면 우리가 생각해온 인상과는 딴판이다. 온갖 부정적 이미지로 덧칠돼온 김정일의 전혀 새로운 모습에 많은 국민들이 충격을 받았다.

최근 북한의 움직임을 종합하면, 이제까지의 폐쇄적 태도에서 벗어나 국제사회에 나서고 남북의 평화공존을 추구하는 쪽으로 인식 틀이 전환되고 있음을 느끼게 한다. 그런데도 결코 이를 인정하지 않으려는 사람들이 우리 사회에 여전히 남아 있다. 공산주의자는 절대로 변하지 않는다며 눈앞에서 벌어지는 현실을 굳이 외면한다. 북한이 어떤 변화를 보이더라도 전술적 임기응변으로만 해석하려 한다.

역설적이게도 지식인일수록 일반인에 비해 상황변화에 따른 의식전환을 완강히 거부하는 경향이 많다. 이제껏 지녀왔던 태도를 수정해야 하거나 공개적으로 밝혔던 자기의 논리를 뒤집어야 하는 곤혹스런 처지에 몰릴 가능성 때문이다. 그래서 상황이 크게 변하고 있는데도 기존 논리에 집착하며 스스로를 합리화하려고 안간힘을 쓴다.

언론도 그 중 하나다. 그러나 현실을 무시한 논리는 자신의 눈을 멀게 할 뿐만 아니라 사회에 대한 책임을 방기하는 것이다. 시대를 이끌어갈 책무가 있는 지식인으로서 가장 타기해야 할 대목이다. 유명한 사상가나 대학자들은 자신의 논리를 과감하게 고쳐나가는 합리적 태도를 견지해 역사에 이름을 남겼다.

냉전세력에 엄중 경고해야

객관적 정보의 부족이나 인식의 차이로 편향성을 띠는 사람도 있지만, 더욱 심각한 문제는 의도적으로 냉전적 시각을 퍼뜨리는 세력이 우리 사회에 있다는 점이다. 이런 점에서 보수와 극우는 분명히 구분해야 한다. 사실을 왜곡하고 불신을 부추기며 남북관계를 적대와 반목으로 몰아감으로써 이익을 챙기려는 냉전세력들은 지금도 반격의 기회를 엿보고 있다. 참 지식인이라면 이런 세력들에 민족적 비판과 엄중한 경고를 해야 한다.

북한 사회에 대한 우리의 일반적 평가가 잘못되었음은 이미 증명되었다. 김일성 주석이 사망하자 2~3년 안에 북한이 자멸할 것이라고 하던 예언은 빗나간 지 오래다. 흔히 북한의 경직성을 탓하지만, 정작 더욱 딱딱하게 굳은 것은 우리 사회 일부 지식인들의 시대착오적 행태다.

_2000.6.21

4장
북한의 선택과 남북관계

북한변수

| 무기증강 어디까지 |

미국 국무부가 최근 의회에 제출한 '1996 회계연도 대외활동 보고서'에는 놀랄 만한 내용이 들어 있다. 한국이 1996 회계연도에 전 세계에서 가장 많은 18억 2백만 달러어치의 군 장비와 서비스를 대외군사판매(FMS) 형태로 사 갈 것으로 추산한다는 것이다. 한국의 첨단무기 구입이 미국에 편중되어 있다고는 하지만 갑자기 늘어난 액수에 놀라지 않을 수 없고, 그 내역과 이유가 궁금해진다. 지난 2년간 북한 핵 개발 의혹을 둘러싸고 고조됐던 한반도 긴장 상황과 연관이 있으리라는 추측이 가능하다. 보고서는 한국이 1994 회계연도에는 4억 3천만 달러어치를 구입했으며, 1995 회계연도에는 3억 6천만 달러어치를 들여갈 것으로 추산했다.

미국의 군비관리군축국(ACDA)이 해마다 발표하는 군사비 지출보고서는 전 세계의 흐름을 아는 데 도움이 된다고 인정받는 권위있는 자료다. 두 달

전쯤 공개된 '1993~1994년 군비지출 및 무기거래'에 따르면 한국은 1993년 한 해 동안 전년 대비 2억 9천만 달러가 늘어난 1백 19억 3천만 달러의 국방비를 써 세계 10위의 군비 지출국으로 기록됐다. 북한에 대해서는 액수를 밝히지 않았으나 50억 1천 달러를 기록한 스웨덴에 이어 21위로 올려놓은 것으로 미루어 봐 그 수준을 짐작할 수 있다. 남한의 절반에도 못 미치는 액수다. 남한의 군비지출이 북한을 앞지르기 시작한 것은 1976년으로, 그때부터 해마다 격차를 벌려왔으며 이는 정부도 인정하는 부분이다. 미 군축국 보고서는 무기수입 부문에서 한국이 1993년 중 8억 7천만 달러를 지출해 전 세계에서 7위를 기록하고 있으며, 북한은 0이라고 밝혔다. 이 기관은 지난 1972~1982년의 남북한 무기수입비를 남한 37억 달러, 북한 16억 달러로, 남한이 평균 2.3배 많은 것으로 추산한 바 있다.

한반도 병력과 무기 가장 밀집

한반도는 세계에서도 병력과 무기가 가장 밀집된 지역이다. 남한 65만 명에 북한 1백 3만 명으로 약 1백 70만 명의 군인이 휴전선을 중심으로 총부리를 맞겨누고 있으며, 가공할 첨단 무기들이 꽉 들어차 있다. 그런데도 군사비 지출은 줄어들 기미를 보이지 않고 오히려 늘어만 간다. 한쪽이 첨단 무기를 늘리면 상대방도 불안해져 무기증강을 서두르지 않을 수 없다. 악순환이 되풀이되는 것이다. 남한에서 군비증강이 설득력을 얻으려면 두 가지 가설이 전제돼야 한다. 첫째 현재 북한의 군사력이 남한보다 훨씬 우세하며, 둘째 평화를 담보하기 위해 군사적 균형에 이를 때까지 무기증강이 필요하다는 논리가 그것이다. 남북한의 군사력에 대한 평가는 입장에 따라 각기 다르다. 국방부는 아직도 북한에 비해 열세라고 주장한다. 병력 수는 물론

지상군의 전차, 장갑차, 야포뿐 아니라 해군의 전투함, 지원함, 잠수함과 공군의 전술기, 지원기 등에서 모두 열세이고 헬기에서만 앞서 있다고 1995년판 국방백서는 주장한다.

자신은 짜게, 상대는 후하게 계산

그러나 학계나 군사전문가들의 평가는 사뭇 다르다. 해군의 경우 척수는 적지만 남쪽은 대형선박 위주이기 때문에 총톤수에서 앞서며, 공군의 경우는 북한이 구형 전투기 중심으로 낙후된 데 비해 남한은 최신예이기 때문에 훨씬 앞선다는 것이다. 육군 장비의 경우도 무기의 질에서 앞서기 때문에 양적인 열세를 충분히 상쇄하고도 남는다는 것이 일반적 평가이다.

그밖에 장기전에 영향을 줄 경제력의 차이나 국제환경 등을 고려하면 주한미군을 계산에 넣지 않더라도 이미 균형을 이루고 있거나 남쪽이 오히려 앞서 있다고 분석하는 논문이 많이 나오고 있다. 최소한 전쟁의 유혹을 막을 억지력은 충분하다는 것이다. 일반적으로 군은 자신의 군사력은 가장 짜게, 상대방의 전력은 가장 후하게 계산하면서 최악의 시나리오를 그리는 경향이 있다. 여기에 군부의 '존재이유'가 북한의 위협을 강조하게 만들고 한미 군산복합체의 이해도 맞물려 있다.

며칠 전 국방부는 내년도 국방예산안을 올해보다 12.5퍼센트 늘어난 12조 4천 6백억 원으로 편성했다. 정부의 조정과 국회의 심의를 거쳐야 하겠지만 대체로 국민총생산의 3.5퍼센트 선을 유지하겠다는 것이다. 국방부는 자주국방을 위한 정보체계의 확립과 장병들의 사기 진작을 위한 근무환경 개선 등을 내세우고 있다. 그러나 올해도 과다한 국방비 논란은 피할 수 없을 것 같다. 그 예산을 줄인다면 당면한 교육비 투자에 돌릴 수도 있고, 말뿐인 사회복지나 환경, 교통과 같은 국민생활의 질을 높이는 데 투자할 수 있다는 주장이 당연히 나올 수 있다.

현 상황에서 과연 막대한 국방비 투입이 안보에 불가피한 것인지 선입견을 버리고 따져보아야 한다. 과도한 무기밀집과 군비경쟁이 오히려 한반도의 긴장을 높이고 남북관계 진전을 가로막는 역기능을 하지는 않을지 재고해볼 필요가 있다. 나아가 한반도에서 전쟁이 일어날 가능성을 근본적으로 줄이기 위한 실질적인 군축논의를 남쪽 주도로 시작해야 할 때가 아닌가도 숙고해야 한다.

_1995.6.7

| 모험주의와 대중성 |

4.11 총선을 며칠 앞두고 북한이 비무장지대 불인정을 선언하며 판문점에서 무력시위를 감행했을 때 많은 사람들은 북한의 의도에 의아해하지 않을 수 없었다. '내부용'이라고는 하지만 듣기에 민망할 정도로 온갖 험악한 용어를 써가며 김영삼 대통령을 헐뜯고 심지어 '타도 대상'이라고까지 몰아붙이던 북한이, 김영삼 정권의 명운을 좌우할 중요한 시기에 결정적으로 그를 도와주는 행동을 한 배경이 무엇이냐는 의구심이었다.

북한의 정치적, 경제적 어려움이 워낙 다급해 미국의 양보를 강제하려다 보니 남쪽의 사정을 돌아볼 겨를이 없었다느니, 대남 전문가들이 배제된 채 군부 쪽에서 주도한 것 같다느니 하는 분석들이 나오고 있으나 어떤 설명도 명쾌하지는 않다. 북한 내부의 강경파와 온건파 사이에 심각한 의견 대립이 있다는 정보도 흘러나온다. 어쨌든 분명한 것은 북한의 돌출 행동이 남한 정국에 심대한 영향을 끼쳤다는 점이다. 이를 두고 시중에는 "북한이 지난 번에 받은 쌀 15만 톤 값은 톡톡히 했다"는 쓰디쓴 농담마저 나돌고 있다.

북한은 총선 직후 시사 논평을 통해 "신한국당이 이번 총선에서 과반수에 훨씬 미달하는 결과를 빚은 것은 반인민적, 반통일적 자세와 북남관계를 최악의 상태로 몰아 대화를 완전 차단, 동결시킨 데 기인한다"고 주장했다. 얼핏 생각해도 앞뒤가 맞지 않는 태도다. 북한이 남한 정세를 몰라도 그렇게까지 모른다는 것인지, 모든 사태를 아전인수 식으로 해석하는 것인지, 아니면 고도의 정치게임을 하고 있는 것인지 종잡기 어렵다. 의도야 어떻든 북한은 이 점만은 분명히 인식해야한다. 그들의 섣부른 행동은, 북한 정권을 지지하지는 않지만 남한사회에서 그래도 북한의 처지를 이해하려고 노력하는, 남북문제를 대결적 자세가 아닌 민족적 차원에서 대화로 풀려고 고민하는 수많은 진보적 지식인들을 실망시키고, 동포애를 바탕으로 문제를 보려는 많은 남한주민들의 등을 돌리게 만들었다. 그들의 논리에 따르더라도 교조적인 극좌 모험주의가 대남 전술의 요체인 '대중성'을 상실하게 만든 것이다.

진보진영 실망시킨 '무력시위'

김영삼 대통령과 클린턴 미 대통령은 '제주 선언'을 통해 남북한, 미국, 중국이 참여하는 '4자 회담'을 공동 제안했다. 한반도의 평화구축 여부가 달린 중요한 전환점이다. 다행히 북한은 18일 "회담의 현실성을 검토 중"이라는 첫 공식 반응을 보였다. 일단 회담 성사 가능성을 높여주는 신호로 볼 수 있다. 북한의 태도를 좀더 지켜봐야겠지만 결국 회담의 성사 여부는 북한 정권이 남북한문제를 포함한 동북아 정세에 얼마나 현실감 있는 시각을 갖고 있느냐에 달려 있다. 어떤 형태든 남한을 제쳐놓으려는 태도는 현실과는 거리가 있는 주장이다.

북한의 입장에서 보면 남한이나 일본이나 결국은 미국의 결정에 따라갈 것이라는 확고한 '믿음'을 갖고 있을지 모른다. 이런 점은 상당부분 사실이기는 하다. 이제까지의 남한 외교정책이 미국의 입김에 의해 좌우돼 온 것이 현실이고, 북한이 이런 틈새를 파고들어 '벼랑 끝 외교'를 벌인 끝에 적지 않은 실리를 챙긴 것도 부인할 수 없다. 그러나 이는 부분적인 진실일 뿐 전체 상황을 규정하지는 못한다는 사실을 알아야 한다.

"체제 흔들지 않는다"는 믿음 줘야

궁극적으로 한반도의 평화 구조를 정착시키기 위해서는 남북한이 서로를 신뢰할 수 있는 토대가 마련돼야 한다. 그러나 현실적으로 북한이 남한의 흡수통일 의도를 겁내고, 남한은 북한이 적화 야욕을 버리지 않고 있다고 경계하는 한 단기간 안에 진전을 기대하기란 힘들다. 민족문제를 남북 당사자가 주체적으로 풀어야한다는 당위론 차원에서 본다면 미국이나 중국 등이 끼어드는 것이 기분 좋을 리는 없지만, 서로가 믿지 못하고 대화 자체를 꺼리고 있다면 그 누가 되든 제삼자의 도움이나 국제적인 보장이라도 받아야 하지 않겠는가.

4자 회담 안이든 그 밖의 어떤 제안이든 당사자의 호응을 이끌어 내지 못하면 하나의 선언에 그칠 수밖에 없다. 정부나 미국이 북한을 대화석상에 나오게 하려면 그럴 여건을 마련해 줄 필요가 있다. 경제협력 약속 등 당장의 '당근'도 필요하겠지만 근본적으로 북한의 체제를 흔들지 않을 것이라는 믿음을 줘야 한다.

이런 의미에서 정부는 미국이나 일본이 북한과 직접 접촉하고 외교 관계를 맺어가는 데 대해 더 이상 신경질적인 반응을 보일 필요가 없다. 미국의 동북아 전략이 북한의 갑작스런 붕괴를 방지하는 데 역점을 둔 '연착륙' 방향으로 나아가고 있는 마당에, 더욱이 선거를 앞둔 클린턴 행정부의 입장을 감안할 때 북미 접촉은 막을 수도 없으려니와 공연히 발목만 잡으려는 모습으로 비치기 십상이다. 북미, 북일 접촉은 오히려 북한의 개방을 앞당기고 불가측성을 훨씬 줄일 수 있다. 문제는 대미 외교와 한반도 정세를 유리하게 이끌 수 있다는 우리의 자신감과 이에 바탕한 유연한 자세이다.

_1996.4.19

| 태산명동 서일필 |

필자는 1996년 4.11총선 직전에 벌어졌던 북한군의 비무장지대 무력시위의 배경이 무엇인지 지금도 의아하게 생각한다. 정국의 향방을 가름할 중요한 선거를 불과 며칠 앞두고 북한이 남쪽 국민들의 안보 심리를 자극할 것이 뻔한 도발을 자행한 진짜 이유가 무엇이었을까. 당시 이런저런 분석이 나왔지만 모두 추측 수준에 머물렀고 석연치 않았던 진상은 아직까지 안개에 싸여 있다.

첫 번째 분석은 북한이 미국에 평화협정 체결을 요구하는 과정에서 곧 방한할 클린턴 대통령에게 압박을 가하기 위한 것이라는 주장이었다. 가장 무난하고 그럴 듯하면서도, 단지 그런 이유뿐이었다면 총선 뒤에 시위를 할 수도 있지 않았겠느냐는 데 대한 설명이 미흡했다. 둘째, 북한 최고지도부의 결정이라기보다는 군부의 독자적 행동이었을지 모른다는 주장도 나왔지만, 이처럼 중대한 일을 상부에 보고하지 않은 채, 그것도 사흘씩이나 계속했겠느냐 하는 점에서 의문이 남았다. 그래서 또 하나의 가정으로 나돈 것이 북한이 총선에 영향을 주기 위해 치밀한 계산 아래 도발을 자행했으며, 신한국당에 결정적 도움을 줌으로써 반대급부를 챙겼을지도 모른다는 것이었다. 이심전심이건 뒷거래건 '음모론'으로 보는 시각이다.

물론 이러한 주장은 하나의 가설로만 존재할 뿐 뒷받침할 증거는 없다. 240킬로미터 비무장지대 가운데 유독 24시간 감시되는 판문점 한 곳에서만 시위를 했던 '예사롭지 않은' 정황에도 불구하고 사건은 언론에 대대적으로 부풀려졌고, 장학로씨 수뢰사건으로 궁지에 몰렸던 신한국당은 총선에서 예상 밖의 승리를 거두었다.

국민 얕보는 '붉은 색 덧칠하기'

새삼스럽게 지난 일을 들추는 것은 '북한 변수'가 남쪽 정국에 얼마나 큰 파장을 미치는지를 되짚어보기 위함이다. 북한이 직접 개입했든 안 했든, 민감한 선거철이 되면 북한 변수는 피할 수 없는 '상수'처럼 되곤 했다. 집권당은 이를 선거 전략으로 애용했다. 1987년과 1992년 대선 때도 어김없이 동원됐다. 김현희, 이선실 사건 등이 그것이다. 온갖 소문과 설이 난무하며 '붉은 색 덧칠하기'가 행해졌다.

황장엽 북한 노동당 비서가 망명했을 때부터 언젠가는 '황장엽 리스트'가 튀어나와 정치권에 파문을 일으키리라는 것은 정가의 상식이었다. 그것도 공식으로 발표되는 것이 아니라 '얼굴 없는 소식통'을 통해 "수사가 진행중이며, 어느 정치인이 관련된 것으로 안다"는 식으로 마구 부풀려질 것이라는 예상이었고, 벌써 그 조짐이 보인다.

오익제씨 월북이라는 돌출사건은 이런 토양에 불씨를 제공한 셈이다. 울고 싶던 차에 뺨을 때려준 격이라고 할까. 두 아들의 병역 시비로 이회창 대표의 지지율이 바닥을 헤매는 판에 관심을 딴 데로 돌릴 좋은 논란거리가 덩굴째 굴러들어온 것이었다. 신한국당은 오씨가 국민회의 고문이었다는 점을 겨냥해 국민회의와 김대중 총재의 사상을 재검증해야 한다며 케케묵은 의혹들을 재탕삼탕 해가며 파상 공세를 펼쳤다. 진상 규명은 뒷전이고 흠집 내기에만 열을 올린다.

오씨의 월북 동기는 아직 정확히 가려지지 않았다. 그가 남긴 편지에 썼듯이 북한에 있는 부인과 딸을 보려고 간 것인지, 아니면 남쪽에서 친북 활동을 해오다가 북행한 것인지부터가 분명치 않다. 간첩행위와 월북은 죄질의 무게가 다르다. 북에 도착 뒤 김일성과 김정일을 찬양하는 언동을 한 것으로 보아 편지 내용을 곧이곧대로 믿을 것은 아니로되, 북에 두고 온 가족을 그리워하고 죄책감을 느끼는 것은 인지상정이며 많은 월남자들의 동병상련일 것이다.

오익제씨 월북으로 빚어진 정치권의 색깔논쟁은 시대에 한참 뒤진 것이다. 엊그제 북녘 땅 신포에서는 우리 대표가 참석한 가운데 경수로 터 닦기 공사 착공식이 열렸다. 시대가 변하면 인식도 달라져야 한다. 구태의연한 색깔논쟁 제기는 국민을 얕보는 짓이다. 필자의 경험으로 미루어, 늘 그래왔듯이 이번 일도 결국 '태산명동에 서일필'로 끝나지 않을까.

_1997.8.22

| 게릴라와 스파이 |

며칠 전 유엔 총회장에서 있었던 남북한 대표의 낯뜨거운 입씨름은 누가 먼저 잘못했나를 떠나 민족의 얼굴에 누워서 침을 뱉는 일이었다. 유엔 총회가 이라크, 북한 등의 핵 안전 협정 이행을 촉구하는 결의안을 통과시킨 뒤 발언에 나선 북한의 유엔주재 차석대사는 "남한은 한반도에 핵무기를 들여온 반역자로서 핵문제에 대해 언급할 자격조차 없으며, 남한 대표의 발언은 개가 짖는 소리"라고 외교관으로서는 입에 담지 못할 욕설을 해 댔다. 반격에 나선 한국 대표부 참사관은 "우리 쪽이 경수로 제공을 약속하고 식량을 제공하는데, 북한의 태도는 먹여주는 손을 물어뜯는 것"이라고 맞받아쳤다. 장군멍군 식 발언에 양쪽 모두 '개 같은 꼴'이 된 셈이다. 양쪽 대표들이 뒤이어 번갈아 상대방을 공격하는 동안 다른 나라들은 전혀 끼어들지 않은 채 물끄러미 보고만 있었다고 한다. 남이든 북이든 같은 '코리아'의 대표들이 벌이는 '이전투구'를 보며 이들이 무슨 생각들을 했을지 얼굴이 화끈거린다. 발언 당시에는 속 시원하게 응징했다고 생각했을지 몰라도 지나고 보면 맞대응을 안 하느니만 못한 꼴이 됐다.

응징론의 함정

'응징론'은 당시에는 단호하고 강력해 보여 인기를 얻지만 흥분이 가라앉은 뒤 냉정히 생각해 보면 뒷감당하기 어려울 때가 많다. 북한의 잠수함 무장 간첩 침투 사건 뒤부터 정부가 앞장서서 이끌고 있는 응징론은 요즘처럼 격앙된 국민감정에는 맞을지 모른다. 그러나 길게 내다보면 이런 초강경 대응만이 유일한 길인가 깊이 따져 볼 일이다. 스스로 놓은 덫에 치일 우려가 있기 때문이다. 이번 사건의 성격은 '무장공비 사건'이라기보다는 '무장간첩 사건'으로 봐야 한다. 게릴라와 스파이는 침투 목적이 다르다. 하나는 적의 후방에 침투해 양민 학살 등 난동을 부려 사회질서를 혼란시키려는 것이고, 하나는 몰래 침투해 군사 기밀을 탐지하거나 군사 시설을 정찰하려는 것이다. 이번 사건이 후자 쪽에 가깝다는 것은 생포된 이광수의 회견에서도 뒷받침된다. 정황이 이렇다면 이번 사건에 대한 정부의 개념 규정부터 바꾸어야 한다.

물론 그렇다고 해서 북한의 책임이 덜어지는 것은 아니다. 공비든 간첩이든 정전협정을 위반한 엄연한 도발임에는 분명하다. 따라서 북한에 사과와 재발 방지 보장을 요구하는 것은 당연하다 하겠지만, 도를 지나치면 안 된다. 몇 년간 중단했던 팀스피리트 훈련을 재개해야 한다느니, 대북 경수로 지원을 연기한다느니, 일체의 남북 접촉을 중단한다느니 하는 일들은 그것이 몰고 올 파장을 충분히 따져 보고 하는 말인지 의심스럽다. 팀스피리트 훈련 재개 주장만 해도 이 훈련이 남북관계에 어떤 결과를 가져 왔던지를 냉정히 되짚어 봐야 한다. 1992년에 중단했던 훈련을 북한이 핵사찰을 받아들이도록 압력을 넣기 위해 1993년 재개하면서 어떤 일이 일어났는가. 여덟 차례나 이어지던 남북 고위급 회담이 중단되고, 북한의 핵확산 금지조약 탈퇴 선언과 곧바로 연결됐다.

그 뒤 1년여 동안 한반도에서 진행된 핵 위기는 다시 생각하기에도 끔찍한 일이다. 미국은 한반도에서 전면전을 부를지도 모를 '북한 선제공격 시나리오'를 마련해 모의 연습까지 했음이 뒤늦게 밝혀졌다. 한반도에서의 전쟁 방아쇠가 우리의 손을 떠나 있었던 것이다. 미국으로서는 한반도가 동북아에 있는 한 작은 나라에 불과하겠지만 우리에게는 삶의 터전이다.

북한에 협상의 길 터 줘야

해마다 팀스피리트 훈련이 실시될 때마다 북한은 준 전시태세에 들어가 모든 경제활동이 마비되는 등 큰 타격을 받아왔다. 한미 양국은 팀 훈련이 방어 훈련이라고 주장했지만, 최고 20만 명이 동원돼 상륙 훈련을 실시하고 핵 훈련까지 포함하고 있는 터에, 북한으로서는 바짝 긴장하지 않을 수 없었을 것이다. 역사적으로 대부분의 상륙 작전이 정기적인 훈련을 빙자해 이루어졌다는 점도 지나칠 수 없었을 것이다. 남한 땅에서 미군의 전술 핵이 철거된 뒤 약간 줄어들기는 했겠지만, 우리 처지에서 북한의 남침 야욕을 두려워하듯이 북한으로서는 한미 연합군의 '상륙 작전'을 겁낼 만하다.

무엇보다 현시점에서 팀 훈련이 재개되면 북미 제네바 합의에 기초해 간신히 싹이 튼 한반도의 긴장완화 분위기가 뿌리째 흔들리면서 위기가 한층 고조될 것은 불을 보듯 뻔한 일이다. 엊그제 폐막된 한미 안보협의회에서 미국이 다른 부분에서는 한국의 처지를 감안해 얼굴을 세워주면서도, 팀 훈련만큼은 수용하지 않은 것도 이런 이유 때문일 것이다.

안보문제를 등한시하자는 말이 아니다. 안보는 철통같이 해야 하지만, 강경 일변도로 나가 사방의 문을 모두 걸어 잠그는 것만이 능사는 아니다. 옛 소련을 '악마의 제국'으로 몰아친 냉전의 화신 레이건 대통령도 한편으로는 협상의 문을 열어놨었다. 성을 포위해 공격하더라도 성문 가운데 한쪽은 터주는 것이 병법의 기본이다.

_1996.11.5

벼랑 끝 협상

| 페리 보따리와 한반도 |

북한 핵 개발 의혹이 최고조에 달했던 1994년 6월 16일. 평양을 방문한 카터 전 미국 대통령이 당시 김일성 주석과의 회담에서 극적인 돌파구를 마련하고 다급한 목소리로 백악관에 전화한 시간에 클린턴 대통령은 고어 부통령을 비롯한 미국 최고위 관리들을 모두 참석시킨 회의에서 중요한 결정을 내리고 있었다. 돈 오버도퍼 전 워싱턴포스트 외교전문 기자가 쓴 '두 개의 코리아'에는 당시의 긴박했던 순간들이 상세히 묘사돼 있다.

회의 첫머리에 클린턴은 유엔 안보리의 대북한 제재 추진을 최종 승인했다. 이에 따라 합참의장이 한반도 주변지역의 미군 증강계획을 설명하기 시작했다. 미국이 유엔 제재 안과 병력 증강 안의 방아쇠를 막 당기려는 순간이었다. 회의에 참석중인 갈루치 차관보가 옆방으로 가 카터의 전화를 받았다. 서울에서는 게리 럭 주한미군 사령관과 레이니 대사가 비밀리에 만나 미국 민간인 소개 작전을 논의하고 있었다. 일촉즉발의 상황에서 백악관 회의는 다시 열렸고, 역사의 흐름은 바뀌었다.

민족운명 걸린 갈림길

당시 국방장관으로 백악관 회의에 참석해 역사의 순간을 지켜보았던 윌리엄 페리 대북정책조정관이 어제 북한에 들어갔다. 클린턴 대통령의 특사 자격이다. 페리는 나흘간 평양에 머물며 북한 고위인사들을 두루 만날 예정이다. 카터 때와 같은 위급 상황은 아니지만 한반도의 근본적 문제 해결을 모색하는, 어느 의미에서는 한층 더 무게가 실린 자리다. 클린턴 대통령의 친서뿐 아니라 김대중 대통령과 오부치 일본 총리의 메시지까지 함께 전달한다니 그의 어깨가 얼마나 무거울지 알 만하다. 세 나라의 실무 책임자들이 출발 직전까지 대북 권고안 내용을 최종 조율할 정도로 이번 방북에 거는 기대도 크려니와 쏟은 정성도 각별하다.

페리가 가져간 보따리의 큰 틀은 대개 알려져 있다. 친서나 메시지에는 한미일 3국은 북한의 붕괴를 시도하거나 위협을 가할 의도가 없으며, 북한이 포괄적 협상에 응할 경우 국가안전 보장은 물론, 경제적 지원을 하겠다는 내용이 각각 담겨 있다. 미국과 일본이 북한과의 수교를 포함한 관계 개선 의지도 밝힐 것으로 전해진다. 냉전구조에서는 생각하기 힘들었던 엄청난 변화다. 북한으로서는 위기이자 동시에 가장 좋은 기회다. 조심스런 낙관론이 나오기는 하지만, 상황은 불투명하다. 북한이 핵과 미사일 등 대량살상무기 개발을 포기하고 남북대화에 나서겠다는 결단만 내린다면 한반도의 대전환이 기대된다. 냉전구조 해체를 위한 역사적 발걸음을 내딛는 것이다. 그러나 북한의 처지에서 본다면 스스로 '무장해제'를 하는 엄중한 선택이다. 미사일 개발이나 수출 포기로 인한 보상을 어떻게 받을 것이냐 하는 까다로운 문제도 걸려 있다. 페리가 김정일 국방위원장을 만나게 될 것인가가 북한의 반응을 가늠할 일차 자료가 될 것이다.

마침 김대중 대통령은 대폭 개각을 단행하면서 대북 포용정책의 틀을 짠 임동원 외교안보수석을 통일부 장관으로 전진 배치했다. 임 장관의 등장으로 대북 화해정책은 더욱 힘차게 전개될 것으로 보인다. 북한이 올 하반기 고위급 정치회담을 언급해 놓은 상황인데다 페리 조정관의 방북으로 향후 남북관계가 급속히 진전될 것이라는 희망적인 전망이 곁들여 있다.

금창리 지하 핵 의혹 시설 현장조사는 북한의 협조 아래 무사히 끝났다고 한다. 속단할 수는 없지만, 새로이 위기를 부를 충격적 결과는 나오지 않을 것이라는 게 일반적 관측이다. 그렇다면 페리의 제의에 대해 북한이 어떻게 응답하느냐에 따라 한반도 정세는 달라진다. 민족의 운명이 걸린 중대한 갈림길이다. 냉전의 외딴섬 한반도에서 남북이 또다시 소모적인 대결과 대립의 가시밭길로 들어가지 않게 되기를 고대한다. 북한이 현명한 선택을 해야 한다. 한반도 문제를 당사자들이 풀지 못하고 미국 특사에 의존하는 현실이 안타깝지만, 그나마 그런 돌파구라도 있음을 위안 삼아야 할 것인가. 모든 길이 워싱턴으로 통하는 게 동북아의 현실이다.

_1999.5.26

| '미사일 주권'의 명암 |

북한의 대포동 미사일 추가 발사 움직임에 국제적 관심이 쏠린 가운데 이번에는 남한 미사일 사거리 문제가 공개적으로 거론됐다. 김대중 대통령은 한미 정상회담에서 최대 180킬로미터로 제한된 한국의 미사일 사거리를 500킬로미터로 늘려야 한다고 요청했다. 이에 대해 클린턴 대통령은 난색을 표명했다. 사거리 500킬로미터면 북한 전역을 포함하며 일본과 중국 일부도 걸치기 때문이다.

정부의 미사일 사거리 연장 요구는 이중적 의미를 지닌다. 단기적으로 본다면 이제까지 미국에 일방적으로 의존해왔던 미사일 분야에서 자주권을 추구하겠다는 뜻으로 해석된다. 한국은 1979년 맺은 불평등한 '한미 미사일 지침'에 따라 20년간 미사일 사거리가 180킬로미터에 묶여 있다. 이는 평양에도 못 미치는 거리다. 올해 초 미사일기술통제기구(MTCR) 기준인 300킬로미터까지 미사일 사거리를 확대한다는 데 원칙적으로 양해가 이루어졌지만, 미국이 개발단계의 투명성 등 까다로운 조건을 내걸어 난항을 겪고 있다. 이번 기회에 최소 300킬로미터를 관철해야 한다는 주장은 설득력을 지닌다. 일각에서는 김 대통령이 서해사태의 연장선상에서 강력한 안보기반을 구축하겠다는 의지를 과시하는 것으로 해석하기도 한다.

불평등한 '한미 미사일 지침'

미국은 동북아 군비경쟁을 촉발한다는 이유로 한국의 사거리 연장에 반대한다. 그러나 이는 미국이 이 지역에서 중국과 러시아의 극심한 반발을 부르는 전역미사일방위(TMD)체제를 추진하면서 일본과 한국에 참여를 강권해온 논리와 맞지 않는다는 지적이 높다. 한국을 군사적 영향권 아래 두면서 자국 산 미사일 판매 대상국으로 삼으려 한다는 비판이 그래서 나온다. 미국의 이러한 전략을 경계해야 한다. 이와 함께 미사일 문제에 남한과 북한, 그리고 일본을 각기 다른 잣대로 재는 미국의 이중성을 직시해야 한다.

그러나 장기적으로 본다면, 미사일 사거리 확대는 미국이 반대 명분으로 내세운 대로 동북아의 군비경쟁을 촉발할 우려가 없지 않다. 사정거리에 들어가는 중국이나 일본이 긴장할 것이다. 특히 서해교전 참패의 충격이 채 가시지 않은 민감한 시점에 나온 '미사일 주권' 추진은 북한을 자극할 개연성이 매우 크다. 이는 현안인 북한 미사일 협상을 꼬이게 할 염려가 있다.

미사일 주권의 양면성은 북한의 경우도 마찬가지다. 금창리 지하시설에 대한 현장조사 결과 핵 의혹이 해소된 마당에 북한으로서 미사일 개발 및 생산은 마지막 남은 군사적 지렛대다. 재래식 군비경쟁이 사실상 불가능한 처지에 몰린 북한으로서 미사일 개발은 전략적 가치가 높다.

어느 의미에서 본다면 미사일은 한국과 미국, 일본에 심리적 정치적 압박을 가하는 위협용으로 더 요긴하다. 북한이 주장하듯 미사일 개발이나 생산은 핵문제와 달리 자주권에 속한 문제이기 때문에 제3국이 관여하거나 제재를 가할 명분이 없다. 북한이 미사일 수출을 자제하는 대가로 상당한 경제적 보상을 요구하는 것은 논리적으로는 맞다. 그러나 북한의 장거리 미사일 개발과 시험발사는 주변국들의 경계심을 극도로 자극해 외교적 고립을 불러오고, 경제적 제재를 자초하는 측면이 있음도 엄연한 사실이다. 미사일 주권만을 고집할 경우 북한이 받을 불이익은 너무 크다.

미사일 경쟁, 긴장고조 불가피

큰 틀에서 볼 때 대량살상 무기 운반 수단인 미사일 개발은 군비 축소 방향에 역행한다. 문제를 총체적으로 봐야 한다. 남북이 저마다 미사일 주권을 강조하며 개발 경쟁을 벌인다면 막대한 투자비와 함께 이에 따른 긴장 고조는 불가피하다. 미사일 사거리를 늘려 상대방을 타격할 수 있다고 해서 자신의 안전과 평화가 보장되지는 않는다. 남북은 군사적으로 상대방을 압도해 안전을 보장받으려 할 것이 아니라 신뢰구축, 경제협력, 군비통제 등 관계 개선을 통해 정치적 해결을 모색하는 것이 옳은 방향이다.

이산가족 문제를 논의할 차관급 회담을 깨고, 굶주리는 북녘 동포들을 살릴 비료 지원을 늦추며, 남북 화해의 상징인 금강산 뱃길을 가로막는 후유증을 불러온 서해교전도 결국 군사적으로 대치하는 취약한 남북관계의 현실을 그대로 보여준 것이다. 한반도 군축의 당위성과 시급성은 아무리 강조해도 지나치지 않다.

_1999.7.7

| 미사일 '치킨게임' |

두 대의 차가 낭떠러지를 향해 나란히 달리거나 마주보고 달리다가 마지막 순간 운전자가 밖으로 뛰어내리는, 건달들의 담력시험 경기를 속칭 '치킨게임(겁쟁이 경기)' 이라고 한다. 운전자는 겁쟁이로 몰리지 않으려고 위험을 감수하다 죽음을 맞기도 한다. 이렇듯 상대의 굴복을 기다리며 갈 때까지 가다가 파국으로 끝내기 십상인 게임 행태가 국가 사이에도 그대로 적용되는 사례가 많아 이제는 국제정치학 용어로 당당히 자리잡았다.

미사일 재발사를 놓고 벌이는 북한과 한국, 미국, 일본의 신경전이 바로 이 '치킨게임' 양상으로 치닫고 있다. 진심이든 허세든 서로 버티면서 상대방 몰아붙이기에 안간힘이다. 얼마 전 방한한 윌리엄 코언 미국 국방장관과 조성태 국방장관은 회담 직후 언론 발표에서 "북한이 미사일 재발사를 강행할 경우에는 한국, 미국, 일본 3국의 공조 아래 가용한 제 수단을 동원하여 강력히 대응하기로 했다"고 말했다. 북한이 반발하고 파문이 확대되자 조 장관이 뒤늦게 부인하긴 했지만, 군부의 속성상 두 나라 장관이 그와 비슷한 내용을 검토했을 개연성은 높다.

과대 포장된 '북한 위협론'

예정됐던 것이라고는 하지만, 정부가 유사시 북한 대포동 미사일 기지를 공격할 수 있는 포파이 미사일 100여 발을 미국에서 도입하기로 했다는 소식도 새삼 눈길을 끈다. 민족의 공멸을 가져올 한반도의 전쟁터화를 막아야 할 우리 처지에서는 미국이나 일본이 과잉대응을 하지 않도록 적절히 견제해야 할 터인데, 국방부가 눈치 없이 동조해 준 꼴이 됐다. 북한에 더 강한 메시지를 보내기 위해 치밀하게 조율한 '역할분담'으로 보기에는 전개 상황이 어설프다.

이에 앞서 한국, 미국, 일본의 외무장관은 인공위성을 발사하더라도 제재하겠다고 밝혀 북한이 빠져나갈 구멍을 미리 차단했다. 일본은 미사일이 발사되면 경수로 분담금 10억 달러 지급을 유보하겠다고 엄포를 놓는다. '북한 위협론'을 과대포장해 군사대국화의 터전을 닦으려는 우익 보수세력의 정치적 이해까지 겹쳐서인지 일본의 강경 기류는 도를 지나친다. 위협의 정도만 놓고 본다면 엊그제 발사된 중국의 장거리 미사일이 사거리도 훨씬 길고 강력한 것이지만 반응은 대조적이다.

북한의 태도도 사뭇 강경하다. 주권국가에서 '인공위성'을 발사하는 것은 자주권에 속한다는 주장을 굽히지 않는다. 외무성 대변인이 "우리가 필요하다고 인정하고 또 과학기술적으로 준비되면 자기 결심에 따라 아무 때나 위성 발사를 진행하는 것"이라고 밝힌 것이나, 북한 방송이 연일 "조선반도에서 전쟁을 일으키려 한다"고 비난하는 것이 같은 맥락이다.

입장을 바꿔 북한 처지에서 본다면, 핵무기를 개발한다고 압박을 가하더니 이 문제가 해결되자 금창리 핵 의혹을 들고 나오고, 현장조사에 응하니까 또 미사일 문제를 걸고넘어진다고 의심할 만도 하다. 따지고 보면 제네바 합의를 제대로 이행하지 않은 정도는 북한보다 미국이 더하다.

미사일 문제가 어떻게 마무리될지는 누구도 알 수 없다. 시험발사 뒤의 불이익이 더 크다고 판단해 북한 지도부가 스스로 포기할지, 위험을 각오하고 벼랑 끝으로 몰아가면서 미사일의 상품성을 높이려 할지 알 수 없다. 그러나 미사일 개발이 재래식 무기의 열세를 상쇄하는 의미가 있는데다 사실상 마지막 지렛대라면, 확실한 체제 보장과 충분한 대가 없이 쉽사리 포기할 것 같지는 않다. 다행스런 것은 미사일 위기가 아직 초읽기에 들어간 것은 아니라는 점이다. 미사일 발사에는 본체 조립이나 액체 가스 주입 등 기술적으로 3~4주의 준비 기간이 필요하므로, 현장을 주시하는 미국이 징후를 미리 알게 돼 있다.

미사일 발사를 놓고 벌이는 신경전이 치킨게임처럼 진행돼서는 안 된다. 상대방을 겁쟁이로 몰아붙이기보다는 서로 승자가 되는 길을 찾아야 한다. 더욱이 세계 최강 미국과 일본이 한국에 가세해 북한과 벌이는 게임은 이미 대등한 경기가 아니다. 내일부터 재개되는 금강산 관광 뱃길과 4자 회담이 미사일 갈등 해소에 전기가 된다면 무척 다행스런 일이다.

_1999.8.4

식량과 정치

북한에 처음 쌀을 제공하고 돌아온 씨 아펙스호가 북한의 강요로 청진항에서 '인공기'를 게양함으로써 빚어진 파문은 남북관계가 얼마나 미묘하고 취약한 구조인가를 극명하게 드러낸다. 한군데서 예상치 못한 악재가 돌출하면 전체 판이 일그러질 정도로 흔들린다. 이번 사건이 거두절미된 채 보도되자 보수적 여론이 거세게 일었다. 일부에서는 중앙청에 인공기를 달게 한 것이나 다름없다고 흥분하기도 했고, 은근히 쌀 제공 합의를 파기했으면 하는 의사를 비치기도 한다.

이에 영향을 받았음인지 정부는 북한 당국자의 공식 사과와 재발 방지 약속이 없으면 쌀 제공을 중단하겠다고 선언했다. 다행히 우리 쪽 요구대로 북한이 전금철 대외경제협력추진위원회 고문 이름으로 사과와 재발방지 약속을 해옴으로써 겨우 문제가 풀렸지만 자칫 남북 사이가 쌀 제공 합의 이전

보다 훨씬 뒷걸음질할 위기를 맞을 뻔했다. 쌀 제공이 무산됐다면 경수로협상 타결에 따른 부지 선정 논의, 본격적인 경제협력, 추가 쌀 지원 협상, 남북 정상회담 논의 등 줄지어 예상되는 남북대화의 물꼬가 다시 막히는 등 사태가 꼬일 것은 불을 보듯 뻔한 일이다. 그만큼 민감하므로 조심스럽게 다뤄야 한다.

특사 합의, 우리 선박에도 전달 안돼

이런 의미에서 필요 이상의 감정대립이 앙금으로 남지 않도록 문제가 발생한 당시 정황을 소상히 되짚어볼 필요가 있다. 베이징에서 남북대표가 구두로 합의한 사항은 남한의 배가 북한 항구에 들어갈 때 북쪽이 선박을 내항으로 인도해 가는 지점에서 국기를 내리기로 한 것이었다. 국제관례는 다른 나라의 영해를 항해하는 선박의 경우 선미에는 소속한 나라의 국기를, 배의 중앙 마스트에는 영해국의 국기를 게양하는 것이지만, 남북관계의 특수성을 감안해 양쪽 국기를 모두 달지 않기로 한 것이다. 이는 태극기를 단 남한의 배가 북한 항구에 들어감으로써 빚어질 북한 사회의 충격 등을 고려해 정치적으로 양해한 것으로 볼 수 있다.

그런데 어찌된 일인지 이런 합의가 우리 선박에도 전달되지 않았다. 씨아펙스호의 선장은 북한 도선사가 가져온 인공기를 국제관례대로 중앙에 달고 청진 내항으로 접근했다. 그는 북한 관계자가 선미의 태극기를 내릴 것을 요구하자 국제관례만 고집했던 것으로 알려졌다. 말썽의 소지가 될 너무도 당연한 일을 챙기지 못한 것은 지방 선거를 의식해 지나치게 서둘렀기 때문이라는 비판을 면하기 힘들다.

물론 우리 쪽의 실수가 있었다 해서 북한의 잘못이 덜어지는 것은 아니다. 북한에서는 아래 일꾼들의 착오로 불미스런 일이 일어나 유감이라고 사과했다. 그러나 인공기 게양을 강요한 청진항 관계자가 정말 합의사항을 통보받지 못했는지 북한 내 강경파의 지시를 받아 고의적으로 그랬는지는 알 길이 없다. 확실한 것은 청진항장이 중앙 마스트에 인공기를, 선미에 태극기를 달고 입항하려는 씨 아펙스호에 대해 태극기를 내릴 것을 요구했으며, 실랑이를 벌이던중 일몰이 돼 기를 내렸고 이튿날 신변에 위협을 느낀 선장이 결국 인공기만 올린 채 쌀을 내렸다는 것이다. 보도에 따르면 하역을 끝내고 돌아오기 직전 조선삼천리총회사 과장이라는 사람이 허겁지겁 달려와 이제야 합의사항을 연락받았다면서 사과했다고 한다.

일관성 잃은 정부 정책

이번 사건이 알려지고 난 뒤 정부가 취한 일관성 없는 행동은 더욱 석연치 않다. 정부는 즉시 약속위반에 대해 북한에 항의했고, 이에 북한이 조선삼천리총회사 명의의 사과 통문을 보내오자 이를 수용한다는 방침을 정했다. 그러나 어찌된 일인지 몇 시간이 지나지 않아 정부 방침은 초강경 기조로 돌아서 쌀을 싣고 북으로 향하던 선박들의 뱃머리를 돌리게 했다. 결과적으로 북한이 하루 만에 다시 사과를 해옴으로써 강경 방침이 대단한 성공을 거둔 것으로 비치고 있다.

그러나 뒷맛은 착잡하다. 과연 이번 일이 어렵사리 이뤄낸 쌀 제공 합의를, 남북 간 유화국면을 전부 없었던 것으로 돌릴 수도 있을 만큼 절박한 것이었는가? 남북문제는 이유야 어찌됐든 정부의 정책이 일관성 없이 흔들리면 여지껏 어렵사리 헤쳐 나온 항로를 모두 수포로 만드는 결과를 빚기 십상이다. 중간평가의 성격을 띤 지방선거에서 참패하고 잇따른 대형사고로 민심 이반을 겪고 있는 정부가 지나치게 보수세력의 목소리에 경사되거나 일부 강경 여론의 눈치를 살피지 않을까 걱정된다. 동시에 거꾸로 남북관계에서 돌파구를 찾으려고 서두르다 일을 그르치지는 않을까 염려도 되는 것이 솔직한 심정이다.

| 대통령만 보인다 |

대통령 중심제 아래서 대통령의 힘은 막강하다. 마음에 들지 않으면 하루아침에 국무총리를 갈아치울 수도 있다. 실제로 얼마 전 우리는 그런 '힘'을 목격했다. 대통령이 어떤 결심을 하느냐에 따라 국가정책이 좌우되고 민족의 운명이 결정된다 해도 지나친 말은 아니다. 대통령이 갖는 무게와 권위 때문에 대통령의 말은 그만큼 더 신중해야 한다. 특히 남북문제에 대해서는 자신의 발언이 가져올 파장을 깊이 숙고할 필요가 있다.

대북한 경수로 지원문제와 관련한 최근 김영삼 대통령의 잇따른 강경 발언들은 그런 의미에서 매우 걱정스럽다. 김 대통령은 육사, 해사, 공사 졸업식장을 다니며 "북한이 핵 합의를 성실히 이행하지 않을 경우 세계의 단호한 응징을 면하지 못할 것"이라고 포문을 열었다. 그 뒤 언론의 '지원사격'에 힘을 얻었음인지 발언 강도는 점점 높아져 급기야 "한국형이 채택되지 않고 한국이 중심 역할을 하지 못할 때는 경수로 지원사업에 한 푼의 돈도 내지 않을 것이며 그렇게 되면 경수로 지원사업도 무산되고 북미 합의도 모두 깨질 것"이라고 으름장을 놓기에 이르렀다. 북미 제네바 합의가 깨지면

170

어떻게 되는가. 한반도에 다시 전쟁 기운이 감돌고 긴장이 고조돼도 상관없다는 말인가.

대북 협상 입지 좁아질 우려

물론 김 대통령의 말은 한국표준형 수용 여부를 둘러싸고 막바지 씨름을 벌이고 있는 북한과 미국 모두에 보내는 경고로, 협상력을 높이기 위한 전술적 성격이 짙다. 감성적인 국민감정에 잘 맞는 인기 있는 말일 수도 있다. 그러나 대통령이 이렇게 앞장서서 대북 강경 발언을 함으로써 빚어질 부작용에 대해 얼마나 깊이 생각했을지 궁금하다. 실제로 실무자들은 대통령의 이런 문제 접근 방식이 일시적 후련함을 줄지는 몰라도 협상에서의 입지를 좁히고 오히려 일을 어렵게 만들지 않을까 걱정하고 있다.

대통령이 강경한 목소리의 선두에 서서 분위기를 끌고 나가면 정부에 다른 목소리는 들어설 틈새가 없다. 현 외교안보팀은 걱정스러울 정도로 조용하고 '일사불란' 하다. 대통령의 위세에 눌려 다른 의견을 개진하거나 대통령의 강경 일변도 발언에 제동을 걸지 못하는 분위기라는 얘기도 들린다. 문제는 "대통령만 보인다" 는 것이다. 북한을 자극하고 장기적으로 볼 때 민족문제 해결에 분명 큰 짐이 될 역할까지 대통령이 모두 떠맡고 나선다면 문제를 푸는 역할은 과연 누가 할 것인가? 정부 내에는 총리도 있고 통일부총리, 외무장관도 있는데 역할을 분담해 전략적으로 구사하는 모습은 전혀 보이지 않는다. 대통령이 직접 말을 해야만 무게가 실린다면 그것이야말로 더 큰일이다. 앞으로도 계속 그리해야 한다는 얘기 아닌가?

협상에서 실질적 효과를 얻으려면 상대방이 받아들일 수 있는 여건을 마련해줘야 한다는 것은 상식이다. 그러나 그동안 한국표준형을 주장해 온 정부의 태도는 지나치게 고압적이었음을 부인할 수 없다. 북한의 자존심을 살려주면서 조용히 처리하는 방식도 있음직한데 그런 방식은 쓰지 않았다. 국민 동의를 명분으로 내걸고 부담하는 액수만큼 정치적 실리를 챙겨야 한다는 듯이 내놓고 자랑하고 어찌 보면 '즐기는' 모습으로까지 비쳤다. 대통령이 전면에 나섬으로써 우려되는 또 하나의 문제는 자칫 대통령의 발언이 불가침의 성역으로 인식되기 쉽다는 데 있다. 협상에서 유연성을 발휘할 수 없게 되고 스스로의 발목을 묶는 족쇄로 작용할 가능성이 크다. 외교 실무자들이 걱정하는 것도 바로 이 점이다.

'트로이의 목마' 경계심 풀어줘야

오늘부터 베를린에서 북미 경수로 전문가회담이 속개된다. 이제까지의 경과로 볼 때 협상 전망은 밝지 못하다. 서로가 자기의 입장만 내세우면서 벼랑 끝까지 끌고 가는 지루한 대좌가 되풀이된다면, 그 가운데 상처받는 것은 한민족의 자존심이다. 남북이 의심을 키우고 적개심을 키우면 궁극적 목표인 통일의 길은 멀어지기만 할 뿐이다.

북한은 한국표준형 이외에 현실적으로 다른 대안이 없음을 인정한다면 큰 테두리에서 이를 받아들이고 그 안에서 문제를 풀어나가려는 자세를 보이는 것이 옳다고 본다. 지나치게 협상 기술만 발휘하려다 보면 오히려 문제가 꼬이게 된다.

정부는 한국형이라는 명칭이나 한국의 중심적 역할이라는 명분에 지나치게 집착하지 않는 것이 바람직하다. 경수로 지원 과정에서 사람이 가고 자본이 가면 이데올로기가 따라서 간다. 경수로 지원을 고리로 북한체제를 흔들어 볼 생각이 아니라면 양보의 폭은 훨씬 넓어질 수 있다. 한국형 경수로를 '트로이의 목마'로 경계하는 북한의 우려를 씻어주려면 그들이 두려워하는 요소를 제거해 주면 된다. 북한이 받아들일 수 있는 범위 안에서 한국의 중심역할을 충분히 조율할 수 있지 않을까. 어차피 경수로 지원의 목적이 북한을 개방으로 유도하고 궁극적으로 한반도의 평화를 유지하는 데 있다면 문제를 크게 볼 필요가 있다.

_1995.4.12

| 이미지의 함정 |

이미지라는 말은 이제 일상생활에서도 두루 쓰이는 친숙한 용어로 자리 잡았다. 이 뜻을 정확히 담아낼 마땅한 우리말이 없기 때문이기도 할 것이다. 언론인 월터 리프만은 그의 저서 『여론』에서 "이미지란 비가시적인 세계에 대한 신뢰할 만한 관념적인 그림을 자기 머리 속에 그리는 것"이라고 정의했다. 그는 인간과 외부환경 사이에는 이미지라는 '의사환경'이 존재하는데, 이 의사환경이란 매스미디어에 의해 제시되고 그려지는 '현실에 대한 상'이라고 말했다.

직접 체험이 어려운 현대생활에서 우리가 사물에 대해 갖고 있는 이미지들은 거의 매스미디어에 의해 형성된 것이다. 그러나 문제는 매스미디어가 현실을 있는 그대로 우리에게 전해주는 것은 아니라는 데 있다. 매스미디어는 편집자에 의해 취사선택된 일부분만 전달한다. 이러한 이미지의 함정은 모든 사회 현상에서부터 특정 정치인들에 대한 선입견이나 북한에 대한 고정관념에도 그대로 적용된다.

얼마 전 통일원은 대북한 식량 지원과 관련해 전문가 500명을 대상으로 실시한 여론조사 결과를 공표했다. 조사 결과는 북한 식량사정이 매우 어려운 실정(58.6퍼센트)이며 정부 차원의 식량 지원에 대해 찬성 55.2퍼센트, 반대 40.6퍼센트로 나왔다. 통일원은 유엔의 대북 식량 지원에 동참한다는 결정을 옹호하기 위해 이 조사를 원용한 것 같다. 그런데 일반적으로 국민을 상대로 한 여론조사는 남북문제를 전문적으로 연구하는 사람들을 대상으로 한 여론조사보다 북한에 대해 강경한 결과를 내곤 해 강경론자들의 논거로 자주 제시된다. 두 조사 사이의 일반적 차이는 어디에서 연유하는 것일까.

보수언론의 위력

남북한 사이에는 직접 접할 수 있는 통로가 없기 때문에 상대방에 대한 인식은 전적으로 매스미디어에 의존할 수밖에 없다. 그런데 우리 사회의 여론 주도기관이라 할 수 있는 언론이 대북 문제에 있어 매우 보수적인 태도를 갖고 있음은 잘 알려진 일이다. 어떤 때는 정부관료들보다도 훨씬 우익적 태도를 보인다. 이들의 막강한 전파력이 국민정서를 강경 쪽으로 몰아가는 것이다. 이들에 의해 '생산되고 채색된' 북한의 이미지가 전문가들보다는 일반 국민들에게 더욱 직접적이고 심대한 영향을 주는 것은 어찌 보면 당연한 일이다.

보수언론들은 북한 핵 개발 의혹이 한창일 때 북한이 이미 핵무기를 몇 개 만들었다는 믿기 힘든 이야기를 탈북자의 입을 빌려 대서특필하거나, 북한이 일주일 안에 남한을 점령할 계획을 세웠다는 오래된 이야기를 재탕하고, 식량난에 시달리는 북한이 지원받은 쌀을 군량미로 빼돌렸다는 설이 있다는 등 확인되지 않은 이야기를 거듭 전달함으로써 북한의 이미지를 호전적이고 음흉하며 억지만 쓰는 집단으로 각인시킨다. 동포애의 상징으로 시작된 쌀 지원이 언론에 의해 확대 포장된 '인공기 파문'을 겪으며 어느새 '쌀 주고 뺨 맞은' 어수룩한 행위로 격하돼 버렸다. 김일성 주석 사후에 벌어진 '조문논쟁'도 따지고 보면 언론의 의도에 의해 증폭된 측면이 크다.

현 정부가 언론을 지나치게 의식해 눈치를 보기 때문에 이들의 영향력이 더욱 커지는 악순환이 되풀이되는 측면도 무시할 수 없다. 우리의 통일정책이 일부 보수언론들의 영향을 얼마나 받는지는 내부에 있는 사람들일수록 더 절실히 느끼는 것 같다. 자칫하면 언론의 융단폭격을 받고 사사건건 견제를 당한다.

우리 사회에서 언론이 유난히 '반북적' 자세를 가지게 된 배경에 대해서는 여러 가지 분석이 있을 수 있다. 그 가운데 하나로 냉전체제에서 굳어진 현 사회질서에서 가장 큰 기득권을 누리는 엘리트 집단 가운데 하나가 언론이라는 점은 분명하다. 이들이 김영삼 정권 초기 개혁공세에 눌려 숨조차 쉬지 못하던 수구집단과 '반북'을 고리로 연대의 틀을 형성해 한때의 수세에서 벗어났다는 주장도 음미해 볼 만한 대목이다.

최고 통치자의 리더십이 중요

수십 년간 냉전의식에 찌들린 사회에서 구조화한 반북 분위기를 바꾸어가는 길은 결국 최고 통치자의 리더십에 달려있다고 할 수 있다. 지도자가 철학을 가지고, 때로는 피상적인 여론을 거슬러가면서도 국민들을 꾸준히 설득하고 이끌어 나가지 않으면 한걸음도 앞으로 내디딜 수 없는 것이 남북관계의 특수성이다. 그런데 여론을 이끌어 가기는커녕 국내 정치상황을 의식해 강경론에 끌려 다니기만 하니, 남은 임기중 어떤 전향적 정책이 나올 수 있을지 회의가 앞선다.

남북이 대치하면서 쌓이고 쌓인 앙금이 하루아침에 풀리기를 기대하기란 힘든 일이다. 대결적 상황 아래 만들어진 북한의 부정적 이미지를 바꾸는 일은 언론이 앞장서 담당해야 할 몫인데 현실은 오히려 그 반대다. 남북 사이에 존재할 수밖에 없는 이질적 요소와 동질적 요소 가운데 어느 이미지를 심어주는 것이 평화통일을 위한 자세인지 다같이 생각해볼 때다.

_1996.6.19

| 고래 싸움에 새우 등이 |

남한 15만 톤, 일본 50만 톤, 중국은 최소 수십만 톤. 100년 만의 물난리라는 재해를 겪고 식량난에 허덕이는 북한에 이제까지 제공된 쌀의 양이다. 북한은 이 밖에 타이로부터 38만 톤을 신용구매하기로 했으나 이 중 24만 톤만 선적됐다. 또 북한이 쌀을 살 수 있도록 국제기구 등에서 이런저런 모금이 진행중이다. 이런 수치를 대하면서 부끄러운 생각부터 드는 것은 같은 동포로서, 우리가 온갖 생색을 내면서 북한에 도와준 쌀의 양이 유상무상을 떠나 오히려 남들에 비해 지나치게 적다는 느낌 때문이다.

지난해 북한에 쌀을 지원하면서 우리는 있는 대로 폼을 다 잡았다. 마치 '대처'에 나와 돈푼깨나 만지게 된 졸부가 고향에 있는 망나니 동생이라도 도와주는 양 혀를 끌끌 차며 앞으로는 절대 게으름피우지 말고 열심히 노력해야 경쟁사회에서 먹고 살 수 있다는 등 고까운 충고도 마다하지 않았다. 같은 핏줄인데 우리가 갖고 있는 게 모자라면 앞으로 빚을 내서라도 도와주

겠다는 둥 기대만 잔뜩 부풀리고는, 받는 쪽이 제 분수를 모르고 거만하게
군다는 이유로 지원을 뚝 끊어버렸다.

이에 그친 것이 아니다. 남들이 돕겠다는 것까지 못하게 막았다. 그냥 도
와주면 버릇만 나빠지고 계속 싸움질이나 해댈 테니 이 기회에 아예 혼 구멍
을 내 고분고분하게 만들고 무엇보다 '사람이 되게' 만들어야 한다고 떠들
었다. 그래야 집안이 평안해진다는 것이다. 정말 먹고 살 쌀이 떨어졌는지,
꿍쳐 둔 쌀을 술로 바꿔먹고 패악을 부리려는 것은 아닌지, 돕기 전에 우선
철저히 알아봐야 한다고 목청을 돋우기도 했다. 어린 조카들이 굶주림에 지
쳐 산을 헤매든 말든 그것은 둘째 문제였다. 정녕 굶어죽게 되면 머리를 숙
이고 들어오지 않겠느냐, 결국 시간은 우리 편이다 하는 배짱이었다.

너무 단순화해 희화적으로 표현한 감은 있지만, 북한 쌀 지원 문제에 관한
한, 국제 사회에 비친 남북한의 모습은 이에서 크게 벗어나지 않을 것 같다.
남북한 사이의 얽히고설킨 애증관계를 속속들이 알지 못하는 탓도 있겠지
만, 외국인들의 눈엔 남한의 이런 '야박함'이 도무지 이해되지 않는다는 표
정들이다. 유엔 산하 국제식량계획은 현지답사를 거쳐 북한의 식량 위기가
지난 몇 달 동안 예상했던 것보다 더욱 악화됐으며, 비수확기인 이번 여름에
한층 나빠질 것이라고 경고했다. 평양은 식량 배급량을 상당 부분 줄였으
며, 지난해 홍수 피해지역의 농경지 약 4만 헥타르가 여전히 모래 등으로 덮
인 채 그대로 방치돼 있다고 전하고 있다. 최근 북한을 방문한 재미동포 언
론인은 더욱 참혹한 실상을 전했다. 일인당 배급량이 죽을 끓여 먹기에도
부족한 하루 100그램에 지나지 않으며, 그나마 지방에서는 이런 배급조차
끊어져 나무껍질을 벗기는 모습도 보았다고 한다. 북한의 쌀 부족량이 얼마
나 되는지, 그리고 얼마나 더 버틸 수 있을지 정부와 민간단체의 추정 수치

에 차이가 있기는 하지만, 북한 주민들이 극한적인 기아선상에 처해 있는 것만은 분명하다.

북한 주민의 굶주림을 담보로 해서야

한국, 미국, 일본 3국의 고위 정책협의회가 이틀간 제주에서 열렸다. 한 달 전 김영삼 대통령과 클린턴 대통령이 공동 제안한 4자 회담에 대한 북한의 반응 점검과 앞으로의 대처 방안에 대한 조율이 주된 의제였다. 이 자리에서도 북한의 식량난을 보는 시각에 차이가 있었으나 결국 우리의 주장대로 북한이 4자 회담에 응해오지 않는 한 대북 식량 지원이나 경제 제재 완화 등의 유인책은 쓰지 않기로 했다. 4자 회담에 아무런 전제 조건이 없다고 했으면서도 사실상 이에 연계시키는 전략을 밀어붙이기로 한 것이다.

북한을 다루는 방법에 '정답'은 있을 수 없다. 나름의 논리가 있고 그동안 이리저리 부대끼며 쌓인 경험이 있다. 그러나 최소한 북한 주민들의 굶주림을 담보로 북한을 압박하는 것은 실효성 여부를 떠나 도덕적으로 문제가 있다. 인도적 차원에서 해결해야 할 문제를 정치적 고리로 이용하는 것은 나중 결과가 어떻게 나오든 찬성할 일은 못 된다. 이제까지 우리가 북한에 지원한 15만 톤이 일본이나 중국에 비해 적은 양이기는 하지만 그렇다고 거저 생긴 것은 아니다. 우리 농민들이 애써 농사지은 것이고, 한때는 우리도 먹을 것 못 먹고 허리띠를 졸라매면서 비축한 것이다. 하지만 그런 쌀이기에 지원이 더욱 값지고 동포애 넘친 선물이 될 것이다. 나중에 '인공기 파문'이니 해서 애증이 엇갈리기는 했지만, 한때 북한에 쌀을 보내면서 많은 사람들이 얼마나 뿌듯하고 자랑스러워했던가.

북한의 태도도 문제는 많다. 굳이 남한을 제치고 미국과만 거래하겠다고 고집하는 비현실적인 자세가 모든 문제를 꼬이게 만드는 근원이다. 이런 태도의 밑바닥에는 '남한은 북한을 개방시켜 궁극적으로 흡수통일하기 위해 수단과 방법을 가리지 않는다'는 의심이 자리 잡고 있다. 서로가 믿지 못하기 때문에 밀고 당기기가 끝도 없이 계속되고 그 가운데 녹아나는 것은 힘없는 백성들뿐이다. 더 이상 고래싸움에 새우등이 터져서는 안 된다.

_1996.5.17

| 더 이상은 안 된다 |

북녘 땅에서 들려오는 피울음에 더 이상 귀를 막아서는 안 된다. 이제까지 나 몰라라 눈 감아왔던 부끄러움을 늦었지만 이제라도 씻어야 한다.

다이어트에 열을 올리고 넘쳐나는 음식 쓰레기로 인한 환경오염을 걱정하면서도, 영양실조로 말라 비틀어져 간다는 동족의 아픔을 외면하는 몰인정은 어디에서 연유하는가. 반만년을 함께 살아온 단일민족이므로 반드시 통일해야 한다고 목소리를 높이면서 그 동족이 당장 배를 곯고 있는데 방관하는 남한의 이중성을 국제사회는 어떻게 볼까. 북한의 참상을 새삼 소개할 필요는 없겠다. 남쪽에서는 수십 년 전에 사라진 초근목피와 아사가 북쪽에서는 오늘도 벌어진다.

'4자 회담에 나오면 식량문제를 논의할 수 있다'는 정부의 '배부른 흥정'은 동포의 굶주림을 담보로 잡고 있다는 점에서 반인륜적이다. 회담에 나오더라도 반응이 신통치 않으면 식량 지원을 하지 않겠다는 말의 다른 표현이다. 한국과 미국이 먼저 추가 식량 지원을 하면 회담에 응할 것이란 북한의 호소에도 아랑곳하지 않는다. 설사 정부의 고집이 성공을 거둬 4자 회담이 이루어진들, 응어리진 감정으로 얼굴을 맞댄들 무슨 좋은 끝을 볼 수 있겠는 가. 4자 회담은 최종 목표가 아니다. 한반도의 평화체제 구축과 궁극적으로 평화적인 통일을 달성하기 위한 방안일 뿐이다.

정부가 머뭇거리면 국민이 나서야

정부는 말한다. 대북 식량 지원을 하려면 국민의 동의가 필요하다고. 옳은 말이다. 그러면 국민들은 동포의 굶주림에 손을 놓고 있어야 한다고 본다는 말인가.

국민을 앞에 내세웠지만 더 정직하게 말한다면 여론을 좌지우지하는 보수적인 언론의 동의가 필요함을 정부 관리들은 사석에서 숨기지 않는다. 그동안 대북 쌀 지원을 반대하고 정부가 유화책이라도 펼라치면 사사건건 트집을 잡은 것은 우리 사회의 극우세력과 이들을 대변해온 보수언론이었다. 그들은 때로는 있는 사실을 부풀려서, 때로는 없는 사실을 왜곡해서 북한에 대한 부정적 인식을 확산시켜왔다. 10년 전에는 북한이 남한 동포를 수공으로 몰살시키려고 금강산댐을 만든다며 공포감을 부추기고 엉뚱한 '평화의 댐' 공사에 어린이 저금통까지 털게 만들지 않았던가.

정부가 마음만 먹는다면 북한을 도울 길은 얼마든지 있다. 당장 급한 불은 식량 지원으로 끄고, 장기적으로 영농기술과 비료와 농약 제공, 인공 씨감자와 슈퍼옥수수 등 우수종자 제공 등을 통해 북한의 구조적인 식량난을 풀어줄 수 있다. 남북 모두에게 이익이 될 경제협력 방안도 많다. 그러나 궁지에 몰린 북한을 더욱 세차게 몰아붙여야 항복을 받을 수 있다는 논리에 사로잡혀, 조금만 더 조이면 붕괴를 앞당길 수도 있다는 환상에 젖어 도움을 외면하는 것이다.

정부가 머뭇거린다면 국민이 나서야 한다. 인간성 회복을 위한 도덕적 결단이 우리 사회에 들불처럼 번져야 한다. 이미 종교계에서 불씨를 지폈고 시민단체들이 뒤를 받치고 있다.

지원 막는 세력에 민족적 분노 전달해야

국민들이 해야 할 일은 두 가지다. 하나는 모금에 직접 참여하는 것이다. 10만 원이면 꺼져 가는 생명 북한 어린이 3명을 1년간 먹여 살릴 수 있다. 다른 하나는 지원을 거부하는 정부에 항의하고 쌀 지원을 가로막는 세력에 민족적 분노를 전달하는 일이다. 노동법 개악을 온 국민이 몸으로 막았듯이 비인간적인 북한 고사정책에 우리 사회의 양심세력들이 도덕적 항의운동을 벌여야 한다. 아닌 말로 국민경제를 좀먹은 정태수씨 일가의 재산을 몽땅 몰수해 북한을 도와준다면 식량난을 거의 해소할

통일 소

반만년을 함께 살아온 단일민족이므로 반드시 통일해야 한다고 목소리를 높이면서 그 동족이 당장 배를 곯고 있는데 방관하는 남한의 이중성을 국제사회는 어떻게 볼까. 북한의 식량난을 협상의 지렛대로 삼는 정부의 '배부른 흥정'은 동포의 굶주림을 담보로 하는 것이란 점에서 반인륜적이다. 1998년 10월 정주영 현대그룹 명예회장과 함께 북녘에 갈 '통일 소'를 실은 트럭이 판문점 공동경비구역으로 들어서고 있다.

수 있다. 더러운 돈이나마 좋은 곳에 쓴다면 죄 닦음은 되지 않겠는가.

식량 지원도 때를 놓치면 안 된다. 정부는 하루빨리 지원에 나서라. 그때까지 의식 있는 국민들은 북한 동포 돕기에 동참하며 꾸준히 사회적 압박을 가해야 한다. 동포 돕기에 한마음이 된다면 진정한 통일, 마음의 통일을 이루는 데 꼭 필요한 민족화해의 계기로 승화시킬 수 있다. 굶주림을 더 이상

방관해서는 안 된다. 더 이상은 안 된다.

_1997.4.4

| 봉지에 담긴 꿈 |

고사리 손에 쌀 봉지를 든 어린이 행렬은 끝없이 이어졌다. 행사의 절정인 '쌀 행진'. 비닐봉지에, 책 주머니에, 도시락에, 앙증맞도록 예쁜 필통에 정성껏 담긴 것은 먹거리가 아니라 '꿈'이었다. 통일을 바라는 꿈들이, 북녘 친구를 그리는 따뜻한 마음들이 하나로 엮여 쌀자루에 소복이 쌓여갔다. 이 소박한 꿈들은 몇백 배 커져서 북녘 친구들에게 고스란히 전달될 것이다. 이들이 같은 또래의 북녘 어린이들이 굶주림에 쓰러진다는 눈물겨운 사연을 속속들이 알 리는 없겠지만, 친구에게 보내는 순수한 마음만은 누구보다도 앞서 있었다.

5월 14일 부처님 오신 날, 남북 어린이 어깨동무가 주최한 '안녕? 친구야, 북녘 어린이에게 쌀을' 행사가 벌어진 용산 가족공원은 통일을 염원하는 이들의 한마음 한뜻으로 가득했다. 한쪽에선 지난해 북녘 친구들에게 그려 보낸 '내 얼굴 그림' 1만 점이 아직도 북녘 땅의 임자를 만나지 못한 채 이날 전시되는 것으로 아쉬움을 달래야 했고, 또 다른 편에선 새로 그림을 그려 안부를 전하는 꼬마들의 잔치가 벌어졌다. 박재동, 김수정 화백이 어린이 참가자들에게 직접 그림을 그려주는 '만화방'은 차례를 기다리는 줄이 줄어들 줄 몰랐다.

초등학교 선생님인 어머니와 함께 난생 처음 옥수수 죽을 맛본 권미형 어

182

린이(행림 초등학교 5년)는 옥수수 죽마저 배불리 먹지 못한다는 북녘 친구들을 생각하며 앞으로 절대 음식 투정을 하지 말아야겠다고 다짐했다. 선생님을 따라 15명의 친구들과 함께 왔다는 강지혜 어린이(덕산 초등학교 5년)는 지난해 여름 자신이 그려 보냈던 그림을 찾아내고는 기뻐 어쩔 줄을 몰라 했다. 기쁘기는 김수정 화백으로부터 아기공룡 둘리의 그림을 받아든 최창욱 어린이(원촌 초등학교 4년)도 마찬가지였다. 그는 자신의 얼굴 그림에 "하루빨리 통일이 돼 같이 뛰놀자"는 글귀를 써넣었다고 스스로 대견해했다. 경기도 부천 소화유치원에서는 이요한 원장 수녀님의 인솔로 100여 명의 원생과 학부모가 단체로 참가했다고 유미나 어린이의 어머니가 자랑스럽게 말을 이었다.

아마도 이들이 어른이 되었을 때 남북은 더 이상 분단 상태로 남아 있지 않으리라. 민족의 비극이 그때까지 계속되지는 않으리라는 믿음과 하루라도 통일의 날을 앞당기겠다는 다짐이 모두의 마음속에 아로새겨졌다.

이날 궂은 날씨보다도 여러 사람의 마음을 더욱 아프게 했던 것은 이러한 행사를 마뜩찮게 여기고 갖가지 압력으로 막으려 했던 당국의 처사였다. 남과 북의 어린이가 아름다운 친구의 정을 다지고 가난한 친구에게 쌀 한줌이라도 도와주려는 따뜻한 마음씨가 무엇이 문제가 된다는 것인지, 안타깝기 그지없다.

북녘 땅에 슈퍼옥수수 종자를 심어 식량난을 덜어주고 앞으로 옥수수 수출국으로 만들겠다는 꿈을 가진 김순권 교수의 방북을 허가하지 않은 정부의 비인도적 처사와 하나도 다를 바 없는 것이다. 북한 정권을 압박해 당국자 간 회담에 끌어들이는 일도 중요하고 전략적 고려도 있을 수 있다. 그러나 가장 중요한 것은 남과 북이 하나라는 마음을 다지는 일이다. 당장 배를 곯아 죽어 가는 어린이들이 많다는데 무슨 조건들이 그리도 많고 까다로운 가.

통일은 꿈이다. 언젠가는 반드시 이루어질 꿈이다. 이 꿈을 현실로 앞당 기는 지름길은 어린이의 순수한 마음으로 돌아가는 것이다. 북녘에 있는 동포들을 나와 똑같은 착한 마음씨를 가진 친구로 생각하는 '어린이의 마 음'이 필요하다. 영악한 계산을 넘어선 순수함만이 '감동'을 부를 수 있다. 이웃이 불행을 당하면 함께 가슴 아파하고 도울 길을 찾는 참사람의 모습 으로 돌아가야 한다. 정치적 이유로 갈라져 있지만, 머잖아 더불어 살아가 야 할 한 민족이라는 생각을 남북이 공유해야 한다. 어린이들이 자라 어른 이 되었을 때 우리처럼 분단의 고통을 겪게 해서는 안 된다. 52년 전 어른들 이 잘못해서 분단을 막지 못했지만 우리마저 또다시 못난 어른들이 되어서 는 안 된다.

_1997.5.16

| 작은 승리, 큰 승리 |

풀죽으로 겨우 연명하는 주민들, 이재민 집단수용소나 외화벌이용 조개 잡이 일꾼들의 임시 거처로 추정되는 비참한 움집, 떠돌이 '꽃제비'들, 식량 과 맞바꾸어지는 가동 중단된 공장의 고철더미, 창궐하는 전염병, 목숨을 건 탈북 행렬…. 지난 22일 일요 스페셜 '지금 북한, 무슨 일이 일어나고 있나?' 프로에 소개된 참담한 북한 실정은 우리의 가슴을 저민다. 북한을 방문했던 해외동포나 국제기구 관계자들, 그리고 중국으로 넘어온 탈북자들의 입을 통해 국내 언론에 간간이 소개된 내용들이지만, 직접 화면을 통해 보는 모습은 한결 충격적이다.

한반도 한쪽에 저토록 인간성이 무참히 파괴된 현실이 존재할 수 있는 것인가. 사회주의 국가체제를 떠받치는 기둥인 배급이 끊기면서 암시장인 '장마당'이 공공연해졌고, 사적 경제 영역인 텃밭이 허용됐다. 주민이동 통제를 통해 정보 유통을 막던 둑도 금이 가고 있다. 어찌 보면 체제가 와르르 무너질 것 같지만 용케도 견뎌 나간다. '고난의 행군'이란 슬로건 아래 위기를 참고 넘기자는 구호가 아직은 먹혀드는 모습이다. 그 와중에 무너져 내리는 것은 힘없는 일반 주민들이다. 그 중에서도 노약자와 어린이의 희생이 가장 크다. 지난해만도 12만 명의 어린이가 숨졌다고 한다. 굶어죽고, 영양실조로 병에 걸려 죽고, 또 얼어죽었을 것이다.

북녘 동포 돕기 민간 운동은 날로 열기를 더해 간다. 국민의 정성이 대한적십자사를 통해 북한 땅에 속속 전달되고 있다. 그러나 아직은 미미한 수준이다. KBS의 '지금 북한…' 프로는 많은 사람들의 '잠든 양심'을 일깨우는 구실을 했고 반응도 컸다. 방송사 스스로도 '성공작'이라는 자부심을 갖고 "시청자들의 요청에 따라 25일 아침 재방영하겠다"고 예고까지 했다. 그러나 납득하기 어려운 이유로 재방영은 갑자기 취소됐다. 외부 입김 탓이다. "상황이 그 지경인데도 돕지 않고 무엇을 하느냐"는 질책이 두려운 것인가. 체면치레로 적당히 돕는 것은 좋지만 너무 확산되면 안 된다는 고난도의 정치공학이 작동한 것인가.

정부의 태도는 줄곧 미온적이었다. 인도적 차원의 도움은 몰라도 정부 차원의 대규모 지원은 북한이 4자 회담에 응해야만 가능하다는 논리를 고수해왔다. 동포의 굶주림을 볼모로 잡은 것이다. 다행히 북한이 한발 물러서서 4

자 회담의 예비회담이 8월초 열리기로 확정됐다. 곧 준 고위급 회담을 거쳐 예비회담의 날짜와 장소가 결정된다.

일면적으로 보면 정부의 연계정책이 대성공을 거둔 것처럼 보인다. 그토록 완강히 버티던 북한 당국을 무릎 꿇리고 대화의 자리로 이끌어냈다. 옛말에 싸움에서 이기려면 상대 쪽의 민심을 공략하는 것이 첩경이라고 했다. 식량 지원은 북한 주민들의 마음을 사로잡는 길이다. 또 그것이 안보의 지름길이기도 하다. 그러나 작은 승리는 건졌을지 모르지만, 남북의 화해를 통한 평화 구축이라는 큰 승리를 거둔 것으로 평가할 수는 없을 것 같다.

북녘 땅을 절망 상태로 몰아넣은 김정일 정권을 옹호할 사람이 남쪽에 누가 있을 것인가. 그러나 정권이 밉다고 동포들의 굶주림을 방치하고, 더욱 조여야 한다는 논리는 앞뒤가 뒤바뀐 것이다. 식량 지원이 군량미로 전용되지 않는다는 투명성도 중요하고 북한의 자구 노력도 필요하다. 일부에서는 북한이 군사비를 조금만 줄이면 식량난을 스스로 해결할 수 있다고 압박한다. 그러나 이를 빌미 삼아 지원을 해선 안 된다는 주장이야말로 빈대 잡자고 초가삼간 태우는 격이 아닌가. 스톡홀름 국제평화연구소의 연례보고서는 지난해 남한이 대만, 중국에 이어 세계에서 세 번째로 무기를 많이 수입한 나라라고 밝히고 있다. 군축은 상호 신뢰를 바탕으로 남북이 동시에 해야 가능하다.

올 여름도 장마가 심상치 않을 것 같다. 당장의 식량 마련을 위해 무작정 산불을 놓아 밭을 일군다는 북한의 딱한 실정을 볼 때 또다시 홍수 피해가 없을지 걱정이다.

_1997.6.27

북한, 실용적 수정주의 길 나설 듯

냉전시대 사실상 종언

이원섭 : 김일성 북한 주석의 갑작스런 죽음은 한반도에 엄청난 파장을 몰고 올 것으로 보입니다. 더구나 오는 7월 25일 남북 정상회담이 예정돼 있었고, 북한 핵개발 의혹을 둘러싸고 미국과의 3단계 회담이 우여곡절 끝에 제네바에서 막 시작한 시점에서 김 주석의 돌연한 죽음은 여러 의미에서 충격이 아닐 수 없습니다. 먼저 김일성 주석의 사망이 갖는 정치적 의미부터 살펴볼까요?

이 글은 북한의 김일성 주석이 1994년 7월 김영삼 대통령과의 남북 정상회담을 앞두고 갑자기 사망했을 때, 김일성 연구로 세계적으로 유명한 서대숙 하와이대학 교수와 현지에서 나눈 대담이다. 김일성 주석이 사망하자 국내에서는 북한 체제가 곧 붕괴할 것으로 전망하는 분석이 주류를 이뤘고 김일성에 대한 감정적 비난도 시끄러웠는데, 이 대담은 전혀 다른 기조와 시각이어서 많은 관심을 모았다. 필자는 당시 하와이대학교 한국학연구소 객원연구원으로 남북통일 문제를 연구하던중 김일성 주석 사망 소식을 뉴스로 듣고 서대숙 교수를 급히 인터뷰했다.

서대숙 : 우선 스탈린, 마오쩌둥, 울브리히트 등으로 대표되던 공산주의 지도자 1세대가 김일성 주석의 사망으로 거의 막을 내리면서 냉전으로 표현되던 한 시대가 사실상 종언을 고했다는 의미가 있다고 봅니다. 둘째, 남북한 관계에서 분단 반세기 만에 이제까지의 대결상태와는 전혀 다른 변화가 있으리라고 예상합니다. 셋째, 북한 내부에서는 김일성 1인 독재정권의 종말로 그 후계정권은 누가 권력을 잡더라도 개인숭배보다는 법을 통해 나라를 다스리는 방향으로 나아가리라고 봅니다. 국제적으로도 북한이 종래의 폐쇄적 외교에서 벗어나 기술적 발전을 이룬 서방 산업국가들과의 관계가 시작되리라고 예상할 수 있습니다.

이원섭 : 김일성 주석이 사망한 뒤 가장 궁금한 것은 북한 정권이 앞으로 어찌될 것인가 하는 점입니다. 정치학적으로 보면 북한에 동요와 혼란이 일어날 것이라는 예측으로부터 아들 김정일 당 비서로의 권력승계가 평탄하게 이루어져 새로운 권력체계가 굳혀질 것이라는 예상까지 광범위한 전망이 가능합니다. 그러나 이제까지 북한 정권의 흐름을 볼 때 서열 2위인 김정일 비서의 권력승계 가능성이 가장 커 보입니다.

서대숙 : 김정일 체제로의 실질적 권력이양은 오래 전에 이미 다 이루어져 있었기 때문에 큰 동요는 없으리라고 봅니다. 공산주의 국가는 당이 정책을 세우는 것이고 당 비서들이 실질적인 권력을 행사하는데, 이미 김정일 비서가 당 서열 2위를 차지해왔고, 현재 9명인 비서들도 그를 지지하는 사람들로 채워져 있습니다. 북한의 김일성 주석은 22년 전인 1972년부터 김정일 후계 확립을 위해 반대파를 제거하는 등 내부정비를 해왔고, 후계수업도 충실히 거치게 했습니다.

이원섭 : 실권은 김정일 당 비서가 장악한다 해도 권력체제는 여러 형태가

있을 수 있습니다. 김일성 주석의 경우에는 당 비서와 군 최고사령관, 그리고 국가주석까지 혼자 겸하고 있었습니다만 이를 분리해서 집단적으로 운영한다든지 하는 형태입니다. 과거 소련의 스탈린 사망 직후나 후르시초프 퇴진 뒤, 그리고 중국의 경우를 보면 절대권력자가 퇴진한 뒤에는 집단지도 체제가 시행된 경우가 많지 않았습니까?

서대숙 : 북한 헌법에 따르면 국가주석 직은 당 대회를 열어 후임 주석을 선출하고 최고인민회의 통과라는 절차를 거치도록 돼 있습니다. 현재 북한의 사정은 당장 이런 절차를 거칠 형편이 못됩니다. 저는 앞으로 김정일 비서가 당과 군을 장악해 실권자가 되고, 현재의 부주석 4명 중 1명이 국가주석을 맡으리라고 봅니다. 현재 부주석은 이종옥, 박성철, 김영주(김일성의 동생), 김병식인데 이들 가운데 박성철이나 이종옥이 우선 국가주석 서리를 맡을 것으로 생각됩니다. 박성철은 빨치산 출신이고, 이종옥은 테크노크라트인데 모두 김일성의 심복으로 알려져 있습니다. 이와 관련해 주목해야 할 것은 북한이 1992년 4월 헌법을 개정하면서 과거 국가주석이 군 최고사령관이던 것을 고쳐 당의 국방위원회 위원장이 군 최고사령관을 맡도록 했다는 점입니다. 이에 따라 김정일 당 국방위원장이 군 최고사령관이 됐고, 실권자가 아니더라도 다른 사람이 국가주석을 할 수 있도록 성문화해서 집단지도 체제의 제도적인 길을 열어놨다는 점을 유의해야 합니다. 이미 앞날을 다 대비해 놓았다고 봐야지요.

후계체제 군 장악 변수

이원섭 : 김정일 비서가 권력을 잡는다 하더라도 후계정권의 안정성과 지속성에 대한 의문이 많은 것 같습니다. 22년간 내부적으로 준비해왔다고 하

지만 마지막 순간 김일성 주석이 갑자기 죽어서 마무리가 덜 된 감이 있고, 김정일 비서의 군 경력이 짧아 군을 잘 통제할 수 있겠느냐 하는 데 따른 지적인 것 같습니다.

서대숙 : 공산체제의 군대는 서방 쪽 개념과 전혀 다릅니다. 군은 독자적으로 활동하는 것이 아니라 당에서 파견된 정치위원이 통솔을 하고, 당이 군을 장악합니다. 김정일 체제가 혹시 흔들린다면 당에서 흔들릴 수는 있을지 몰라도 군의 독자적 반발은 예상하기 힘듭니다. 무엇보다 김정일 후계작업이 오래 전부터 계속돼 그동안 반대세력을 처리했고, 이미 당이나 군, 관료 조직에 김정일 세력이 다 들어가 자리 잡고 있습니다. 또 현재 북한으로서는 다른 대안이 없습니다.

이원섭 : 권력 엘리트층의 구조는 그렇다 하더라도 북한 주민들의 반응은 어떨까요. 아무래도 과거 김일성 주석이 누리던 절대적 권위를 행사하기는 힘들지 않겠습니까?

서대숙 : 물론 그렇지요. 북한 주민 중에는 탐탁하지 않게 여기는 사람들도 있겠지요. 그러나 그런 의견이 정치적 힘으로 나타나기는 거의 불가능하다고 봅니다. 원론적으로야 인민들 힘이 모이면 엄청나게 무서운 힘이 되겠지만 이를 결집시킬 세력도 없고, 현실적으로도 생각하기 힘듭니다.

이원섭 : 그동안 북한도 여러 번 다녀오시고 북한 내부를 깊이 관찰해온 학자로서 김정일 개인의 능력을 어떻게 보십니까?

서대숙 : 남한에서는 악평이 더 많은 것 같습니다. 김일성 주석의 아들로서 힘과 능력이 있고 후계자 수업에 노력해 왔다는 점은 인정해야 합니다. 이번에 또 남한에서 오판을 하면 안 됩니다. 지난해 심하게 앓아 건강이 안 좋았는데, 얼마나 회복됐는지 모르겠습니다.

김정일 정확한 평가를

이원섭 : 후계정권의 정책방향에 대해 전망해 봤으면 합니다. 일반적으로 민족해방투쟁을 하며 집권했던 공산주의 혁명 1세대가 이념적이고 원칙적이라면, 다음 세대로 오면서 실용적 개량적 수정주의적 색깔을 띠는 게 상례입니다. 중국이나 옛 소련, 베트남 등의 경우가 그런 사례가 되겠지요. 북한의 경우도 특수 사정이 있기는 하지만 그런 유형을 따라가지 않을까요. 물론 당장은 김일성 노선을 충실히 따른다고 선언하겠지만 말입니다.

서대숙 : 그렇습니다. 후계정권은 김일성 정권보다 훨씬 유화적인 정책을 펴리라고 예상합니다. 과거에 비해 인민을 의식하는 정책을 채택할 것입니다. 옛날 김정일 당 비서가 북한주민들의 경제적 삶을 윤택하게 하기 위한 정책을 김일성 주석에게 건의한 일이 있습니다. 또 2년 전 김정일 당 비서의 생일 기념으로 전국적으로 노동자들의 임금을 일괄적으로 33% 올려준 일이 있었지요. 결국 경제적 충격을 견디지 못해 화폐개혁을 했지만요. 이런 전망의 기저에는 김일성 생존 시에는 주민들에게 자발적 봉사를 요구해도 어느 정도 가능했지만 앞으로 어렵게 되리라는 점도 자리 잡고 있습니다.

대남정책도 크게 달라질 것으로 봅니다. 과거 김일성 정권 아래서의 일관된 대남정책은 표현이야 어떻든 남한 전복을 통한 통일 추구였다고 볼 수 있습니다. 그러나 이제 사실상 이러한 정책이 불가능하다는 점을 깨닫게 됐습니다. 자신의 체제를 유지하면서 남한과 평화적으로 경쟁하는 길로 들어서지 않을까 생각합니다.

이원섭 : 북한이 전 세계 뉴스의 초점이 된 것이 핵개발 의혹 때문인데, 현재 제네바에서 진행중인 북미 회담의 전망을 어떻게 하십니까? 조금 전 CNN 뉴스를 보니 클린턴 미 대통령이 북한에서 "미국과의 대화를 일시 중

단하지만 대표단이 제네바에 있어 달라"고 요청해왔다고 말하던데요.

서대숙 : 단시일 내에 수교까지는 힘들더라도 진전이 있을 것으로 봅니다. 그러나 국교를 수립한다고 해서 북한이 희망하듯 미국이 경제적 원조를 하리라고 기대하기는 힘듭니다.

이원섭 : 최소한 경수로 건설 등에 따르는 지원은 있지 않겠습니까? 그리고 북한이 미국과 수교를 한다면 일본과도 수교가 가능해지고, 이와 맞물려 가는 것이겠지만 남한과의 경협도 원활히 추진될 것으로 예상됩니다. 핵개발 의혹은 해소될까요?

서대숙 : 저는 궁극적으로 북한이 핵을 가질 거라고 봅니다. 다만 그것이 남한을 침략하거나 하는 군사무기로 쓰이는 것이 아니고 자신의 안보와 자위를 보장하는 수준이라고 생각합니다.

북미대화 당분간 모호

이원섭 : 북한이 설사 핵을 보유하려는 생각을 갖고 또 추진했을지는 몰라도 이미 핵을 개발했다고 보기는 어렵고, 대미수교 등을 일괄타결하려는 카드로 활용했던 것이 아니냐는 게 제 생각입니다. 만약 초기 단계의 원시적 핵을 개발하더라도 미국의 가공할 핵무기 앞에서 얼마나 위력을 발휘할 수 있겠습니까. 어느 의미에서 보면 북한이 핵카드를 적절히 사용해 세계 초강국인 미국을 상대로 벌인 최근의 외교는 어쨌든 대단한 것으로 여겨집니다. 북한이 핵개발 계획을 포기하지 않는다면 북미 교섭은 또다시 난항을 겪지 않겠습니까?

서대숙 : 그런 의미에서 모호한 상태에서 시간이 걸릴 것으로 봅니다.

이원섭 : 앞으로 제일 중요한 것은 남북한 당사자 간에 앞으로 어떤 관계를

형성해 나가느냐 하는 문제일 것 같습니다. 위에서 잠시 언급했지만 남북 간의 정치적 군사적 긴장 해소, 이산가족 문제 등의 인적교류, 경제협력 문제 등 분야별로 전망해 보죠.

서대숙 : 전반적으로 좋아질 것으로 봅니다. 그러나 몇 가지 문제는 있습니다. 남북 사이의 군사적 긴장은 크게 줄어들고 장기적으로 잘되면 군사비 감축 등의 진전도 기대해 볼 수 있습니다. 그러나 이 문제는 남쪽에서 먼저 선수를 쳐서 제의해야 성과가 있으리라고 봅니다. 군사적 균형을 얘기하지만 실제로 약한 사람이 강한 것처럼 보여야 균형이 잡히는 것 아닙니까. 경제협력 문제도 진전될 것으로 보지만 현재와 같은 자세라면 안 됩니다. 경제적으로 우위인 남한이 진정 북한을 도우려면 소리 없이 도와야 합니다. 지금처럼 마치 남한이 북한보다 우월하다는 것을 과시하려는 듯해서는 곤란합니다.

이원섭 : 당장 예상되는 북한의 변화에서 남한 정부의 대응자세와 대처방안이 더없이 중요하다고 봅니다. 남한 내 일부 보수세력 중에서는 이번 사태를 호기로 보고 가능한 한 북한을 흔들고 구석으로 모는 정책을 부추기는 목소리가 높아질 가능성이 많습니다. 진정 민족의 앞날을 걱정하고 한반도 문제를 성숙된 자세로 풀려면 이때 남한이 어떻게 대응해야 하겠습니까?

남북 모두 화합자세로

서대숙 : 민족성을 낀 외교를 펴야 합니다. 이제까지의 민족경쟁적 태도에서 민족화합적 태도로 전환해야 할 것입니다. 그리고 북한에 대해 후하게 대했으면 합니다. 앞으로 김정일이 정권을 잡을 경우 남한은 그와 직접 만나서 대화해야 합니다. 다만 이번에 약속됐던 남북 정상회담은 유사 이래

처음 있는 일이니만큼 북한의 사정이 정돈될 때까지 미루는 것이 불가피할 것 같습니다.

이원섭 : 마지막으로 김일성 주석의 역사적 공과에 대한 평가를 이 시점에서 어떻게 하고 계십니까?

서대숙 : 긍정적, 부정적 양 측면이 있습니다. 긍정적 평가는 첫째 애국독립운동을 했다는 점입니다. 과거와 같이 가짜니, 이름을 도용했느니 하는 악평은 이제 그만두고 인정할 것은 인정해야 합니다. 둘째로 독재를 하기는 했지만 국가를 수립하고 경영하는 능력은 탁월한 사람이었다고 볼 수 있습니다. 반면 부정적 평가는 첫째 공산주의와 사회주의 이름을 팔아 개인왕국을 세우고, 더구나 아들에게 권력을 물렸다는 점입니다. 이는 같이 사회주의 독립운동을 했던 동료들의 갈망에도 어긋나는 것입니다. 둘째 정적을 탄압하고 이 땅에 독재정치의 나쁜 선례를 남겼다는 점입니다.

6.25전쟁 발발 책임에 대한 부분은 공과로 설명하기가 힘듭니다. 동족상잔의 비극이 된 6.25전쟁은 스탈린, 마오쩌둥의 지시라기보다는 분명히 김일성 주석이 주도적으로 시작한 것입니다. 그러나 그 당시 상황에서 전쟁을 일으킨 것은 민족통일운동의 일환으로 한 것이지 동족을 죽이려고 한 것은 아니라는 점을 인식할 필요는 있다고 봅니다.

_1994.7.11

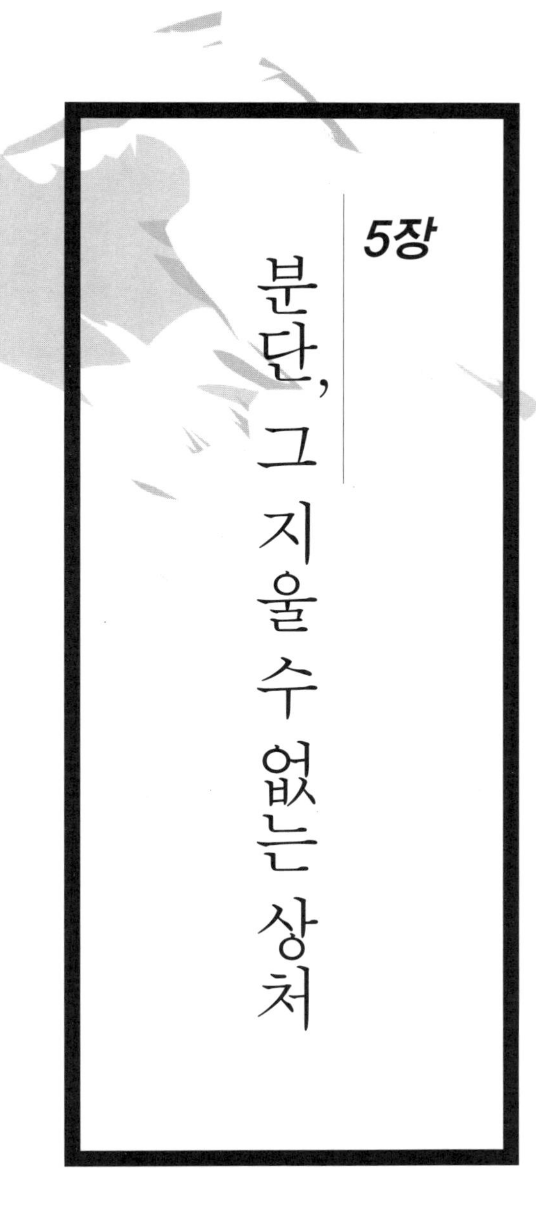

5장
분단, 그 지울 수 없는 상처

분단의 희생자들

| 월북자 가족의 회한 |

엊그제 북쪽 이산가족 명단과 남쪽 이산가족 소식이 언론에 보도되는 것을 보면서 새삼 가슴이 뭉클해졌다. 이산가족 하면 으레 해방 뒤나 한국전쟁 와중에 고향을 떠나 남쪽으로 내려온 월남 실향민들만 생각해 왔다. 자의든 타의든 가족 중 누군가가 북쪽으로 올라가 남몰래 이산의 아픔을 곱씹는 사람들도 많았으련만, 우리 사회에서 이들의 목소리는 거의 들리지 않았다. 수가 적은 탓도 있겠지만, 월북자 가족들이 쉬쉬하며 감춰왔기 때문이다.

『상록수』의 작가 심훈의 아들이며 '남북·해외 이산가족 찾기 사업'을 펼치는 재미 언론인 심재호씨는 어느 글에서 "이산가족 사업차 북에 갔다가 북의 가족 소식을 입수해 서울로 가져온 경우가 있었는데, 남쪽의 가족들이 북으로 간 부모, 형제, 남편의 소식을 듣지 않으려고 피하는 비극을 보기도 했다"고 안타까워했다. 그들이라고 왜 헤어진 피붙이 소식을 마다하고 싶었겠는가. 시절이 하도 험악하다 보니, 혹시 북과 내통하는 것으로 몰리거나 없어졌던 사람이 어느 날 간첩이 돼 불쑥 찾아오지 않을까 겁이 나 매정하게 접촉을 피했을 것이다. 형제간이라도 간첩 신고를 하지 않으면 처벌받는 국가보안법상 '불고지죄'가 지금도 시퍼렇게 살아 있지 않은가.

이념 장벽 허물어야

우리는 그렇게 모진 세월을 살아왔다. 법적으로 연좌제가 폐지된 것은 지난 1980년이다. 그러나 마음의 연좌제는 여전하다. 월북자에 대해 주위는 물론 친척들에게까지도 전쟁통에 행방불명됐다거나 납북됐다고 둘러댔다. 곱으로 가슴앓이를 해온 것이다. '빨갱이 가족'으로 몰려 당한 고난이 워낙 고통스러웠기 때문일 것이다. 이들에게 가족 찾기란 엄두조차 못 낼 일이었다. 아마 이번에 내려오는 사람들 가운데도 본의 아니게 남은 가족들에게 누를 끼친 사람들이 있을 터이다. 개인과 가족의 비극인 동시에 분단을 막지 못한 민족의 업보다.

정상회담에 따른 남북화해 분위기는 월북자 문제에 대한 사회적 인식을 바꾸는 계기가 되고 있다. 공개적인 언론보도의 힘이 컸지만, 단시간에 많은 가족들이 나타났다. 이제는 감추지 않아도 된다는 믿음을 준 것이다. 월북자 문제를 바로 보려면 이념적 대립과 혼란이 극심했던 해방 정국과, 당시 친일파를 숙청하고 토지개혁을 단행하는 등 명분에서 앞서갔던 좌익의 활동을 이해하지 않으면 안 된다. 분단 세월이 이토록 길 줄 그때는 누구도 상상하지 못했다.

남쪽에서 월북자 가족들이 핍박을 받았듯이 북쪽에서도 월남자 가족들이 비슷한 박해를 받았을 것이다. 남쪽 기준으로 보면 자유를 찾아 월남한 것이지만, 북쪽 기준으로는 사회주의 체제를 거부하고 떠난 사람들이다. 6.25 전쟁 당시 미군이 원자폭탄을 투하한다는 풍문에 겁먹고 남하한 사람들도 많았다. 이제 남북은 이념의 벽을 허물고 인도적 차원에서 이산가족 문제를 풀어야 한다. 마음의 분단을 없애야 진정한 화해와 협력이 가능해진다.

'남북문제 대토론회' 열자

한 사회가 성숙하기 위해서는 과연 얼만큼의 대가가 필요한 것인가. 정상회담 뒤 우리 사회에서 벌어지는 분열상을 보며 한편으로 절망감을 느낀다. 일반 국민의 인식을 따라가지 못하는 정치권의 낙후성은 많은 국민들을 실망시킨다. 객관적 상황 변화를 굳이 외면하고 냉전적 시각과 정략적 판단으로 갈등을 부추기는 세력들이 여전히 위세를 떨친다. 비이성적이고 유치한 '친북 논쟁'을 역사는 어떻게 평가할 것인가.

남북문제가 지역적 균열, 지지계층의 분열과 연결되고, 무엇보다 남북문제와 정략적으로 얽혀 떼어놓기 어렵게 된 정치지형이 우리 사회의 비극이다. 민족문제가 여타 정치사안과 맞물리며, 옳고 그름이 함께 뒤엉켜 있다. 마음을 열어 놓고 민족문제를 논의하는 큰 틀의 공개 토론마당을 펼칠 것을 제안한다. 대통령 선거 때 텔레비전 토론회를 하듯, 책임 있는 정치 지도자들이 나와 현 상황과 민족의 장래에 대한 자신의 비전과 철학을 밝히고, 며칠이고 진지하게 토론을 벌여 건설적인 합의를 이끌어낼 필요가 있다. 지금 같은 말꼬리 잡기식 소모전은 갈등만 부채질하고 국민 판단을 흐리며 민족의 앞길을 망칠 뿐이다.

_2000.7.19

반세기 만에 헤어진 가족을 만나는데 어느 사연 하나 애절하지 않은 것이 없겠지만, 3차 남북 이산가족 상봉에서는 '국군포로' 두 명이 포함돼 더욱 눈길을 끈다. 남쪽 방문단의 손준호, 김재조씨가 한국전쟁 때 국군으로 참전했다 포로가 된 뒤 귀환하지 않았던 형님 손원호, 김재덕씨를 만난 것이다.

국군포로 문제는 남북문제 중에서도 가장 민감한 사안이다. 북한의 공식 견해는 "단 한 명의 포로도 없다"는 것이다. "전쟁 포로들은 정전협정의 요구대로 전원 송환했으며, 우리에게 있다면 공화국 품으로 의거하여 온 이전 괴뢰 장병들이 있을 따름"이라고 주장한다. 김재덕씨도 "동족의 가슴팍에 총을 댈 수 없어 인민군에 자원입대했다"고 주장했다.

국군포로 문제가 본격적으로 제기된 계기는 1994년 국군포로 조창호씨가 탈북해 귀국하면서부터다. 그는 국군포로들이 탄광 등에서 비참한 생활을 하고 있다고 증언했다. 국방부는 현재 명단을 확보한 생존 국군포로가 343명이라고 밝힌 바 있다.

휴전 당시 '송환' 뒤엉켜

남한 여론과 북한의 완강한 태도에 끼여 난처해진 정부가 내놓은 방안이 국군포로를 '넓은 의미의 이산가족' 범주에 넣어 점진적으로 풀어간다는 것이다. 북쪽이 원천적으로 부인하는 국군포로를 송환하라고 목소리를 높이기보다는 실질적으로 효과를 보도록 설득하겠다는 것이다. 이번에 북한이 두 명의 국군포로와 납북된 대한항공기 여승무원을 헤어진 가족과 만나도록 한 것도 그들 나름의 원칙을 허물지 않으면서 인도적 차원에서 남쪽 해법에 응한 것으로 해석된다. 보도되지는 않았지만, 2차 상봉 때도 이형석씨가 국군포로인 동생 정석씨를 만났다. 횟수가 거듭될수록 그 폭이 넓어질 것이란 기대가 깔려 있다.

국군포로 송환 주장은 지난해 비전향 장기수들을 북에 돌려보낼 때 더욱 높아졌다. 그러나 굳이 논리적으로 따진다면 비전향 장기수와 대칭되는 것은 남쪽에서 북쪽에 파견한 간첩들 가운데 생존자들일 것이다. 국군포로와 대칭되는 것은 남쪽의 '반공포로'들이다. 사실 국군포로 문제가 생긴 것도 1953년 휴전 당시 포로송환 문제가 복잡하게 엉켜 엉거주춤 처리된 탓이 크다. 양쪽은 제네바 협정에서 규정한 대로 전쟁포로를 자동으로 송환할 것이냐(강제송환 원칙), 인도주의에 따라 포로들의 자유의사를 존중할 것이냐(자원송환 원칙)를 두고 날카롭게 맞섰다. 민족 내부 전쟁인 탓에 문제가 더 불거졌다.

결국 당시 북에서 남으로 송환된 국군포로가 8,343명이다. 정부는 돌아오지 못한 미귀환자를 1만 9,000천 명 정도로 추정한다. 송환된 유엔군포로는 5,126명이었다. 반면 남에서 북으로 돌아간 인민군포로는 7만 6,119명이다. 포로 중 강제 징집된 남쪽 출신이거나 북으로 돌아가기를 원치 않은 포로들은 휴전 회담을 반대하던 이승만 대통령의 독단적 지시에 따라 국군의 안내로 미군 관할 수용소를 '집단 탈출' 했다. 이들의 수가 2만 7,388명에 이른다. 그러나 혼란중에 자신의 뜻에 반해 뒤엉킨 사람들도 적지 않다. 또 중국(중공)군포로 가운데도 송환자가 7,139명이고, 대만으로 간 수가 1만 4,235명이 된다. 최인훈의 소설 『광장』의 주인공 이명준처럼 남북 양쪽을 거부하고 인도 등 중립국을 택한 126명의 포로들도 있다. 반공포로들 역시 방문단에 포함돼 조용히 가족들을 만나고 있다. 이들 가운데는 고향인 북으로 보내달라고 요구하는 사람도 있다.

단계적 해결이 현실적

국군포로 문제는 긴 눈으로 보아야 한다. 이산가족 문제의 해법은 생사확
인, 상봉, 편지교환, 자유왕래에 이어 궁극적으로 흩어진 가족의 재결합에
있다. 지금은 꿈같은 얘기로 들리지만 남북관계가 진전되고 사실상의 통일
상태가 되면 실현될 수도 있는 일이다. 지금 단계에서는 안타까운 일이지만
실질적으로 문제를 풀 수 있는 단계적 방안을 찾는 것이 현실적이다. 남북
관계가 진전될수록 이 문제의 해결도 앞당겨진다. 남북화해를 사사건건 방
해하는 세력들이 가족들의 순수한 바람에 편승해 즉각송환 주장을 펴는 모
순이 남북문제 해결을 오히려 더디게 하는 것이다.

_2001.2.28

| 0.75평의 고뇌 |

양심수 고난에 동참하는 '하루 감옥 체험'. 희한한 이름의 행사가 오늘도
벌어진다. '45년 세계 최장기수 김선명과 양심수 석방을 위한 캠페인'의 하
나로 기획된 이 행사는 지난 월요일에 시작돼 토요일까지 계속된다.

명동성당 정문 앞에는 실제 감방과 같은 크기의 모의감방 세 개가 나란히
설치됐다. 0.75평의 폐쇄 독방. 가로 70센티미터, 세로 2미터, 높이 2미터의
이 감방은 건장한 수인 한 사람이 들어가면 꽉 들어찬다. 옆으로는 한 팔만
뻗어도 벽이 닿고 누우면 발아래 한 뼘 공간이 남을까 말까 한 비좁은 공간

이다. 높이만 낮춘다면 약간 큰 관을 연상하기에 충분하다. 앞뒤로 난 창문이 유일하게 밖과 통할 뿐, 식기를 들이미는 식구통과 변기통도 설치돼 있다. 동양 최대의 중구금 시설이라는 대전교도소의 독방을 그대로 재현해 놓은 이 감방에 각계 인사들이 하루 3명씩 흰 고무신에 푸른 수의를 입고 고행에 들어간다.

첫날 하루수인이 된 인사는 박원순 변호사, 유재현 경실련 사무총장, 작가 윤정모씨다. 둘째 날에는 가수 정태춘씨와 곽노현 교수, 그리고 이런 감옥에서 29년이나 복역하다 출옥한 여든넷의 이종씨가 감옥살이를 자원했고, 그 다음날에는 혜진 스님, 송경용 신부, 35년 장기수 임방규씨가, 넷째 날에는 명진 스님, 박재동 화백, 이석현 변호사가 뒤를 이었다.

민주화실천가족운동협의회를 중심으로 천주교정의구현전국사제단, 한교협인권위원회, 전국연합, 경실련 등 12개 재야단체들이 공동 주최한 이번 행사는 '하루 감옥 체험' 행사 외에도 안치환, 권진원, 노찾사 등 일반에게 낯익은 가수들이 나오는 양심수를 위한 콘서트, 만화인들과 함께 하는 한마당 행사 등이 끼어 있다. 항의 시위 등으로 각인된 과거의 딱딱한 이미지를 벗고 일반 시민이 쉽게 다가설 수 있도록 마음 쓴 흔적이 역력하다. 갖가지 행사들이 진행되는 동안 전국 32개 교도소에서는 수감중인 시국사범 465명이 양심수 전원석방과 국가보안법 철폐 등을 요구하며 항의 단식을 하고 있다. 비자금 4,000억 원 설이 어지러이 춤추는 이른바 문민정부 밑에서 많은 사람들의 관심권 바깥 한쪽에서 진행되고 있는 일들이다.

부끄러운 기록 '세계 최장기수'

이들이 석방을 요구하는 세계 최장기수인 김선명(71)씨는 0.75평의 좁은 감방에서 무려 45년을 버텨왔다. 남아공 만델라 대통령의 27년 수형 생활보다 18년이 더 긴 세월이다. 세계적 인권단체인 국제사면위원회는 1993년 김씨를 양심수로 선정했고 유엔에도 보고했다. 유엔 인권위에 보고된 김선명씨의 일생을 보면 남북으로 분단돼 고통을 겪고 있는 우리 민족의 아픔이 그대로 아로새겨져 있다.

그는 일본인 교장이 싫어 열다섯 살 때 보통학교를 그만두고 노동자가 되었다. 스물한 살에 해방을 맞아 청년운동을 하다 6.25전쟁이 터지자 북으로 갔다. 의용군으로 나섰다가 철원에서 유엔군에 붙잡힌 그는 15년형이 확정됐다. 그대로 복역했다면 그는 1966년에 이미 석방돼야 했다. 그러나 1953년 다시 불려나가 재취조를 받았다. 그는 전기고문, 물고문 등을 당했고, 인민군 정찰대가 아니고 간첩부대인 526군부대에서 남파된 간첩으로 '조작'됐다. 처음에는 사형을 선고받았다가 무기징역으로 감형됐다. 오랜 옥살이로 몸이 망가질 대로 망가져 신경통, 고혈압, 백내장에 시달린 탓에 그의 몸무게는 45킬로그램으로 줄었다.

그의 월북으로 인해 아버지와 누이가 총살을 당했는데, 현재 아흔이 넘은 노모가 서울에 살고 있는 것으로 알려져 있다. 그의 소원은 죽기 전에 노모를 만나는 것과 통일된 조국을 보는 것이다. '조작' 시비는 그만두더라도 일흔이 넘은 병든 노인이 석방된들 무슨 지하활동을 할 것이며 무슨 엄청난 일을 꾸미겠는가. 그의 석방이 늦어질수록 부끄러운 세계기록 '최장기수 45년'은 46년으로, 47년으로 늘어만 갈 것 아니겠는가.

민가협 조사에 따르면 지금도 양심수 465명이 감옥에 갇혀 있고 20년 이상 구금중인 장기수 27명이 온갖 질병에 시달리고 있다고 한다. 그 가운데는 실제 간첩활동을 한 사람도 있지만 '조작간첩'도 적지 않고, 일제의 악독한 유산인 사상전향 요구를 거부해 이중으로 고통을 겪는 미전향 장기수도 상당수 있다.

해방 50돌을 맞으며 우리는 민족의 과거를 성찰하고 앞날을 다시 설계해야 할 시점에 서 있다. 분단의 파생물인 사상과 이념의 차이에서 비롯된 '인간성 상실'을 바로잡아야 할 도덕적 의무가 우리에게는 있다. "남북관계에 중대하고도 획기적인 제안을 하겠다"는 대통령의 거듭된 약속의 첫걸음으로, 그리고 인도적 차원에서 우리는 8.15특사 때 분단의 희생자인 이들이 모두 풀려나기를 기대한다. 그리고 무엇보다 양심수들이 다시는 생겨나지 않는 사회가 만들어지기를 기원한다.

_1995.8.11

| 국익 우선 논리의 함정 |

15년 만에 진실이 밝혀진 '수지 김 피살사건'은 최종길 교수 고문치사 사건과 함께 국가 공안기관의 횡포가 개인의 인권을 얼마나 무참히 짓밟을 수 있는지를 극명하게 보여주었다. 부부 싸움 끝에 부인을 살해한 윤태식씨가 처벌이 두려워 북한 대사관을 찾아가 자진월북 의사를 밝혔다가 거절당하자 북한 공작원에게 납치될 뻔했다는 거짓말을 꾸며댔고, 안기부는 조사과정에서 진상을 알았으면서도 정치적으로 이용하기 위해 '납북미수' 기자회견을 강행했다.

1987년 당시 국민들의 직선제 개헌 요구 등으로 궁지에 몰린 전두환 정권에게 이 사건은 레드 콤플렉스를 자극해 반대 목소리를 잠재우기에 적합한 건수였다. 언론이 요란하게 보도했고 잠시나마 공안기관은 소기의 목적을 거두었다. 싱가포르 주재 북한 대사관은 윤씨의 주장을 공박했고 안기부의 '협조 요청'을 받은 외무부는 싱가포르 주재 대사에게 반박 성명을 내도록 했다.

서로 약점을 쥐고 있어 자연스레 '공범' 관계가 된 윤씨와 안기부(현 국정원)의 '밀월'은 그때부터 시작됐다는 의혹이 그래서 나온다. 안기부의 '특별 관리' 대상으로 사기행각을 일삼다가 실형을 살기도 한 윤씨가 갑자기 '생체인식 보안시스템'이란 최첨단 기술을 보유한 유망한 벤처기업인으로 떠오른 배경에는 국정원의 조직적인 지원과 비호가 있었다는 의구심을 떨치기 어렵게 돼 있다.

상당히 많은 사람들이 이 사건의 내막을 알고 있었음에도 진상이 그토록 오래 어둠에 묻힌 데는 '국익을 위해서'라는 논리가 위력을 발휘했다. 국민의 정부 들어 사건의 진상이 재조명되는 과정에서도 '국익 우선 논리'의 함정에 빠져 은폐 지시를 한 이무영 전 경찰청장이 구속되기에 이르렀다.

분단과 철권통치가 불러온 비극

과연 이들이 말하는 '국익'의 정체는 무엇인가. 아무리 첩보세계의 일이라지만, 뻔히 상대방이 있는데 그런 치졸한 장난을 칠 때 상대방이 어떻게 반응할지 생각해 봤을까. 이런 조작과 은폐를 통해 국민들 의식 속에 북한에 대한 적대감을 심고, 안보논리로 내부체제를 결속하는 것을 국익이라고 생각했다면 너무도 위험천만한 발상이다. 졸지에 간첩으로 몰린 수지 김 가족들이 당한 고통은 말할 것도 없고, 안기부의 발표를 믿어 의심치 않은 국민들의 피해는 어찌할 것인가.

‘음지’에서 벌어지는 일을 밖에서 알 수는 없다. 일의 성격상 시시콜콜히 까발릴 수도 없을 터이다. 그러나 국민 의식에 심대한 영향을 끼치는 일들이 장막 뒤에서 ‘통제 없이’ 조작된다면 심각한 문제다. 1996년 4.11 총선을 며칠 앞두고 북한군이 비무장지대에서 연 사흘간 무력시위를 강행해 여당에 결정적 도움을 준 총격사건은 아직도 의문투성이다.

김정일 국방위원장의 동거녀였던 성혜림씨의 조카로 14년 남짓 남쪽 사회에서 지내다가 의문의 죽음을 당한 이한영씨의 경우도 석연치 않은 부분들이 많다. 1982년 스위스 제네바에서 안기부 요원의 꾐에 빠져 서울에 온 뒤 얼굴을 뜯어고치고 ‘제2의 인생’을 살다가 우여곡절 끝에 신분이 노출되고 허망하게 생을 마감한 그는 분단의 한 희생자다. 그의 피살이 북한이 파견한 공작조에 의한 것이었다는 발표가 있었지만, 이를 뒷받침할 만한 증거가 약해 아직도 명쾌하게 정리되지 않았다.

남북대치 상황에서 대북 관련 사건이 발표되면 국민들은 그것을 사실로 믿고 자신의 의식 속에 특정한 이미지를 쌓아간다. 대부분의 국민들 머릿속에 각인된 북한에 대한 부정적 인식은 이런 것들에 영향을 받았을 것이다. 앞으로 남북이 통합을 이루려면, 또는 최소한 평화적 공존의 틀을 유지하려면, 우리 마음속에 똬리 틀고 있는 이런 편견과 고정관념을 없애는 노력이 따라야 한다. 북한 역시 남쪽 사회에 대한 북쪽 주민들의 막연한 적개심을 없애도록 해야 한다. 상대방에 대한 증오로 체제를 공고히 하려 해온 남북 정권의 철권통치는 지금도 해독을 끼치고 있다.

_2001.12.21

| 성혜림의 망명 |

북한의 최고권력자 김정일 비서의 옛 동거녀인 성혜림씨의 서방 망명은 여러모로 충격적이다. 진상은 아직도 베일에 싸여있지만, 언론에 단편적으로 보도된 것만 보더라도 007 영화를 방불케 하는 극비 첩보전에, 폐쇄사회인 북한 권력층의 단면을 엿볼 수 있는 요소들이 더해 있어 일반의 호기심을 자극한다. 여기에 주인공격인 성혜림씨 일가의 가족사는 분단된 민족의 비극을 압축시켜 놓은 모습이어서 우리의 현대사를 다시 한번 생각하게 만든다. 소설보다도 훨씬 소설적인 요소들을 두루 갖추고 있는 것이다.

소설보다 더욱 소설적인 가족사

성씨 일가가 망명을 결행하기까지 겪었을 인간적인 고뇌의 깊이를 알 수 없는 처지에서, 그리고 이들의 망명이 남북관계에 끼칠 현실적인 파장 등을 제쳐놓은 채 소설적인 요소들을 앞세우는 것이 저어하기는 하지만 실제 흥미를 자아낼 극적 요소들이 많은 것이 사실이다. 만석꾼의 아들로 태어나 최고의 교육을 받고 좌익 활동을 하다가 북으로 간 성유경씨와 당시 대표적인 신여성이었을 김원주씨 부부의 삶이나, 이들의

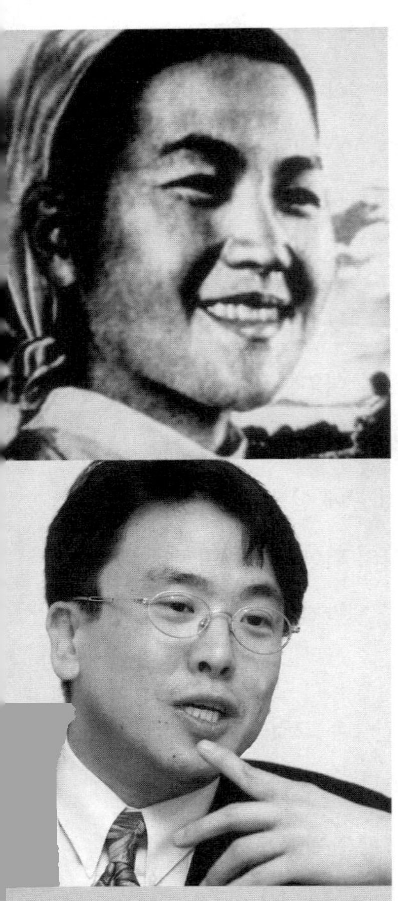

성혜림과 이한영
김정일 국방위원장의 전 동거녀 성혜림씨 일가의 슬픈 가족사는 분단된 민족의 비극을 압축시켜 놓은 모습이다. 조카인 이한영씨는 1982년 정보기관의 공작에 의해 제네바에서 '자의 반 타의 반'으로 끌려와 성형수술로 얼굴까지 고치고 살다가 의문의 총격을 받고 사망했다. 소설보다도 훨씬 소설적인 이들의 가족사는 우리 현대사를 다시 생각하게 만든다.

자녀인 혜랑, 혜림씨 자매가 북한에서 겪은 파란만장한 생활, 월북 뒤 간첩교육을 받고 남파됐다가 체포돼 전향한 혜림씨 오빠 일기씨의 기구한 인생유전, '타의'로 남한 생활을 하면서 자본주의 사회에 적응하지 못해 좌절을 겪은 혜랑씨의 아들 이한영씨의 뒤틀린 인생…. 겉으로 드러난 상황만 보더라도 누구 하나 주역이 되기에 부족함이 없다.

흥미 본위의 생각을 지우고 성혜림씨 일가의 망명을 현실적으로 생각해보자. 성씨는 최근 상황이야 어떻든 북한의 통치자인 김정일과 함께 산 특수한 지위의 여인이다. 김정일의 장남까지 낳았다. 비록 버림받고 병들어 심약해지기는 했지만, 한때 최고의 호사를 누렸던 여인이 북쪽 기준으로 보면 '엄청난 배신'으로 낙인찍힐 망명을 결행하기는 쉽지 않았을 것이다. 모스크바에 나와 있으면서도 보통 사람은 생각하기 힘든 갖가지 특혜를 받고 '호화롭게' 살아왔다.

무엇이 이들로 하여금 극단적 선택을 하게 했을까. 호사는 누리지만 자유는 억압된 독재사회의 한계 때문인가. 옛 궁중 비사에서 보듯 절대자 주변 여인들의 암투가 그토록 치열하다는 것인가. 또는 아들 이한영씨를 앞세워 언니 혜랑씨를 공략한 치밀한 '작전'이 주효한 것일까. 가장 철저한 감시사회라는 북한의 통제력이 이토록 허술할 수가 있는가.

성씨 일가의 망명이 순수하게 자발적인 선택인가 아니면 '공작적' 요소가 상당부분 작용한 것인가는 앞으로 남북 간의 시빗거리가 될 가능성이 높다. 이미 북한이 강도 높은 경고를 했지만, 자신의 치부를 드러내고 명예를 실추시킨 성씨의 망명을 순순히 받아들일 것 같지는 않다. 설사 북한이 직접적 대응은 않더라도 남북관계에 큰 악재로 작용할 것임은 두말 할 필요가 없을 것이다. 성씨를 군이 남한으로 유도해 김정일의 민감한 사생활을 까발리며 북한을 자극할 필요가 없다는 신중론은 그래서 설득력을 갖는다.

이번 사건의 와중에서 십여 년간 감쪽같이 감추어져왔다가 들통난 이한영씨의 존재는 남북관계의 '어두운' 측면을 적나라하게 보여준다. 북한은 최은희, 신상옥씨 부부 납치사건이 폭로돼 도덕적으로 결정적인 타격을 받았고. 그런데 이한영씨의 '남한행' 역시 이에 못지 않은 부도덕한 것이었음이 어렴풋이 드러나고 있다. 김정일의 처조카뻘인 이씨는 지난 1982년 '귀순'한 것으로 모호하게 보도되고 있다. 그러나 앞뒤 사정을 유추해 보면 미국 여행을 꿈꿨던 '철없던' 이씨는 안기부 해외팀의 교묘한 기망과 치밀한 공작에 의해 본인의 의사와 다르게 서울로 '데려져 온' 것으로 보인다. 이씨의 '증언'은 북한 최고 권력층 내부의 은밀한 고급 정보를 캐내는 데 결정적 구실을 했다고 한다. 더구나 이씨는 그 뒤 누구도 얼굴을 알아 볼 수 없게끔 성형수술까지 받아 전혀 다른 사람으로 위장됐다. '국익 차원'이라는 이름 아래 버젓이 행해졌을 이런 비정한 일은 이미 지나간 일로 눈감아 줘야 하는 것인가. 만일 이런 보도들이 사실이라면, 자유민주주의를 내세우는 정부라면 뒤늦었지만 무언가 이에 대한 적절한 조처를 취해야 하지 않을까.

남북관계의 어두운 구석, 이한영

이한영씨와 모스크바 어머니와의 통화 내용은 공작이 개재됐음에도 불구하고 핏줄의 뜨거움을 새삼 느끼게 한다. 위험을 무릅쓰고 아들을 위해 무언가 도움이 돼주려고 애쓰는 '계산을 떠난' 애틋한 모성애에 콧날이 시큰해지지 않을 사람이 있겠는가. 아직도 이 땅에는 저마다 비슷한 사연을 간직한 채 남북으로 갈라진 이산가족들이 많다. 누구의 잘못이 더 크든 작든 남북의 권력은 이들에게 큰 빚을 지고 있다. 이들에게 생이별을 강요할 권

리는 누구에게도 없다. 성씨 일가의 망명이 민족의 비극을 조금이라도 더는
방향으로 매듭지어져야 할 이유도 여기에 있다.

_1996.2.21

김정일 국방위원장의 전 동거녀 성혜림이 신병을 치료 중이던 모스크바에서 서방으로 '망명' 했다는 설은 한동안 사실처럼 알려졌으나 1년 쯤 뒤 실제 망명한 것은 그가 아니라 언니인 성혜랑인 것으로 확인됐다.

성혜림의 언니 성혜랑은 1982년 제네바에서 정보기관의 공작에 의해 '자의 반 타의 반'으로 서울에 끌려와 성형 수술로 얼굴까지 고치고 살다가 1997년 정체불명의 괴한에게 피습 당해 비극적으로 숨진 이한영(본명 이일남)의 어머니다. 성혜랑은 몇 년 전 먼저 서방으로 탈출했던 딸 이남옥의 도움을 받아 망명에 성공했다. 그는 김정일의 장남이며 성혜림의 아들인 김정남을 가정교사 신분으로 십여 년 동안 평양 김정일 관사에서 보살폈다.

성혜랑-혜림 자매의 아버지는 경남 창녕의 대지주였던 성유경이고, 어머니는 「개벽」 잡지 여기자 김원주로 부부가 한국전쟁 때 월북했다. 이들 자매의 오빠 성일기는 간첩으로 남쪽에 내려왔다가 검거됐다. 성혜랑은 현재 유럽 한 국가에 은신 중이며 자신의 이야기와 어머니 김원주의 일기 등을 묶어 2000년 『등나무 집』이란 자전적 소설을 펴냈다.

성혜림은 2002년 모스크바에서 쓸쓸히 생을 마감했다. 3대에 걸친 이들의 슬픈 가족사는 민족 분단의 상처를 상징적으로 보여준다.

황장엽과 북한 민주화론

| '망명 미화론'의 허실 |

황장엽 북한 노동당 비서의 망명은 남북문제를 연구하는 전문가들에게 중요한 연구 테마가 될 것이다. 남북관계에 끼치는 파장은 물론 그가 망명이라는 극단적인 선택을 하게 된 동기, 그 과정에서 오간 비밀 접촉 등 정밀 분석해야 할 요소들이 많다. 앞으로 그가 털어놓을 북한 핵심 권력층의 비화도 무궁무진할 것이다. 황장엽의 망명지를 놓고 미국이 은근히 군침을 흘리는 것도 이런 이유 때문이다.

많은 사람들이 가장 궁금히 여기는 것은 그의 망명 동기일 것이다. 북한 체제에서 누릴 만큼 누린 74살의 노인이 무엇 때문에 이런 '놀랄 만한' 결단을 했을까.

그는 망명 뒤 쓴 자술서에서 북한에 대한 직설적인 비난을 삼가는 대신 "민족이 분열된 지 반세기가 넘었는데 조국을 통일한다고 떠들면서도 서로

적으로 간주하고 있다"고 질타했다. 그는 또 북쪽에 대해 "로동자 농민들이 굶주리고 있는데 로동자 농민을 위한 리상 사회를 건설하였다고 떠드는 사람들", 남쪽에 대해서는 "민족의 적지 않은 부분이 굶주리고 있는데 이에 대하여 서로 관심도 없이 시위만 벌이고 있는 사람들"이라고 남북을 동시에 비판했다. 고민 끝에 민족을 불행으로부터 구원하기 위한 문제를 남의 인사들과 협의하고 싶은 심정에서 북을 떠났다는 것이다. 자술서의 내용대로라면, 민족의 장래를 걱정한 한 지식인의 고뇌에 찬 결단이며 역사에 기여하겠다는 비장한 심정이 절절히 배어 있다.

자술서와 서신의 내용 너무도 달라

그러나 그동안 그의 행적을 볼 때 자술서에 나타난 문면을 곧이곧대로 믿기는 어려울 것 같다. 우선 그가 망명 전에 써서 비밀리에 남쪽에 넘겼다는 서신들의 내용과 현실인식에서 너무도 큰 차이가 나기 때문이다.

"통치자들의 이기주의로 말미암아 주체사상이 왜곡되어 독재의 무기로 이용되고 남의 청년 학생들을 기만하는 데 이용되었다." "당국은 나의 사상이 자기의 통치체제에 맞지 않는다고 하면서 공격을 개시했으며, 나에 대한 감시를 집중하고 있다." "중요한 것은 군대를 강화하고 안기부를 강화하는 것이다. … 지난 8월에는 대규모 학생소요가 일어났고 또 이번에는 로조에서 대규모 파업을 일으켜 경제발전에 지장을 주고 있으니 이 얼마나 한심한 일인가."

서신들의 내용을 보면 망명 동기는 숭고한 민족애보다는 권력에서 밀려난 데 따른 개인적인 동기가 한결 강하다. 북한 사회를 봉건주의 독재 체제로 혹독하게 비판하고, 남쪽 정세에 대한 인식은 공안 세력들의 논리와 맥을 같이한다. 남쪽 사회에서 하루도 살아보지 않은 처지에서 민감한 사안에 대한 '엉뚱한 훈수'는 진지성과 신뢰감을 감소시킨다.

서신들은 그 내용이 공개될 줄 예상하지 못했고 막다른 골목에서 자신의 망명이 받아들여지기를 바라는 초조한 심경에서 쓴 글들이며, 자술서는 자신의 망명을 명분 있는 행위로 포장하고픈 지식인 특유의 '허영'이 작용한 데다 망명 성사를 위해 북한을 자극하지 않으려 했다는 설명이 가능할 것인가. 과연 어느 쪽이 그의 진심에 좀더 가까울까.

남북 강경론 득세에 빌미 줘

그는 자신이 창시한 주체사상이 왜곡됐다고 주장하지만, 냉정하게 말한다면, 그가 그리려 했다는 '진짜 주체사상'은 그의 머릿속에만 있는 허상이며 '또 하나의 철학'일 뿐이다. 실제 현실에서 영향을 끼치고 있는 것은, 따라서 많은 사람들의 관심의 대상이 되어 있는 것은, 옳든 그르든 그의 표현대로라면 '왜곡된 주체사상'인 것이다.

황장엽의 망명을 어떻게 평가하느냐에 따라 북한사회와 한반도 정세에 대한 인식은 달라질 수 있다. 또 그가 주관적으로 추구하고자 한 것과 그의 행위가 현실적으로 어떤 파장을 일으키는가는 별개의 문제이다. 여러 정보를 종합할 때 그는 북한에서 온건론을 폈으나 핵심에서 밀려난 것으로 보인다. 온건론자들이 몰리게 된 데는 대결정책을 구사해온 남한 내 강경론자들의 탓도 있다. 대북 강경론이 북한 내 온건론자들의 입지를 좁혔고, 그는 결국 망명을 택하지 않을 수 없었으며, 그의 망명이 역으로 남한 내 강경론자들에 의해 정치적으로 이용되고, 북한은 강경론자들이 더욱 득세하는 악순환이 작용하는 것은 아닐까. 북한 조기붕괴론, 4자 회담 무용론 내지 대북정책 재검토 발언이 나오는 것도 이런 조짐을 반영하는 것이다.

그의 망명에 안기부가 개입됐다는 것과 현 정권이 정치적 곤경에서 벗어나기 위해 그의 망명을 이용하려는 것은 다른 차원의 문제이다. 그가 말했다는 남한정부 내 고정간첩설도 정치적 매카시즘의 도구로, 안기부 법 개악반대 여론을 억누르는 데 일시적으로 이용할 수 있을지 모르지만 그 생명은 길지 못할 것이다.

문제는 진실이다. 그의 행위를 지나치게 미화하는 것도, 개인적 동기로비하하는 것도 지금으로서는 성급한 일일지 모른다. 인간이란 스스로도 이해하기 힘든 '모순 덩어리'라고 하지 않았던가.

_1997.2.22

| 황 카드냐 쌀 카드냐 |

황장엽 전 북한 노동당 비서의 입국이 며칠 늦춰졌다. 뉴욕에서 진행중인 4자 회담을 위한 3자 설명회 후속 회의에 악영향을 주지 않기 위한 고려로보인다. 공항에서 간단한 도착 성명을 통해 망명 동기와 경위, 심경 등을 밝힐 것이라는 게 관계 당국의 전언이다. 베이징과 필리핀에 오래 머무는 사이 어떤 심경의 변화를 일으켰는지 궁금하다. 입국 뒤 그가 무슨 일을 할지도 관심거리다. 남과 북의 화해와 통일에 도움을 주고 싶다고 망명 동기를 밝혔던, 그리고 주체사상을 체계화했다는 74살의 노인이 여느 탈북자들처럼 여기저기 다니면서 '판에 박은' 반공 강연이나 하지는 않을 것이다. 그는 골수 사회주의자로, 전향 의사를 밝히지도 않은 상태다. 당분간 정부기관의 보호 아래 글을 쓰면서 북한 권력층의 내막 등을 털어놓을 것으로 많은 사람들은 보고 있다.

황장엽 전 비서의 잠재적 '파괴력'은 여전하다. 그의 입에서 나오는 말이라면 모두 진실인 양 여겨지는 분위기에서 그가 무슨 폭탄 발언을 할지 모르기 때문이다. 현실적으로 가장 우려 되는 것은, 흔히 그러했듯이, 그가 대중 앞에 나서지 않는 가운데 근거가 불분명한 내용들이 익명의 소식통을 인용해 그의 말로 언론에 유포되는 경우의 정치적 파장이다. 이른바 '황장엽 리스트'가 언제 터져 나올지 누구도 자신 있게 말하기 어렵다. 그가 우리 사회에 숨어서 활동하는 거물 간첩들의 이름을 댈지, 또는 순수한 뜻으로 그를 통로로 방북을 추진했거나 북한과 접촉하려 했던 선의의 인사들에게 엉뚱하게 피해를 입힐지 알 수 없다. 그가 북한 핵심 권력층 가운데 비교적 합리적이고 트인 인사로 알려져 있었고, 따라서 외부인사들의 대북 접촉 창구 구실을 했다는 것은 잘 알려진 일이다.

뉴욕에서는 남북한과 미국 사이에 4자 회담을 위한 3자 설명회 후속 회의가 진행중이다. 북한은 식량 지원 보장을 요구하면서 4자 회담에 대해 긍정적 반응을 보인 것으로 전해진다. 남한에서는 굶주림에 시달리는 북녘 동포들을 돕자는 운동이 모처럼 만에 활발히 벌어지고 있다. 국민들의 호응도 날로 뜨거워져 간다. 민족화해의 따뜻한 봄기운이 일고 있는 것이다. 이런 흐름을 내심 못 마땅해 하는 일부 세력이 찬물을 끼얹는 주장을 펴고 있지만, 노골적으로 반대하기에는 명분이 약하다.

남북 카드, 김영삼 정권의 마지막 비상구

한보 사태로 늪에 빠진 김영삼 정권이 난국을 헤쳐 나가기 위한 마지막 비

216

상구로 생각할 만한 것이 남북 카드다. 지금은
분위기가 워낙 안 좋아 입을 떼기 어렵겠지만,
한보 청문회가 끝나고 검찰 수사가 끝마무리
에 접어들면 국면 전환을 위해서라도 돌파구
를 찾으려 할 가능성이 크다. 정권이 바라는
대로 한보 사태가 덮이고 새로운 국면이 펼쳐
지리라고 보기는 어렵지만, 정치인 소환 수사
에서 보듯 일시적으로 관심을 딴 데로 돌리는
효과는 있을 것이다.

황장엽을 이용한 '공안정국' 카드와 대규모
쌀 지원을 통한 '남북화해 정국' 카드는 양립
하기 어렵다. 어느 쪽을 택하느냐에 따라 김영
삼 정권의 역사적 운명은 갈린다. 황장엽 카드
는 정치적 노림수를 달성할 수 있을지는 모르
지만 설사 성공을 거둔다 하더라도 민족적으
로 죄를 짓는 길이다. 자칫하면 스스로를 해치
는 '독약'이 될 수 있다.

1997년 4월 서울 성남공항에 도착한 황장엽

황장엽(왼쪽) 전 북한 노동당 비서는 자신이 창시한 주체철학이 왜곡되어 독재체제를 유지하고 남쪽 청년 학생들을 기만하는 데 이용되는 것을 참지 못해 북을 떠났다고 자서전에서 밝혔다. 그러나 남북의 정상이 만나는 화해국면에서 그의 '신념'은 민족의 대결을 부추기는 세력에게 빌미를 주는 구실을 했다.

반면에 대북 쌀 지원을 통한 남북화해 카드는 잘하면 정상회담까지 바라
볼 수 있다. 얼마 전 미국을 방문한 김대중 국민회의 총재가 "남북 정상회담
이 열릴 수 있도록 미국이 중재해 달라"고 요청한 것은 김영삼 대통령의 입
지를 살려주고 통일문제에 대한 자신의 식견을 과시한다는 정치적 의미도
있지만, 실제 정상회담의 가능성을 높게 보고 있다는 뜻으로도 읽힌다.

남북문제는 임기 말 대통령이 정략적으로 추진할 일은 아니다. 민족적 시

각에서 긴 안목으로 풀어야 한다. 그러나 김 대통령이 남북문제를 굳이 정치적 카드로 쓰겠다면 '황 카드'보다는 '쌀 카드'를 쓰는 것이 옳은 방향이다. 그것이 위기 탈출 가능성도 더 높을 뿐더러 남북관계를 최악으로 만든 그동안의 실책을 돌이키는 길이기도 하다.

_1997.4.18

| 황장엽의 집착 |

황장엽 전 북한 노동당 비서의 방미를 둘러싼 논란은 일단 수그러든 것 같으나 불씨는 여전히 살아 있다. 그를 초청한 미국 공화당 강경파 의원들이 초청 의사를 접을 것 같지 않고, 방미 논란을 정부의 대북 포용정책에 흠집을 낼 정치적 호재로 여기는 사람들이 입을 다물 리도 없다.

정부는 이 문제가 나올 때마다 본인의 뜻에 반해 황장엽씨를 억지로 붙잡아둔다는 인상을 주기에 곤혹스럽기 짝이 없을 터이다. 김정일 국방위원장의 서울 답방을 위해 북한의 눈치를 본다는 비난까지 곁들여지면서 더욱 난처해졌다. "민주국가에서 황씨라고 해외여행을 못하게 막아서야 되느냐. 우리는 북한 체제와는 다른 모습을 보여야 한다"는 원론적 비판이 얼마나 말하기 좋고 듣기에 매끄러운가.

그러나 뒷면을 보면 문제가 다르다. 황씨를 초청한 주체도 모호하거니와, 의원 몇몇이 일방적으로 밀어붙이며 압력을 가한 방식도 주권국가에 대한 외교적 결례를 범하고 있다. 하지만 초청 방식이나 특수 신분인 황씨의 '경호' 문제 등은 사실 지엽적인 것일 수 있다. 문제의 핵심은 과연 황장엽씨

초청이 무엇을 겨냥한 것인지다. 그의 입에서 새삼스럽게 무슨 비밀 이야기가 나올 것이 없음은 누구나 알고 있다. 그가 서울에 온 지 이미 4년이 지났고 그에게서 나올 만한 이야기는 정보기관이 이미 다 파악하고 있을 터이다. 황씨가 펴낸 책들만 훑어봐도 그가 하고픈 말들은 다 나와 있다.

북미대화에 찬물 끼얹기

결국 황장엽씨의 입을 통해 북한 지도층의 치부를 까발리고 북한에 대한 반감을 부추겨 북미대화 재개 분위기에 찬물을 끼얹으려는 미국 공화당 내 강경 세력과 이를 막으려는 한국 정부의 줄다리기가 문제의 본질이다. 이 와중에 정부의 대북정책을 흠집내려는 국내 정치세력이 끼어들어 논란을 증폭시킨다.

크리스토퍼 콕스 등 황씨를 초청한 의원들은 강경 매파로 익히 알려진 인물들이다. 그들은 '깡패국가'인 북한을 혼내줘야 한다고 사사건건 물고 늘어진다. 미사일방어(엠디) 체제 추진의 명분을 북한의 미사일 위협에서 찾으며 국내외 반발 여론을 누그러뜨리려는 조지 부시 정부에 편승해 한 건 올리겠다는 정치적 계산도 하는 것 같다. 한반도의 운명 따위는 뒷전이고 어디까지나 자국의 정략적 이익으로만 재단한다.

폴 월포위츠 국방부 부장관은 미국 상원 청문회에서 북한의 미사일 위협을 과도하게 부풀리면서, 한반도 상공의 공중 레이저 무기 개발 등에 필요한 엠디 예산 증액을 촉구했다. 한국을 미국의 엠디 체제 안에 편입시키겠다는 뜻을 드러낸 것이다.

미국은 앞으로 한국 등 주요 동맹국들을 엠디 지지 쪽으로 몰아가는 압박 전술을 본격화할 것이 분명하다. 이런 상황에서 황장엽씨의 북한체제 비난은 다시없는 호재가 될 것이다. 북한과 대화해 한반도의 군사적 긴장을 완화하고, 중국이나 러시아와의 우호관계를 생각해서라도 엠디 정책을 선뜻 찬성할 수 없기에, 이른바 '전략적 모호성'을 고수하려는 한국 정부로서는 난감한 처지에 빠질 수밖에 없다.

엠디 지지 압박 갈수록 커져

문제는 황장엽씨의 생각이다. 그는 자신의 존재를 부각시키기 위해 방미 문제에 집착하는 것 같다. 김정일 체제를 부정하며 가족까지 버리고 온 처지에, 남북 정상이 만나고 김정일 위원장의 서울 답방이 논의되는 상황이 그로선 감내하기 어려울 것이다. 그가 주장하는 '북한 해방론'이 대북정책의 뼈대로 채택되기는커녕 오히려 거추장스런 존재가 돼 버린 터에 그의 '정당성'을 인정하는 사람들이 고마울지 모른다.

그러나 황장엽씨는 분명히 알아야 한다. 그가 자신의 모든 것을 걸고 남쪽으로 넘어왔더라도, 그리고 설사 그의 신념에 일면의 진실이 있더라도, 지금과 같은 처신은 결코 민족의 앞날에 도움이 되지 않는다. 그의 행동이 민족의 운명을 어렵게 만드는 데 이용된다면, 민족의 장래를 위해 망명했다는 그의 주장은 무슨 의미가 있는가. 주체 철학을 확립했다는 그가 미국의 일부 강경파 의원들에 기대는 것이 과연 '주체'에 합당한 것인지부터 곰곰이 생각해야 할 것이다.

_2001.7.20

| 김영환과 황장엽 |

한때 대학가 운동권 '주사파'의 필독서로 일컬어지던 '강철서신'의 필자로 유명한 김영환씨가 얼마 전부터 북한 체제를 비판하며 '북한 민주화론'을 펴 여러 사람을 혼란스럽게 했다. 그런 그가 1989년부터 북한 노동당에 입당해 간첩활동을 해왔음이 국가정보원 발표로 드러나 또 다른 충격을 주었다. 재판이 끝나봐야 알겠지만, 국정원의 중간발표 내용이나 주변 사람들의 말을 들어보면 사실 자체를 의심할 상황은 아닐 듯싶다. 극과 극을 오간 행적이기에 어느 것이 그의 진면목인지 혼돈스럽기까지 하다.

남한 사회의 변혁을 추구한다는 자생적 주사파 조직들은 북한과의 직접적 연계를 거부해왔다. 운동의 '순수성'이 강조된 것은 우리 사회에서 북한과의 연계가 갖는 의미를 너무도 잘 알기 때문일 것이다. 김씨는 이러한 기본 규율을 어겼다. 그가 지녔던 명망성 때문에 그의 간첩 활동은 진보운동 전체의 순수성과 자발성을 크게 훼손할 것이다. 앞으로 운동권이 위축되고 선의의 피해자도 적지 않을 듯하다.

노동당 입당과 북한 민주화론

김영환씨가 또 다른 측면에서 여러 사람들을 당혹스럽게 한 것은 '자생적 주사파의 원조'란 말을 듣던 그가 극단적인 사상 변화를 일으켜 김정일 정권 타도와 북한 민주화에 앞장선 과정에 대한 의구심이다. 국정원 발표를 보면 그는 1991년 밀입북해 김일성 주석과 면담하는 이례적 환대를 받았으며, 북의 지령에 따라 '민족민주혁명당'이라는 지하조직을 만들었다고 한다. 그런 그가 1997년께부터 노골적으로 반북 운동에 앞장섰다. 주위 사람들의 평가나 수사 내용을 보면 간첩 활동을 호도하기 위한 '가면'은 아니었던 것 같다. 국정원의 공소보류 결정도 아마 '자발적 수사 협조'와 함께 그의 사상 전향을 인정해서 내려졌을 것이다.

그의 사상 편력을 옹호하는 사람은 치열한 고뇌의 결과로 설명하려 할 것이다. 그러나 비판적인 사람들이 균형감 잃은 사상의 유희나 소영웅주의의 발로로 혹평하더라도 변호하기 옹색한 행적을 그는 보였다. 내면적 사상 변화의 계기는 알 수 없으나, 결과적으로 그의 행위가 민족 화해에 기여하기는 커녕 냉전 보수세력의 주장에 힘을 보태고, 국가보안법 개폐 노력에 찬물을 끼얹었다는 비판을 겸허하게 받아들여야 한다.

자신이 주장해온 이론의 오류를 인정했을 때 취한 태도에 대해서도 평가는 엇갈린다. 운동가 이전에 인간의 문제이기도 하다. 잘못을 뒤늦게 깨달았기에 책임감 때문에 나서지 않을 수 없었다고 그는 강변한다. 그러나 극과 극을 오가는 방황을 겪었다면, 상당기간 '침묵'해야 했다는 것이 많은 이들의 비판이다. 준열한 자기반성에 따른 '사상적 고백'을 뛰어넘어 곧바로 행동에 나서는 것은 치열함보다는 겸손함의 결핍으로 비치기 쉽다.

암담한 군사 폭압정권 시절 절망감에 젖은 대학가를 휩쓸었던 주사파 논리를, 남북의 객관적 실상이 여실히 드러난 오늘날 아무런 비판적 시각 없이 맹종하는 무리가 우리 사회에 얼마나 되는지는 알 수 없다. 그들의 고민은 기본적으로 그들이 스스로 극복해야 할 몫이다. 김씨의 과도한 훈수는 오히려 설득력을 떨어뜨려 건강한 토론과 자체 극복 노력에 걸림돌이 될 수 있다. 세기적 변화 흐름을 좇아가지 못하는 북한의 실체를 편견 없이 냉정한 눈으로 보면서 민족의 앞날에 대해 진지한 고민을 해야 할 것이다.

오류 인정 뒤 '침묵'의 의미

김씨의 행적은 망명한 황장엽 전 북한 노동당 국제비서의 행로를 연상케 한다. 김씨가 '황장엽류 주체사상'의 신봉자임을 자임하기도 하거니와, 제3자가 보기에 극과 극의 변신을 보인 유사점 때문이기도 하다.

황씨의 망명은 아직도 안개 속에 가려져 있는 부분이 많다. 그는 자신이 창시한 주체철학이 왜곡되어 독재체제 유지와 남쪽 청년 학생들을 기만하는 데 이용되는 것을 참지 못해 북을 떠났다고 자서전에서 밝혔다. 주체사상을 잘못 이해하는 남쪽의 젊은이들에게 진수를 가르쳐 주겠다는 그의 희망과 기대가 얼마나 충족됐을까. 그는 "운명에 대해서는 시대의 흐름에 맡기고, 행동의 평가는 역사에 맡기겠다"고 다짐한 바 있다. 망명한 지 2년 반이 된 시점에 그는 어떤 심정 변화를 겪고 있는지 궁금하다.

_1999.9.15

불평등한 SOFA

제임스 레이니 주한 미대사가 「뉴욕타임스」 기자에게 말한 것으로 보도된 내용은 외교관으로서 상궤를 벗어난 발언이다. 주한미군 범죄를 둘러싼 한미 마찰을 거의 한 면에 걸쳐 비중 있게 다룬 이 신문은 레이니 대사가 "한국 국민들은 미군범죄가 걷잡을 수 없게 된 것처럼 믿도록 유도되고 있으며, 문제는 미군이 범죄를 더 많이 저지르는 데 있는 것이 아니라 한국의 무책임한 언론이 격앙된 국민들에게 특유의 선정적인 방식으로 이를 묘사해 전달하는 데 있다"고 말했다고 보도했다. 외교관은 자국의 이익을 위해 주재국에서 일하는 사람들이다. 어디까지나 자국 이익이 우선이지만 주재국 대사는 자신이 근무하는 나라의 입장을 본국 정부나 국민들이 우호적으로 이해하도록 전달할 사명도 동시에 가지고 있다. 외교사절의 아그레망을 파견국이 요청하고 접수국 정부가 받아들여야 부임하는 외교관례도 이와 관계가 있는 것이다. 더욱이 레이니 대사는 역대 주한 미국대사들 가운데 한국을 가장 잘 알고 한국민에 대해 호의를 가진 것으로 알려진 인물이다. 이런 사람의 인식이 그런 정도라면 한국이나 미군범죄에 대한 다른 미국인들의 생각은 어느 정도일까 가히 짐작이 간다.

무책임한 언론 탓으로 돌려

인기작가 최인호씨는 지난해 3월 미군병사의 일방적 과실로 인한 교통사고로 전치 16주의 중상을 입었다. 친구들과 승용차를 타고 가다 맞은편에서 중앙선을 넘어온 미군 트럭에 부딪힌 것이다. 사고 뒤 가해자 쪽으로부터는 감감무소식이었으며, 입원비 등 치료비 일체를 피해자들이 우선 부담해야 했다고 한다. 그는 자신을 느닷없이 고통에 빠뜨린 사람이 누구인지 어떤 처벌을 받았는지조차 알 수 없었다고 했다. 최씨처럼 이름깨나 알려진 사람도 속절없이 당하는데 일반인들은 어떨까.

'주한미군의 지위에 관한 한미 행정협정(한미 주둔군지위협정. SOFA)' 의 불평등성이 논란이 된 것은 어제 오늘의 일이 아니다. 그러나 최근 잇따른 미군 범죄를 계기로 주권 침해 시비가 거세지면서 개정을 요구하는 목소리가 더욱 높아졌다. 한미 양국 정부도 악화된 국민감정을 마냥 외면할 수 없어 문제 조항을 개정하기 위한 협상을 곧 하기로 약속이 되어 있다. 규정 중 가장 피부에 와 닿는 독소조항은 형사관할권 문제다. 미군이 범죄를 저질렀을 때 한국 당국은 피의자를 체포했더라도 미군의 인도 요청이 있으면 즉시 넘겨줘야 한다. 아무리 흉악한 범죄자라도 구속수사는 원천적으로 불가능하다. 동두천 윤금이씨 피살사건이나 서울 지하철 난동사건에서 보듯 국민감정에 불을 지르는 것도 바로 이 조항이다. 형사관할권말고도 앞서 언급한 최씨의 경우처럼 배상절차가 빠진 민사청구권 제도나 과세특혜 조항 등 불평등 규정은 한둘이 아니다.

'감정' 수준 넘지 못한 '반미'

이상과 같은 사정을 살펴보더라도 레이니 대사의 발언은 균형을 잃은 시각이라고 하지 않을 수 없다. 역설적으로 그의 말 중에 한 가지 경청할 것이 있다면 우리 언론의 '냄비 속성'을 비판한 부분일 것이다. 사실 우리 언론은 큰 사건이나 사고가 났다 하면 온 지면에 '도배질'을 하듯이 떠들다가 시간이 흐르면 언제 그랬냐는 식으로 잊어버리기 일쑤다. 미군범죄의 경우도 마

소파개정 시위(광화문 촛불집회)
미국은 자국 편의 위주의 오만한 자세가 한국민들의 자존심에 상처를 주고, 나아가 미국에 악감정을 갖게 만든다는 점을 알아야 한다. 한국민들의 불만을 사고 있는 소파협정의 불평등 조항을 고치는 것이 궁극적으로 미국의 국익에 합치한다는 생각을 가져야 한다. 2002년 12월 서울 광화문에서 열린 고 신효순, 심미선양 추모 촛불 집회에서 시민들이 촛불을 들고 부시 미국 대통령의 직접 사과와 한미 주둔군지위 협정 개정을 요구하고 있다.

찬가지다. 언론이 전부터 철저히 고발하고 감시해 왔다면 아마 이런 지적은 나오지 않았을지도 모른다. 레이니 대사가 바로 알아야 할 것은 미국에 대한 한국민의 의식이 바뀌고 있다는 것이다. 언론의 탓으로 돌릴 게 아니다. 근본적인 원인은 바로 미국이 제공한 것이다. 세계에서 거의 유일하다시피 반미 구호가 없었던 한국에서 '반미'가 뚜렷한 목소리로 자리잡기 시작한 중요한 계기는 1980년 광주학살 때 미국 정부가 보인 태도 때문이었다는 것을 인정해야 한다. 민주주의와 인권을 전파하고 독재로부터 지켜주리라는 헛된 환상이 무참히 깨진 첫 경험이었던 것이다. 최근 들어서는 쌀 시장 개방압력 등 고압적인 자세가 일반국민들의 반미의식을 부추겼다.

그러나 한국인에게 있어 반미는 아직 '감정'의 수준을 넘지 못하고 있다. 주한미군 주둔이 우리를 위해서라기보다 동북아에서 미국의 이익을 지키기 위한 것이며, 자신들의 필요에 따라서는 언제라도 빼내갈 것이라는 '당연한' 인식이 공유되고 있지 않다. 지난 2월 말 발표된 미국의 "신동아태안보 전략 보고서"는 주한미군, 나아가 동아시아에서의 미군 주둔이 어떤 맥락에서 이루어지고 있는지를 명쾌하게 보여 준다. "미국이 아시아 지역에서 동맹관계를 유지하려는 것은 그것이 지역안정에 바탕이 될 뿐 아니라 주요 아시아 문제에 대한 미국의 영향력을 증대시키는 수단이 되기 때문이다. 아시아는 오늘날 새로운 중요성을 가지고 있다. 1993년 현재 미국과 아시아의 무역규모는 3천 7백억 달러에 이르렀으며, 이로 인해 얻어지는 미국의 일자리는 무려 2백 80만 자리나 된다."

_1995.8.30

| 한미협정 고쳐지려나 |

불평등한 내용으로 여론의 질타를 받아온 한미 주둔군지위협정(소파) 재개정 협상이 5월 말이나 6월 초에는 열릴 것 같다. 애초 4월 말 개최 예정이었으나 검토시간이 더 필요하다는 미국의 요청으로 한 달가량 늦춰졌다. 현재 우리의 요구사항을 문서로 전달한 상태이고, 미국이 검토 문안을 보내오면 협상 날짜를 잡도록 잠정 합의돼 있다. 1996년 9월 미국의 결렬 선언으로 협상이 중단된 지 3년 반 만의 일이다.

한미 주둔군지위협정의 불평등성이 지적된 것은 어제오늘 일이 아니다. 미국은 세계 85개국과 주둔군지위협정을 맺고 있는데, 한미 협정은 그 가운데서도 불평등한 내용을 가장 많이 담고 있는 것으로 평가된다. 협정을 맺은 1967년 당시 우리가 일방적으로 미국의 도움을 받는 상황이었고, 그 뒤로도 이를 바로잡을 계기를 마련하지 못했다. 기득권을 확보한 미국이 한사코 재협상을 회피해 온데다, 정통성이 취약한 역대 군사정부에서 강력히 요구하지 못한 탓도 크다.

주한미군에 지나친 특혜

국민의 정부 들어서도 상황은 별로 나아지지 않았다. 아이엠에프 사태를 맞아 국가부도 위기를 넘기는 데 정신이 쏠린 나머지 미국의 심기를 건드릴 만한 발언을 주저한 것으로 보인다. 두 나라 사이에 걸려 있는 현안들이 워낙 많기 때문에 우선순위에서 밀린 것이다. 그러나 일방적으로 불리한 내용을 언제까지나 참을 일이 아님은 물론이다. 주권국가로서 국민감정이 더 이상 이를 용납하지 않는다.

협정 내용 중 시민단체들이 가장 독소조항으로 꼽는 것은 형사관할권 문제다. 현행 규정은 미군 병사들이 범죄를 저질렀을 때 이를 처리하는 과정에서 지나치게 특혜를 주고 있다. 예를 들어 미군 범죄자의 경우 모든 재판 절차가 끝나 형이 확정되기 전까지는 구속 수사를 할 수 없다. 이에 따라 살인, 강도, 강간 등 중범죄에 대한 수사가 차질을 빚을 수밖에 없다.

미국은 사법제도 차이에서 비롯되는 것으로 강변하고 있으나, 인종 우월주의와 함께 지나친 특혜가 범죄 빈발을 불러온다는 것이 시민단체들의 지적이다. 죄에 비해 가벼운 처벌을 받는 것을 주변에서 흔히 본다면 범죄 유혹에 쉽게 빠져들 것은 당연한 이치다.

이밖에도 민사청구권을 행사할 때 절차규정이 미비해 실질적 피해 배상을 받기가 어렵고, 미군부대에 고용된 한국인 노동자들이 노동기본권을 보장받지 못하고 있다. 미군 시설과 기지 사용으로 환경오염 문제도 심각하고, 공여지로 인한 사유재산권 침해 문제 등 불평등한 규정들이 너무 많다.

이처럼 불합리한 협정이 이제껏 통용된 데는 주한미군의 존재에 대한 미국의 일방적인 인식이 바탕에 깔려 있다. 미국은 미군이 한국의 안보를 위해 주둔하는 것이고, 미군 병사들이 낯선 땅에서 임무를 수행하기 위해서는 최소한의 안전장치를 마련해야 한다고 주장한다. 또 전통과 문화가 다르기 때문에 나라마다 협정 내용이 다른 것이며, 한국에만 유독 불리한 것은 아니라는 주장이다.

주한미군이 우리의 안보위협을 덜어주는 것을 부인할 수 없지만, 동시에 미군이 한반도에 주둔함으로써 미국이 동북아에서 누리는 정치, 경제, 군사적 이익 또한 상당한 것도 사실이다.

불평등 시정이 미국에 도움

미국은 자국 편의 위주의 오만한 자세가 한국민들의 자존심에 상처를 주고, 나아가 미국에 악감정을 갖게 만든다는 점을 바로 인식해야 한다. 한국민들의 불만을 사고 있는 불평등 조항들을 고치는 것이 궁극적으로 미국의 국익에 합치한다는 생각을 갖는 것이 중요하다.

정부로서는 이번 기회에 형사관할권 문제 등 이미 부각된 몇몇 내용만 손질하고 넘어갈 게 아니라 불평등 내용을 전면적이고 근본적으로 고치겠다는 자세로 재협상에 임해야 한다. 현실적 제약과 한계를 내세우기에 앞서 최소한 독일이나 일본 수준으로 개선되도록 요구해야 한다.

개인관계나 국가관계나 마찬가지지만, 마땅히 누려야 할 자신의 권리를 당당히 주장하지 못하면 상대방으로부터 합당한 대우나 존중을 받지 못하고 깔보인다는 점을 명심해야 한다.

_2000.4.26

노근리와 양민학살

| 노근리와 빈호아의 광기 |

한국전쟁 때 자행된 노근리 양민학살 사건이 뒤늦게 알려진 정치적 배경을 보면, 우리 사회가 이념적 굴레에 얼마나 얽매여 왔는지가 단적으로 드러난다. 억울하게 가족을 잃고도 마치 우리가 죄인인 것처럼 아무 소리 못하고 살았다. 미군에 의해 죽었다고 하면 "빨갱이니까 죽었겠지"라고들 했다. 당시 좌우익 대결로 동족 사이에서 저질러진 참혹한 떼죽음도 많았다. 맹목적인 '반공' 분위기에 짓눌려 우익에 의한 테러나 학살은 유야무야 덮이던 터라, 미군의 양민학살이란 입 밖에 낼 수 없는 절대 금기사항으로 여겨졌다.

40여 년을 가슴에 묻고 지내던 기막힌 사연이 1994년부터 알려지기 시작했으나, 혈맹이자 은인인 미군이 죄 없는 양민을 수백 명씩이나 무참히 학살했다는 '믿기지 않는' 내용에 귀를 기울이는 사람들은 많지 않았다. 미국 AP통신이 비밀 해제된 미군 문서를 찾아내고, 참전했던 미군 병사들을 일일

이 인터뷰해 보도하지 않았더라면, 한미 두 나라 정부는 부인으로 일관했을
것이다.

진실 규명만이 우선

노근리 사건이 크게 보도된 뒤 비슷한 사건들에 대한 피해자들의 증언이
잇따르고 있다. 경남 마산에서, 사천에서, 이제까지 숨죽이고 있던 사람들
이 비로소 입을 열기 시작했다. "여자 어린이 할 것 없이 우리 앞에 걸어다
니는 것은 모두 사살했다"고 증언한 한 미군 병사가 함구 지시를 받았다는
미국 CBS의 보도는 노근리 사건과 비슷한 일이 전쟁터 곳곳에서 벌어졌을
개연성을 높여준다. 전쟁의 광기와 공포, 혼란, 인종적 편견이 인간으로서
도저히 할 수 없는 잔혹한 짓을 저지르도록 만든 것이다.

노근리 사건을 확대 해석해, 우리를 돕고 이 땅에 많은 피를 뿌린 미군 전
체를 마치 범죄집단인 양 왜곡하는 것은 올바른 태도가 아니다. 그러나 진
실을 덮어버리고 피해자들의 한을 외면하는 일은 더더욱 역사를 대하는 진
솔한 자세가 아니다. 그런 의미에서 볼 때 미국 정부가 공동조사단 구성에
난색을 표시하는 것은 이해하기 어렵다. 이 사건을 대하는 정부의 소극적
자세도 진상을 투명하고 공정하게 밝혀낼 것이라는 믿음을 주기에 부족하
다. "한국 정부는 그동안 왜 자국 국민들의 탄원을 제대로 조사하지 않았는
가?"라고 힐난한 「뉴욕타임스」의 사설처럼, 미국은 제 나라 국민의 억울함
을 조사해 따지지 못한 한국 정부에 대해 고마워하기보다는 속으로 깔보고
업신여기지는 않을까. 불평등한 한미 주둔군지위협정(소파) 개정을 둘러싸
고 미국이 고집스레 버티는 까닭도 정부의 자주적 태도 결여에 있다고 한다
면 지나친 억측인가.

전쟁의 광기가 휘몰아친 노근리 사건을 보면서, 우리가 참전했던 베트남 전쟁에서 양민을 학살했다는 주장에 대한 우리의 태도도 반성해야 한다. 베트콩이 베트남 농민들 사이에 숨어 활동한다는 이유로 한국군이 마을 주민들을 집단 학살했다는 피해자들의·증언과 베트남 정치국의 조사보고서가 나와 있다.

베트남 전쟁에 대한 평가나 '잊고 싶은' 전쟁에 참전한 정부의 결정에 대한 역사적 평가는 뒤로 하더라도, '전선 없는 전쟁' 탓으로 돌리며 이제까지 눈감아 온 따이한의 양민학살 의혹은 진지하게 대해야 한다. 한국군이 한 명 죽을 때마다 양민학살로 보복했다는 기록과 주장들이 사실이라면 진심으로 사죄해야 한다. 이 문제는 우리의 젊은 병사들이 그 땅에서 아까운 목숨을 잃었다는 의미를 깎아내리는 것과는 다른 차원이다.

고백으로 상처를 치유해야

상관의 명령으로 노근리에서 양민학살에 가담했다는 한 미군 병사는 양심의 가책으로 인해 "지금도 바람 부는 여름날 밤이면 어린애들의 비명 소리가 들리는 듯하다" 며 고통스러웠던 시간들을 고백했다. 마찬가지로 베트남 땅 빈호아에서 겪은 젊은 날의 아픈 기억으로 고통받는 사람들이 이 땅에 있다면, 고백을 통해 아물지 않는 상처를 치유할 길을 찾아야 한다. 카메라의 앵글을 돌려 그들에게 초점을 맞춰보면, 전쟁 탓으로만 돌릴 수 없는 가해자와 피해자 모두의 파괴된 삶과 피맺힌 한이 있다.

_1999.10.13

1969년 베트남 미라이 양민학살 사건 진상조사위원장이었던 피어스는 퇴역 뒤 쓴 책에서 사건 발생의 본질적 원인으로 다음 여덟 가지를 꼽았다. ① 전쟁법에 대한 효과적 교육 결여 ② 베트남인들에 대한 미군의 경멸적 태도 ③ 전쟁법 위반에 대한 묵인 풍조 ④ 각급 지휘관 및 지휘자들의 미약한 통솔력 ⑤ 전투상황에서 생기는 불안심리 ⑥ 조직 편성상 문제점 ⑦ 현지 사정에 익숙하여 각종 기만전술을 구사하던 적의 특성 ⑧ 포로 및 민간인 처리 문제에 관한 계획 미비와 명령의 불명확성 등이 그것이다.

미라이 학살사건에 대한 피어스의 진단은 49년 전 충북 영동군 노근리에서 벌어진 양민학살 사건의 원인을 밝히는 데 큰 도움이 될 것으로 보인다. 시간과 공간을 뛰어넘어 정황상 비슷한 점이 너무 많다. 한국전쟁이 일어나자 일본에서 급히 건너온 미군은 잇따른 패배로 극도의 불안심리에 빠져 있었다. 지휘관들의 통솔력은 미약했으며, 미군들은 한국인들을 경멸하고 있었다. 전쟁범죄에 대한 인식 부족은 더 말할 나위가 없다.

미라이 학살과 정황 비슷

지난주 미국 쪽의 노근리 사건 조사현황을 파악하기 위해 워싱턴을 방문했을 때 느낀 점도 마찬가지였다. 한국전쟁 참전 군인단체 대표들과의 면담에서, 이들은 한결같이 낯선 땅에서의 전쟁공포를 강조했다. 각자 경험을 설명하면서, 믿기 어려운 일이지만 만일 노근리 양민학살이 사실이라면 민간인으로 위장한 적 게릴라들 때문에 흰옷만 보면 겁부터 내던 '비정상적' 심리상태에서 빚어졌을 것이라고 덧붙였다.

그 바탕에는 목숨을 걸고 참전한 전쟁에서 명예는커녕 양민학살 오명을 씻을 수 없게 된 데 대한 서운함과 심리적 거부감이 깔려 있다. 그러나 이들의 설명은 일반적 상황인식에는 도움이 되지만, 희생자들이 대부분 노약자나 부녀자, 아이들임을 확인한 뒤에도 총격을 계속했다는 증언들에 대한 답으로는 불충분하다.

반면 노근리 사건을 세계에 알린 AP통신을 비롯한 언론에서는 인권국가로서 미국의 이미지를 강조하며 주시하고 있어, 미국 정부로서는 양쪽으로부터의 압력을 의식하지 않을 수 없는 처지인 것으로 보였다.

펜타곤에서 진행된 한미 자문위원단 및 진상조사단 합동회의에서도 이런 기류는 나타났다. 우리가 목표대로 6월 중 조사완료를 촉구한 데 비해, 미국은 진상을 철저히 밝히기 위해서는 시간이 더 필요하다는 점을 역설했다. 관계자 한 사람의 증언을 들으면 다른 사람을 새로 면담할 필요가 생겨 시간이 늦어진다는 것이었다.

당시 상황을 뒷받침할 문헌을 찾는 작업도 생각보다 까다롭다는 것은 국립문서보관소를 방문해 방대한 전투일지나 노획문서 등을 보았을 때 실감할 수 있었다. 양민을 학살한 범죄를 기록으로 남겼을 리 없을 터이니 피해자들과 참전병사들의 증언에 비중을 두어야 한다는 우리의 주장에, 미국은 그렇다고 증거 확인 없이 50년 전의 기억에만 의존할 수는 없지 않으냐는 태도를 보였다.

피해자 증언에 무게 실어야

진상조사의 신뢰성을 높이기 위해 참전군인에 대한 공동 증언청취가 필요하다는 우리의 요구에 미국은 법률적 제약을 들어 난색을 보이면서, 그들이 진행한 면담 청취록을 원문 그대로 우리 쪽에 모두 넘기겠다고 약속했다. 그나마 진상조사를 앞당기도록 자료검색을 도울 우리 쪽 요원을 파견하겠다는 제의를 미국이 받아들임으로써 조사의 투명성이 좀더 높아질 수 있을 것으로 기대된다.

노근리 사건의 핵심은 미국이 얼마나 성의를 갖고 진실을 규명하느냐에 달려 있다. 혹시라도 미국 정부가 뒤따를 파문을 우려하거나 유사사건 처리 부담 때문에 진실을 숨기려 한다는 의심을 받는다면, 조사 결과에 대한 믿음이 떨어질 수밖에 없다. 피해자들의 일관된 진술에 더욱 무게를 싣고, 이처럼 참혹한 일이 왜 벌어졌는지에 초점을 맞추지 않으면 조사는 난항을 겪을 개연성이 높다. 역사에서 교훈을 얻지 못하면 같은 잘못을 되풀이한다는 진리는 노근리 사건에도 적용된다.

_2000.5.10

| 두터운 은폐… '절반의 규명' |
- 노근리 민간자문위원 활동기

한국전쟁 때 노근리에서 대규모 민간인 학살이 있었다는 AP통신의 보도가 나간 직후 한미 양국 정부는 노근리 사건 대책반을 만들었다. 나는 민간자문위원으로 참여해달라는 요청을 받았을 때 주저하는 마음이 앞섰다. 50년이 지나 뚜렷한 물적 증거가 남아 있지 않을 것이 뻔하고, 미국은 어떻게 하든 법적 책임을 모면하려 할 것이 예상되는 터에 과연 '실체적 진실'을 밝혀낼 수 있겠느냐는 의구심이 일었기 때문이다. 그러나 피해자들의 처지를 조금이라도 반영하는 데 기여하겠다는 마음으로 자문위원 직을 수락한 뒤 1년여 동안 조사 진행상황을 지켜보았다.

50년 전의 일을 완벽하게 되살린다는 것은 현실적으로 어려운 일이다. 전시라는 당시 경황은 차치하더라도 민간인 학살이란 부끄러운 기록을 남겼을 리 만무하고, 피해자들의 증언과 가해자인 참전미군들의 증언이 엇갈리는 가운데서 진실을 밝히는 것은 말처럼 쉬운 일이 아니다. 진실을 인정하면 그에 따른 법적 책임이 부과되는 상황이어서 더욱 그러했다.

엇갈리는 증언, 멀어지는 진실

진상조사 과정을 곁에서 지켜본 필자로서는 이런 한계를 더욱 느끼게 된다. 애초 노근리 사건이 언론에 보도되고 첫 조사에 나섰을 때 미국 정부의 완강했던 태도에 비하면, 공동발표문 형식으로 공표된 내용은 진일보한 것임을 부인하기 어렵다. 우선 노근리 학살이 실체적 사실임이 인정됐고, 사격명령 하달 여부나 사상자 수, 공중폭격 여부 등에서 피해자들의 주장이 비록 결론으로 채택되지는 못했으나 병렬적으로 기술됨으로써 일부 반영된 면이 있기 때문이다. "뒷받침하는 명확한 증거가 없다고 해서 사실 자체가 없었다고 할 수는 없다"는 우리의 일관된 주장이 어느 정도 반영된 것이다.

그럼에도 불구하고 진실에 가까운 것으로 여겨지는 피해자들의 주장이 충분히 반영되지 못했다는 아쉬움을 지울 수 없다. 이러한 결과가 나오게 된 이유로는 물리적 한계도 있지만, 진실 규명을 가로막은 요인들이 있었음을 지적하고 싶다. 미국 정부는 관련 자료들을 샅샅이 뒤지는 성의를 보이기는 했으나, 참전장병들의 증언을 이끌어내는 데는 소극적으로 대처했다는 느낌을 지울 수 없다. "전쟁범죄자로 밝혀지면 처벌한다"는 루이스 칼데

라 육군부 장관 발언 때문에 참전장병들이 증언에 응하지 않거나 주요한 대
목에서 언급을 회피한 경향이 많았기 때문이다.

AP통신에 보도됐던 주요 증언자 가운데 "나와 같이 있던 병력의 절반 정
도는 민간인에게 사격을 했다"고 증언한 델로스 플린트 소총수나, "중대장
챈들러 대위가 상부와 무전통화를 한 후에 터널 입구에 기관총을 설치하고
발포할 것을 명령했다"고 한 유진 헤셀만 서기병, "우리는 그들을 완전히 전
멸시켰다"고 증언한 노만 팅클러 기관총 사수 등이 정부 진상조사에 응하지
않은 것이 대표적인 예다. 언론 인터뷰에는 응하더라도, '면책특권'이 부여
되지 않는 상황에서 전쟁범죄자로 처벌될지도 모르는 정식 조사는 회피하
는 상황이 빚어진 것이다.

가장 결정적 증언자로 기대를 모았던 에드워드 데일리 상병이 당시 노근
리 현장에 있었던 것이 아니라 다른 부대 소속이었으며, 주변에서 들었던 얘
기를 허위로 증언했던 것으로 뒤늦게 밝혀진 것이 사건의 최대 고비였다.
증언의 신뢰성이 일시에 무너지면서 사건 자체에 대한 의문마저 제기돼 눈
앞이 캄캄해지는 느낌이었으나, 다행히 다른 증언과 증거들이 보완되면서
사실 자체는 부인할 수 없다는 결론이 나와 고비를 넘길 수 있었다.

피해자들에 따뜻한 위로와 보상 주어져야

이렇게 열악한 상황에서 그나마 우리 쪽 주장이 반영되기까지는 역사적
진실을 밝히겠다는 실무자들의 노력이 컸다. 양쪽은 마지막 문구 하나 하나
에까지 신경전을 벌였다. 자문위원 자격으로 두 차례 워싱턴을 방문해 관련
책임자들을 면담하는 과정에서 느꼈던 두터운 벽을 생각한다면, 미흡하지
만 이 정도 성과를 거둔 것도 다행이라고 본다.

한편으로 생각하면 한미 간 쟁점사안에 대해 우리의 주장을 굽히지 않았는데, 이는 과거 군사독재정권 하에서는 상상하기 힘들었던 일이다. 소파협정 개정 촉구시위 등과 맞물려 한국 내 반미감정 격화를 우려한 미국의 정치적 고려일 수도 있다. 아무튼 민감한 노근리 사건으로 인해 한미관계가 크게 불편해지지 않은 것은 다행한 일이다.

노근리 사건의 최종 결말은 이제 법정으로 넘어갔다. 미국 정부에서 보상을 거부하는 가운데 피해자들이 소송을 하겠다는 의지를 밝히고 있기 때문이다. 노근리 사건은 미군에 의해 자행된 민간인 살상이기에 미국 정부의 책임이 일차적이다. 하지만 다른 측면에서 보면 비록 전쟁 상황이라고는 하나 자국민을 보호하지 못한 우리 정부도 책임을 면할 수 없다. 법적 소송과는 별도로 정부는 노근리 사건에 대한 책임을 다한다는 뜻에서 피해자들을 위로하고 보상하는 특별법을 제정해야 할 것이다.

_2001.1.13

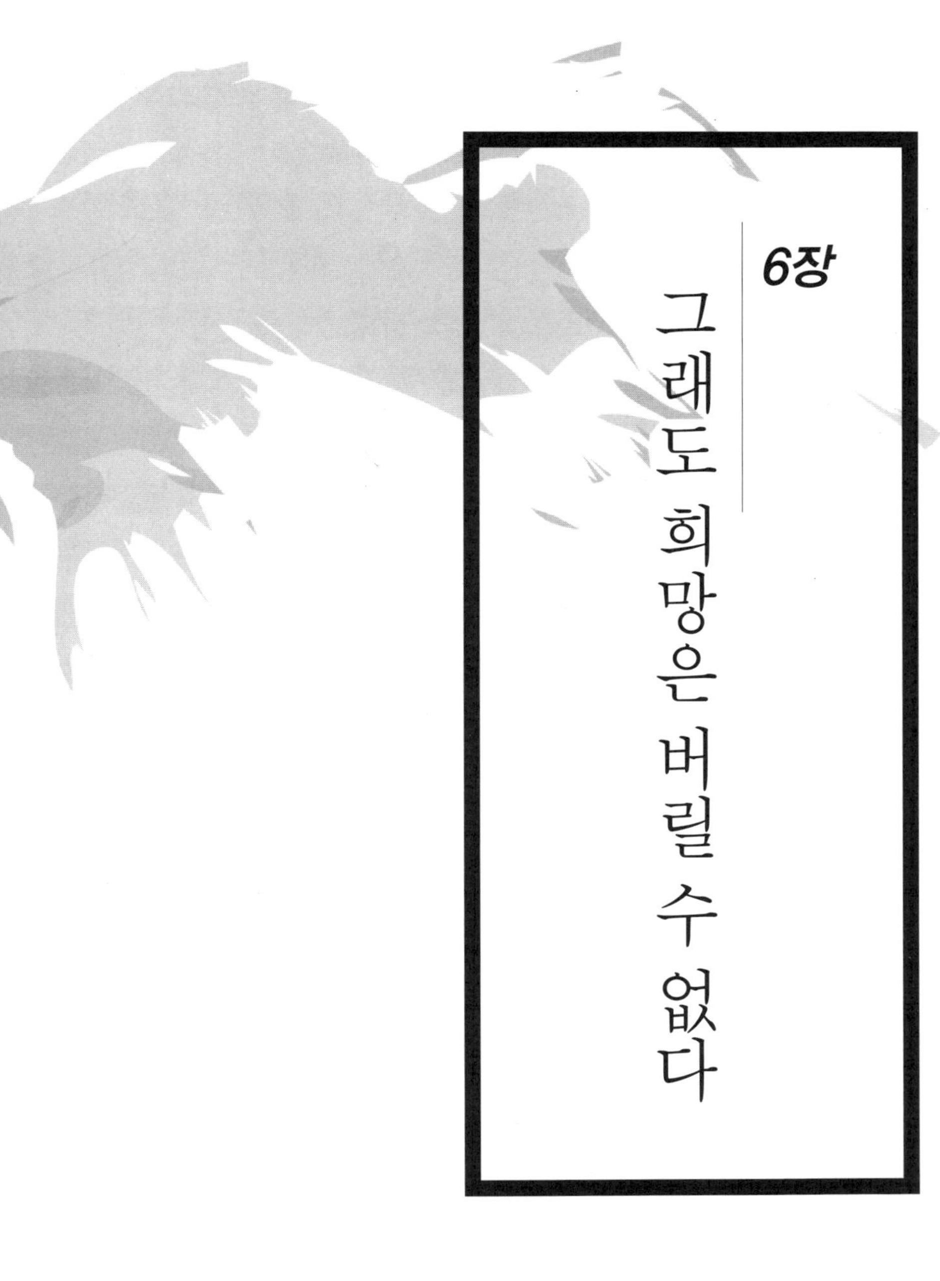

6장

그래도 희망은 버릴 수 없다

한국의 대통령

| 황군 장교 박정희의 꿈 |

대학가에서 시위를 하면서 차도를 점거해 일부러 교통 혼잡을 일으키려 했던 때가 있었다. 버스에 탄 시민들에겐 미안했지만, 그러지 않으면 반대하는 목소리가 있다는 사실조차 알릴 수 없는 시절이었다. 이제는 시위를 하는 쪽에서도 시민들의 반응에 무척 신경을 쓴다. 불편을 끼치면 여론의 지지를 받지 못한다는 것을 잘 알기 때문이다.

시위 문화의 변화는 '1인 릴레이 시위'에서 잘 나타난다. 까다로운 집시법 규제를 피해 가는 방안을 강구하다가 개발된 것이라 한다. 국가보안법 철폐 시위, 한미 주둔군지위협정 개정 시위, 삼성 변칙상속 반대 시위, 안티 조선일보 시위 등이 동시다발적으로 벌어졌다. 이런 시위가 가능해진 것은 기본적으로 언론의 보도가 자유로워졌기 때문이다. 피켓을 든 사진을 곁들여 시위자의 뜻을 전달해주는 언론이 있기에 효과를 거둘 수 있는 시위방식

이다

'박정희 기념관 반대 국민연대'에서 벌인 1인 시위에는 옛 중앙정보부에서 의문사한 최종길 교수의 동생 종선씨, 장준하 선생의 차남 호성씨, 민족문학작가회의 이사장 현기영씨, '오적' 시인 김지하씨 등으로 이어졌다. 박정희 기념관 건립은 지식인들의 거센 반대에도 불구하고 정부가 국고로 108억 원을 지원하는 등 지금도 진행중이다. 이 문제는 한때 떠들다가 흐지부지할 사안이 아니다. 민족의 자존심과 역사인식이 걸려 있다.

두 번이나 창씨개명한 까닭

박정희 전 대통령의 공과에 대해서는 국민마다 평가가 다를 수 있다. 역대 대통령들마다 죽을 쑤었기 때문인지 여론조사 결과로 나타나는 그에 대한 국민의 평가는 매우 호의적이다. 그러나 이런 배경에는 그에 대한 엄격한 평가가 이루어지지 않은 탓이 크다는 게 필자의 생각이다.

다른 문제는 제쳐 놓고 한 가지만 짚고 가자. 일제시대에 황군 장교로 복무한 것만으로도 그는 국고로 기념관 건립을 지원할 만한 인물이 못 된다. 대구사범을 나와 문경보통학교 교사를 하다가 일본제국의 중국침략 기지인 만주군관학교에 들어간 과정 자체가 반민족적이다. '진충보국 멸사봉공(충성을 다하여 나라(일본)에 보답하고 나를 죽여서 국가를 받들겠다)'이란 혈서를 써 보내는 남다른 충성심을 과시한 끝에 「만주일보」에 크게 나고 입학에 성공했다. 사관생도로서의 자질을 인정받아 일본 육사에 편입하고 임관 뒤 독립군 토벌에 앞장선 그의 이력은 '보통 한국인'으로서도 몹시 부끄러운 것이다. 조국독립에 목숨을 바친 선열들을 생각한다면 더욱 할 말이 없다.

일본 군인으로 행세하려니 창씨개명이야 어쩔 수 없었다 치더라도 '조센진' 냄새가 풍기는 일본식 이름 다카키 마사오(高木正雄)를 진짜 일본 이름인 오카모토 미노루(岡本實)로 다시 바꿔 완전히 세탁하려 한 간특함에 이르러서는 그의 뿌리를 의심하지 않을 수 없다. 예상치 않았던 독립이 되자 그는 남로당 군부책임자로 변신했고, 이것이 들통 나자 조직원들을 밀고하는 대가로 혼자만 살아남았다.

이제까지 감추어졌거나 널리 알려지지 않았던 박정희의 진짜 모습은 최근 발간된 박정희 평전 『알몸 박정희』에 소상히 드러나 있다. 지은이 최상천 전 대구 효성가톨릭대 교수는 가식과 치장을 하지 않은 박정희의 벌거벗은 모습을 적나라하게 그린다는 뜻에서 책 제목을 그렇게 붙였다고 한다.

교과서 왜곡 규탄과 기념관

충성스런 '황군의 적자' 박정희가 18년간 통치한 나라에 대한 일본의 속내는 어떠했을까. 속으로 얼마나 멸시하고 깔보았을 것인가. 한편에서는 일본의 교과서 왜곡을 규탄하고 반성을 촉구하면서 다른 한편에서는 '박정희 주술'에서 헤어나지 못한 채 기념관을 세우겠다는 '이중 잣대'를 어떻게 받아들일까.

박정희 전 대통령과 함께 쿠데타를 일으켜 민주정부를 무너뜨린 김종필 씨가 여전히 위세를 떨치고, 아버지에 대한 향수와 지역적 지지를 업고 박근혜 한나라당 부총재가 주가를 높이는 뒤틀린 현실을 보면서 역사의 정의는 무엇인가를 생각하게 된다. 이제껏 박정희로 대변되는 세력의 반대편에 섰던 김대중 대통령이 박정희 기념관에 국고를 지원하는 역설은 오만인가 타협인가 아집인가.

_2001.5.11

| 다시 맞는 10.26 단상 |

전두환 정권 시절인 1980년대 초 시위 참가 학생들을 강제 징집해 특별 정
훈 교육과 프락치 공작활동을 강요했던 이른바 '녹화사업'은 당시 공안기관
들이 총동원된 합작품이었다는 사실이 드러났다. 대통령 직속 '의문사 진상
규명위'는 징집된 학생 수가 무려 1,100명에 이르렀다고 밝힌다. 그 가운데
는 의문의 죽음을 당한 사람도 있다. 군부는 가혹행위를 감추기 위해 관련
기록을 은폐하거나 조작하기도 했다. 월북을 기도했다든지 하는 게 그것이
다. 얼마나 억울하고 통탄스런 죽음인가.

징집된 학생들은 군대에서 순화교육과 회유공작을 버티느라 인간성이 황
폐화하는 등 후유증이 컸다. 군대라는 폐쇄된 조직과 주위의 냉대, 상의하
거나 호소할 데도 없이 황량한 벌판 한 가운데 홀로 내동댕이쳐진 느낌. 이
런 시련을 겪으며 어쩔 수 없이 순응하거나, 양심의 가책을 느껴 남몰래 번
민한 사람들이 많다.

'녹화사업'의 원조 1971년 위수령

군사독재 정권이 반정부 세력의 핵심인 대학생들을 강제 입영시킨 것은
박정희 정권 때부터였다. 녹화사업의 원조는 1971년 10월 15일 위수령 사태
로 거슬러 올라간다.

삼선개헌으로 간신히 당선된 박정희 대통령은 유신 선포를 위한 전초작
업으로 대학 내 저항세력을 뿌리 뽑으려 했다. 위수령을 발동해 전국 각 대
학에 휴업령을 내리고 지도부 200명을 일시에 학사제적해 군에 강제 입대시
킨 것이다. 신성한 국방의무가 정권유지 수단으로 악용됐다. 박정희가 '만

들어준' 단체인 '71 동지회'는 참담했던 그 날을 기억하며 며칠 전 30주년 기념식을 갖고 민주화 노력을 계속하기로 다짐했다.

개인 경험을 덧붙이자면, 당시 최전방 말단 소총소대에 배치돼 '3번 소총수'로 박박 기던 기억이 새롭다. 대학생이라곤 찾아보기 힘든 전방에서 수시로 보안사에 불려가고, 누군가의 감시 대상이 된다는 것은 정말 괴로운 일이었다. 군대라는 거대한 조직에 맞설 수도, 그렇다고 탈영할 수도 없는 숨통이 콱콱 막히던 생활. 부대 상사들의 곱지 않은 눈길도 견디기 힘든 일이었다. 그렇듯 물리적 폭력을 휘두르던 박정희 대통령은 그 뒤 유신체제로 종신집권을 꿈꾸다 김재규 중앙정보부장의 총에 맞아 세상을 떠났고 역사는 바뀌었다. 바로 22년 전 오늘의 일이다.

절대권력의 물리적 폭력과 인권유린 행태가 사라진 것은 불과 얼마 전이다. 이 정도의 민주화나마 얻기 위해 얼마나 많은 사람들이 피를 흘리고 희생됐는지 모른다. 과거 민주화운동을 한 사람 중에는 그것이 훈장이 되어서 현재 잘나가거나 주위의 부러움을 사는 사람들도 있다. 그러나 그런 사람은 극소수에 불과하다. 정치권에 몸담고 있었거나 그 뒤 정치권에 들어간 몇몇만이 각광을 받았을 뿐이지, 원칙을 지키려 한 대다수는 지금도 어려운 처지에 놓여 있다.

더욱 가슴 아픈 것은, 민주화의 과실을 독점한 정치권 인사들이 그나마 제대로 처신하지 못해 민주화운동 세력을 도매금으로 욕먹게 하고 위상을 실추시킨 일이다. 김영삼 전 대통령이나 김대중 대통령, 그리고 측근 실세들이 뼈아프게 반성하고 책임져야 할 부분이다. 오죽하면 '박정희 신드롬'까지 나오게 됐겠는가.

민주화 보상법 통과돼야

　김대중 정부 들어 민주화운동 관련자 보상법이 만들어졌다. 민주화운동을 하다 몸을 다치거나 직장에서 쫓겨나는 등 피해를 본 사람들을 대상으로 한 이 법은, 그러나 실질적 보상은 미흡했다. 이런 문제점을 보완해 보상의 대상과 범위를 구체화한 새 보상법 안이 여야 각 당에 제출돼 있는 상태지만, 여소야대 국회에서 통과될지는 불투명하다.

　일부에서는 왜 국민의 세금으로 보상해야 하느냐는 불만을 갖는 것 같다. 그러나 과거에 불의를 저지른 사람들이 여전히 떵떵거리고 부끄러운 과거가 경륜으로 미화되는 거꾸로 된 세상을 바로잡으려면 인식을 바꿔야 한다. 혹시라도 '당한 사람만 억울한 법이니 모른 척 눈감는 것이 상책'이라는 잘못된 가치관이 번질까 두렵다. 사회가 그렇게 돌아간다면 과연 누가 공동체를 위해 손해를 감수하려 하겠는가.

_2001.10.26

| 자유경선과 박정희 |

　죽은 박정희가 무덤에서 되살아나는 것인가. 대구에서 열린 신한국당 경선후보들의 대구경북지역 합동연설회는 박정희 전 대통령 추모식장을 방불케 했다. 득표 전략상 지역정서에 영합할 필요가 있다 하더라도 너무 심했다. 박정희 시절 몇 차례 옥살이를 했던 한 후보를 빼고는 저마다 박 전 대통령과의 인연을 강조하고 아낌없는 찬사를 바쳤다. 그들의 찬양대로라면 박정희는 민족의 영웅으로 길이 추앙돼야 마땅하다.

‘적자론’을 펴는 후보들은 그렇다 치더라도, 외모가 비슷하다는 것을 빼고는 이미지가 전혀 어울리지 않는 이인제 후보가 박정희 전 대통령과의 ‘닮은 꼴’을 더욱 강조하기 위해 머리를 치켜 깎는 헤어스타일까지 모방한 것은 애교로 봐줘야 할 것인가. 최소한 신한국당 안에서 박정희는 역사적으로 당당히 부활했다. 그동안 조심스럽게 그러나 집요하게 추진돼온 ‘박정희 되살리기 작업’이 이제 결실을 맺는 것인가. 하기는 당 이름만 바뀌었을 뿐 박정희 시대에 혜택을 누렸던 기득권 세력의 본산이 신한국당 아닌가.

왜 박정희인가

박정희 향수는 대구경북지역이 특히 강하기는 하지만 점차 전국적 현상으로 번져 가는 것 같다. 얼마 전 대학생들을 상대로 한 조사에서 복제하고 싶은 인물에 박정희 전 대통령이 김구 선생, 테레사 수녀에 이어 앞자리를 차지했다는 것은, 다소 장난기가 섞였다 하더라도 역사의식의 혼란을 반영한다. 역대 대통령 중 직무를 가장 잘 수행한 대통령으로 그가 압도적으로 뽑힌 한 여론조사 결과는 존경할 만한 변변한 대통령을 갖지 못한 우리의 특수 사정을 감안한다 해도 씁쓸하다.

박정희와 동향인 한 젊은 인기 작가가 영웅사관에 입각해 그를 극적으로 미화한 소설을 써 화제가 되기도 했다. 당시를 체험하지 않은 젊은 세대에게 암울했던 박정희 시대를 속속들이 이해하기를 바랄 수는 없지만, 당시의 피해자들에 대한 겸허함만은 갖춰야 하지 않을까.

박정희 예찬론이 상승세를 타는 것은 몇 가지 이유가 겹쳤을 것이다. 박정희 독재에 항거했던 김영삼 대통령이 죽을 쑤면서 그의 권위가 땅에 떨어진 것이 직접적인 원인이 됐다. 역사의 반동 이치이다. 아버지의 권위가 흔들리는 세태가 반영됐을지도 모른다. 박정희가 필생의 라이벌로 여겼던 김일성의 북한 체제가 오늘날 난파지경에 이른 것도 박정희의 빛을 더해주는 요소다.

공정한 역사적 평가 요구돼

역사적 인물에 대한 평가일수록 엄격하고 공정해야 한다. 지배자 중심의 역사 기술이 빠지기 쉬운 함정을 경계해야 한다. 개발독재의 산물이건 노동자들의 희생을 바탕으로 했건 경제발전을 이룬 것은 그의 공적으로 인정하자. 그러나 맹목적 찬양 분위기에 편승해 그의 공이 부풀려지거나 과오가 가려져서도 안 된다.

그가 누구인가. 독립투사들이 만주 벌판을 헤맬 때 일본군 장교로 독립군 토벌에 앞장서지 않았는가. 한편으로는 그의 '친일 콤플렉스'가 항일투쟁 경력이 있는 김일성에 대한 끝없는 시기심과 경쟁심으로 긍정적으로 전환돼 부국강병을 이루게 했다는 분석도 있다. 4.19 혁명으로 세운 합법 정부를 군화발로 짓밟아 이 땅에 군부 통치의 씨앗을 뿌리고, 영구 집권을 위해 민주주의를 말살한 죄과는 분명히 기억돼야 한다. 망국적 지역감정을 잉태시킨 것도 18년간의 박정희 정권이다.

그가 죽은 1979년의 가을을 되돌아보자. 부산과 마산에서 유신체제 반대 시위가 일어났을 때 무력으로 진압하려 하지 않았던가. 박정희는 자신을 쏜 김재규에게 오히려 감사해야 한다면 지나친 역설일까. 그때 삶을 마감하지 않았더라면 얼마나 많은 무고한 피를 흘리고 민족에게 비극을 안겨주었을 것인가.

박정희 찬양론의 가장 큰 위험은 결과만 보고 과정상의 잘못을 따지지 않는 몰가치적 역사관이다. 필자는 박정희 예찬에 열을 올리는 신한국당 경선 주자들에게 한마디만은 꼭 묻고 싶다. 박정희 시대였다면 다음 대통령을 하겠다고 지금처럼 전국을 돌아다니며 자유 경선을 한다는 것을 언감생심 꿈이나 꿀 수 있었겠느냐고.

_1997.7.11

| 역사는 되풀이 되는가 |

우리는 해방 직후 친일파들을 청산하지 못함으로써 민족정기를 바로 세우는 데 실패했다. 이처럼 최근세사의 첫 단추를 잘못 끼운 것이 그 뒤 역사의 굴절을 초래했다고 아쉬워하는 역사학자들이 많다. 일제에 빌붙어 동포 탄압에 앞장섰던 자들이 해방된 조국에서도 권력을 쥐고 큰소리치는 꼴을 봐야 했던 사람들의 심정이 어땠을까.

명색이 항일운동을 한 이승만 대통령이 이들이 고와서 중용했을 리는 없을 것이다. 권력 기반을 강화하기 위해 당시 기득권 세력이던 이들을 이용한다는 '정치 산술'이 앞섰으리라. 건국 사업이 중요하므로 대동단결해야 한다는 명분이 동원됐다.

만주 벌판을 헤매며 외롭게 독립운동을 벌였던 투사들은 친일파들이 득세하면서 대부분 찬밥 신세가 됐다. 그들의 후손들 역시 가진 것 없고 배운 것 없어 주위의 냉대와 멸시에 통한의 눈물을 흘려야 했다. 이러한 꼴을 지켜본 사람들이 과연 역사의 정의를 믿었을까.

최근 전두환, 노태우씨 사면을 둘러싸고 벌어진 정치권의 낯 뜨거운 주도권 경쟁을 보면서 "역사는 되풀이되는가!" 자탄하게 된다. '역사 바로 세우기' 라는 거창한 의미 부여와 함께 이들을 단죄한 지 얼마나 됐다고 사면 이야기가 거침없이 나오는가.

주도권 의식한 생색내기

전·노씨 조기 사면론은 포장이야 어떻든 대선을 앞둔 후보들의 표 욕심 이외에는 달리 해석할 길이 없다. 대구경북지역 표가 탐이 나서, 전·노씨 주변 수구세력들의 환심을 사고자 너도나도 줄달음을 치는 모습이다.

이회창 신한국당 후보의 '추석 전 사면' 주장은 김영삼 대통령의 마지막 자존심마저 건드려 제동이 걸렸다. 두 아들 병역 문제로 위기에 몰린 이 후보가 앞뒤 분간 없이 허둥대다가 김 대통령 특유의 오기를 미처 계산에 넣지 못했다고나 할까. 그러나 김 대통령 역시 '역사적 의미' '국민 공감대' 운운하면서도 슬그머니 '임기 내 사면'을 기정사실화했다. 자신의 손으로 집어넣고 빼주어야 하는 자가당착의 모순을 손 안대고 해결한 셈이다.

이회창 후보의 헛발질을 유도한 김대중 국민회의 후보의 '용서론'은, 그가 끝까지 버티면 사면론은 좀처럼 공론화되기 어려운 문제였을 것이라는 점에서 더욱 실망스럽다. "본인들이 사과한다면 사면에 반대하지 않겠다"던 종전의 태도에서 또 후퇴해 "그분들이 반성하는 모습을 보이지 않는다고 우리도 똑같이 대응할 수는 없으니 용서해주자"니, 아닌 말로 그냥 놔두면 누가 더 답답할 것이겠는가. 보수층의 거부감을 줄여보자는 속뜻을 모를 바 아니지만, 지켜야 할 선이 있는 법이다.

혹시나 생색내기 대열에서 탈락할세라 뒤늦게 '적극 찬성' 이라고 숟가락을 얹은 조순 민주당 총재의 행태는 더 말할 거리도 못 된다. 민주당 당론은 전·노씨 사면반대였다. 그런 당론을 하루아침에 뒤집으면서, 오히려 사면 반대 성명을 발표한 몇몇 소속 의원들에게 노여움을 표시했다니 그의 정치 적 지향점을 의심케 한다.

지난번 본란에서 전·노씨 사면이라는 뜨거운 감자를 놓고 안달하는 정치 권의 모습을 비판할 때만 해도, 이들이 최소한의 체면치레용 통과의례는 거 칠 것으로 기대했다. 전·노씨가 사과하는 시늉이라도 내는 것이 그것이다. 그러나 초조함이 앞서면 염치도 체면도 없어지는 것인가.

전 국민적인 저항이 없다면 우리는 머잖아 보란 듯이 감옥문을 나서는 전·노씨의 모습을 보게 될지도 모른다. 자신의 잘못을 사죄하고 국민의 용 서를 구하기는커녕, 의기양양하게 '정치적 수난자'의 모습을 연출하려 들 것이 눈에 선하다.

정략적 계산에 눈이 멀어 역사를 왜곡하려는 정치권에 대해서는 그들이 좋아하는 '표'를 무기로 분명한 뜻을 전해야 한다. 얻는 표보다 훨씬 더 많 은 표를 잃게 되리라는 점을 확실히 보여줄 필요가 있다. 과거 친일파를 제 대로 청산하지 못했던 부끄러운 역사를 우리 대에서도 되풀이할 수는 없다.

_1997.9.5

| 역사의 철창 |

한꺼번에 몰아닥친 경제위기에 온 국민이 넋을 잃고 있다. 김대중 대통령 당선자를 비롯해 모두가 난국 타개에 결사적으로 매달려 있다. 국민이 합심 해 이 위기를 극복해야만 민족의 앞날에 한줄기 빛이 보인다. 이런 엄혹한 상황에서 '과거'를 따지는 것은 자칫 편협하고 꽉 막힌 사람으로 비치기 십상이다. 과거일랑 털어 버리고 모두 '화합'해야 할 때라는 말이 설득력 있게 들린다. 그러나 현실이 어렵고 급하더라도 짚을 것은 짚고 넘어가는 사람이 있어야 한다. 필자는 그것이 역사를 대면하는 올바른 자세라고 믿는다.

전두환, 노태우씨는 예상했던 대로 의기양양한 모습으로 감옥문을 나섰다. 정치적 희생양인 양 개선장군처럼 거들먹거리며 나왔다. 반성이나 사죄의 빛을 보이기는커녕, 짐짓 어려운 나라경제를 걱정하는 체하면서 자신의 업적과 진가를 과시하려 했다. 헌정을 유린하고 정경유착과 비자금으로 왜곡된 경제구조를 더욱 멍들게 한 장본인으로서 국민에 대한 송구함이나 부끄러움 따위는 털끝만큼도 느낄 수 없었다.

이런 황당한 광경은 대선 후보들이 저마다 사면 주장을 할 때부터 이미 예정돼 있었던 일이다. 서로 풀어주자고 생색내기 경쟁을 하는데 무엇이 답답해 사과나 반성을 하겠는가. "이제 어쩔 것이냐"는 배짱만 늘었을 것이다. 추징금조차 꽁꽁 숨겨두고서 "재주껏 찾아보라"는 만용을 부렸다. 연희동 골목 어귀에 내 걸린 "그동안 고생하셨습니다"라는 플래카드에 고무되고, 과거 추종자들의 문안인사를 받으면서 이들은 이런 신념을 더욱 굳혔을 것이다.

"그토록 지지해 온 사람의 첫걸음을 지지할 수 없는 심사가 착잡하고 허탈하다"는 넋두리를 주위에서 듣는다. 꿈만 같던 평화적 정권교체가 실현됐고, 고질적인 지역감정을 누그러뜨릴 계기가 마련됐다. 50년간 권력을 독점해온 기득권 세력들을 갈아치우고 진정한 변화와 개혁을 시도할 절호의 기회를 맞았다. 그 대가로 이런 참담함쯤은 감내해야 한다는 것인가.

역사적 정의로 걸러진 용서와 대화합 이뤄져야

전·노씨 사면에 담긴 속뜻과 그간의 사정을 모르는 사람은 없을 것이다. 현실 정치의 뒷면을 알 수는 없지만, 원칙이 무너지고 사회정의가 실종되는 모습까지 참아낼 여유는 없다. 잠시 분을 참으면 앞으로 모든 일이 순리대로 풀려간다는 것일까. 대가를 치러야 할 또 다른 일은 없을 것인가. 김대중 당선자 주변에도 선거 직전 5, 6공 인물들이 몰려들었다. 당선에 조금 기여했다 해서 이들이 득세한다면, 그 또한 지지자들을 허탈하게 만드는 일이다. 정치적 격변기에 영악하게 줄을 잘 서서 묵은 때를 벗고 또다시 행세할 수 있다면 누가 역사를 두려워하고 정의를 위해 가시밭길을 가려고 하겠는가.

정치 보복을 하자는 것이 아니다. 정치적 이유로 역사의 정의가 뒷전으로 밀려서는 안 된다는 말이다. 우리 민족에게 언제 어렵고 급하지 않은 적이 있었던가. 해방 직후에는 나라를 세우는 일이 급하다며 친일을 따지지 말고 '대동단결'하자고 했다. 그 뒤 우리는 그 대가를 톡톡히 치러야 했다.

진정한 화해는 가해자가 잘못을 시인하고 진심으로 사죄할 때 시작된다. 그래야 피해자의 용서로 대화합이 가능해진다. 자신의 잘못을 고백하고 증언한 자에 한해 사면해주는 남아공의 '진실화해위원회' 식 해결이 옳은 방향이다. 가장 큰 피해자의 한사람인 김 당선자가 사면에 앞장선 것은 개인적으로는 '고매한' 결단일지 모르나 역사적으로는 또 한번의 시행착오로 기록될 것이다.

김대중 대통령 취임식장에 전·노씨를 초청한다는 말도 들린다. 단상에 오른 이들의 모습을 보면서 국민들이 느낄 당혹감과 가치관의 혼란을 생각해 보았는가. 무슨 짓을 저지르든 시간이 흐르면, 자기 패거리만 든든하면 해결된다는 그릇된 가치관이 번지지 않을까 걱정된다. 전·노씨는 쇠창살에서 벗어났으나 우리는 그들이 '역사의 철창'에서만은 빠져나가지 못하도록 더욱 눈을 부릅떠야 한다.

_1997.12.26

| 오늘 내가 가는 길은 |

"비록 눈이 허옇게 내린 들판을 가더라도 발걸음을 흐트러뜨리지 말거라. 오늘 내가 가는 길은 바로 뒤에 오는 사람들의 이정표가 될 것이거늘(踏雪野中去 不須胡亂行 今日我行跡 遂作後人程)." 탈속의 맛이 나면서도 서늘한 느낌을 주는 서산대사 휴정의 오언절구는 역사의 의미를 되새기게 한다. 『청허당집』에 실린 대사의 많은 선시들은 노산 이은상이 적절히 표현했듯이 "사상으로 보기에는 너무 문학적이요, 단순한 서정으로 보기에는 뜻이 너무 깊다." 국란을 맞자 칠순을 넘긴 나이에 분연히 승군장으로 나선, 역사의식이 뚜렷한 대사였기에 경구에 담긴 뜻이 한층 무게를 싣고 다가온다.

현실 정치에서는 실패했지만 역사에서 재평가되는 김구 선생이 이 절구를 즐겨 휘호한 것도 충분히 이해가 간다. 민족의 분단은 막아야 한다며 삼팔선을 넘어 남북 정치협상 회의에 참석한 뒤, 주위의 냉대와 몰이해에 답답하고 쓸쓸한 심사를 달래기에 이 절구가 제격이 아니었을까. 백범은 자신이 걷는 고난의 길을 '통일의 발걸음'에 비유하곤 했다.

어지러운 세상일수록, 흐트러진 발걸음으로 뭇 사람을 더욱 혼란에 빠뜨리는 사람들이 많다. 요즘 전두환 전 대통령의 어지러운 행적을 보노라면 대사의 경구가 가슴에 와 닿는다. 많은 국민에게 고통과 슬픔을 안겨주고 역사에 커다란 해악을 끼친 사람이 다시 나대는 모습은 분노와 함께 허탈감을 자아낸다. 최소한의 염치조차 없으니 그동안 수양했다는 백담사를 욕보이는 꼴이다. 그런 전씨가 입에 달고 다니는 말이 '지역화합'이라니, 말이야 백번 옳지만 과연 그가 그런 말을 할 자격이 있는가. 말이 옳다고 해서 아무나 그 말을 해서는 안 된다. 말이 더럽혀지는 까닭이다.

전두환씨의 어지러운 행적

전씨가 다시 기지개를 켤 터를 닦아준 것은 역설적이게도 현 정권이다. 지난 대선 때 한 표가 아쉬운 각 후보가 서로 생색내기를 하며 전두환, 노태우씨의 사면과 복권을 거론했다. 그 결과 그들은 지난날의 잘못을 참회하고 용서를 빌기는커녕 마치 정치적으로 핍박받은 피해자인 양 거들먹거리며 감옥문을 나섰다. 부과된 추징금도 재주껏 찾아보라며 버틴다. 지난해 말에는 전남 목포로 초청해 멍석까지 깔아주지 않았던가. 여러 정치세력들이 화해를 청해 오는데, 무엇이 아쉬워 사죄를 하고 말고 하겠는가.

그런 인연 때문인지 전씨는 가끔 여당이 즐거워할 만한 일을 찾아 하는 정치력도 과시한다. 자신의 존재를 드러내고 추종자들의 뒷배를 봐주려다 보니 그런 것이겠지만, 결과적으로 한나라당의 정치적 기반인 영남 지역을 뒤흔드는 모양새가 되었다. 정치적 연줄을 찾아가다 보면 한 탯줄인 한나라당이 못마땅해 티격태격하는 모습도 얄팍하고 우습다. 외환위기를 불러 나라를 도탄에 빠뜨리고도 부끄러움을 모른 채 또다시 지역 영향력 복원을 꾀하는 김영삼 전 대통령을 '주막 강아지'로 몰아친 것도 전씨로서는 속 시원한 복수요, 집권 여당으로서는 내심 반가운 일일지 모른다. 여권 일부에서는 '오랑캐로 오랑캐를 친다'며 은근히 즐기는 모양이나 그것은 소인배들이나 할 것이다. 그런 정치공학적 접근법이 정치에 대한 불신과 혐오증을 부르는 근본 원인이 된다는 데는 생각이 미치지 않는 것 같다. 정치개혁이니 젊은 피 수혈이니 하며 정치권에 대한 국민의 불신을 씻으려고 노력하는 것 같은데, 더욱 중요한 것은 원칙을 바로 세우는 일이다. 역사의 평가와 현실을 근접하도록 만드는 것이 정치의 본령이고 가치를 높이는 길이다. 내란죄로 무기형을 선고받은 사람이 곧 풀려나 전직 대통령 행세를 하는 모습을 보며 정치란 게 다 그런 것이라는 냉소가 번지지 않겠는가.

여당은 그래도 즐겁다?

전두환, 노태우씨가 출옥할 때, "전·노씨가 비록 쇠창살에서 벗어났으나 우리는 그들이 '역사의 철창'에서만은 빠져나가지 못하도록 더욱 눈을 부릅떠야 한다"고 쓴 기억이 난다. 정말 그리 되어서는 안 된다. 전씨가 나대는 것을 막는 길은 국민들의 힘뿐이다. 두 눈을 부릅뜨고 지켜보면서 엄중히 항의해야 한다. 오늘의 흐트러진 발걸음이 뒤에 오는 사람들을 잘못된 길로 이끌지 않도록 경계해야 할 소임은 우리 모두에 있다.

_1999.5.12_

| 낡은 정치의 한계? |

김대중 대통령 아들들의 끝없는 추락을 보면서 도무지 풀리지 않는 의문이 있다. 5년 전 김영삼 대통령의 아들 김현철씨가 탐욕을 부리다 감옥에 가는 것을 뻔히 보고서도 어떻게 똑같은 잘못을 되풀이할 수 있느냐 하는 것이다. 많은 국민들이 분노하고 절망하며 참담함을 느끼는 것도 그런 까닭이리라.

아들들 문제가 어느 날 갑자기 불거진 것은 아니다. 고약한 소문들이 계속 나돌았다. 김대중 대통령이 아들을 불러 직접 확인했다는 얘기와, 믿을 만한 측근을 시켜 뒷조사를 시켰으나 별 것 아니었다는 청와대의 해명이 흘러나오기도 했다. 아들이야 결백을 호소하기에 바빴다 치더라도, 뒷조사를 지시받은 측근은 진상을 정확히 파악해 보고해야 했다. 대통령의 심기를 건드리지 않으려고 듣기 좋게 허위 보고를 했다면 그야말로 엄청난 비극의 씨앗을 뿌린 셈이다.

한번 면죄부를 주면 그것이 '기준'이 된다. 그러나 엄밀히 따지면 이 역시 미리 잡도리하지 못한 김 대통령의 허물로 귀착된다. 세 아들이 하나같이 추문에 휩싸인지라 변명의 여지조차 없다. 추문의 내용도 너저분하기 이를 데 없다. 뭐 아쉬운 게 그리 많다고 최소한의 긍지마저 내팽개쳤을까 싶다.

잡도리 못한 대통령의 허물

김 대통령에게 쓴 소리를 한 사람이 아주 없지는 않았을 것이다. 알아듣게끔 귀띔을 하는데도 노골적으로 서운해 하며 멀리했다면 다시는 그런 말을 못하게 된다. 여간해선 자식 허물을 입에 담지 않는 게 인지상정인데, 하물며 대통령에게 듣기 싫어하는 말을 반복할 수는 없을 터이다. 그런 '눈치 없는' 사람에게는 '눈치 빠른' 측근들이 대통령을 자주 만날 기회조차 주지 않는다.

대통령 주변에 부리기 편한 사람만 있으면 안 된다. 권력이 크면 클수록 직언을 서슴지 않아 다소 껄끄럽고 부담스러운 사람도 있어야 한다. 그러나 현실적으로 그것이 말처럼 쉽지 않으므로, 권력자에겐 거추장스럽더라도 제도적 방어벽을 쳐야 한다고 강조해온 것이다. 인사청문회니 특별검사제니 부패방지법이니 하는 것들이 그것이다.

김 대통령이 남북 정상회담을 성사시켜 민족 화해의 큰 걸음을 내딛고 노벨 평화상을 수상하는 등 업적이 많았음에도 국내 정치적으로 궁지에 몰린 것은 주로 인사 문제와 측근들의 부패 때문이었다. 대통령을 둘러싼 몇몇 측근들이 비공식 조직을 운영하며 폐쇄회로 안에서 중요한 결정을 하다보니 자연 몇몇 실세들에게 돈과 권력의 쏠림 현상이 빚어졌다. 형님 아우 하면서 끼리끼리 봐주니 건강한 긴장감이 사라지고 스스로 조심하고 경계하는 마음이 무너졌다. 너나없이 부패구조에 서서히 물들어가면서 이 틈새를 최규선씨 같은 브로커들이 파고 든 것이다.

김홍업(오른쪽), 김홍걸(왼쪽) 구속
김대중 대통령에게 아들 문제처럼 큰 시련은 없었다. 이는 대통령을 둘러싼 몇몇 측근들이 비공식 조직을 운영하며 중요한 결정을 하는 과정에서 빚어진 일이다. 끼리끼리 봐주고 챙겨주다 보니 긴장감이 사라지고 스스로 조심하고 경계하는 마음이 무너진 것이다.

직언의 제도화가 필요한 까닭

인간은 경험의 틀을 뛰어넘기가 좀체 어렵다. 이른바 '3김 정치'의 폐해로 지역주의와 보스정치, 가신정치, 권력형 부패 등을 들 수 있다면, 최근의 난맥상은 이런 낡은 정치의 한계가 총체적으로 드러난 것으로 봐야 한다. 의례적 인사와 권력형 부패를 분간하지 못할 정도로 도덕적 불감증에 빠져든 것이다.

한편으로 우리도 모르는 새 사회의 틀이 근본적으로 바뀌고 있음을 몰랐던 탓이 아닐까 싶기도 하다. 옛날에는 적당히 묻어둘 수 있었던 일도 이제는 불가능해졌다. 쉬쉬해온 김홍걸씨 추문이 불거진 발단도 최규선씨의 비서인 천호영씨가 경실련 홈페이지에 비리 내막을 시시콜콜 띄우고부터다.

과거에는 언론사에 제보하거나 권력기관에 투서했으나, 이제는 누구나 볼 수 있는 인터넷에 직접 공개한다. 합리적 근거가 있다면 과거처럼 힘이나 돈으로 막고 눌러버릴 수 없다. 그렇게 보면 투명한 사회를 지향하는 우리에게 한 가닥 위안이 된다. 환경이 바뀌면 의식도 변하기 마련이다.

김대중 대통령에게 아들 문제처럼 큰 시련은 없다. 더 이상 바랄 게 뭐 있겠느냐던 그에게 가장 모진 시련이 될 것이다. 딱히 뾰족한 해결 방안도 없어 보인다. 뒤늦었지만 진솔하게 대처하는 것이 그나마 남은 명예를 조금이라도 지키는 길이다. 애틋한 아버지의 정보다 나랏일이 먼저다.

_2002.4.26

| 대통령의 아들들 |

예로부터 "자식들 보기에 부끄럽지도 않느냐"는 질책은 가장 모욕적인 욕으로 통했다. 핏줄을 유난히 따진 우리 선조들은 당대뿐 아니라 자식 대에까지 앙화가 미치는 것을 가장 두려워하고 경계했다. "범도 새끼 둔 골을 두남둔다”는 속담은 아무리 악인이라도 자식의 일은 늘 마음에 두고 잘해준다는 뜻으로 흔히 쓰인다.

자숙하고 근신하는 것이 도리

전두환, 노태우 두 전직 대통령이 세인의 지탄을 받으며 역사의 심판대에 올라있는 가운데 단식으로 버티다 병원에 실려 간 전씨나 죄수복을 입고 법정에 선 노씨를 보는 자식의 마음은 얼마나 쓰릴까. 이런 인간적인 연민은 전씨를 면회하고 돌아가는 세 아들의 모습이 신문지상에 보도되거나, 노씨의 구속 길을 문 앞에서 배웅하는 아들의 모습이 텔레비전에 비쳤을 때 많은 사람들의 입에서 자연스레 나왔다.

세상 누가 뭐라 해도 자식만큼은 그 아비를 욕할 수 없다는 것이 동양적인 미덕처럼 여겨져 왔다. 그런 뜻에서 전씨의 아들이 최근 월간지들과 가진 인터뷰에서 전씨를 극력 옹호하고 두둔하는 것은 일면 이해할 수 있다. 그러나 항변이 도를 넘게 되면 자신은 물론 부모를 다시 한번 욕보이는 결과를 빚기 쉽다. 전씨가 그랬듯이 그도 도발적으로 문제를 제기했다. 군부 쿠데타와 폭압 통치로 얼룩진 어두운 역사를 바로잡자는 과거청산 작업을 중세시대의 마녀사냥으로 매도하거나, 오늘날 진상이 명백히 가려진 광주 민주화운동을 놓고 엉뚱하게 ‘북한 사주설’을 들먹이는 것은 주제넘은 발언이며, 결코 그가 입에 담아서는 안 될 말이다. 이런 때일수록 자숙하고 근신하는 것이 도리이다. 세상에는 사적인 정리 이상의 보편적인 진리와 사회 정의가 존재하기 때문이다.

부모의 정치적 기질을 이어받아서 그런지, 아니면 본인들이 부모의 후광을 정치적 자산으로 활용하려는 계산 때문인지는 몰라도 역대 대통령의 아

들들이 정치에 지나치게 관심을 쏟거나 정치인이 되기를 꿈꾸는 것은 공교
롭다는 느낌이다. 자라면서 보고 배운 것이 그것이기 때문인지도 모른다.
맹자의 어머니가 세 번이나 이사했다는 고사도 그래서 나왔을 것이다.

노태우씨의 아들인 재헌씨는 노씨가 대통령 직에 있을 때부터 일찌감치
정치에 뜻을 두고 국회의장의 비서관을 지내는 등 정치수업을 받아왔다. 노
씨가 그 많은 비자금을 그악스레 모은 이유가 그의 정치적 장래 때문이었다
는 얘기가 나돌 만큼 집념이 강해, 얼마 전 노씨의 고향인 대구에서 화려하
게 정계에 입문했다. 전두환씨의 맏아들인 재국씨의 경우 본인의 부인에도
불구하고 전씨의 고향인 합천에서의 출마설이 계속 나오는 것은 정국상황
못지않게 평소 그의 정치 지향성이 강했기 때문일 것이다. 파문을 일으킨
전씨의 '골목성명'도 사실은 자신이 썼다고 그는 당당히 밝히고 있다.

김영삼 대통령의 둘째아들 현철씨의 정치에 대한 야망은 남다른 것으로
알려져 있다. 자신은 물론 재국씨나 재헌씨를 만나 정치입문을 권유하는 등
아버지를 닮아 매우 적극적이란 평이다. 김영삼 대통령의 임기 중에는 부담
이 될 것을 우려해 출마하지 않겠다고 밝힌 것으로 봐 정식 정치입문은 시간
문제인 것 같다. 그래서인지 그의 주변에 강력한 사조직이 있다는 설이 나
돌고 최근 정국을 주도한 막후 실력자라는 소문이 끊이지 않는다.

'대 잇기'는 용인 안돼

대통령인 아버지를 돕겠다는 갸륵한 뜻이 있을지 모르겠으나 최고 권력
자의 아들이 정치에 관여하면 득보다 실이 훨씬 크다는 것은 역사가 증명하
는 일이다. 한국 정치를 주름잡아온 김대중 총재의 맏아들인 홍일씨가 목포
에서 정계에 입문한 것도 그리 모양 좋게 비치지 않는다. 본인의 능력은 둘

째치고 아버지의 후광으로 '불공평하게' 급성장할 것이 눈에 보이기 때문이다. 부모 처지에서 보면 자식이 정치를 하고 싶어하는데 자신의 입지 때문에 앞길을 막기가 안쓰러울 것이다.

그런 애틋한 심경은 김 대통령이나 김 총재가 여러 차례 밝힌 바 있다. 그러나 엄격히 말한다면 우리 정치풍토에서 아직은 이러한 '정치적 대 잇기'가 감정적으로 용인되지 않는 것 같다. 본인의 능력과 상관없이 벌써부터 이들 주위에 아부꾼들이 몰려들고 모사꾼들이 들끓고 있다는 소문도 들리기 때문이다.

체제가 다르기는 하지만 북한 김일성 주석의 아들인 김정일이 오랜 기간 후계자 수업을 받고 통치자로 군림하는 것도 굳이 따지고 보면 같은 맥락이다. 남북을 막론한 이러한 현상은 과거 왕위를 물려주던 봉건시대 잔재가 아직도 한국인의 뇌리에 남아 있기 때문이 아닌가 싶다. 대통령 아들들의 정치 투신을 아직도 권위주의의 틀을 깨지 못한 우리 정치풍토에서 어떻게 받아들여야 할까.

_1995.12.22

| 충성도 해 본 사람이 한다? |

1989년 서경원 전 의원 밀입북 사건 수사를 맡았던 두 검사가 엊그제 검찰에 소환돼 후배 검사에게 조사를 받았다. 서 전 의원이 북한으로부터 받은 공작금 5만 달러 가운데 1만 달러를 김대중 당시 평민당 총재에게 전달했다고 얽기 위해 '2,000달러 환전 영수증'이라는 결정적 증거를 고의로 누락시켰다는 의혹 때문이다. 법에 따른 진실을 추구해야 할 검찰이 사실을 왜곡한 것이 드러난다면 검찰 조직은 도덕성에 치명적 상처를 입게 된다.

검찰의 재수사로 머지않아 진실이 밝혀지겠지만, 10년 전의 신문철을 들춰보면 당시 안기부와 검찰이 서경원 사건을 정치적으로 어떻게 이용하려 했는지가 여실히 드러난다. 김대중 총재의 '공작금 수수설'을 언론에 흘려 흠집을 내고 검찰조사로 기정사실화하면서 불고지죄로 압박했다. 공안정국을 조성하고 그 흐름의 연장에서 3당 합당을 꾀했다는 세간의 의심이 괜히 나온 것은 아니다.

당시 검찰총장이던 김기춘 한나라당 의원은 "10년 전 사건을 재조사하는 것이 과연 법적 안정성과 검찰의 정치적 중립에 비추어 온당한지 극히 의심스럽다"며 사회의 가치관 혼란을 가져올 것이라고 주장했다. 대통령이 개인적으로 면죄부를 받기 위해 검찰 조직을 뒤흔들고 있다는 것이다. 검찰 내부의 반발도 만만찮은 것 같다. 침통한 분위기 속에서 현직 검사들이 크게 동요하고 있다는 소리가 들리는가 하면, 자업자득이란 자성의 목소리도 나온다고 한다.

흔들리는 검찰 조직

그렇지 않아도 옷 로비 사건이나 파업유도 사건에서 검찰의 수사 결과가 특별검사에 의해 하나씩 뒤집히고 조직적 축소, 은폐 의심까지 받는 마당이다. 공권력의 권위가 땅에 떨어지면서 적절한 선에서 수습해야 한다는 말이 나온다. "검찰이니 국정원이니 경찰이니 하는 권력기관들은 말하자면 정권을 떠받치는 기둥들인데 이들이 흔들리면 정권에 결코 이로울 것이 없다"는 것이다.

언뜻 듣기에 그럴듯한 말이다. 그러나 거기에는 무서운 함정이 도사리고 있다. 사석에서 만난 한 정권 핵심 인사의 말은 여권의 잘못된 인식을 대변하는 것처럼 보여 걱정된다. "충성도 해본 사람이 한다. 반대만 하던 사람은 늘 반대편에만 선다." 원칙론을 펴다보니 결과적으로 정권을 궁지로 몰아넣는 데 큰 몫을 하는 재야와 시민단체 세력들에 대한 서운한 감정이 권력기관에 종사하던 인사들의 재빠른 변신에 대비되어 더욱 야속한 모양이다. 그러나 이런 정권 편의 위주의 기능적 사고야말로 판단을 그르치게 하기 쉽다. 드러난 겉을 보지 말고 속뜻을 헤아려야 한다.

군사독재 정권에서 악역을 도맡았던 권력기관들을 방치해서는 안 된다. 옥석을 가려내고 무엇보다 제도적 틀을 완성해 민주화된 조직으로 탈바꿈시켜야 한다. '정권의 필요에 따라 써먹을 수 있는 조직'이라는 생각이 앞선다면 훗날 참담한 배반감을 느끼게 될 것이 분명하다. "한 번 배신하는 사람은 언젠가 또 배신한다"는 경구를 깊이 새길 일이다.

그런 의미에서 썩은 부분은 아무리 아프더라도 과감히 도려내야 한다. 잘못된 것을 알면서 정치적 고려로 덮어버리면 옆까지 전염된다. 정도를 걸어야 한다. 섣부른 옛 인물 껴안기나 권력기관 활용론은 개인과 조직을 해치고 정권의 정체성을 흔든다. 대통령은 재수사를 통해 억울함을 풀 수도 있다지만, 정권교체 뒤에 억울함이 더욱 사무치는 사람들도 많다.

초심으로 돌아가야 한다

최근 정치권의 관심은 온통 내년 4월 총선에 쏠려 있다. 정치권의 움직임 하나하나가 모두 여기에 직결돼 있다. 총선 결과에 따라 정치지형이 크게 달라질 것은 두말할 나위가 없다. 그러나 총선의 중요성이 크다고 해서 무원칙한 타협이 용납될 수는 없다. 정치공학적 접근이 정권에 대한 근본적 믿음을 해친다.

김대중 정권은 초심으로 돌아가야 한다. 정치기술이 뛰어나서, 또는 동원할 수 있는 인적, 물적 자원이 풍부해서 대통령 선거에서 이기고 집권한 것이 아니잖은가. 집권기반이 어디였으며 민심은 어떻게 흐르고 있는지를 살피는 겸허한 자세가 필요하다.

_1999.11.24

| 김대중 대통령의 1999년 |

김대중 대통령으로서는 1999년이 되돌아보기조차 싫은 해일지 모른다. 경제는 2년 만에 구제금융 수렁에서 벗어나는 듯한 희망적 조짐을 보이고 안보와 외교 분야에서도 괄목할 만한 성과를 거뒀으나, 국내 정치에서 잇따라 터진 악재들은 정권의 도덕성에 치명상을 안겨주었다. 정치권은 새해 첫 머리부터 한나라당 의원들이 정치사찰 의혹을 제기하며 국회 529호실을 부수고 들어간 것을 시발로 치고받기 싸움질로 해를 넘긴다.

정권을 떠받쳐야 할 검찰의 난맥상은 한해 내내 대통령을 괴롭혔다. 대전 법조계 수임 비리와 심재륜 고검장의 수뇌부 퇴진 요구로 조직에 금이 가기 시작했고, 연이어 터진 옷 로비 사건과 파업유도 사건에 대한 축소 및 은폐 시비로 검찰의 신뢰는 땅에 떨어졌다. 모피코트도 문제지만 권력 핵심인사들의 거짓말은 정권의 정직성을 의심받게 했다. 고관 집 절도사건으로 드러난 부패상과 임창열, 주혜란 경기도지사 부부의 수뢰 사건은 이 정권도 과거 정권과 다를 바 없다는 입방아를 낳았다. 도청, 감청 의혹으로 정권의 민주화 의지에 흠집이 났고, 난데없는 언론대책 문건 파동으로 곤욕을 치렀으며, 천용택 국정원장의 실언에서 비롯된 정치자금 수수 공론화는 정치권을 들쑤셔 놓았다.

집권 뒤 근신하는 마음 풀어져

그 가운데서도 김태정 전 법무장관과의 악연은 김대중 대통령의 가장 큰 짐이 됐다. 임기가 끝나지 않은 검찰총장을 무리하게 법무장관에 발탁한 뒤 그가 낙마하기까지 한사코 그를 감싸며 민심에 맞선 김 대통령답지 않은 태도는 많은 사람들을 어리둥절하게 했으며, 신뢰에 금이 가게 한 결정적 전기가 됐다

한 해를 씁쓰레하게 마감하고 있을 김 대통령은 어쩌다 상황이 이렇게까지 악화됐는지 곰곰이 생각하고 겸허하게 반성해야 한다. 악재들은 우연히 겹치는 것처럼 보이나, 내면을 들여다보면 그럴만한 필연적 요인들이 도사리고 있을 터이다. 어느 때든 사건, 사고는 터지기 마련이다. 이를 처리하는 데서 차이가 드러난다. 대통령으로서는 답답하고 억울하다는 생각도 들겠지만, 스스로도 밝혔듯이 사람을 잘못 쓴 것을 포함해 모든 허물은 대통령에게 귀결된다.

무엇이 일을 그르쳤을까. 사람마다 진단이 다를 것이나, 권력을 쥔 뒤 근신하는 마음이 풀어진 데서 원인을 찾아야 한다고 본다. 자만심이 화근이었다. 역대 독재정권이나 환란을 불러온 '문민정부'보다 낫지 않으냐는 생각만 했지, 국민의 높아진 기대치와 도덕적 기준을 계산에 넣지 못했다. 집권당이었을 때는 민주화와 인권을 외면하던 야당이 마치 민주투사인 양 목소

리를 높이는 파렴치는 그것대로 비판받아야 할 일이지만, 그 때문에 국민들의 기대를 낮추라고 말하거나 야속스럽게 생각할 일은 아니었다.

천신만고 끝에 정권을 잡았으면 사회를 근본적으로 바꾸기 위해 정권의 명운을 걸어야 했다. 어정쩡하게 기득권층과 타협한 것이 문제를 꼬이게 한 시원이었다. 도덕성이나 개혁성보다는 기능을 평가받은 '기술자'들이 정권 핵심부에 들어앉으면서 과거 정권과의 차별성이 엷어졌다. 묵은 때가 낀 호남 인사의 충성심에 기대기보다는 개혁적인 다른 지역 인사들을 중용해야 했다. 기름진 토양과 양지에 익숙한 타성이 하루아침에 바뀌지는 않는다. 악재들이 하나같이 옛 정권에 뿌리를 둔 무임승차 인사들로부터 비롯됐다는 것도 우연의 일치만은 아닐 터이다. 이러한 국정운영에 좌절감과 소외감을 느끼는 우군들을 설득하거나 아우르지 못한 것이 정권의 도덕적 울타리를 없앴다.

현실정치에 밝은 김 대통령이 의석수를 늘려 여대야소를 만들기는 했지만 숫자논리에 묻혀버림으로써, 잃은 명분과 민심은 회복이 쉽지 않았다. 정권교체에 따라야 할 청신한 기풍이 힘을 쓰지 못했다. 여나 야나 정권을 잡으면 마찬가지라는 냉소가 번지는 속에서 무슨 힘을 받겠는가.

이제 다시 시작하는 자세로 나서야 한다. 잘못된 일은 분명히 사과하고 새 천년을 새롭게 이끌어 가겠다는 분명한 각오를 보여야 한다. 국민들이 달라졌다는 것을 마음으로부터 느끼지 않고서는 신뢰를 되살릴 수 없다. 지금부터 심기일전해 역사에 남는 대통령이 되는 꿈을 접지 말기 바란다.

_1999.12.22

| 대통령만 보인다 |

꽤 오래 전 '대통령만 보인다'란 제목으로 칼럼을 쓴 적이 있다. 김영삼 대통령 시절인 1995년 4월 12일치니, 꼭 8년 전이다. 개인적으론 논설위원실로 자리를 옮긴 뒤 쓴 첫 기명칼럼이어서 그런지 제목과 글 내용까지 기억에 생생하다.

당시 김영삼 대통령이 매사에 감 놔라 배 놔라 참견하고, 특히 민감한 북한 핵문제에 대해 주워 담기 힘든 강경 발언을 연일 쏟아낼 때라 이를 걱정해 쓴 글이다. 모든 일에 김 대통령이 직접 나서서 왈가왈부하니 실무진이 제동을 걸거나 다른 의견을 개진하기 힘든 분위기였다. 그런 대통령의 발언은 훗날 스스로 발목을 묶는 족쇄가 됐다.

토론과 담판 통해 정면돌파

김영삼 대통령이 언변이 없음은 잘 알려져 있다. 어쩌다 생방송을 할 때는 텔레비전을 보는 사람들이 가슴을 졸일 지경이었다. '절대로' '결단코' '분명히' 등 단정적인 말을 즐겨 써 민감한 남북문제와 관련해 나중에 논리를 바꾸기가 무척 어려웠다.

노무현 대통령은 같은 무뚝뚝한 경상도 사나이면서도 언어감각이 탁월하다. 논리적 변론이 필수인 변호사 일로 단련된데다, 자신의 특기를 살리기 위해 들이는 숨은 노력도 크다고 한다. 그가 시의적절히 한 말이나 비유가 즉흥적으로 그냥 나온 게 아니라, 상황에 들어맞는 표현을 찾아내느라 꽤 고심한 결과물이라는 것이다.

노 대통령은 논리적 설득에 강하다는 자부심 탓인지 토론을 통한 정면돌파를 선호하는 것 같다. 얼마 전 파격적인 여성 법무부 장관 발탁에 내심 거부감을 보이며 조직이기주의로 '무장한' 검사들과 생방송 토론을 벌여 검찰 개혁의 당위성을 확인시킨 게 대표적이다. 그 뒤 KBS 사장 임명을 둘러싸고 논란이 일자 노조를 비롯한 시민단체 대표들을 직접 만나 자신의 뜻을 해명했으나, 이번에는 만족할 만한 결과는 얻지 못했다.

노 대통령을 좋아하든 싫어하든, 많은 사람들이 공통되게 지적하는 점은 그가 말을 너무 많이 하고 직설적으로 한다는 것이다. 그러다 보니 때로 불필요한 오해를 불러 상황을 꼬이게 만든다. 그가 헛발질하기를 기다리며 호시탐탐 반격의 기회를 엿보는 수구세력들이 주시하고 있음을 생각하면, 좀 더 말을 아껴야 한다. 굳이 말하지 않고 '여백'을 남겨둠으로써 더 무게가 실릴 때도 있다.

대통령이 혼자 앞장서 달려가면 뒤쫓아 가는 사람들은 숨이 턱에 찬다. 그러니 대통령만 두드러져 보인다. 얼마 전 한나라당이 일방적으로 통과시킨 '대북송금 사건 특검법'을 수용하는 과정에서 보인 모습이 대표적인데, 대통령의 결단이 돋보이기보다는 오히려 걱정이 앞섰다. 노 대통령이 거부권을 행사할지 원안대로 수용할지 핵심 측근들조차 끝내 속내를 알 수 없었다니 그의 정치력을 두둔할 일이 결코 아니다. '특검 논리'만 따르다 보면 어렵게 쌓아온 남북관계가 악화할 가능성이 커 우려되는 점도 있지만, 이와 별개로 가장 중요한 정치적 행위를 상식을 깨고 상대의 의표를 찌르듯 처리하는 행태에 담긴 위험성도 크다.

명분 없는 이라크전에 대한 지지와 파병 결정도 이제까지 노 대통령이 내세우던 원칙과는 전혀 다른 선택이었다. 그를 지지한 사람들과의 틈새가 점점 벌어지고 있다. 노 대통령이 왜 그런 선택을 했는지 모를 사람은 없다. 하지만 너무 성급했다. 최소한 들끓는 반전여론을 배경 삼아 전략적 가치를 높일 틈도 없이 카드를 써버렸다.

노무현 대통령을 아이엠에프 구제금융 사태를 불러온 김영삼 대통령에 빗대 내리깎을 생각은 추호도 없다. 개인의 품성도 다르고, 무엇보다 그를 열렬히 지원해 대통령에 당선시킨 지지자들의 정치적 성향이 판이하다. 우리 사회를 진정으로 개혁하기를 고대하는 사람들의 바람이 노 대통령 두 어깨에 실려 있다.

취임 40여 일이 지난 시점에서 노 대통령이 명심할 것이 있다. 전체적인 시스템이 제대로 돌아가도록 하지 않고 대통령의 정면돌파만 돋보이면 곳곳에 파인 함정에 빠질 위험성이 그만큼 더 커진다. '대통령만 보인다'는 말이 나오지 않도록 유의해야 한다.

_2003.4.11

사람이냐 제도냐

| 제도개혁이 열쇠다 |

"대한민국에서는 되는 일도 없고 안 되는 일도 없다." 위부터 아래까지 두루 통하는 뇌물의 위력을 에둘러 표현하는 말이다. '부패 공화국'이란 오명을 벗기 위해 역대 정권은 온갖 처방전을 내놓았다. 부정부패 일소를 위한 '서정쇄신 운동'(유신)이니, '사회정화 운동'(5공)이니, '신한국 건설'(문민)이니 하는 구호들이 기억에 생생하다. 그러나 그때뿐이었다. 그리고 우리는 정권이 바뀔 때마다 대규모 사정을 통과의례처럼 지켜봐야 했다. 내용은 다르지만, 현 정부가 추진중인 '제2건국 운동'이 이런 전철을 밟지 않으려면 화려한 구호 뒤에 가려진 함정을 경계해야 한다.

뇌물이 통하지 않는 선진 외국의 보기를 들면서, 국민성을 들먹이고 인간교육의 절실함을 강조하는 사람들이 많다. "법이 모자라서 이 모양이 됐나? 사람들의 생각을 뜯어 고쳐야 한다"고 단언하는 사람들도 있다. 우리 사회의 덕망 있고 저명한 분들이 앞장서 의식개혁을 부르짖는다. 그마저 하지 않는 것보다야 낫겠지만, 근본적으로 접근방식을 달리해야 한다고 본다.

의식개혁에 들일 정력과 수고를 제도화에 쏟아야 한다. 선진국이라고 공돈이나 뇌물을 싫어할 리 있겠는가. 자칫하면 인생이 끝장나기 때문에 받고 싶어도 못 받는 것이다. 촘촘한 감시 그물망에 반드시 걸리도록 돼 있다. 공중도덕이니 사회규범이니 심지어 거짓말을 혐오하는 개인윤리에 이르기까지, 이를 지키지 않을 경우 당할 불이익이 너무 크기 때문에 지키려는 것이다. 외국에 멋진 다리를 건설한 굴지의 회사들이 국내에서는 성수대교를 놓고, 삼풍백화점을 지은 것은 감리 제도가 철저하지 못한 탓이다. '대충대충' '빨리빨리' 증후군을 이야기하지만, 이 역시 제도적 허점이 조장한 것이다. 올바른 제도를 만들어 제대로 시행하면, 그런 사회가 정착되면, 의식은 따라서 바로 선다.

법 만능주의가 아니다. 개개인의 반성을 촉구하고 의식을 개혁하는 데 드는 품을 제대로 된 사회구조를 만드는 일에 쓰는 것이 더욱 현실적이고 오래 가리라고 보는 것이다.

민주주의, 바른 제도가 뒷받침 돼야

인류가 만들어낸 정치제도 중 으뜸으로 치는 민주주의는 사실 '비용'이 많이 드는 제도다. '철인'이나 '성군'의 존재와 통치자의 선의를 믿기보다는, 인간사에서 나타나기 일쑤인 독재자의 압제를 막기 위해 선거제도와 견제장치 등 이런저런 제도적 안전판을 마련해 놓은 것이 민주주의다. 따라서 때로 비효율적이며 거추장스럽지만, 길게 보면 많은 사람의 행복과 권리를 지켜준다.

흔히 정치인들의 자질을 논하고 수준을 탓한다. 그러나 과연 우리 정치인들이 인간성이 못되고 배운 것이 없고 경력이 부족해서 그런 손가락질을 받는가. 개개인을 보면 모두 내로라는 사람들이 모인 곳이 국회다. 문제는 검은 돈에 기댈 수밖에 없는 여건 때문이다. 병폐가 드러난 재벌식 경영의 개혁도 제도적으로 접근해야 땜질 처방을 면할 수 있다.

얼마 전 서울시는 상하수도관 등 지하 매설물을 묻을 때 시공자와 관리자의 이름 및 주민등록표가 적힌 표시판을 붙이도록 의무화했다. 책임자뿐 아니라 공사에 참여한 기술자의 인적사항도 함께 적는다고 한다. 아주 잘한 일이다. 이런 제도를 정치에도, 국가행정에도 적용해야 한다. 법안실명제니, 의원 투표실명제니 하는 것들을 말하는 것이다. 자신의 결정이 평생 따라다니도록 해야 책임있는 행동을 하게 된다. 고위 공직자들에 대한 인사청문회의 필요성도 같은 맥락이다.

최근 논란이 되는 부패방지 법안을 보자. 여당 국민회의가 만든 법안에 핵심인 특별검사제가 빠졌다. 검찰의 기소 독점권에 위배되느니 않느니 하는 주장들을 하지만, 기득권을 놓지 않으려는 검찰의 반발이 첫째 이유다. 야당 때는 그렇게 절실히 주장했던 특검제가 왜 빠지는가. '권력의 시녀'라던 검찰이 개과천선해 이제는 중립적이고 독립적인 기구가 됐다는 말인가. 올챙이적 생각을 못하기 때문이다. 오늘날 특검제 도입을 목청껏 외치는 한나라당 의원들은 집권당 시절 반대논리를 펴는 데 앞장섰다. 사람의 생각은 이처럼 변하는 것이다. 그래서 제도화가 필요하다. 언젠가 정권은 또 바뀐다.

_1998.12.8

| 인사청문회를 했다면 |

"좋은 약은 입에 쓰고 바른 말은 귀에 거슬린다"는 경구는 모두 잘 알지만, 실생활에서 그 뜻을 살리기란 쉽지 않다. 작은 조직의 최고 자리에 오른 어느 분의 솔직한 고백은 음미할 만하다. 입안의 혀처럼 윗사람을 잘 모시는 부하직원 이야기다. 윗사람의 속마음을 헤아려 항상 되는 쪽으로 진언하는 그를 보면 괜히 힘이 솟고 일이 잘 풀릴 것 같아 자주 찾게 되더라는 것이다. 성실하고 진지하지만 골치 아픈 이야기를 도맡아 하는 사람은 충복이라도 얼굴을 마주 대하기가 꺼려진다고 한다. 만나자는 이야기를 들으면 무언가 안 좋은 일이 또 터졌나 싶어 언짢은 마음부터 든다는 것이다. 그래서는 안 된다고 다짐하면서도 좀처럼 감정을 다스릴 수 없더라는 것이다. 평범한 사람들 이야기다.

'아니오'의 제도화 필요

우리가 지도자로 일컫고 받드는 사람들은 이를 훌쩍 뛰어넘어야 한다. 귀에 거슬리는 말을 들으면 당장은 화를 내더라도 곧바로 마음을 추슬러 상대방을 멀리하지 않을 때 좋은 사람들이 주위에 모인다. 가진 권력이 크면 클수록 더욱 그리 해야 한다. 여간한 사람은 권위에 짓눌려 그 앞에서 '아니오'라고 말하기 힘든 것이 절대권력이다. 심기를 잘못 건드리면 자신의 운명이 어찌 될지 모르는 판에 바른 말을 기대하기란 어렵다. 현명한 권력자들은 때로 일부러 틈을 보이며 거슬리는 말을 해도 좋을 분위기를 만들기도 한다고 한다.

그러나 인간사의 모든 것을 선의에만 기댈 수는 없다. 그래서 '제도화'가 더욱 필요하다. 싫더라도 귀에 거슬리는 말을 들을 수밖에 없도록 제도를 만든다면 어쩔 수 없이 그에 맞추어갈 것이다. 비용이 들더라도 민주주의를 하자는 이유가 그 때문이다. 고위직에 사람을 쓸 때 인사청문회를 반드시 거치도록 하는 것이 한 보기가 될 것이다. 임명권자로서는 번거롭고 귀찮은 절차지만, 한번 걸러줌으로써 예기치 않은 실수를 막을 수 있고, 설혹 실수가 있더라도 위험을 분산할 수 있다. 고위직을 넘보는 사람은 평소 몸가짐을 단정히 하고 집사람 단속에도 당연히 신경을 쓸 것이다. 사람 아낄 줄 모르고 흠집내기에 열심인 우리 풍토에서 과연 청문회를 거치며 온전히 남아날 사람이 몇이나 되겠느냐는 현실적 반론이 있을 수 있다. 그러나 아까운 사람이 '희생'되는 시행착오를 몇 차례 겪으면 자성과 견제의 목소리가 저절로 터져 나올 것이다. 그런 과정을 거치며 제도는 정착하는 법이다. 우리 풍토에서 야당이 집권하면 나라가 제대로 굴러가겠느냐고 했던 것이 바로 얼마 전 일이다.

특별검사제 도입도 같은 맥락이다. 이런저런 이유로 우리 실정에 특검제는 맞지 않는다고 한다. 그러나 야당 때는 강력히 주장하고 집권한 뒤에는 말이 달라진다면 누가 진심을 믿겠는가. 만일 이번 고급 옷 로비 의혹사건 수사를 독립적이고 중립적인 특별검사에게 맡겼다면 공정성과 투명성을 누누이 강변하지 않아도 국민들이 믿었을 것 아닌가.

흩어진 민심 되잡는 길은

김태정 검찰총장을 법무장관에 임명하고 물의를 빚은 뒤에도 그의 유임을 고집함으로써 고급 옷 사건 파문은 걷잡을 수 없이 악화됐다. 도덕성을 잃은 김 장관을 한사코 끼고 돈 것이 불에 기름을 부은 꼴이 됐다. 언론들이 연일 융단폭격을 퍼붓고, 그동안 우호적이었던 많은 시민단체들조차 등을 돌리자 김 대통령은 할 수 없이 김 장관을 해임했다. 새로 터져 나온 조폐공사 파업 유도 물의에 대한 지휘감독 책임을 물은 것이라지만, 고급 옷 파문도 함께 잠재우려는 단안일 것이다. 뒤늦게나마 결단을 내린 것은 잘한 일이지만, 그동안 정권이 입은 엄청난 타격을 생각하면 안타깝다. 여론 흐름을 누구보다 잘 파악하고 순응해온 김 대통령이 왜 무리수를 두었는지 모르겠다. 예상보다 빠른 경제회생, 노동세력을 제압한 데서 생겨난 자만심과 독선 때문이었을까. 듣기 좋게 되는 쪽으로만 진언하는 보좌진에 문제가 있었는가. 여기저기 민심을 듣는 통로는 많다고 하는데 직언하는 사람은 없었다고 해야 할 것이다.

김 대통령이 만년 야당생활 끝에 정권을 잡은 바탕은 바로 민심을 얻은 것이었다. 이번에 그 민심이 크게 흔들렸다. 자신의 깊은 뜻을 몰라준다고 야속해할 것이 아니다. 늦게나마 잘못을 깨달았다면 참 개혁으로 흩어진 민심을 되잡아야 한다.

_1999.6.9

| 잦은 인사 막는 길은 |

김대중 대통령은 엊그제 청와대 수석비서관 3명을 교체했다. 개각에 이어 집권 후반기를 맞아 새 출발하겠다는 각오와 다짐의 뜻이 담겨 있을 터이다. 그런 뜻을 충분히 헤아리면서도 과연 이처럼 사람만 자주 바꾸는 것이 능사인가 하는 생각이 한쪽에서 든다.

장관 평균 재임 11개월

지난번 개각 때 임기를 함께 시작한 각료들 가운데 유일하게 남았던 김성훈 농림부 장관이 바뀌면서 임기 전반기에 각료 전원 교체라는 기록을 남겼다. 개각 당시 장관 평균 재임기간은 11개월에 지나지 않았다. 새로 장관이 된 사람은 자기 스타일로 업무를 처리하고 강조사항이 다르기 때문에 정책의 지속성이 유지되기 어렵다. 게다가 대개 재임중 한두 차례 대대적 인사를 하기 때문에 조직의 안정성이 흔들린다. 외교가에서는 외교통상부 장관이 너무 자주 바뀌어 얼굴을 익힐 만하면 파트너가 바뀐다고 농담반 진담반 인사를 한다고 한다.

김대중 대통령은 김영삼 정부의 인사 실패를 반면교사로 삼아 자신은 인사를 자주 하지 않겠다고 다짐했었다. 그러나 결과는 마찬가지다. 김영삼 정부 때 기용된 총리만 꼽아 봐도 황인성 이회창 이영덕 이홍구 이수성 고건 씨 등 6명이다. 장관은 수를 헤아리기 힘들다.

이처럼 잦은 개각을 두고 조급한 국민성 때문이라느니, 정치적 위기를 개각이라는 수단을 통해 돌파하기 때문이라느니 하는 지적이 많다. 타성이 된 탓인지 언론에서도 무슨 일만 터지면 개각을 하라고 아우성이다. 한 자리 하고 싶은 사람들이 이런 분위기 조성에 앞장선다. 꼭 장관이 책임질 일이 아닌데도 흔들어댄다. 그 와중에 별 하자가 없는데도 분위기에 휩쓸려 '유탄'을 맞는 장관도 나온다.

임기 말이 될수록 더욱 개각이 잦아지는 것은 힘이 빠진 통치권자가 분위기를 다잡기 위해 인사권 행사에 기대는 탓이 크다. 그러나 논리적으로 본다면 인사가 잦은 것은 첫 인사가 잘못되었기 때문이라고 할 수 있다. 적재적소에 인재가 배치되었다면 자주 바꿀 이유는 없을 것이다.

흔히 한국처럼 다이나믹한 사회도 드물다고 한다. 좋게 말하면 활기차고 역동적인 사회이고, 부정적으로 보면 상식이 통하지 않고 안정성이 결여된 사회다. 돈을 벌어도 크게 한탕 벌 기회가 많은 반면, 하루아침에 쪽박을 차기도 한다.

인물에 대한 평가도 그런 것 같다. 대권후보로 거론되던 사람이 하루아침에 영락해 아무도 쳐다보지 않는 지경에 이른다. 불투명한 구석이 많아 뒤지다 보면 엉뚱한 비리가 터져 나온다. 기업 회계장부를 믿을 수 없듯이 사람도 여간해선 믿기 어렵다. 거품이 많다. 사회 지도자로 손꼽히던 인사들이 도덕적으로 지탄받는 일을 저지르는 예가 허다하다. 미국에서는 한번 장관이 되면 대통령과 임기를 함께 하는 것이 일반화돼 있다. 사회가 안정되고 정치풍토가 그런 탓도 있겠지만, 직접적 원인은 인사청문회를 거치기 때문이라는 분석이 많다. 청문회 과정이 하도 번거롭고 귀찮아서 웬만하면 쓰던 사람을 그대로 쓴다는 것이다. 다른 측면에서는 까다로운 청문회를 거치면서 그 사람의 됨됨이가 낱낱이 드러나기 때문에 중도하차 문제가 제기될 만큼 예상 못한 일이 터지지 않는다.

인사청문회 대상 넓혀야

이번에 문제가 된 송자 교육부 장관의 경우만 하더라도 청문회를 거쳤다면 벌써 문제가 드러나 정권의 부담으로 남지는 않게 됐을 것이다. 이한동 총리처럼 청문회에서 구렁이 담 넘듯 넘어가고, 각 당은 당론에 따라 일사불란하게 투표해 인준되는 경우도 있기는 하다. 그래서 인사청문회 무용론도 나온다. 그러나 그렇더라도 일차로 거르는 구실은 톡톡히 한다. 애초 자신이 없으면 아무리 높은 자리가 탐이 나더라도 망신당할까봐 사양할 것이고,

고위 공직을 꿈꾸는 사람은 평소 몸가짐을 조심할 개연성이 그만큼 높다.

현재 몇몇 자리로 한정된 인사청문회 대상을 크게 넓혀야 한다. 제도적으로 접근해야 실마리가 풀린다. 구조적으로 풀 일을 사람 바꾸는 것으로 대체해서는 인사를 둘러싼 잡음과 시행착오가 되풀이될 것이다.

_2000.8.30

| 권력 독점의 폐해 |

박정희 군사정부 시절 가장 힘이 센 권력기관은 단연 중앙정보부(현 국가정보원)였고, 국군보안사(현 기무사)가 그 뒤를 이었다. 반체제 인사는 물론 야당 의원, 심지어 여당 의원들까지도 말을 듣지 않으면 기관 지하실에 끌려가 혼쭐이 났다.

대통령의 지시를 어기고 '항명파동'을 일으킨 내로라는 공화당 실세들이 어떤 곤욕을 치렀는지는 잘 알려진 얘기다. 법은 뒷전이었고, 번거롭게 법치를 동원할 염치조차 차리지 않았다. 유신 이후에는 긴급조치 등 법적 보조장치까지 완비했다. 이런 사정은 전두환 노태우 군사정권 때도 별반 달라지지 않았다.

민간정부가 들어서면서 이런 '벌거벗은 폭력'은 더 이상 용인될 수 없게 됐다. 최소한 법의 이름으로 다스리지 않으면 안 되는 세상이 된 것이다. 법을 집행하는 검찰의 권한과 중요성이 엄청나게 커졌음은 물론이다. 김대중 대통령이 취임 초기 '검찰이 바로 서야 나라가 바로 선다'고 강조한 것도 이런 점을 잘 알기 때문이었을 것이다.

특검제와 인사청문회의 제도화

권력이 집중돼 있으니 각종 로비가 쏠리는 것은 당연하다. 지난번 옷 로비 사건도 그렇고 이번 '이용호 게이트'도 본질은 같다. 이용호 게이트는 지연과 학연으로 맺어진 조폭이 등장하고 법의 파수꾼인 검찰 간부들이 연루된 고약함을 고루 갖췄다. 법을 수호하라고 국민 세금으로 월급을 받는 검찰 간부가 범법의 비호세력으로 의심받는다면 고양이에게 생선가게를 맡긴 꼴이다. 자부심 강한 엘리트 집단의 도덕 불감증에 아연할 뿐이다. 막강한 힘을 가진 사람끼리 두루두루 봐주는 것이 인정으로, 권력의 프리미엄쯤으로 통용돼온 탓이 크다. 선처를 부탁한 전화 한 통 값이 1억 원이라니, '전관예우'란 말 자체가 보통 사람들을 얼마나 화나고 절망하게 만드는지 짐작이나 할까.

이용호 게이트 수사는 특별검사제 도입으로 방향이 잡혔다. 특별감찰본부라는 조직까지 만들어가며 안간힘을 쓰던 검찰로선 체면이 말이 아니게 됐다. 동료, 상사와 조직 우두머리의 동생까지 연루된 사건을 검찰이 명명백백하게 처리할 것으로 기대하기도 어렵거니와, 설사 검찰이 최선을 다해 파헤쳤다 하더라도 국민이 믿어줄 리 없는 상황에서, 정부가 특검제를 받아들인 것은 백번 잘한 일이다. 그러나 특검제가 이런 권력형 비리사건이 터질 때마다 여야 간 신경전 끝에 정치적으로 결정되는 게 과연 바람직한가 하는 의구심이 든다.

검찰의 중립성과 독립성을 보장하기 위해서는 제도적으로 견제장치를 만들어야 한다. 검찰총장도 인사청문회 대상에 포함시켜 자질과 능력이 검증된 사람이 총수 자리에 앉도록 해야 군말이 없어진다. 그리고 정권이나 검찰 내부 비리에 관한 사안은 특검제로 처리하도록 제도화한다면 내부도 긴장하고 국민의 불신과 냉소도 사라질 것이다. 기소독점주의나 검사동일체 원칙, 상명하복 규정 등도 사법개혁 차원에서 재검토해야 한다. 정실에 얽여 적당히 눈감아 주다가는 자신이 당한다는 생각을 가져야 누구라도 조심하게 된다.

사정기관 장악하려는 욕심 버려야

이처럼 힘이 집중된 곳이 검찰이고 보면 그 조직을 장악하고픈 것은 권력의 속성인지도 모른다. 역대 정권은 국세청장과 함께 검찰총장만은 믿을 만한 자기 사람을 앉혔다. 한 사람이 선택되면 선배 기수나 동기들은 줄줄이 옷을 벗는 '전통'은 검찰조직을 더욱 정치바람 타는 곳으로 만들었을 터이다.

그러나 사정기관을 장악해 정권의 기반을 든든히 하겠다는 것은 단견이다. 정권의 흔들리지 않는 기반은 바로 민심이다. 따지고 보면 검찰뿐 아니라 정치권도 마찬가지다. '형님 아우하며 끼리끼리 해먹는다'는, 현 정부로선 가장 뼈아픈 얘기들이 나도는 것도 힘을 독점한 실세들이 장막 뒤에서 영향력을 행사하기 때문이다. 몇몇이 밀실에서 중요한 내용을 결정하고 공식 회의는 이를 추인하는 요식 행위에 지나지 않는다는 민주당 의원들의 불만은 급기야 '권력의 사유화' 비판과 함께 동교동계 해체 주장까지 나오게 만들었다. 이용호 게이트를 구조적 문제로 파악하지 않고 미꾸라지 한 마리가 웅덩이를 흐리는 것으로 돌리는 한 우리 사회는 맑아지지 않는다.

_2001.9.28

| 사람 문제냐 제도 문제냐 |

최근 잇따라 터진 각종 '게이트'에는 우리 사회의 온갖 비리와 구조적 모순이 농축돼 있다. 벤처기업을 통해 일확천금을 노린 사이비 기업인들과 정치 브로커인 로비스트가 등장하고, 각종 연줄을 동원해 권력층에 줄을 대는 행태가 적나라하게 드러났다. 우리 사회의 대표적 권력기관인 검찰, 국정원, 경찰, 정치인, 심지어 청와대 측근들까지 연루됐다는 의혹을 받고 있다. 권력기관에 맞먹는 사회적 영향력을 행사해온 언론도 빠지지 않는다. 소위 끗발 있다는 곳은 모두 망라된 셈이다.

국민들이 분노하는 것은 이들이 끼리끼리 해먹었다는 생각 때문일 터이다. 아이엠에프 이후 고통을 감내하면서도 언젠가는 대통령 말대로 윗목에도 훈기가 돌리라 기대하고 있었는데 그 날이 언제가 될지 감감하다. 더욱 화나는 것은 아랫목을 독차지한 일부 사람들은 절절 끓어 주체를 못하는 게 눈에 훤히 보이는데 구들장이 잘못 놓였는지 윗목으로 밀려난 자신은 한기만 느껴지니 배신감이 들 수밖에 없을 것이다. 시스템에 문제가 있는 것이다.

창구만 달라진 부패 관행

사람의 문제, 즉 의식 개혁의 문제와 제도화 문제는 항시 부닥치는 명제다. 어느 것이 더 근본적 처방이냐에 대해서는 사람마다 판단이 다를 것이다. 제도화와 사람 문제가 서로 긍정적 영향을 끼쳐 상승작용을 한다면 가장 바람직하다. 그러나 현실을 늘 그렇지 못하다.

부정부패가 없는 투명한 사회를 만들기 위해 제도화와 사람 문제를 놓고 굳이 비중과 선후를 가리라면, 필자는 제도화 쪽에 손을 들겠다. 지금처럼

권력형 비리사건이 터지고 부패 척결 문제가 불거지면 사람 문제가 우선적
으로 도마에 오른다. 제도도 중요하지만 역시 사람을 잘 써야 한다는 쪽으
로 흘러간다. 감정적으로도 그게 훨씬 마음에 와 닿는다. 그러나 사람에 대
한 평가는 객관적일 수가 없다. 보는 사람에 따라 능력이나 청렴도 등이 각
기 다르게 평가된다. 더욱이 인물 평가가 소수 집단의 폐쇄회로 속에서 이
뤄지면 그 편차가 더욱 커진다.

　역대 정권 치고 부패 척결을 부르짖지 않은 정권이 있었던가. 그러나 정
권이 바뀌고 사람이 바뀌었지만 잘못된 관행은 바뀌지 않았다. 창구만 달라
졌을 뿐이다. 부정부패 척결 문제로 한바탕 소란을 떨다보면 어느새 다른
이슈가 터져 나와 먼저 번 문제는 이내 흐지부지 묻혀 버리곤 한다. 대통령
이 의지를 갖고 끝까지 챙기겠다고 하지만 언제까지 갈지 의문이다. 한때의
‘푸닥거리’로 흘러가는 것을 막기 위해서라도 제도적 조처가 필요하다. 임
기가 끝나가는 김대중 대통령이 부정부패를 척결할 획기적인 틀을 마련한
대통령으로 기록될 기회마저 놓치지 않기를 바란다.

　사람의 의식과 관행을 뜯어고치지 않으면 부정부패는 사라지지 않는데,
의식을 정착시키려면 제도화가 필수적이다. 아무리 폭풍이 휘몰아쳐도 힘
을 가진 기관은 일시적 곤경만 모면하면 된다는 생각에서 헤어나지 못한다.
자신의 기득권을 침해하거나 제약하는 제도화에는 이런저런 이유를 들어
한사코 반대한다. 인사청문회 제도를 대폭적으로 확대하거나 특검제를 상
설화하는 문제들이 대표적이다. 검은 정치자금을 투명하게 하는 각종 법적
장치들도 좀처럼 추진되지 않는다. 일단 제도화가 되면 다시는 물 좋던 옛
날로 돌아가기 어렵게 되기 때문이다.

　우리 사회에서 범죄와 관행 사이의 경계가 모호한 탓에 연줄을 동원한 청

탁 등은 큰 거부감 없이 받아들여진다. 평소에는 별 죄의식을 갖지 않고 있다가 문제가 되면 도덕적 해이로 지탄받는다. 이를 막기 위해서는 서로가 서로를 견제할 수 있는 장치를 마련해야 한다. '우리 편인데 잘 봐주겠지' 하는 마음이 앞서면 관행을 넘어서는 불법적인 일을 하면서도 경계하거나 조심하는 마음이 사라진다. 권력이 분산돼 건강한 긴장감이 돌아야 자신은 물론 주변 관리도 깨끗이 하게 된다.

뭇 사람의 부러움을 받으며 잘 나가던 사람이 하루 아침에 파렴치범으로 전락해 손가락질을 받는 사회는 분명 정상적인 나라가 아니다.

_2002.1.18

| 거짓이 통하는 사회 |

거짓말에 관한 숱한 금언 가운데 에이브러햄 링컨의 말은 단연 핵심을 찌른다. "모든 사람을 얼마 동안 속일 수는 있다. 또 몇 사람을 늘 속일 수도 있다. 그러나 모든 사람을 늘 속일 수는 없다."

줄줄이 터지는 권력형 비리로 사회가 온통 난리다. 그럴듯한 거짓말이 난무하고 진실은 가려진 채 어지럽기 짝이 없다. 누군가는 분명 거짓말을 하는 게 틀림없는데 당장 이를 가리기가 쉽지 않다는 데 문제가 있다. 그러나 거짓말의 효력은 잠시 뿐, 시간이 흐르면 진위는 밝혀진다.

거짓말이 거짓말을 낳는다는 말은 하나도 그르지 않다. 거짓말을 참말인 양 믿게 하려면 수십 번의 거짓말을 해야 한다. 그리고 꼬리가 길어 결국 밟힌다. 길게 보면 의혹이 처음 제기됐을 때 진실을 밝히느니만 못한 경우가 대부분이다. 비리를 감추려다보니 의혹이 더 커지고 파렴치한 거짓말까지 보태져 이중으로 망신한다.

혐의가 상당히 입증돼 검찰청사 포토라인에 선 사람들도 하나같이 억울하다는 표정을 짓는다. 권력형 비리로 사회적 공분을 사는 사람들일수록 더욱 뻣뻣이 고개를 쳐든다. 이런 모습을 워낙 자주 대하다 보니 이제는 혐의가 쏠릴 때 여간 완강히 부인하지 않으면 마치 죄가 있음을 인정하는 것처럼 느껴질 정도다. 부인하는 말의 강도도 점점 더 세진다. 할복 운운한 것이 대표적이다. 설마하니 저렇게까지 말하는데 그럴 리가 있겠느냐고 순진하게 믿다간 번번이 뒤통수를 맞는다.

정상참작 폭 넓히도록

자신의 죄를 일단 부인하는 것은 인간의 자연스런 심리일 것이다. 수사기관에 불려와서도 꼼짝 못할 증거를 들이대기 전까지는 대부분 잡아뗀다. 그러나 아무리 정교하게 꾸며도 거짓말은 아귀가 척척 맞지 않는다. 순간적으로 모면하려고 새로 거짓말을 꾸며대다 보면 앞서 진술한 것과 어긋난다. 이리저리 추궁을 당하고 창피를 당하다가 몰려서 결국 사실대로 불게 된다는 것이 노련한 수사관들의 말이다.

법조계 생활을 오래 한 한 친구는 거짓말과 정상참작에 대해 솔직한 고백을 한다. 분명히 거짓말을 한다는 심증이 가고 정황 증거가 충분한데도 재판정에서 끝내 아니라고 우기면 혹시 내가 판단을 잘못하지는 않았나 하는 생각이 든다는 것이다.

이와 반대로 자신의 죄를 순순히 인정하고, 잘못을 뉘우치는 기색이 역력한 사람을 보면 인간적으로 동정이 가고 안됐다는 생각이 들지만 정상을 참작해 벌을 가볍게 해주기가 좀체 쉽지 않다고 한다. 죄를 인정하지 않고 끝내 거짓말을 하는 사람을 가중 처벌하지는 못하더라도, 자신의 죄를 솔직히 인정하고 뉘우치는 사람은 벌을 감해주는 합리적 방안을 사회적 합의를 거쳐 마련할 필요가 있다.

거짓말은 부정직한 사회와 뗄 수 없는 관계를 맺고 있다. 거짓이 통하지 않음을 경험을 통해 알도록 해야 이런 사회적 병폐가 줄어들 터인데 전혀 그렇지 못했으니 자업자득이다. 권력형 부패 의혹이 제기돼 여론이 들끓어 마지못해 수사에 나서더라도, 당사자가 강력히 부인하면 그에 맞춰서 적당히 조율한다. 어쩔 수 없어 사법처리를 해도 시간이 얼마쯤 흐른 뒤 병보석이나 형 집행정지 등으로 적당히 풀려나곤 했다. 그런 사람들이 정치보복을 당했다며 억울함을 호소해 국민의 대표로 뽑히는 예가 많으니, 정치적 재기를 위해서라도 여간해선 진실을 말하지 않는다. 관행과 범죄의 경계가 모호한 탓도 있다.

검은 돈 차단 충분히 가능

거짓말을 가볍게 생각하거나 너그러이 용인하는 풍토가 되면 냉소적 반응을 넘어 부정적 가치관이 그 사회를 좀먹게 된다. 순간적으로 유혹에 넘어가 실수를 하는 것은 그에 걸맞은 벌을 받으면 용서가 되지만, 고의로 거짓말을 하다가는 결코 용서받지 못한다는 것이 사회적 불문율로 자리잡도록 해야 한다.

큰 눈으로 보면 사회 전체가 투명해져야 한다. 제도적으로 촘촘하게 쳐진 감시의 그물에 반드시 걸린다는 생각이 들어야 비리와 거짓말을 하지 않게 된다. 특히 검은 돈의 흐름은 낱낱이 밝혀지도록 해야 한다. 의지가 문제이

지, 정치자금법과 부패방지법만 제대로 만들어도 대부분의 권력형 비리는
막을 수 있다.

_2002.5.10

| 인사청문회가 남긴 것 |

장상씨에 이어 장대환 총리서리가 거푸 국회의 인준 절차를 통과하지 못
했다. 청와대에서 엄포를 놓았듯 국정 공백 사태까지는 가지 않더라도 최소
한 국정에 차질이 빚어지고 김대중 대통령의 레임덕 현상도 가속화할 것 같
다. 정치권이 가파르게 대치할 가능성도 커졌다. 한나라당이 '거대 야당의
오만' 이란 비판의 후폭풍을 염려하면서까지 인준에 반대한 데는 민심반영
이란 표면적 이유 말고도 대선을 염두에 둔 복잡한 정치공학이 총동원됐을
터이다. 하지만 야당의 정략을 탓하기에 앞서 도덕적 흠이 큰 사람들을 내
세운 잘못을 먼저 자책해야 하는 것이 당연한 순서다.

자유투표 형식을 취하지 않고 당론으로 의원들에게 찬성이나 반대를 강
요한 대목에는 아쉬움이 있지만, 총리 임명동의안 부결이 던진 역설적 교훈
은 크다. 국민 입장에서 보면 인사청문회가 검증 기능을 제대로 수행한 것
이다. 당장 총리 공백이 문제가 된다고 해서 도덕성이나 자질 면에서 흠결
이 드러난 사람을 앉히면 두고두고 그것이 기준이 될 것이다. 장기적으로
부정적 여파가 너무 크다.

처음일수록 기준이 더 까다롭고 엄격해야 하며, 실제 그렇게 진행된 감이
있다. 흔히 말하는 일벌백계니 타산지석이니 하는 게 그런 것 아니겠는가.

전처럼 권력자 한 사람에게만 잘 보이면 된다는 생각도 이제 떨쳐버려야 한
다. '제도를 통한 민주주의'의 위력을 유감없이 보여준 셈이다.

'청부' 찾아보기 힘든 풍토

도덕성 시비가 핵심 변수가 된 총리 청문회는 우리 모두에게 자신을 되돌
아보게 하는 계기가 됐다. 인준청문회를 거쳐야 할 고위 공직자가 되려는
사람은 물론이려니와, 인준 표결에 참여한 의원, 텔레비전을 통해 지켜본 국
민 모두에게 두루 자신과 주변을 성찰하게 만들었다.

두 총리서리의 잇단 낙마는 그동안 검증 없이 무사통과해 온 우리 사회의
취약점이 온전히 드러난 것이기도 하다. 상류층 특권층 부유층 지도층 기득
권층 지배층 지식층 등의 말이 지닌 사전적 의미는 조금씩 다르겠지만, 우리
사회에서 소위 한다 하는 상류층인 그들의 모습은 거의 비슷하다. 그들의 탐
욕과 가식, 도덕적 해이는 선비정신이 빠진 양반계급을 연상케 한다.

특히 경제적으로 부유한 사람들이 존경받지 못하는 데는 그만한 까닭이
있다. '청빈'한 사람은 더러 있으나 '청부'를 쌓았다고 인정할 만한 사람은
드물다. 그런 사회적 풍토가 조성되지 못했다. 따지고 보면 명예도 권력도
늘 정당성을 의심받아왔다.

일각에서는 인사청문회의 기준이 현실과 동떨어지게 너무 높고, 진행 방
식이 약점 캐기 식이라고 불만을 표시하는 사람들도 있다. 잘 나가는 사람
에 대한 일반의 시기심이나, 추락을 즐기려는 천박한 대중심리에 영합해 계
층 간 위화감을 부추기는 것 아니냐는 볼멘소리도 나온다. 이렇게 망신을
주다보면 과연 누가 남겠느냐는 항변은 그러나 괜한 엄살이며 협박일 뿐이
다. 가치가 충돌하는 과도기적 상황에 놓여있긴 하지만, 일부러 골탕먹이려

들지 않는다면 지금 정도의 청문회 기준을 통과할 인사는 얼마든지 있을 터이다. 그런 항변에는 기준을 낮춤으로써 심리적 위안을 얻고 면죄부를 남발하려는 꾀가 스며 있기 십상이다.

한 가지 걱정되는 것은, 청문회 대상을 늘려야 한다는 그동안의 사회적 합의가 위축되지 않을까 하는 점이다. 총리 외에 국정원장 국세청장 검찰총장 경찰청장 등 핵심 실세들을 청문회 대상에 포함시키자는 기왕의 합의가 흔들려선 안 된다.

국정원장 등 대상 더 늘려야

난국을 해결하는 첩경은 인사권자인 대통령이 사심을 버리는 것이다. 총리 인사를 국면전환용이나 민심수습용으로 쓰려하지 말고, 건전한 상식에 맞춰 합리적으로 운용하면 될 것이다. 한두 번 엄격히 거르다보면 자격 미달자는 사전검증 과정에서 떨어져 나가거나, 본인 스스로 사양할 것이다. 선례가 쌓이면 전통이 된다. 사전검증 기간을 늘리고, 특히 본인의 동의를 얻어 검증을 해야 실수가 없다. 자신의 흠은 본인이 가장 잘 안다. '깜짝 인사'가 효능을 발휘하던 시기는 지났다.

사전검증 실패는 기술적 허점 탓이기도 하지만, 인사권자의 의지 부족 탓이 더 크다. 국민이 기대하는 도덕적 수준이나 잣대는 생각하지 않고 이 정도면 되겠지 하는 안이한 판단을 해서 일을 그르친다. 혹시 "이번에도 또 거부할 테냐"는 식의 오기를 부려 같은 유형의 인사를 내세우거나 모양새에만 집착한다면 국민을 볼모로 삼는 도박이 된다. 같은 돌부리에 거푸 넘어지는 어리석음을 범해선 안 된다.

_2002.8.30

역사 바로세우기

| 운동권을 위한 변론 |

우리 역사가 뒤틀린 원인을, 해방 후 친일파들을 철저히 제거하지 못했던 데서 찾는 학자들이 많다. 해방공간 좌우 이념대립의 와중에서 친일파들이 어느새 '반공투사'로, 친미파로 둔갑해 득세하고 마치 우파의 대표인 양 행세한 데서 역사의 뒤틀림이 비롯됐다는 것이다. 일제 때 '천황폐하 만세'를 선창하고 학도병과 정신대 지원을 독려했던 인사들이 해방 조국에서 단죄되기는커녕, 여전히 지도층으로 군림하는 부도덕한 현실에 절망하고 분노한 사람들이 얼마나 많았겠는가.

반공투사로 변신해 단죄 피한 친일파

미 군정청의 고위 간부들은 소극적이건 적극적이건 일제에 협력했던 인사들이 대부분이었다. 경찰의 경우는 더욱 심했다. 1946년 9월 수도경찰청이 발족할 당시 최고 간부 17명 중 일제경찰 경력이 없는 사람은 2명에 불과했다는 기록이 있다. 노덕술, 최운하 등 고등계 출신으로 독립운동가들을 때려잡는 데 악명을 떨쳤던 자들이 '전문성'을 인정받아 중용됐다. 군대도 마찬가지였다. 건군 당시 일본군이나 만주군 출신이 주류를 이루었다. 천황에게 충성을 맹세했던 이들은 살아남기 위해 서로가 끌어주고 감싸주면서 주도권을 장악했다. 박정희 전 대통령이 일본 육사를 나와 독립군을 토벌하던 다카키 마사오였다는 사실은 잘 알려져 있다. 정치권에서 우익을 대표하던 한민당에는 지주계급과 친일파들이 많이 포진했으며 학계나 문화 예술계, 여성계도 다를 바 없었다.

반면 일제에 맞서 피를 흘리고 물려받은 가산을 탕진하고 이역을 떠돌며 풍찬노숙했던 독립운동가들은 해방 조국에서도 여전히 찬밥을 먹어야 했다. 이들의 자손들 역시 가진 것 없고 배운 것 없어 지금까지도 고생길이다. 이런 거꾸로 된 세상에 민족정기가 살아날 리 만무하다. 친일파들은 철저히 숙청했지만, 김일성에 대한 맹목적인 충성을 거부한 독립운동가들을 희생양으로 삼았다는 점에서는 북한도 예외가 아니다.

해방 50년이 지난 뒤 '역사 바로 세우기' 작업이 진행중이다. 전두환, 노태우 두 전직 대통령이 나란히 법정에 선 세기의 재판에 관심이 쏠리고 있다. 언제까지나 갈 것 같던 5공 세력에 대한 단죄가 눈앞에서 벌어지는 것만 해도 예삿일은 아니다. 그럼에도 한 구석에 미진한 생각이 드는 것은 왜일까. 나는 그 이유가 두 가지라고 생각한다. 서로가 맞물려 있는 것이지만, 첫째는 이들 세력이 완전히 뿌리 뽑히지 않았다는 상황인식, 둘째는 이들로부터 가장 핍박받던 세력이 권력의 전면에 나서지 못했기 때문이다. 제대로 됐거나 적어도 싹수가 있는 나라의 과거 청산은 그런 모양으로 진행되지 않았다.

　4.11 총선에는 반독재 투쟁에 앞장서다 감옥에 끌려가곤 했던 이른바 ‘재야 운동권’ 인사들이 많이 출마한다. 나는 이들의 정치권 진출을 당연하고, 또 바람직하다고 보는 입장이다. 과거 군부독재에 저항했던 것이 훗날 정치인으로 입신하기 위함은 물론 아니었을 것이다. 그러나 민주화가 진행되는 등 제도권의 합법 영역이 넓어졌고 사회가 변한 만큼 운동 양식도 바뀌어야 한다. 그런데 어찌된 일인지 이들의 과거 투쟁이나 희생이 제값을 받지 못하는 것 같아 안타깝다. 여당은 물론 야당에서도 이들의 투쟁 경력은 ‘명예롭기는 하지만 거추장스러운 훈장’이 돼버린 느낌이다. 마치 건국 초기 독립운동에 몸 바쳤던 운동가들이 배척받던 상황을 연상케 한다.

　이들의 반독재 투쟁을 곧바로 일제시대 독립운동과 견주지는 않겠다. 군부독재가 아무리 포악해도 이민족의 식민지배에 비하기가 어려우며, 독립운동을 민주화 투쟁에 곧바로 연결하기도 힘들 것이다. 다만 이런 점은 짚고 넘어가야 한다고 본다. 일제시대 때 우리 민족의 가장 큰 모순을 아파하고 분노하던 사람들이 택할 수밖에 없던 길이 독립운동이었다면, 군부독재 시절의 가장 큰 모순은 민주주의의 실종이었으며 민주 회복을 위해 택한 길이 반독재 투쟁이었으리라는 점이다. 일제시대 지식인들이 걸은 길은 달랐다. 적극적으로 일제에 붙어 한때의 영화를 누린 자들도 있었고, 현실과 타협하면서 ‘실력양성론’ 따위를 편 사람들도 있었다. 무장 독립투쟁은 당시로선 희망도 가능성도 거의 없는 가시밭길이었다. 3, 4, 5공 시절 반독재 투쟁은 바위에 계란을 던지는 것과 같은 무모한 자기희생으로 비쳐졌다. 많은 사람들이 고문에 의해, 최루탄에 맞아, 그리고 분신으로 생을 마감했다. 그러나 시대는 바뀌고 역사는 진전하는 것이다.

정치인들에 대한 불신이 높다. 3김의 욕심을 탓하고 지역할거 구도에 분노하는 사람들도 많다. 이런 병폐를 그나마 고쳐가는 길은, 양지만 쫓아다니며 때 묻은 허명을 날린 사람들보다는 순수한 열정을 간직한 채 몸을 던져 민주화에 헌신했던 양심적 인사들이 정치권에 좀더 많이 진출하는 것이라고 믿는다. 어느 당에 속해 있든 이들이 벽을 깨고 제 목소리를 낼 때, 그리고 언젠가 힘을 합쳐 큰 몫을 해낼 때 우리의 정치가 희망의 싹을 보이리라 기대해 본다.

_1996.3.20

반탁이 최선이었나?

복잡한 사회현상을 한두 마디로 포괄하기에는 한계가 있다. 더욱이 그것이 정치상황과 맞물리거나 정치적 목적이 개재돼 구호화하면 더욱 그러하다. 이른바 '찬탁' '반탁' 이란 용어도 그런 사례에 속한다. 해방정국에서 벌어졌던 '찬-반탁' 논쟁은 민족의 운명에 영향을 끼친 중대한 분기점이었다. 이 논쟁은 조선을 신탁통치한다는 1945년 12월 모스크바 삼상회의(미국, 소련, 영국) 결의에 대항해 우익세력과 국민 대부분이 궐기한 반면, 좌익세력은 소련의 지령에 따라 찬탁 주장을 편 것으로 규정돼 있다. 따라서 반탁은 민족의 자존심을 지킨 애국적 행동이고, 찬탁은 나라를 팔아먹으려 한 매국노나 빨갱이 세력의 주장쯤으로 등식화됐다.

최근 김종필 자민련 명예총재가 "모스크바에서 찬탁, 반탁이 논의될 때 우리는 반탁을 주장했으나 찬탁을 한 사람이 있고, 그런 사람이 (왼쪽 엄지 손가락을 치켜들며) 이 자리에 있다"고 주장한 것은 이런 논리의 연장선에 속한다. 의심을 받을 만한 인사가 지레 "나는 당시 반탁 쪽이었다"고 손사래 를 치는 모습에서 이런 인식은 더욱 굳어진다. 자칫하면 색깔론에 말려든다 는 피해의식이 앞섰을 것이다. 김종필씨가 색깔론을 부추기려던 소기의 목 적을 거두지는 못했지만, '반탁만이 애국적' 이었다는 고정인식을 굳히는 부차적 소득은 거둔 것 같다.

모스크바 결의 거꾸로 알려져

그러나 최근의 연구는 반탁노선이 유일한 대안이었다는 인식에 의문을 제기한다. 과연 당시 어떤 선택이 가장 바람직했을까. 모스크바 삼상 회의 결의는 다음과 같다. 첫째 항은 조선을 독립국가로 재건설하며 임시 민주주 의 정부를 세운다는 것이고, 둘째 항은 이를 위해 미소 공동위원회를 소집한 다는 것이며, 셋째 항은 최고 5년 기한으로 미국 영국 소련 중국 등 4국에 의 한 신탁통치를 실시한다는 것이 핵심 내용이다. 첫째 항을 중시하느냐, 셋 째 항에 비중을 두느냐에 따라 대응은 차이가 났다. 우익 쪽은 셋째 항에 무 게중심을 두었고 치열한 반탁투쟁을 벌였다. 이승만, 김구를 필두로 우파들 은 36년간 일제 지배를 받았는데 또다시 이민족의 통치를 받아야 하느냐고 목소리를 높였다. 소박한 민족감정에 호소해 명분을 얻고, '찬탁' 으로 돌아 선 좌파에 대해 공세를 취했다. 전전긍긍하던 친일파들도 그 틈새에 끼어들 어 슬그머니 '반공투사' 로 변신했다.

국민들이 격분한 데는 모스크바 결의 내용이 국내에 잘못 알려진 탓도 크 다. 소련이 신탁통치를 제안했고 미국은 즉시 독립을 주장한 것으로 언론에 잘못 보도됐다. 그러나 사실은 5~10년의 신탁통치를 주장한 것은 미국이었고, 소련은 임시 민주정부 수립을 주장한 끝에 양쪽 주장을 절충했다. 이처럼 내용이 거꾸로 알려진 배경을 두고, 미국과 국내 극우세력의 '음모론'을 제기하는 학자들도 있다.

이런 와중에 극단적 편가르기로 좌우의 강경파에 힘이 쏠리며 이른바 중간파, 합작파들이 설 땅은 좁아졌다. 나름의 편차는 있지만 중도 우파로 불리는 김규식, 김병로, 안재홍이나 중도 좌파로 분류되는 여운형, 백남운 등은 흥분을 가라앉히고 신중하게 대처하자는 쪽이었다. 삼상회의 결의를 받아들여 우선 임시정부를 세운 뒤 민족의 자주적 역량을 규합해 신탁통치를 막자는 주장을 폈다. 그리해야 민족 분열을 막을 수 있다는 것이었다. 이들은 좌우합작을 모색하고 미소 공동위를 성사시키기 위해 노력했지만 뜻을 이루지 못한다. 서중석 성균관대 교수는 당시 상황을 '반탁 대 찬탁 논쟁'이 아니라 '반탁 대 모스크바 삼상회의 결의 수용 논쟁'으로 규정해야 한다며 반탁노선을 비판한다.

역사에 가정은 없다. 미국과 소련의 냉전과 좌우익 대립 구도에서 중도파들의 주장대로 과연 통일정부 수립이 가능했을지 확신할 수는 없다. 그러나 당시 찬탁은 국제정세 흐름을 냉정하게 읽은 현실적 노선이었고, 그 뒤 전개된 분단의 역사는 찬탁론자들의 논리가 이성적이었다는 평가를 낳는다. 찬탁, 반탁 문제를 흑백논리로 보는 단선적 시각은 바뀌어야 한다. 반탁대열에 서지 않은 사람을 모두 매국노로 모는 것은 최소한 균형잡힌 시각은 아니다. 반세기가 지난 논쟁을 이제와서 새삼 따지는 것은 '김종필 류'의 역사인식이 일방적으로 통용되어서는 안 된다고 보기 때문이다

_2000.3.15

　　나라와 사회에 뚜렷한 공로를 세웠다고 인정되는 사람에게 나라가 주는 상이 훈장이다. 우리 상훈법에 규정된 훈장은 모두 열한 가지다. 무궁화대훈장을 비롯해 건국훈장 국민훈장 무공훈장 근정훈장 보국훈장 수교훈장 산업훈장 새마을훈장 문화훈장 체육훈장 등이 그것이다. 홑장인 무궁화대훈장과 3등급인 건국훈장을 제외하고, 각 훈장은 서훈 대상자의 공적 내용에 따라 각기 5등급으로 나뉜다.

　　훈장 서훈은 후손 만대에 자랑스러운 영예다. 그런데 최근 훈장을 거부하거나 이미 받은 훈장을 반납하겠다는 사람들이 생겨나는 등 그 권위가 실추하고 의미도 크게 퇴색했다. 화성 씨랜드 화재사고로 자식을 잃은 어머니가 국가대표 하키선수 시절 받은 훈장을 반납하고 끝내 이민을 떠나 충격을 주었다. 자식의 생명을 지켜주지 못한 조국에 대한 절망과 엄중한 항의의 뜻이 담겨 있다. 독립운동가 후손들이 연금 지급에 불만을 품고 선조의 훈장을 집단 반납하거나 명예 퇴직한 교육자들이 훈장 반납으로 상징적 시위를 한다는 소식도 같은 뜻을 담고 있다.

권위 떨어뜨리는 훈장 남발

　　「사상계」의 발행인이었던 장준하 선생에 대해 정부가 은관문화훈장을 추서하려 했다가 유족들이 거부하자 뒤늦게 금관으로 격을 높인 일은 훈장을 대하는 정부의 안이한 시각을 잘 보여준다. 정신대문제대책협의회 공동대표인 이효재 이화여대 명예교수는 1996년 5공 인물들과 나란히 받기 싫다는 이유로 국민훈장 석류장을 거부했다.

반대로, 별다른 공적도 없는데 훈장이 남발되는 일도 적지 않다. 공무원들에게만 주는 근정훈장의 무더기 포상이 대표적 사례다. 장관을 지내면 으레 청조근정훈장, 차관을 지내면 황조근정훈장을 주었는데, '국민의 정부'가 '문민정부'의 마지막 각료들에 대한 훈장 수여를 유보했다 하여 거센 항의를 받고 있다. 환란의 책임자인 강경식 전 경제부총리를 뺄 것인지를 놓고 고민하다보니 다른 각료들도 주지 못했고, 그 뒤 새 정부에서 퇴임한 각료들도 마찬가지다. 옷 로비 사건으로 구속된 김태정 전 법무부장관이나 부인이 사건에 연루된 강인덕 전 통일부장관 일까지 겹쳐 문제가 한층 복잡하다.

상을 주는 것이 벌을 주는 것보다 낫다는 의미에서 훈장 수여에 인색할 필요가 없다는 주장을 펴는 사람들도 있다. 그러나 훈장의 남발은 훈장의 권위와 자격을 갖춘 다른 서훈자들의 품격을 떨어뜨리는 것이다. 정권이 바뀌고 시속이 달라져도 영예에 흠집이 가지 않도록 수상자를 엄선하는 것이 나라에서 주는 훈장의 뜻을 올바로 살리는 길이다. 또한 비적격자에게 수여됐음이 뒤늦게라도 밝혀지면 훈장을 거두어들이는 데 주저해서는 안 된다.

훈장 수여와 함께 국민의 정신적 기풍을 좌우하는 것이 역사 인물에 대한 평가나 동상 건립이다. 국회는 며칠 전 이승만 전 대통령 기념상을 국회에 세우기로 결의했다. 제헌의회 초대 의장을 지낸 공적을 기린다는 것이다. 독립운동과 건국에 기여했다고 해서, 국회를 경시하며 부정선거를 저지른 이 전 대통령의 동상을 세운다는 것은 역사의식의 실종이다.

대통령 재임중에 세워진 그 많던 동상들이 4.19혁명 뒤 어찌 되었던가. 동시대 인물로 행적이 대비되는 백범 김구 선생의 기념관 건립이 재정적 어려움을 겪고 있다는 소식이 들리는데, 이에 대한 배려는 거의 없다. 정치가들에게 존경하는 인물을 들라면 대부분 김구 선생을 첫손가락에 꼽으면서도 현실에서는 그렇지 않은 모양이다.

하기야 쿠데타와 유신독재로 헌정을 유린한 박정희 전 대통령을 추모하는 이상 열기가 번지고, 그의 기념관 건립을 국고로 지원하는 지경에 이르렀으니 이런 일이 벌어지는 것도 무리는 아니다. 정치적, 사상사적으로 박 전 대통령과 대척점에 있는 장준하 선생이 우여곡절 끝에 금관문화훈장을 추서 받기는 했지만 항일 독립운동과 민족주의, 민주주의를 향한 치열한 삶으로 일관한 그의 참 면모가 세인에게 널리 부각되지 못한 것과도 연관이 있으리라. 훈장의 권위와 무게가 떨어지는 세태는 역사에 대한 엄정한 평가와 인식이 흐려져 가는 가치관의 혼란과도 무관하지 않을 것이다.

_1999.12.8

| 동해 이름 되찾기 |

일본이 독도를 자기네 영토라고 우기고 자극하면 온 국민이 흥분하지만, 독도를 둘러싼 동해가 국제적으로 일본해(Sea of Japan)로 표기되는 현실의 잠재적 심각성을 깨닫는 사람은 드물다. 어려서부터 동해로 배웠으니 국제적으로도 으레 동해(East Sea)로 불리려니 하고 쉽게 생각하거나, 좀처럼 뉴스의 초점이 되지 않아서인지 별다른 관심을 쏟지 않는다. 그러나 동해가 일본해로 통용되는 것을 바로잡는 일은 국가와 민족의 자존심이 걸린 문제이면서 동시에 독도 지키기 차원에서도 매우 중요하다.

얼마 전 미국 뉴욕 유엔본부에서 열린 20차 유엔지명 전문가회의에서 전개된 동해 – 일본해 논쟁을 지켜보면서 사안의 민감성을 피부로 느낄 수 있었다. 우리 대표단의 수석대표인 김주석 외교통상부 국제기구 심의관은 동해가 일본해로 불리게 된 역사적 배경인 일본의 조선침탈을 설명하면서, 양쪽이 동의하는 명칭으로 합의되기 전까지는 일반 원칙대로 두 이름을 병기해야 한다고 주장했다. 일본 수석대표인 구마무라 공사는 이미 국제적으로 일본해 표기가 확립되었는데 새로운 명칭을 제기하는 것은 오히려 혼란을 불러일으킬 뿐이라며 사안 자체가 성립하지 않는다고 맞섰다. 이에 북한의 최명남 유엔대표부 일등서기관은 일본해란 이름을 고집하는 것은 일본이 과거청산을 외면하고 대동아 공영권 야욕을 버리지 못한 탓이라고 반박했다. 북한은 그동안 이곳을 조선동해(East Sea of Korea)로 불러야 한다고 주장해왔다.

아직은 시작 단계 불과

회의는 결국 이 문제를 집중 검토할 실무위원회를 만들기로 결정했다. 일단 우리에게 유리한 쪽으로 진행된 것이다. 그동안 일본은 몇 해째 계속된 우리의 끈질긴 문제제기에 대항해 막강한 외교력을 동원했다. 일본은 동해 표기문제가 분쟁사안으로 떠오르는 것을 원천 봉쇄한다는 전략을 펴왔다. 일본은 이번에도 대표단의 격을 높여 총력전을 폈으나, 검토위원회를 만들자는 명분론까지 막지는 못했다. 이 문제는 2002년 독일 베를린에서 열리는 유엔 지명표준화 회의와, 같은 해에 열리는 '국제수로기구(IHO)' 총회에서 가닥이 잡힐 가능성이 높아졌다. 일본해로 통용되게 된 결정적 계기가 1929년 국제수로기구의 표기지침이었으므로, 이 기구 총회의 결정은 중요한 의미를 지닌다.

그러나 그 전에 동해의 명칭을 실질적으로 좌우하는 것은 국제사회에서 실제로 어떤 이름이 널리 사용되는지에 달려 있다. 사단법인 '동해연구회' (회장 김진현)의 대표단이 이번에 ABC 방송과 「뉴스위크」 등 유력 언론사들과 지도제작사 등을 방문해, 동해 명칭에 대한 우리의 뜻을 설명하고 협조를 부탁한 것도 이런 이유에서다.

최근 일본해로 통용되던 명칭을 동해와 함께 표기하는 변화가 일고 있다. 세계적인 지도제작사인 랜드맥널리가 두 이름을 병기하기로 했고, 「인사이클로피디어 브리태니커」에 이어 최근 「내셔널지오그래픽」도 자체 출판물에 두 이름을 함께 쓰기로 결정해 큰 힘이 되고 있다. 그러나 아직은 시작 단계에 불과하다.

"동해물과 백두산이…"로 시작되는 〈애국가〉가 아니더라도 일본과 접한 우리의 동쪽 바다가 국제적으로 일본해로 불리는 것은 막아야 한다. 일본의 로비에 맞서 우리도 외국 정부나 유력 언론사에 동해 명칭의 정당성을 계속 홍보하고, 각국 도서관에 동해로 표기된 지도를 만들어 보낼 필요가 있다.

국제사회에서 일본해로 굳어진 이름을 한달음에 동해로 바꾸기는 쉽지 않은 일이다. 기득권을 선점한 일본이 그들로서는 서쪽 바다의 이름을 동해로 순순히 받아들일 리 만무하다. 그렇다면 우리는 끊임없이 문제를 제기해 우선 둘 다 쓰는 전략을 벌인 뒤 두 나라가 합의하는 제3의 이름을 채택하자고 압박하는 것이 차선책이다. 우리가 서해로 부르는 바다가 국제적으로 황해(Yellow Sea)로 표기되듯, 가령 중립적 이름인 청해(Blue Sea)나 녹해(Green Sea)로 부르는 것도 좋은 대안이 될 것이다. 국내에서는 동해로 부르면 된다. 다행스러운 것은 이곳 명칭에 관심이 큰 러시아와 중국이 일본해를 반대하는 우리와 북한의 뜻을 지지하고 있다는 점이다.

_2000.2.2

정치 새판짜기

| 민주노동당의 새 도전 |

부적격 정치인들에 대한 시민단체들의 공천 반대 및 낙선 운동이 국민들의 놀라운 지지로 갈수록 기세를 올린다. 정치권이 그만큼 국민들로부터 불신당하고 있다는 증거다. 정치권이 왜 이 꼴이 됐을까. 부패정치, 보스정치, 지역주의 정치가 가장 큰 이유다. 시민단체들의 낙선운동도 이런 문제의식에서 출발했을 것이다. 낙선운동을 통해 각 당이 더 나은 인물을 공천하게 만들고, 부적격 정치인들을 골라 떨어뜨리는 것만으로도 '유권자 혁명'이라 일컬을 만한 엄청난 변화다. 그러나 좀더 욕심을 부려서, 정치판의 근본적 물갈이가 가능하도록 새로운 정치세력이 진출할 수 있다면 금상첨화다.

신자유주의의 병폐인 빈부격차, 고실업, 건전한 사회적 가치의 붕괴로 많은 사람들이 좌절과 허탈감에 빠져 있다. 힘있는 20퍼센트의 목소리는 소리없이 관철되는데, 모래알처럼 흩어진 80퍼센트의 목소리는 결집되지 않는다. 그래서 정치판을 놓고 '가진 자들만의 잔치'라는 비아냥이 나온다.

새로운 정치세력 진출 시험대

이런 의미에서 1월 30일 창당을 앞둔 민주노동당의 존재는 주목할 만하다. 민주노동당은 당비를 내는 당원들을 자랑하고, 당내 민주주의의 실천을 내세운다. 부패를 추방해 깨끗하고 정직한 사회를 만들고, 80퍼센트의 서민들이 교육비, 주택비, 병원비를 걱정하지 않는 사회를 이루겠다고 외친다. 만일 진보정당이 두 자리의 '의미 있는' 의석으로 제도 정치권에 들어와 제 목소리를 내면 정치판은 크게 달라지리라. 사안별로 각 당과 정책공조를 하면 여야 간 갈등이 누그러지고, 고질적인 지역구도를 타파하는 데 결정적 구실을 할 것이다.

문제는 지연과 학연이 판치는 풍토에서 민주노동당 간판으로 당선될 수 있느냐다. 뿌리나 성향으로 보면 민주노동당 후보로 출마함직한 사람들조차 출마를 꺼린다. 국민들의 선입견이 두렵다는 것이다. 과거 진보정당을 통해 제도권에 진입하려던 시도들은 모두 실패로 끝났다. 가장 최근의 '민중당' 사례가 대표적이다.

민중당의 대표주자였던 사람들은 지금 어디에 있는가. 그토록 반대하던 세력의 결집체인 한나라당 의원이 돼 있다. 호랑이를 잡기 위해 호랑이 굴로 들어간다고 했는데, 비바람을 피할 수 있는 굴 안의 안락함에 빠진 것은 아닌가. 야당에 들어가 지금은 집권여당 의원이 된 재야출신들은 과연 제 몫을 다하고 있는가. 만일 이들이 제 몫을 충분히 했다면, 지금처럼 국민들이 물갈이를 하자고 나서지는 않았을 것이다. 그렇게 본다면 국회의원이 어느 당 공천으로 당선되느냐는 더없이 중요하다.

민주노동당이 제도정치권 진입에 성공하려면, 그들이 대변하겠다는 국민 속으로 들어가 그 속에서 인정받아야 한다. 그런 뜻에서 민주노동당에 고언을 하고 싶다. 첫째, 원칙을 지키되 유연성을 발휘하기 바란다. 생경한 용어로 공허한 이상만 내세우기보다는 차분하게 유권자들을 설득해 친밀감과 신뢰감을 줌으로써 분명한 대안세력임을 믿게 해야 한다. 둘째, 편협성을 버려야 한다. 국민들이 보기에는 별반 차이가 없는데도 내부 논쟁에 지쳐 제풀에 쓰러지는 소모적 행태를 지양해야 한다. 그런 열정과

이회창, 노무현, 그리고 권영길
2002년 대선에서 민주노동당의 '약진'은 인상적이었다. 만일 민주노동당이 제도 정치권에 진입해 제 목소리를 내면 정치판은 크게 달라질 것이다. 사안별로 각 당과 정책공조를 하면 여야 간 갈등을 누그러뜨리고, 고질적인 지역구도를 타파하는 데 결정적 구실을 할 수 있을 것으로 기대된다. 권영길 민주노동당 대표가 2002년 12월 TV 합동토론회에 앞서 이회창, 노무현 후보와 기념 촬영을 하고 있다.

힘을 국민 봉사와 설득에 써야 할 것이다. 셋째, 진보정당 운동이 선거에만 매몰돼서는 안 되지만 국민의 정치적 관심과 욕구가 집중적으로 터져 나오는 선거국면을 최대한 활용해야 한다. 당선보다는 진보정당의 의의를 전파하기 위해 나선다는 자세로는 실천적 변화를 이끌어내지 못한다.

원칙 지키되 유연성 발휘해야

새천년민주당, 자민련, 한나라당 중심으로 치러지는 선거국면에서 민주노동당은 자칫 묻혀 버리기 쉽다. 언론의 홀대를 탓할 것이 아니라 언론이 다루지 않으면 안 되도록 위력을 보여야 하고, 지속적으로 관심을 끌 참신한

아이디어를 짜내야 한다. 그렇지 않다면 보수언론들이 민주노동당을 주목할 까닭이 어디에 있겠는가.

민주노총으로 대표되는 노동계의 적극적이고 조직적인 지원을 받는 민주노동당은 '정치실험'으로 끝난 과거와는 분명 다른 좋은 조건에서 새출발한다. 마침 시민단체들의 낙선운동 흐름에 발을 맞춰 민주노동당이 유권자들의 신뢰를 얻을 만한 믿음직한 후보들을 내놓아 의미 있는 성과를 거둔다면, 정치 발전에 뚜렷한 발자취를 남기게 될 것이다.

_2000.1.19

| '386 후보'를 위한 변명 |

낡은 정치, 기성 정치인에 대한 불신이 번지며 총선에서 물갈이의 대안으로 떠오른 것이 이른바 '386세대'다. 이들은 마침 시민단체들의 낙천·낙선운동에 힘입어 특히 수도권에서 강세를 보이고 있다고 한다. 여당인 민주당은 물론 한나라당에서도 젊은 후보에 대한 선호도가 높아 상당수가 총선에서 패기를 앞세운 돌풍을 일으킬 것으로 기대된다.

그러나 역풍도 만만치 않다. 우선 이들의 젊은 나이에 대한 심리적 거부감이 있고, 전력에 대한 시비도 적지 않다. 반대자들은 나이를 들먹이며 사회경험 미숙을 부각시킨다. 정치력이 검증되지 않았다는 것이다. "사람이 세상 물정을 알려면 불혹의 나이(40대)는 돼야 한다"고 말한 김종필 자민련 명예총재의 발언이 대표적이다. 정치를 잘 하려면 패기 못지않게 인생경험과 경륜이 필요한 것이 사실이다. 그러나 김종필씨가 그런 말을 하는 것은 가당치 않다. 헌정질서를 송두리째 뒤엎은 5.16쿠데타를 일으킬 때 그는 35살이었다.

'386후보' 대부분이 학생운동권 출신이라는 점 때문에 제기되는 전력 시비도 상당부분 감정적 차원에 머문다. "운동권 출신이라는 것 말고 내세울 게 무엇이 있느냐. 전문성이 있느냐"는 반문은 언뜻 그럴듯해 보인다. 그러나 정치의 본령이 특정 분야의 전문지식보다는 집단 간 이해갈등을 원활히 조정해 공동의 이익을 끌어내는 종합예술이라는 점에서 보면 설득력이 떨어진다. 지금 정치인들에게 가장 긴요한 덕목은 건전한 상식과 부정부패에 타협하지 않는 순수함이다. 의회의 전문성은 비례대표를 통해 보완하는 것이 대의정치의 기본이다.

정체성 잃으면 장식재로 전락

후보로 떠오른 젊은 피들은 어떤 계기에서건 대중에게 이름이 널리 알려진 대표주자들이다. 상당수가 대학 총학생회장 출신이다. 후보도 상품성이 있어야 하므로 불가피한 일이다. 그런 점을 비틀어 '운동권 귀족'이니 하며 학생운동 전체를 훗날 정치입문을 겨냥한 계산된 행동으로 폄하하려는 일부의 악평에는 전혀 동의할 수 없다. 그렇게 계산적이라면, 훨씬 쉽고 편하게 입신출세할 길을 마다하고 어두운 감옥과 고단한 수배생활을 택했을 리 없다. 사회 모순에 대한 진지한 분노, 공동체의 밑바닥 삶에 대한 애정과 열정이 없다면 애초 불가능한 일이다.

그러나 386후보들이 명심해야 할 대목이 있다. 자신의 정체성에 대한 분명한 인식이다. 정치적 암흑기인 1980년대를 치열하게 살아온 자긍심을 정치적 야심과 맞바꿔서는 안 된다. 그들이 보수정당의 문을 두드린 것은 현실정치의 두터운 벽을 감안해 너그러이 접어줄 수 있겠다. 그렇지만 그들이 선배들처럼 현실정치의 흡인력에 빨려 들어가 보스정치, 지역주의 정치의 들러리에 안주한다면, 비민주적 방식으로 '밀실공천'돼 정치권에 들어갔다는 근본적 한계를 따질 수밖에 없을 것이다. 솔직히 말해 그들은 낡은 정치에 염증을 느낀 유권자들을 끌어당기려는 정치권의 약삭빠른 계산에 의해 간택된 측면이 있다. 그들이 장식재로 머물 것인가, 보스정치를 타파할 대체세력으로 커나갈 것인가는 전적으로 자신들의 몫이다.

이름 없는 동료의 희생이 밑거름

어느 의미에서 그들은 정치적 행운아들이다. 선배들 가운데는 단 한번도 화려한 조명을 받아보지 못한 채 흘러 가버린 세대들이 있다. 지금도 우리 사회 어두운 곳에서 대의를 위해 묵묵히 바위에 달걀을 던지는 사람들이 많다. 386후보들이 부상하게 된 데는 '이름 없는' 동료와 선후배들의 희생이 밑거름이 되었다. 명예도 이름도 남김없이 스러져간 수많은 사람들의 헌신으로 사회가 이 정도나마 민주화되지 않았다면, 오늘 같은 상황은 불가능했을 터이다. 그들이 각광받게 된 직접적 계기도 "감옥에 갈 각오가 돼 있다"며 '유권자 혁명'에 불을 지핀 시민단체들의 낙천·낙선운동 바람에 힘입은 바 크다.

이런 뜻에서 그들은 정계 입문 기회를 준 각 당의 실력자들보다 오히려 이름 없는 동료와 선후배들에게 더욱 큰 빚을 지고 있는 셈이다. 386후보들에게 지워진 도덕적 책무는 이러한 사람들의 염원을 담아 정치개혁을 이루고 사회변혁을 이끄는 것이다.

_2000.2.16

| 꼴찌에게 보내는 갈채 |

작가 박완서의 『꼴찌에게 보내는 갈채』란 수필이 한때 여러 사람의 입에 오르내리며 사랑을 받았다. 박정희 유신독재 시절의 막바지, 민주화와 인간성 회복 요구가 터져 나오고 입시 위주 교육, 경쟁만 부추기는 삭막한 사회를 비판하는 시대상황과 맞물려 작가의 따뜻한 눈길이 폭넓은 공감을 자아냈다. 마라톤 경주에서 꼴찌로 달려가는 선수를 보며, 혹시 그가 절망해 주저앉지 않을까 걱정이 돼 손바닥이 붉게 부풀어 오를 때까지 박수갈채를 보내는 심정이 잔잔하게 그려졌다.

'아름다운 꼴찌로 기억해 달라'는 말을 남기고 민주당 대선후보 경선레이스를 중도 사퇴한 김근태 의원의 모습이 여러 사람에게 울림을 주는 것 같다. 밤새 잠을 이루지 못한 듯 초췌하고 처연한 그의 표정은 사퇴를 결심하기까지 얼마나 번민했을 것인가를 여실히 보여줬다. 자신의 뜻을 몰라주는 현실이 너무 야속했을 것이다. 더구나 자신이 가장 먼저 주창해 '국민참여 경선제'란 멋진 판을 벌여놓지 않았던가.

김근태
"아름다운 꼴찌로 기억해 달라"는 말을 남기고 김근태 의원은 민주당 대선후보 경선 레이스에서 사퇴했다. 그가 현실 정치인으로 우뚝 서고 지도자로 비상할 수 있는 좋은 기회를 놓친 데 대한 아쉬움이 크다. 그를 큰 정치인으로 키우지 못하는 척박한 풍토가 국민들에게 얼마나 큰 손실일까 생각해 본다.

정치자금 고백 역풍 맞아

정치인이라면 누구나 피해가고 싶은 정치자금 문제를 용기 있게 고백한 것이 오히려 선거에서 역풍을 맞는 현실에서 그는 좌절감을 느꼈음직하다. 초반 레이스이긴 하나 제주와 울산 예비선거에서 겨우 26표(1.5퍼센트)를 얻었을 뿐이니 더 이상 끌고 갈 기력을 잃었는지 모른다.

그가 끝까지 간다면 아무리 돈과 조직이 판치는 선거판이라도 최소한 꼴찌란 '창피'는 면했을 것이다. 끝까지 포기하지 않고 최선을 다한 뒤 장렬히 산화하는 인상적인 모습을 보여주고 싶었을 것도 같다. 그러나 '개혁후보'를 단일화해 정권을 재창출해야 한다는 '대의' 앞에 그는 버티기가 어려웠을 것이다. 이것이 김근태의 참모습일 것으로 필자는 믿는다. 1987년 대선 때 김영삼, 김대중씨의 분열로 민주화운동 진영이 갈라지자 김근태는 내키지 않는 선택을 해야 했다. 그리고 그 결과 노태우 정권을 탄생시킨 것을 그는 두고두고 가슴아파했다.

학창시절, 독재권력과의 투쟁, 그리고 민주화의 상징으로 떠오른 그의 역정을 비교적 가까이서 지켜본 필자는 그가 현실 정치인으로 우뚝 서고 지도자로 비상할 수 있는 좋은 기회를 이번에 놓친 데 대한 아쉬움이 크다. 그런 그릇을 큰 정치인으로 키우지 못하는 척박한 풍토가 국민들에게 얼마나 큰 손실일까 생각해 본다.

정치인으로서의 김근태는 재야 때의 '화려한' 명성을 유지하지 못했다. 정치판에 능숙하게 적응해 세를 불려가기에는 그는 너무 진지하고 정직했다. 적당히 허세도 부리고 능치기도 해야 하는 정치판 생리를 낯설어했고, 가식으로 꾸미기를 부담스러워했다. 절대권력과의 싸움에선 결코 굴복하지 않았지만, '국제신사'란 별명이 말해주듯 당내의 이권 다툼에선 너무 점잖았다. 싸움닭처럼 집요하게 달려들거나 뒷거래를 해서라도 제 잇속을 챙기는 데 그는 그리 능숙하지 못했다. 그러나 정치판이 맑아질 때 그에게 반드시 기회가 올 것을 믿는 사람들은 크게 늘어났다.

정치판에서의 좌절과 희망

정치권에 들어간 뒤 올챙이 적 생각은 까맣게 잊고 과거 경력과 허명만 훈장처럼 내세우며 추하게 변해 가는 사이비 투사들과는 대조적인 길을 그는 걸었다. 그런 용기가 현실의 벽을 당장 깨뜨리지는 못하지만 조금씩 변화시킬 것이란 믿음이 '희망의 근거'가 된다. 우리 주위엔 보수정당에 몸담기를 거부함으로써 김근태 의원처럼 각광을 받을 기회조차 아예 봉쇄 당한 채 고집스레 밑바닥을 다지는 사람들이 있다. 우리가 사는 공동체를 정의롭게 변혁시키겠다고 묵묵히 제 길을 가는, 아직 믿음을 저버리지 않을 만한 인사들이 있기에 꿈을 접을 수 없다.

박완서는 꼴찌를 하면서도 좌절하지 않고 달리는 마라토너에게 아낌없는 갈채를 보냈다. "나는 여태껏 그렇게 정직하게 고통스러운 얼굴을, 그렇게 정직하게 고독한 얼굴을 본 적이 없다. 그는 이십 등, 삼십 등을 초월해서 위대해 보였다. 나는 그가 주저앉는 걸 봄으로써 내가 주저앉고 말 듯한 어떤 미신적인 연대감마저 느끼며, 실로 열렬하고도 우렁찬 환영을 했다."

_2002.3.15

｜ 노무현 바람의 진원 ｜

민주당 대선 후보 경선에서 맹위를 떨친 '노무현 바람'은 국민들을 놀라게 하기에 충분했다. 정치판에 오래 몸담아 웬만한 일에는 놀라지 않는 사람들도 삽시간에 판을 뒤흔들고 사실상 결판을 내버린 이번 노풍에는 고개를 절레절레 흔든다. 관전자 처지에서 보면, 초반에 바람이 너무 세게 불어 음모론이 나오고 모처럼 흥미진진하던 경선이 지레 김빠진 게 아쉽지만, 당사자들은 희비가 엇갈리며 얼마나 충격이 컸을 것인가.

원인 없는 결과는 없을 터이다. 과연 이런 바람은 어떤 바탕에서 가능했을까. 그리고 이 바람이 지닌 정치사적 함의는 무엇일까.

바람의 직접적 원인은 역시 국민참여 경선제에서 찾아야 할 것이다. 이제까지 당 보스나 몇몇 실력자에게 독점됐던 대통령 후보 선출권이 일반당원, 그리고 국민들에게로 넓혀졌다. 실제 경선에 참여하는 국민들이 얼마나 되느냐를 떠나 누구에게나 문이 열려있다는 사실이 주는 심리적 효과는 크다. 온갖 게이트로 얼룩져 불신과 혐오, 냉소의 대상이었던 정치에 신바람을 불어넣은 것이다. 성토 일색이었고 짜증스럽기만 해 가급적 피하던 정치 이야기가 신선한 화두로 떠오르며 언로를 트이게 했다.

'개미군단' 인터넷의 위력

불과 얼마 전까지만 해도 핵심에서 소외된 몇몇 인사들의 비현실적 주장으로 치부되던 국민 경선제가 당론으로 채택된 배경에는 김대중 대통령의 총재직 사퇴와 구심점 없이 흔들리던 민주당의 절박함이 깔려 있다. 어차피 한나라당에 일방적으로 밀리는 판이었기에, 과감하게 기득권을 버리고 국민의 마음을 잡아야한다는 주장이 대세를 장악할 수 있었다.

인터넷의 위력을 첫 손가락에 꼽는 사람들도 있다. 사실 인터넷은 알게 모르게 우리 생활양식을 송두리째 바꿔놓고 있다. 노무현 후보를 열성적으로 지지하는 '노사모'가 가능했던 것도 이들을 효율적으로 묶어줄 사이버

공간이 존재했기 때문이란 분석은 설득력이 있다. 특정 집단이 배타적으로 장악하고 있는 언론매체를 통하지 않고도 '개미군단'인 네티즌들 사이의 대화와 여론 형성이 가능해진 것은 엄청난 사회적 변화다.

1997년 대선 때 텔레비전 토론을 통해서 후보들의 걸러진 모습이 아닌 진면목이 방영됐기에 수평적 정권교체가 가능했다면, 앞으로는 인터넷 바람이 정치지형을 바꿀 것이란 진단은 과장된 분석만은 아닐 듯싶다. 과거 여론을 독점한 몇몇 유력 신문들이 대통령 후보들을 제 입맛대로 띄우고 죽이고 하던 시절은 이제 끝났다고 봐야 한다.

한국사회의 역동성 반영

그러나 가장 중요한 요소는 역시 후보가 지닌 상품성일 것이다. 노무현의 개혁적 색채와 일관된 정치행로는 다른 정치인들과 분명한 차별성을 보였다. 번번이 실패하면서도 색깔을 바꾸지 않고 고향 부산에서 고집스럽게 도전한 우직함이 지역주의에 희생됐다는 동정론과 함께 되레 '영남후보로서의 본선 경쟁력'이란 프리미엄을 얻게 했다. 광주 민심이 이를 공인해준 극적 요소까지 더해, 민감한 지역주의를 한 단계 뛰어넘을 수 있는 발판이 마련됐다.

자발적 지지자들의 극성스럽

노무현 유세
노무현 바람은 한국 사회의 역동성을 보여줬다고 할 수 있다. 고여있는 사회에선 기대하기 힘든 일이다. 동기만 제대로 주어지면 역사를 성큼 도약시킬 수 있는 에너지를 우리 사회는 갖고 있다.

고 헌신적 활동은 돈을 받아야 굴러가던 구 정치 조직과는 전혀 다른 양상을 보이며, 새로운 지지자들을 불러모으는 선순환을 낳고 있다. 대학시절 우리 사회의 아픔을 온몸으로 체험했던 30대에서 노 후보 지지도가 특히 높은 것은 우연만은 아닐 터이다.

노무현 바람은 한편으로 한국 사회의 역동성을 보여준다고 할 수 있다. 불과 몇 주일 사이에 전체 여론이 이처럼 뒤바뀌는 것은, 역으로 그만큼 한국사회의 토대가 부실하다는 것을 방증한다. 탄탄하게 틀이 짜인 사회에선 기대하기 힘든 일이다. 허술하고 불안정하기에 동기만 올바로 부여되면 역사에 기여하는 방향으로 성큼 도약할 수 있다.

노무현 바람이 우리 사회의 고질병인 지역주의와 걸핏하면 과격 이미지를 덧씌우는 색깔론과 어떻게 맞서 나갈지 관심 있게 지켜볼 일이다. 동서화합을 내걸고 지역주의에 맞섰던 그의 행동과, 이념적 동질성을 강조하는 정계개편 주장이 현실에 어떻게 접목할지 주목된다. 역풍이 불지 않도록 바람 속에 담길 내용을 정교하고 치밀하게 가꾸는 능력을 갖추었느냐도 관심사다.

_2002.3.29

| 정치발전과 발상의 전환 |

개인이든 조직이든 잘나갈 때는 발상의 전환이 어렵다. 상황이 좋을 때는 눈앞에 떡이 어른거려 좀처럼 기득권을 버리거나 관행을 고칠 생각을 하지 않는다. 위기에 처해 앞날이 불투명할 때 '특단의 대책'을 모색하게 되고 이를 실천할 용기도 생긴다.

역사 발전에 기여한 진전된 제도는 대체로 이런 막다른 상황에서 나왔다고 해도 과언이 아니다. 가까운 보기로, '체육관 선거'에서 지금의 대통령 직선제를 몰고 온 1987년 '6.29 선언'만 해도 집권세력이 벼랑 끝에 몰렸을 때 나왔다. 비록 나중에 국민을 기만한 '속이구 선언'이었다는 비아냥을 듣기는 했지만, 정치사적 의미를 모조리 부정할 필요는 없다.

민주당의 '당 발전과 쇄신을 위한 특별대책위원회'(위원장 조세형)가 대통령 후보 선출에 일반 국민을 참여시키는 이른바 '국민 참여 경선제'를 도입하기로 했다고 밝혔다. 미국식 예비선거 제도와 비슷한 방식이다. 또 이제까지 '제왕적 총재'의 전유물이었던 각종 공직후보 공천권을 당원에게 돌려주는 상향식 공천 원칙과 함께 총재직 폐지 등에도 의견을 모았다고 한다.

민주당 예비 선거제 주목

최근 잇따른 악재로 당 인기와 지지도가 바닥을 헤매고, 김대중 대통령마저 총재직을 사퇴한 뒤 홀로 서기를 해야 할 민주당으로선 특단의 대책이 절실해졌다. 현재 상태로는, 누가 대통령 후보가 되든지 대선 승리를 장담하기 어렵다는 절박한 상황이 국민의 지지를 얻을 획기적 방안을 마련해야 한다는 공감대를 형성한 듯하다. 민주당이 이런 쇄신 안을 공식 인준한다면, 우리 정치문화를 한 단계 끌어올리는 계기가 될 게 틀림없다.

정당정치를 표방하고, 선거 때는 어쩔 수 없이 유력 정당의 후보 가운데서 택일할 수밖에 없는 구조이면서도, 그동안 국민과 정당은 각기 따로 논 것이 사실이다. '그들만의 정치'에 국민은 늘 들러리 신세였다. 그 결과 국민 삶에 막대한 영향을 끼치는 정치를 경원하면서 정치인들을 불신하고 냉소하고 비하했다.

물론, 이처럼 된 데는 그럴 만한 까닭이 있다. 정당은 허울뿐이었고 특정 인물 중심으로 이합집산을 거듭해 왔다. 현존하는 정당 중 자민련이 그나마 제일 역사가 깊다는 웃지 못할 사실이 이를 잘 말해준다. 허물기도 잘하고 뚝딱뚝딱 짓기도 잘한다.

생사여탈권을 쥔 보스에게 충성을 다해야 정치적 장래가 보장되고, 그런 풍토가 굳어지다 보니 1인보스 지배 구조는 더욱 굳어졌다. 세 김씨가 그토록 오랜 세월 정치권을 주름잡은 것도 그들을 맹목적으로 따르는 추종자들에게 '배타적 혜택'을 주었기 때문이다. 과거 군부독재 시절에는 생존을 위해 어쩔 수 없었다고 봐주더라도 이제는 달라져야 한다. 세 정당이 나라를 세 조각 낸 기형적인 '지역당' 구조도 기실 여기서 연유한다.

민주당이 특대위 쇄신안을 확정해 낡은 정치판에 새바람을 일으킬지는 아직 불투명하다. 유력한 대선 주자들의 이해관계가 워낙 복잡하게 얽혀 있어 총론에는 합의하더라도 각론에서 이견을 보일 수 있기 때문이다. 민주당이 '정치 쇼'가 아니라 진정으로 국민의 뜻을 수렴하는 개혁안을 실행에 옮길 경우 그 파장은 쉬 가늠하기 어렵다. 잘하면 한바탕 잔치처럼 벌어지는 예비선거 과정에서 국민의 관심을 촉발해 한나라당 후보에 비해 떨어지는 당 후보의 위상을 한껏 높일 수 있을 것이다.

한나라당도 개혁 동참을

그리 되면 한나라당도 지금처럼 현실에 안주해 감 떨어지기만 기다릴 수는 없게 된다. 벌써부터 한나라당 안에서 대비책을 마련해야 한다는 목소리가 나오기 시작했다. 여야가 경쟁하듯이 민주적 제도를 도입한다면 연쇄반응이 일어나 우리 선거풍토와 정당 체질을 혁파할 수 있다. 국민이 참여하는 예비 선거제가 생소한 정치실험이고 선거법상 난점이 있다는 지적도 있지만, 큰 방향이 결정되면 이를 헤쳐 나갈 방도는 얼마든지 찾을 수 있을 것이다.

오랜 세월 우리 정치발전의 발목을 잡아온 보스정치, 지역정당 등 구각을 탈피하는 첫걸음으로서 민주당의 개혁 시동은 충분히 주목할 가치가 있다.

_2001.12.7

| 제정구 형을 추모하며 |

1970년 서울대학교 문리과 대학 시절 캠퍼스에서 처음 만난 제정구 형은 소탈한 형님의 모습 그대로였다. 대학 시절 군대에 갔다 왔으면, 대개 뒷짐 지고 헛기침이나 하면서 선배 대접만 해주기를 바라던 것이 상례였는데, 제정구 형은 일체 그런 허례허식이 없었다. 복학생으로 학생운동권 주변에 어슬렁거리는 것부터 특이했다. 최루탄이 난무하는 시위 때도 군복을 검게 물들인 작업복을 입고서 맨 앞장에 서서 후배들에게 용기를 북돋아 주었다.

그때 군대에 갔다가 복학한 문리대생들이 형을 중심으로 '부문회(復文會)'란 모임을 새로 만들었는데, 한자로 쓴 이름을 두고 '부문회'로 읽어야 하느냐 '복문회'로 읽어야 하느냐 헤매다가 복학생 선배들의 설명에 따라 '부문회'로 읽기로 했던 생각이 난다.

제정구 형은 선언문 제작과 등사를 위해 혜화동 학교 근처에 여관방을 잡아놓고 밤샘 작업을 할 때도 몸을 사리지 않았다. 지금이야 컴퓨터로 문서를 작성하고 깔끔하게 프린트를 할 수 있지만, 그때만 해도 일일이 등사기로 밀어서 한장 한장 유인물을 찍어내는 것이 고작이었다.

후미진 여관에서도 한쪽 귀퉁이에 둥지를 틀고 내일의 전투를 위해 밤샘 작업을 매일 되풀이했다. 한쪽 방에서는 집중 토론한 내용을 위주로 해서 글재주 있는 사람이 선언문을 대표 집필하고, 그 뒤 손재주 있는 친구가 그 글을 등사판(가리방)에 긁으면, 나머지는 밤샘을 하며 기다리다가 새벽녘에 등사기로 한장 한장 밀어서 학교 정문 앞에 줄지어 섰다가 등교하는 학우들에게 유인물을 돌리곤 했다. 밤잠을 제대로 못 잔데다 등사하다가 시커멓게 묻은 기름때로 몰골들이 말이 아니었다.

제정구 형은 밤샘작업을 할 때마다 이런저런 구수한 이야기로 후배들의 무료함을 달래고 졸음을 쫓게 하는 특출한 재주가 있었다. 그때도 설익은 이론을 펴면서 그렇지 않아도 아픈 골치를 더욱 아프게 하는 이론가들이 적지 않았는데, 정구 형은 가장 쉬운 말로 문제의 핵심을 지적하고 상황을 쉽게 설명하면서 설득력 있는 논리를 펴곤 했던 것이 기억난다. 참으로 학생운동에도 낭만이 있던 시절의 이야기다. 그 뒤에 정치 상황이 날로 험악해지면서 유인물조차 내놓고 돌리지 못하는 세상이 됐다.

1971년 가을 박정희 정권의 위수령 선포로 학생운동권이 학원에서 일망타진되고 대부분 학교에서 제적당해 군대에 강제징집 되는 등 험한 세월을 지낸 탓에 그 뒤 제정구 형과 함께 생활을 하지는 못했다. 그러나 이런저런 모임에서 그를 만날 때마다 그의 고귀한 이상과, 이를 더욱 빛나게 하는 뛰어난 실천력에 나는 늘 존경과 감탄을 금치 못했다.

내가 1980년 광주항쟁을 진실보도해야 한다고 주장했다가 「조선일보」에서 해직된 뒤, 1987년 「한겨레신문」 창간 작업에 동참하면서 창간기금을 모을 때, 그가 당시로선 거금이던 100만 원을 선뜻 낸 기억이 난다. 당시 나는 선배들을 도와서 「한겨레신문」 창간준비위원회 대변인 자격으로 여러 사람들에게 '새 신문'(당시에는 신문 제호도 정해지지 않은 때였다)의 필요성을 홍보하고 창간기금을 모으는 일을 거들고 있었는데, 그는 "참 뜻 있는 일을 한다"고 격려하면서 초창기에 거금을 선뜻 쾌척했다.

「한겨레신문」을 창간하는 과정에서 송건호 선생을 위시해 여러 해직기자들이 발의자로서 첫 삽을 뜨고 김수환 추기경, 함석헌 선생, 문익환 목사, 이희승 선생 등 우리 사회에서 존경을 받는 여러 원로들이 지지 선언을 해주었다. 제정구 형을 비롯해 창간취지에 적극 동감하면서 기금을 먼저 댄 분들은 창간 발기인으로 모셨다. 제정구 형처럼 넉넉하지 않은 사람도 거금을 출자했는데, 십시일반으로 조금씩 힘을 모아주면 '권력과 자본으로부터 독립한 괜찮은 신문'을 만들 수 있다고 주위 사람들에게 출자를 권유하던 것이 엊그제 같다. 그때 여러 사람들의 순수한 열정과 정성으로 탄생한 「한겨레신문」이 과연 역사적 소명을 다했는지, 지금도 주어진 역할을 제대로 하고 있는지 한편으론 두려운 생각이 든다.

제정구 형처럼 '불꽃같은 삶'을 살다가 주위 사람들에게 깊은 감명을 주고 먼저 간 사람과 먼발치에서라도 인연을 맺게 된 것은 큰 행운이다. 이런 심정은 그를 기억하고 추모하는 모든 사람들에게 아마도 공통된 생각일 것이다.

(추모문집 '나와 제정구')

고 제정구 의원 추모 문집에 실린 이 글은 한평생 남을 위해 헌신하며 '불꽃 같은 삶'을 살다가 먼저 저 세상으로 간 제정구 의원을 그리는 마음으로 쓴 것이다. 제정구 형이 타계한 뒤, 빈민들과의 공동체 생활을 통한 실천으로 어려움을 함께 나눈 그의 높은 이상과 인품을 그리워 하는 사람들이 있었다. 그래서 각자 자신이 본 '거인 제정구 형'의 풍모를 기록한 추모문집을 냈다.

언론권력

| 어느 해직기자의 외침 |

1980년, 그 해 여름은 유난히 후텁지근하고 답답했다. 지금은 이름이 기무사로 바뀌었지만, 당시 보안사는 글자 그대로 무소불위의 권력을 휘둘렀다. 12.12 쿠데타로 군부를 장악한 뒤 5월 17일 비상계엄을 전국으로 확대하며 김대중, 김종필씨를 체포하고 김영삼씨를 연금하는 등 정치권을 싹쓸이한 신군부의 대표주자 전두환, 노태우 소장이 대를 물려가며 사령관을 역임했기 때문이다. 많은 사람들이 숨을 죽이고 이들 눈치를 살폈고, 모든 것은 이들의 뜻에 따라 이루어졌다. 허수아비 최규하 대통령은 결국 이들의 협박에 굴복해 대통령 직을 전두환씨에게 물려주고 말았다. 이런 공포 분위기 속에서 각 언론은 살아남기 위해 낯 뜨거운 충성 경쟁을 벌였다. 쿠데타 주역에 대해 '구국의 지도자'니 '새 시대 새 영도자'니 하는 찬양이 쏟아졌다.

세계 언론사상 유례없는 언론인 대량 해직은 그 와중에 벌어졌다. 권력을 찬탈한 신군부는 쿠데타 반대에 앞장서거나 권력유지에 걸림돌이 될 기자들을 추려냈다. 보안사가 작성한 정화 대상자 명단은 문공부에 통보돼 각 언론사로 은밀히 전달됐다. 신문협회와 방송협회의 '자율 정화결의' 형식을 빌려 언론대학살이 자행됐다. 각 언론사는 모든 기자들을 대상으로 일괄사표를 강요했고, 통보된 명단에 든 사람들의 사표를 선별 수리했다. 형식은 자율이었지만 내용은 강제였다.

일괄사표 강요 뒤 선별수리

난리 통에 잇속 차리는 사람이 있듯이, 약삭빠른 언론사는 이 명단에 슬그머니 '끼워넣기'를 했다. 눈 밖에 난 사람을 이 기회에 함께 솎아낸 것이다. 공포 분위기를 이용해 '손 안대고 코를 푼' 부도덕하고 파렴치한 짓이었다. 보안사 주도에 문공부와 언론사 협조로 쫓겨난 언론인은 전국적으로 700명이 넘는 것으로 알려져 있으나 정확한 수조차 파악되지 않고 있다.

해직 기자들은 한동안 취업도 할 수 없었다. 노태우 사령관의 결재 사인과 함께 엊그제 20년 만에 실체를 드러낸 보안사 내부 문건은 보안사가 기자 해직에 어떻게 관여했는가를 여실히 보여준다. 해직 기자들을 각기 A, B, C 등급으로 분류하고 이들에 대해 6개월, 1년, 영구 취업금지라는 초법적 지침을 내렸다. 그때 쫓겨난 기자들은 거의 복직이 안됐고 배상도 받지 못했다. 생활고로 가정이 파괴되고 실의 끝에 건강을 해쳐 세상을 떠난 사람들도 많다.

우리 언론의 부끄러운 굴종의 역사는 어제오늘 일이 아니다. 멀리 일제시대에는 천황을 찬양하며 신문사 명맥을 유지했다. 유신시절인 1975년 「동아일보」와 「조선일보」는 '백지광고 사태'란 전무후무한 탄압을 받자 결국 기자들을 대량 해직시키고 권력과 타협했다. 언론은 정권이 바뀔 때마다 교묘한 처세로 때로는 비위를 맞추고 때로는 탄압받는 모습을 연출하며 존재를 과시했다. 전두환, 노태우씨는 단죄 받았지만, 함께 영화를 누렸던 언론은 반성 한마디 없이 다시 심판자로 나타났다.

수평적 정권교체 뒤에도 '정의로운 사회' 실현에 의구심이 일고 있다. '언론 개혁'을 추진해 언론사들과 충돌하기보다는 당장 맛이 달다고 언론의 환심을 사려 한 정부 탓이 크다. '민주화운동 관련자 명예 회복법'이나 '의문사 진상 규명법'이 햇볕을 보기까지 그토록 우여곡절을 겪은 것도 이런 분위기와 맞물려 있다. 역대 군사정권 시절의 부끄러운 이력이 풍부한 경험과 화려한 경력으로 포장되는 사회에서는 정의가 숨쉴 틈이 없다. 당한 자만 억울하다는 인식이 확산되면 요령과 처세술이 최고라는 그릇된 가치관이 번진다. 1980년 당시 계엄사의 언론검열에 관여한 인사가 언론 주무부처인 문화관광부 고위관료로 버젓이 행세하는 판이다.

해직언론인 문제는 더 이상 뒤로 미루면 안 된다. 의지를 갖고 정부입법으로 추진해야 한다. 오욕의 언론 역사를 바로 잡는 것이야말로 미래의 언론을 바로 세우는 지름길이다. 박정희 기념관 건립에 앞장서고, 김종필씨와의 연대에 연연하며, 전두환 세력을 껴안고, 세습 언론사주들의 비위를 건드리지 않으려는 현 정권의 한계를 안타깝게 지켜보는 한 해직기자의 외침이다.

_2000.8.2

| 선택이 요구되는 시대 |

만나는 사람마다 언론사 세무조사를 둘러싼 이야기들뿐이다. 워낙 민감하고 큰 이슈인지라 우리 사회의 다른 문제들은 아예 묻혀버린 느낌이다. 사안의 성격상 얼핏 언론사의 탈세 비리를 강조하다 보면 정부를 편드는 것으로 비치고, 언론자유 위축을 걱정하면 언론 사주의 탈세를 옹호하는 것처럼 되니 다들 조심스러워한다.

그 중에는 용감하게 소신을 밝히는 사람도 있지만, 자신의 이름을 걸고 글줄깨나 쓴다는 소위 지식인들로서는 이런 상황이 여간 곤혹스럽지 않은 것 같다. 사회 현상에 두 눈을 질끈 감아버린다면 몰라도, 흔히 하던 식대로 양비론을 펴기도, 합리를 가장해 두리뭉실 넘어가기도 만만치 않다. 가면을 쓰고 고담준론을 펴면서 자신의 속내와 '정체'를 숨길 수 있는 공간이 현저히 좁아졌다.

언론인들은 더욱 곤혹스러울 터이다. 소속 신문사의 견해와 자신의 소신이 딱 들어맞으면 다행이지만, 그리 되기가 어디 쉬운가. 솔직히 말해 언론인 치고 사주와 특수관계에 있거나 이미 상당한 지위에 올랐거나 오를 것이 보장된 극소수를 제외한다면 권력뿐 아니라 사주로부터 독립된 신문과 편집권 독립을 누가 마다할까.

갈수록 글쓰기 어려워져

그러나 현실은 그리 간단치 않다. 까딱하다간 자신의 목줄을 쥔 사주의 눈 밖에 나기 십상이다. 그렇다고 현실만 따르자니 '공인'을 자처하던 자긍심과 이름값을 송두리째 내던지고 '정보산업 샐러리맨'으로 자족해야 할 판이니 이래저래 난감한 처지다. 그래서 더러 자신의 논리를 사주의 것에 일치시켜 고민을 피해 가는 사람도 있는 것 같다.

그러지 않아도 글쟁이들로선 예전보다 글쓰기가 여간 팍팍해진 게 아니다. 인터넷 덕분에 누구라도 클릭 몇 번만 하면 예전에 쓴 내 글이 곧바로 튀어나오니 좀체 말을 바꾸기가 어렵다. 한번 쓴 글이 평생을 따라다니는 세상이다. 말 뒤집기를 밥 먹듯 하는 정치인들과 달리, 그래도 논리를 따지는 '먹물' 들에게는 여러 모로 고단한 세월이다.

정치인들이라고 선택에서 완전히 자유로울 수는 없다. 정치적 장래가 걸려 있으니, 현실적 이득을 택할 것이냐 대의를 따를 것이냐 고민할 수밖에 없을 것이다. 현실적 이득이라 해도 길게 볼 때 어느 쪽이 과연 잘 하는 것인지 가늠이 쉽지 않을 터이다.

언론 개혁이야말로 누가 하더라도 꼭 해야 할 것이지만, 막상 나서는 사람은 엄청난 상처를 입게 마련이다. '선출되지 않은 권력'으로서 임기도 없이 힘을 휘두르는 언론의 위력과 폭력성은 알 만한 사람은 다 안다. 세상사에 밝다는 사람들일수록 이런 언론의 위세에 민감하다.

김대중 정권이 이제껏 속앓이를 하면서도 선뜻 나서지 못하다가 뒤늦게 결단을 내린 것도 아마 가급적 정면충돌을 피해가고 싶었기 때문일 게다. 현실 정치인으로 신문의 위력을 누구보다 잘 아는 김 대통령이 그동안 얼마나 재고 또 쟀겠는가. 그런 의미에서의 정치적 의도가 있었다면 충분히 그럴 것이다. 세상에 정치인이 하는 일이 지고지순하거나 정치적 의도가 없을 수 있겠는가.

그렇다면 언론사 세무조사가 우리 사회의 공동선을 추구하는 방향에 부합하느냐, 사심이 앞서는 것이냐의 무게를 놓고 정당성을 따져야 한다. 국민의 입장에서는 어떤 사회가 건강하고 바람직한 사회일 것인가. 그런 사회를 만드는 데 언론이 공익적 구실을 다하게 하려면 무엇보다 사주의 전횡에서 벗어나도록 해야 한다. 이를 부인하는 논리는 제아무리 미사여구를 늘어놓더라도 핵심을 외면한 허구에 지나지 않는다.

한나라당 이회창 총재가 정권의 언론장악 음모라며 몇몇 족벌신문 편에서는 것은 충분히 예견된 일이다. 정치공학적으로만 본다면 자신을 지지해주던 든든한 버팀목을 외면할 수 없을 것이다. 설사 논리가 옹색하고 여론이 불리하더라도 시간이 흐르면 잊혀지겠지만, 족벌신문들은 고마움을 결코 잊지 않을 것이란 계산이 섰음 직하다. 그러나 그 셈법에는 가장 중요한 것이 빠져 있다. 국가 지도자로서의 첫째 덕목인 '국민을 바라보는 철학'이 없는 것이다.

_2001.7.1

| 지식인이 말해야 한다 |

인종차별로 간첩 누명을 쓴 유대계 프랑스군 대위 드레퓌스의 무죄를 밝힌 지식인들의 집단 저항은 프랑스 지성사에 획을 그은 빛나는 전통으로 남아 있다. 글씨가 비슷하다는 이유만으로 반유대 성향의 상관들로부터 억울한 누명을 쓰고 종신형을 선고받은 드레퓌스에 대해 프랑스 군부는 나중에 진범이 밝혀졌음에도 진상을 끝내 숨기려 했다. 자칫 묻혀버릴 수도 있었던 사소한 사건이었지만, 진실을 옹호하려는 지식인들의 자세는 단호했다. 왕당파와 국수주의적 언론이 "국가안보와 이념을 뿌리째 흔들고 있다"고 공격하는 가운데 에밀 졸라는 '나는 고발한다'라는 유명한 공개편지를 발표했으며, 징역형을 선고받고 망명했다.

올해 1월 에밀 졸라의 편지 발표 100돌을 기념해 프랑스에서는 대대적인 추모행사가 열렸다. 당시 반유대주의에 바탕한 국가지상주의 이념의 폭력성은 오늘날 우리 사회에서 여전히 위력을 떨치는 반공으로 무장한 국가지상주의를 연상케 한다. 껍데기만 다를 뿐 그 안에 도사린 반이성적 이념의 폭력성은 비슷하다.

언론에 약한 지식인들

대통령 자문 정책기획위원장인 최장집 고려대 교수에 대한 「월간조선」의 이념공세는 우리의 지적 풍토가 얼마나 척박한지를 잘 보여준다. 나라 안팎에서 학문적 성과를 인정받는 한 학자의 논문을 자의적으로 해석하면서 친북 인사로 몰아가는 폭거 앞에 많은 이들은 아연해하고 있다. 보도내용이 왜곡됐다며 본인이 명예훼손 소송을 냈고, 최 교수가 속한 한국정치학회도 반박 성명을 냈다. "사실 및 논지 왜곡에 근거한 매카시즘적 마녀사냥을 중단할 것"을 촉구한 정치학회의 성명서 채택은 극히 이례적이다. 과거 우리 사회에서 민주화를 촉구하는 지식인들의 개별적 또는 집단적 서명운동은 자주 있었으나 구성원의 성격이 다양한, 그래서인지 매우 정치적 처신을 해왔다는 비판을 받아온 정치학회가 공식 성명을 낸 것은 이번이 처음이다.

정권교체가 된 탓은 있지만, 그래도 지식인들이 유력한 언론과 맞서기는 쉬운 일이 아니다. 우리 지식인들은 언론에 유독 약한 것으로 정평이 나 있다. 지식인들의 활동은 주로 언론이 제공하는 마당에서 펼쳐지기 때문에 밉보여 득이 될 것이 없다는 생각이 작용할 것이다. 그들이 이름을 알리고 유명세를 타는 데 언론의 영향력은 막강하다. 실제 언론의 힘을 빌려 학문적 성과나 예술적 업적 이상으로 과대 포장된 인사들도 숱하다. 웬만큼 손해 보는 일이 있어도 대개는 그냥 넘어간다. 그러다 보니 언론이 절제력을 잃

고 전횡을 부리게 된다. 몇몇 언론들이 그동안 언어폭력을 마구 휘둘러온
연유도 이런 풍토와 무관하지 않을 것이다. 심지어 시민단체들까지도 언론
비판에는 수위조절을 한다.

검증 빌려 이념공세

「조선일보」로 대표되는 보수언론들은 누구도 나서서 견제하지 않는 가운
데 어느새 권력 그 자체로 변했다. 자신과 견해가 다르면 '언론의 검증'이라
는 이름으로 도마에 올려 '여론'을 일으키고, 극우보수세력들이 거들고 나
선다. 실제 몇몇 인사들을 그런 식으로 퇴출시키는 데 성공하기도 했다. 지
난 정권의 한완상 전 통일원 장관이나 김정남 전 청와대 교문수석 등이 대표
적 희생자였다. 그리고 개혁의 기세는 꺾였다.

그러나 이는 언론의 본령을 벗어나는 독선이자 횡포다. 흑백논리와 편향
된 잣대로 타인의 사상을 재단하는 것은 사회를 획일화하고 이념적 지평을
좁히는 폭력이다. 설사 공직에 있다 하더라도 공정성과 객관성이 결여된 일
방적 비판은 검증의 탈을 쓴 인신공격이다. 이번에 최 교수를 겨냥한 속뜻
은 미루어 짐작하기 어렵지 않다.

우리 사회는 지금 개혁과 반개혁이 힘을 겨루는 엄중한 갈림길에 서 있다.
이런 때일수록 지식인들은 독립적이고 이성적인 판단을 통해 스스로 당당히
서는 모습을 보여야 한다. 정치권력이든 언론권력이든, 부당한 이념 공세에
굴종하는 것은 우리의 지적 풍토를 더욱 황폐화할 뿐이다. 더 이상 이념공세
가 통용되게 해서는 안 된다. 침묵은 때로 방조가 될 수 있다. 민주주의 확립
과 민족통일을 위해서도 한국 지성사에 획을 긋는 전환점이 필요하다.

_1998.10.27

7장

젊은 장병들에게

────────

이 장에 실린 '병영칼럼'은 2000년 「국방일보」에 일주일 단위로 10회 연재했던 글이다. 「국방일보」는 군에 복무하는 사병들이 내무반에서 주로 읽고 군 주요 지휘관들도 두루 보는 일간 신문이다. 필자가 통일, 외교, 국방 담당 논설위원을 오래 맡은 인연으로 "젊은 군인들이 읽게끔 되도록 부드러운 주제로 써달라"는 주문과 함께 특별 원고 청탁이 왔다. 옛날 졸병 생활하던 기억도 새삼스레 나고, 아들 뻘 되는 사병들이 힘든 군대생활을 하는 데 조금이라도 위안이 됐으면 하는 마음으로 이 글을 썼다.

젊은 장병들에게

| 어유지리의 추억 (1) |

며칠 전 내 이메일에 뜻밖의 반가운 소식이 날아들었다. '어유중학교를 아시나요'란 이메일 제목이 내 눈길을 빨아들였다. 그리고 나는 27년 전의 아련한 추억에 젖어들었다.

어유중학교. 지금은 정식 중학교로 승격했다지만, 1973년 당시는 어유고 등공민학교였다. 가정 형편이 어려운 인근 학생들을 위해 군부대에서 운영 하던 학교였다. 연대장이 교장, 군목이 교감이며 군종병들이 교사로서 각 과목을 나누어 가르쳤다. 남녀 공학으로 각 학년 한 반씩이었다.

경기도 파주군 적성면 어유지리. '물고기가 노니는 못'이라는 아름다운 뜻을 지닌 어유지(魚遊池) 리지만, 이름처럼 한적하고 평화로운 곳은 아니 었다. 농사짓는 주민들도 있었지만 군부대 주변이 대개 그렇듯이 잡화점, 술집 등 군인들을 상대로 한 상인들은 그악스러웠다. 지금도 여전히 부대가 주둔하고, 학교 교사는 공립 중학교 건물로 그대로 쓰인다고 한다.

이메일을 보낸 사람은 중학교 3학년이던 정광옥이란 여학생이었다. 내가 「한겨레신문」에 근무한다는 소식을 풍문으로 들었고, 이름이 같아서 확인 차 "어유중학교를 아시나요"라고 편지를 써보낸다는 것이었다. 가물가물 이름은 생각이 나는 것 같은데 얼굴이 전혀 떠오르지 않았다. 답신을 보내니 곧바로 회신이 왔다.

보고 싶었던 선생님을 찾게 돼 울고 싶고 만세를 부르고 싶다고 했다. 고3 학부모가 됐다는 얘기며, 어렵게 고등학교에 진학하고 졸업 후 학습지 교사를 하다가 강원도 춘천에 자리 잡아 조그만 서예학원을 냈다는 사연 등이 회신에 담겨 있었다. 당시 내가 가르치던 수업방식을 애들에게 썼더니 매우 효과가 좋아서 그때마다 내 생각을 했다고 한다.

빨간 뿔도장의 기억

나는 국어와 한문, 도덕 과목을 가르쳤다. 대부분 학생들이 정규 교육은 마지막이었기에 진학 부담이 전혀 없어 나는 정말 내 멋대로 가르쳤다. 국어시간에는 교과서 진도를 나가기보다는 좋은 단편소설을 읽히고 독후감을 써내도록 했다. 그리고 가끔 격려하는 코멘트를 달아서 돌려주었다.

한문 시간 역시 내 맘대로였다. 나는 특히 '4자 성어(四字成語)'를 신나게 가르쳤다. 재미있는 이야기를 곁들여 '사면초가' 하면 중국 초나라 항우와 한나라 유방 한신 장군에 얽힌 얘기를 해주고, 삼국지 제갈공명 얘기를 해주며 '삼고초려'니 '읍참마속'이니 '백미'의 뜻을 설명하는 식이었다. '결초보은' '경국지색' '관포지교' '모순' '와신상담' '죽마고우' '토사구팽' 등이 어디서 연유한 말이고, 지금은 어떤 뜻으로 쓰인다는 것을 내 딴에는 귀에 쏙쏙 박히도록 설명했던 모양이다.

그밖에 '각골난망' '결자해지' '고육지책' '교언영색'' '권불십년' '난형난제' '마이동풍' '우이독경' '요산요수' '자가당착' '자승자박' '자업자득' '조족지혈' '호가호위' 등 수십 개의 기본적인 4자 성어를 가르치면서, 설혹 한자는 잊어버려도 뜻만 알고 있으면 평생 살면서 유식하다는 소리를 듣는다고 부추겨가며 무조건 줄줄 외우도록 했다. 사실 고등학교 과정에서나 배워야 할 것들이었지만, 어차피 몇 명을 빼곤 중학교 과정으로 학업을 마칠 학생들인지라 '무리'를 했던 것이다. 그런데 엇비슷한 상황이 나오면 자기들끼리 4자 성어를 써가며 적절히 대거리 하는 것이 신통했다.

억지로 외우게 한 게 주효했던지 지금도 자기들끼리 동창회를 하다보면 누군가 유식한 척 하며 4자 성어를 사용해 한바탕 웃음이 일고, 새삼 내 소식을 서로 묻곤 했다는 것이다. 까맣게 잊고 살았는데 나로서는 무심하게 한 말까지 그들에게는 소중한 추억으로 간직되는 것을 알고 교육의 중요함을 새삼 느꼈다.

정광옥과 통화를 하면서, 그가 한 친구와 어울려 스승의 날 내 이름을 새긴 '빨간 뿔도장'을 건네주고 달아났던 이야기를 해 비로소 기억이 확실히 되살아났다. 둘이서 큰 맘 먹고 돈을 모아 선물했다는 것이었다. 그때 속으로 당황했던 기억이 새롭다.

| 어유지리의 추억 (2) |

나는 군대 얘기가 나오면 꿀릴 것이 없다. 어쩌다 술자리에서 군대 얘기가 나오면 나도 한 자락 하는 편이다. 소총소대 3번 소총수로 밑바닥에서 빡빡 기었고, 말년에는 군종병으로 부대 근처 학생들을 모아 선생이랍시고 가르쳤던 '다채로운' 경력이 있기 때문에 구비구비 사연이 많다.

지난번 칼럼에서 소개했지만, 내가 근무하던 곳 어유지리는 '물고기가 노니는 못'이란 아름다운 뜻을 지녔다. 그러나 졸병 시절 나에게는 몹시도 고되고 힘든 곳이었다. 자대에 배치돼 3번 소총수가 된 날부터 나는 어쩔 수 없는 고문관이었다. 평생 도시생활만 해온데다 천성이 빠릿빠릿하지 못하니 도무지 요령부득이었다. 지금도 어려운 일이 닥치면 그때 일을 생각하며 참아낸다.

땔나무를 하러가도 농땡이 치지 않고 하느라고 했는데도 항상 내 짐이 제일 적었다. 진지 구축 공사를 하느라 뗏장을 지어 나르는 일도 고역이었다. 지게를 처음 져봤기 때문이다. 앞으로 바짝 당겨서 지고 균형을 잡아야 하는데, 등산가방 메듯 하고 일어서다 기껏 올려놓은 뗏장들을 우르르 쏟기 일쑤였다.

지금은 그런 일이 없다고 듣고 있지만, 항시 배가 고팠다. 희멀건 국물은 아예 간을 맞추지 않은 듯했다. 고참이 서리해 두었다가 건네준 풋고추를 잘게 부서서 국에 넣어 먹으면서 고추가 그렇게 감치는 맛을 내는 줄 처음 알았다. 연대훈련 차 며칠 동안 한시도 쉬지 않고 행군을 하면서 인간이 자면서도 걸을 수 있다는 오묘한 사실을 깨닫기도 했다. 지금은 이름을 잊었지만, 함께 고생하던 전우들 얼굴이 삼삼하게 떠오른다.

'물고기가 노니는 못'에 어린 추억

졸병 시절을 회상하면 엉뚱하게 가수 정훈희의 노래가 제일 먼저 떠오르는 것은 내가 생각해도 이상할 정도다. "진달래 피고 새가 울면 두고두고 그리운 사람…"이란 가사의 평범한 노래다. 대대 울타리 안에 갇혀 '사제(私製) 목소리'를 전혀 듣지 못하다가, 어느 화창한 봄날 영점사격 훈련 차 처음 부대 밖으로 나갔다가 들은 이 노래가 단단히 뇌리에 박힌 모양이다.

마음의 준비도 채 안된 상태에서 내로라는 대학생에서 말단부대 3번 소총수로 신세가 뒤바뀐 처지였다. 세상이 조금쯤은 변해야 할 것 같은데 전혀 변하지 않는다는 생각이 불현듯 스치면서 처량한 생각에 울컥하는 감정이 치솟기도 했다. 사랑하는 사람과 헤어져 세상이 끝난 것 같은데 여전히 해 뜨고 달 지고 세상만사는 조금도 변함없는 데 대한 야속함을 표현한 스키더 데이비스의 '디 앤드 오브 더 월드'란 노래 가사가 오버랩 되면서 부질없는 감상이 인 것이었다.

군 생활이란 갖가지 성격의 사람들이 한데 뒤엉켜 살아가는 인생의 축소판이다. 온갖 부류의 인간들이 곳곳에서 모여들어 내 뜻과 상관없이 한 막사에서 같이 지낸다. 사회에서는 싫은 놈은 내가 멀리할 수라도 있지만, 그렇지도 못하니 서로 참고 양보하면서 살 수밖에 없다. 이제껏 살면서 군대에서처럼 다양다기한 사람들을 만나지 못했다. 아무래도 내 취향대로 사람을 사귀게 되기 때문일 것이다.

졸병 생활에 익숙해질 때쯤 운 좋게 군종병으로 뽑혀가게 됐다. 군대에서 운영하는 고등공민학교의 교사 요원이 된 것이다. 군종병 생활을 함께 한 친구 중에는 제대 후 목사가 된 사람이 많다. 성직자라고 잔뜩 점잔을 빼지만, 나로서는 당시 함께 뒹굴던 생각이 나서 슬그머니 웃음부터 나온다.

제대하면 이쪽을 향해서는 오줌도 누지 않겠노라고 다짐했던 터였지만, 그때 가르치던 학생들이 개교기념일 겸 운동회라고 초청해 제대 일년 뒤 어유지리 땅을 다시 밟은 적이 있다. 복학해 아르바이트를 하며 모은 돈을 헐어서 세계명작 전집 한 질을 사들고 찾아간 것이 마지막이다. 시간이 흐르면 고통스러웠던 기억도 아름답게 채색되는 모양이다. 언젠가 다시 한번 그곳에 찾아가고 싶다. 젊은 날의 땀과 추억이 깃든 어유지리로, 이름 그대로 '물고기가 노니는 못'의 향취를 음미하면서 말이다.

| 군대에서도 배움의 기쁨을 |

철학자 김용옥 교수의 논어 강의가 KBS에서 방영돼 관심을 끌고 있다. 얼마 전 EBS에서 했던 노자 강의가 뜻밖의 인기를 끌자 논어 강의 프로가 마련됐다고 한다. 고리타분하고 골치 아플 것 같은 노자 강의나 공자 말씀을 모아놓은 논어 강의가 공중파 방송을 탄다는 것 자체가 색다른 일이다. 내용도 내용이지만, 육담을 마다 않는 김용옥 교수 특유의 걸쭉한 입심이 프로를 빛내는 모양이다.

가르침을 업으로 하는 사람 가운데 그만큼 평가가 엇갈리는 사람도 드물다. 동서양을 넘나들며 고전을 나름대로 독특하게 해석하는 천재성이나, 자기 자랑을 곁들이며 지루하지 않게 강의를 이끌어 가는 솜씨 등을 들며 격찬하는 사람들이 많다. 고전을 시대에 맞도록 재해석하며 대중화시킨 공로를 높이 평가해야 한다는 것이다.

그러나 평생 한학을 공부하며 강단을 지키거나 한문 국역, 출판 작업에 헌신하는 사람들은 의외로 그에 대한 평가가 박하다. 고전을 멋대로 해석한다는 등, 자기 자랑이 심한 것까지는 그냥 넘어가겠지만 간간이 학문의 동반자들을 무시하는 듯한 안하무인은 도저히 못 참겠다는 것이다. 그쪽 공부하는 친구들이 있어 술자리 등에서 몇 번 긁으면 참지 못하고 쏟아진다. 악취미이긴 하지만, 사람의 내면을 정확히 들여다보려면 긁는 게 가장 효과적인 기법이라는 것을 오랜 신문쟁이 경험을 통해 터득했다.

나로서는 김용옥 교수에 대한 판단이 헷갈려 결론을 유보하고 있다. 다만 분명한 것은 다소 욕을 먹더라도 재미나게 가르치는 솜씨만은 솔직히 인정할 수밖에 없다. 실제 강의라고 해보니 더욱 실감이 난다. 나는 즐거운데, 듣는 사람들은 그렇지 않은 것 같을 때는 위축도 된다. 나도 김용옥을 닮아 가는지 모르지만, (자기 자랑을 하자면) 글 쓰는 재주는 조금 있는 편인데 말주변이 영 못 미친다. 그래도 뒤늦게 야간으로 모 언론대학원을 지난해 졸업하고 그 인연으로 대학생들에게 강의를 시작하니 매우 즐겁다. 군대 생활하면서 어유고등공민학교에서 학생들을 가르친 후로 20여 년 만의 일이다.

군생활을 배움의 기회로

논어의 첫 장인 학이(學而) 편은 "자왈 학이시습지 불역열호(子曰 學而時習之 不亦說乎?)"로 시작한다. "공자께서 말씀하셨다. 배우고 그 배운 것을 수시로 익힌다면 기쁘지 않겠느냐?" 사실 강의한다고는 하지만, 기자생활 20여 년 동안 파편처럼 흩어진 경험들을 꿰어서 체계화시키려니 새로이 익히는 것과 마찬가지다. 경험만으로는 충실한 강의를 할 수 없어 관련 서적들을 뒤져가며 보완하려니 영락없이 새로 배우는 셈이다. 일주일 세 시간 강의에 드는 품이 보통이 아니다. 준비시간이 몇 배나 된다. 그래도 무엇인가 젊은 학생들에게 가르친다는 것이 주는 잔재미가 여간 쏠쏠하지 않다.

군대에서도 훈련에 바쁘겠지만 시간을 쪼개 무엇인가 사회에 나가 유용하게 쓸 수 있는 것을 가르치고 배우는 기회를 마련했으면 싶다. 지금은 문맹이 없지만, 내 친구는 군 생활을 하면서 일자무식인 내무반 동료 몇몇에게 한글을 깨쳐준 것을 가장 큰 보람으로 여긴다. 한문이든 컴퓨터든, 아니면 목공일이든 요리기술이든 별별 장기가 있는 사람들이 다 모인 곳이 군대다. 정훈교육 시간이나 휴식 시간 짬짬이 자체적으로 서로 가르치고 배운다면 시간도 잘 가고, 군 시절의 좋은 추억거리가 되리라고 믿는다.

| 투자 없는 결실은 없다 |

한국 축구의 앞날에 대한 논란이 무성하다. 늘 한 수 아래로 여겼던 라이벌 일본이 욱일승천의 기세를 보이는 것에 대비돼 최근 부진이 더욱 초라하게만 느껴진다. 2002년 월드컵 대회를 유치해 놓았는데 이렇게 죽을 쑤면 어찌하느냐고 야단들이다. 어쩌다 이리 되었을까. 사람마다 이런저런 이유를 꼽지만 나는 투자부족을 근본원인으로 꼽고 싶다. 체제적인 선수 육성계획도 미흡하고 마음놓고 운동할 잔디구장도 변변히 없다.

어려서부터 축구공을 끼고 살다시피 하는 브라질에서는 축구만 잘하면 인생이 180도 달라진다. 열악한 환경에서 팔자를 고친 '축구영웅'들을 곁에서 보니 의욕이 저절로 솟을 수밖에 없다. 일본만 해도 오래 전에 야심적인 축구발전 장기계획을 세우고, J리그를 만들며, 어린 꿈나무들을 브라질로 유학 보내는 등 투자를 아끼지 않았다. 그때 코웃음 치던 우리가 이제 거꾸로 당하는 신세가 됐다. 안타까운 일이지만 일본 축구쯤은 밥으로 여기던 시대는 이제 갔다는 게 필자의 생각이다.

명암 엇갈린 축구와 양궁

지난번 시드니 올림픽 때 우리는 양궁에서 금메달을 휩쓸었다. 여자 단체전과 개인전, 남자 단체전을 독식하다시피 했다. 고구려 주몽 이래 우리 민족은 유난히 활쏘기에 능했다고 한다. 예로부터 탄력이 강한 활을 만드는 독자적인 기술을 터득해, 우리 민족의 화살은 멀리까지 날아가 위협적인 무기로 꼽혔다. 천부적 능력이 있다고 한다. 그러나 과연 천부적 능력만으로 오랫동안 정상을 유지할 수 있을까. 그렇지 않다. 한국의 양궁이 대를 이어서 좋은 선수들을 내고 정상자리를 지켜가는 것은 그만큼 선수층이 두텁기 때문이다. 어려서부터 활시위를 당기는 선수들이 많다.

양궁만이 아니다. 동계 스포츠에서 전혀 기를 펴지 못하던 우리 나라가 숏 트랙 종목에서 금메달을 따면서 어린 스케이팅 선수들이 대거 숏 트랙으로 주 종목을 바꿨다. 동기 부여가 되었기 때문이다. 골프도 마찬가지다. 박세리 신드롬이 일고 김미현, 박지은이 가세하면서 단연 인기 있는 스포츠가 됐다. 세계 골프계에서는 몇 년 후 여자 골프계에 '코리아 붐'이 일지도 모른다고 경계하며 주목한다. 많은 꿈나무들이 '제2의 박세리'를 꿈꾸며 조기 교육을 받고 있기 때문이다.

비단 스포츠뿐이겠는가. 인생살이가 투자를 해야 결실을 맺을 수 있다. 공부를 하는 것도 투자고 술을 배우는 것도, 자격증을 따는 것도, 체력을 기르는 것도 일종의 투자다. 노력을 하지 않으면서 좋은 결실을 바라는 것은 어쩌다 횡재를 노리는 것과 마찬가지다. 운 좋게 복권에 당첨돼 횡재하는 사람도 있지만, 대부분은 뿌린 대로 거두는 것이 인생사다. 그리 마음먹어야 설사 잘 풀리지 않더라도 억울함이 덜할 것이다.

우리 사회 전체의 문제이기도 하지만, 내 경험이나 주위의 얘기를 들어보면 군 생활에서 이런 철칙이 안 통하는 것 같아 유감이다. 그때그때 '요령껏' 잘 넘기는 것이 장땡이라는 잘못된 사고방식이 여전히 만연해 있지는 않은가. 눈앞의 상황만 잘 모면하면 유능한 것이고, 어영부영 때우고 제대하면 그만이라는 생각을 갖게끔 만들지는 않는가. 요령이 통하지 않는 조직을 만드는 것이 건강하고 강한 군을 만드는 밑바탕이 아닐까. 지휘관들부터 솔선수범해야 그런 풍토를 일굴 수 있다.

| 내 마음의 스승 |

얼마 전 '내 마음의 풍금'이란 영화를 재미있게 봤다. 영화의 감흥을 제대로 느끼려면 컴컴한 영화관에서 봐야 한다는 게 지론이지만, 기회를 놓쳐 비디오로 뒤늦게 본 것이다. 최근 '공동경비구역JSA'에서 상종가를 치고 있는 시골 초등학교 선생 이병헌과, 몸피가 작아 순박한 초등학생 역으로도 제법 어울리는 전도연이 한편의 동화 같은 주제를 잘 전달했다. 나는 도시에서만 자라 시골학교의 체취를 실감할 수는 없지만, 도시락 싸갖고 다니며 겨울이면 난로에 데워먹던 추억이야 그리 다를 리 없다. 영화를 보며 모처럼 옛 생각에 빠져들었다.

누구에게나 마음에 남는 스승이 있다. 그때는 모르고 지나갔지만, 오랜 세월이 흐르고 나면 "아! 정말 좋은 선생님이었구나" 하는 생각을 뒤늦게 하게 된다. 그만큼 철이 늦게 드는 모양이다. 초등학교 시절엔 워낙 선생님이 커 보였지만, 중·고등학교 땐 선생이라는 직업을 매우 답답하게 여기기도 했다. 양복에 백묵가루를 하얗게 뒤집어쓰고 학생들과 입씨름하는 것이 고

리타분하게 느껴졌다. 10년 전에 가르쳤던 내용을 거의 그대로 되풀이해야
하는 수업내용이 그런 느낌을 더욱 짙게 했다. 그래서 별다른 존경심도 갖
지 못한 채 지나갔다.

뒤늦게 고마움 깨닫게 돼

초등학교 선생님은 머릿속에 삼삼해도 소식이 끊겨 새삼 찾아뵐 엄두를
내지 못하지만, 고등학교 선생님들은 동창회 모임 등 이런저런 자리에서 가
끔씩 뵐 기회가 생긴다. 당시 선생님은 말씀하고도 잊어버렸지만, 내 뇌리
에 깊이 각인된 것을 말씀드리면 그렇게 기뻐하실 수가 없다.

여러 선생님이 떠오르지만 그 중에서 내가 훗날 수업방식을 요긴하게 써
먹어 특히 기억에 남는 선생님이 있다. 고등학교 2학년 담임이었는데, 종례
시간에 노래를 꼭 한 곡조씩 부르고 수업을 마치는 '별난' 선생님이었다. 시
도 쓰시고 운동도 잘해 많은 학생들이 좋아했다. 그의 문학적 취향이 별난
학습법을 쓰도록 했는지 모르겠다.

군대 시절 어유고등공민학교에서 교사 생활을 하면서 나도 종례시간에
이 학습법을 썼다. 그곳 학생들은 군부대 주변에 살면서 그악스런 꼴을 많
이 보는데다 군인 선생한테 배우는 삭막한 환경 속에 있었다. 그래서 나는
뭔가 그들의 정서를 순화시킬 방법을 찾았고, 결국은 서정적인 시 낭송과 노
래 부르기가 적격이라고 생각했다. 동시에 군대생활을 하면서 한없이 쪼그
라들고 팍팍해지는 나 자신에 대한 격려와 다짐의 뜻이 담겨 있기도 했다.

종례시간마다 부른 '가고파'

'세모시 옥색치마'로 시작하는 그네나, '내 고향 남쪽 바다'의 가고파, '내

마음은 호수요'로 시작하는 내 마음 등 가곡은 물론, 가끔 격조 있고 서정적인 유행가까지 매일 한 곡씩 의무적으로 부르고 수업을 마쳤다. 이런 가곡들은 지금도 내가 즐겨 흥얼대는 노래들이다. 유일한 취미인 등산을 갔다 내려와 한잔 하면서 흥이 솟으면 무반주로 주저 없이 한 곡조 뽑기도 한다.

누구에게나 마음의 스승이 있다. 그리고 누구나 스승이 될 수 있다. 학교 선생이 아니더라도 살아가면서 남에게 좋은 영향을 줄 수도 있고, 친구 사이에도 좋은 영향을 받을 수 있다. 한때 일이 안 풀려 낙심하고 있을 때 "뜻이 있으면 언젠가는 길이 생긴다"던 친구의 따뜻한 격려 한마디에 용기를 얻은 경험이 있어 두고두고 고마운 마음을 간직하고 있다. 조금이라도 주위에 베푸는 삶을 살고 싶은 까닭도 여기에 있다.

| 합리성에 바탕한 리더십 |

인간이 모인 곳에서는 필연적으로 갈등이 생기게 마련이다. 이 갈등을 합리적으로 규율함으로써 선의의 다수가 피해를 입지 않도록 하기 위해 법을 만들고 규정이나 관습을 만든다. 때로는 이 법이나 규정이 인간을 속박할 때도 있지만, 출발은 선의에서 비롯됐다.

국가 사이도 마찬가지다. 국가 간의 갈등에 대비해 자위 차원에서 '합법적 폭력조직'인 군대를 유지한다. 이런 특수 조직일수록 가능한 한 폭력 행사를 자제하고 통제할 수 있는 철학이 요구된다. 국가를 지키기 위해 적을 섬멸해야 하고, 그것도 더욱 효과적으로 적을 섬멸하기 위해 훈련을 하는 군대로서는 더더욱 인간의 존엄성과 생명에 대한 존중이 앞서야 한다. 군대에

서 이런 철학이 통용되도록 하려면 조직을 이끌어나가는 지휘관의 역할이
특히 중요하다.

우리처럼 징병제로 군대를 운영하는 나라에서는 자유스럽게 지내다가 일
정한 규율에 얽매이는 군대생활을 하는 데서 생기는 신병들의 심리적 갈등
이나 혼란을 잘 다독여주어야 한다. 잘못하면 군대를 폭력을 추구하는 집단
이나 인간을 구속하는 조직으로 그릇되게 인식하기 쉽다.

인간 존엄성과 생명 존중해야

이제는 엄청 높아진 군대 친구들의 말을 사석에서 들어보면 참 군대 통솔
하기 어려워졌다고 한다. 옛날 군대생활 할 때를 생각하면 안 된다고 '민주
화'된 군의 장점과 함께 어려움을 토로한다. 신세대 장병들을 보면 도저히
이해하기 힘들 때도 많다고 한다. 그래도 밑의 지휘관들에게 이들을 이해하
도록 지시하고 자신도 생각을 바꾸려고 노력한다는 것이다. 그런데 막상 자
식을 군대에 보낸 사람들의 말을 들어보면 그와 또 다르다. 현실과 상당한
괴리가 있는 것이다.

물론 옛날처럼 계급을 앞세워 막무가내로 명령하고 따르지 않으면 구타
와 기합을 주는 군 생활은 아니라고 한다. 군에 간 조카를 보더라도 자유롭
게 집에 전화도 걸고 한다. 그럼에도 불구하고 군대는 자유가 속박당하는
곳임이 분명하다. 더욱이 자유분방하게 자란 신세대들에게는 대부분 처음
으로 겪는 집단생활일 것이다. 거기에 따르는 불편함과 구속감은 누가 굳이
괴롭히고 못살게 굴어서가 아니더라도 심리적 압박감을 줄 것이 틀림없다.
보편적으로 참을성도 훨씬 적어졌다.

신세대의 장점과 단점

어디 군대뿐이겠는가. 사회 전체가 크게 바뀌었다. 신문사 후배들만 해도 여간 대하기 어렵지 않다. 내가 수습기자로 초년병이었을 때는 선배들 말에 죽는 시늉이라도 해야 했다. 며칠 밤을 꼬박 새우면서도 불평 한마디 제대로 못했다. 그런데 요즘 세대는 할 말이 있으면 그 자리에서 또박또박 한다. 합리적 지시가 아니면 좀처럼 수긍하려 들지 않는다. 분위기에 짓눌려 침묵할 때도 있지만, 꼭 뒷말이 나온다. 그 대신 자신이 수긍한 일은 야무지게 처리한다.

변화하는 시대에 맞추어 조직을 이끌어가려면 리더의 역할이 중요하다. 특히 군대처럼 폐쇄적인 사회에서는 리더의 비중이 더욱 크다. 권위주의적 명령이나 계급을 앞세운 통솔을 하다보면 당장은 넘어갈지 몰라도 말썽이 생기고 진정한 통합력을 발휘하기 힘들다.

진정한 리더십은 어디에서 나올까. 합리성이 바탕이 되어야 한다. 상관의 명령이 비록 힘들다 싶더라도 선의에 바탕한 합리적 지시라면 따르게 되고, 그런 과정이 반복되면서 하나의 인식 틀을 형성하게 된다. 선진화된 강한 군대를 만들려면 지휘관이나 고참들부터 합리적으로 변해야 한다.

| 딸깍발이 인생 |

"비록 눈이 내린 들판을 가더라도 발걸음을 흐트러뜨리지 말지니, 오늘 내가 가는 길은 바로 뒤에 오는 사람들의 이정표가 될 것이니라"(踏雪野中 去 不須胡亂行 今日我行跡 遂作後人程). 탈속의 맛이 물씬 나면서도 서늘한

느낌을 주는 서산대사 휴정의 오언절구다. 들 야(野)가 밤 야(夜)로 잘못 알려져 '밤길을 걸을지라도'로 잘못 해석되기도 하지만, '들판을 가더라도'가 옳은 해석이다.

대사의 많은 선시들은 노산 이은상 선생이 적절히 표현했듯이, "사상으로 보기에는 너무 문학적이요, 단순한 서정으로 보기에는 뜻이 너무 깊다." 임진왜란이란 국난을 맞자 칠순을 넘긴 나이에 분연히 일어나 승군장으로 나선 역사의식이 뚜렷한 대사이기에 경구에 담긴 뜻이 한층 무게를 싣고 다가온다. 그런 대사를 사명당 유정과 같은 걸출한 스님들은 큰 스승으로 모셨다.

백범이 애송한 서산대사 시구

비록 현실정치에서는 실패했지만, 최근 역사에서 재평가 받는 백범 김구 선생이 이 절구를 즐겨 휘호했다고 한다. 내로라는 정치인들이 대부분 김구 선생을 가장 존경하는 인물로 꼽는 것은 분단 현실과도 깊은 연관이 있을 것이다. 민족 분단은 막아야 한다며 삼팔선을 넘어 남북 정치협상 회의에 참석했다 돌아온 뒤 주변의 몰이해로 냉대를 받으며 답답하고 쓸쓸한 마음을 달래기에 이 절구가 마음에 맺혔던 모양이다. 그는 어려운 처지에 빠진 자신을 찾는 사람들에게 이 휘호를 써 주었다고 한다. 백범은 자신이 걷는 고난의 길을 눈 내린 들판을 가는 통일의 발걸음으로 자부하곤 했다. 얼마 전 텔레비전에 이 시구를 얄팍하게 써먹은 광고가 나와 발 빠른 상혼에 새삼 놀라기도 했다.

내가 이 시구를 특히 좋아하는 것은 서산대사의 깊은 뜻과 민족을 사랑한 김구 선생을 존경하기 때문이기도 하지만, 담긴 뜻이 스스로를 경계하기에 엄중하기 때문이다. 아무도 보지 않고 설사 알아주지 않더라도 묵묵히 자기

길을 가면서 여기저기 함부로 곁눈질하지 말라는 뜻으로 들린다.

험한 세상을 살면서 우리 같은 범인이 서산대사나 김구 선생 같은 올곧은 길을 갈 수는 없을 것이다. 자칫하면 융통성 없고 답답한 사람으로 찍히기 쉽다. '맑은 물엔 고기가 몰리지 않는다'는 말은 아마도 이런 세속적 평가를 나타내는 것이리라. 그러나 자신이 그리는 '이상' 조차 없이 '현실'에만 매몰돼 산다면 세상 사는 의미가 얼마나 줄어들 것인가 하는 생각도 든다.

스스로 경계하는 마음으로

내가 다닌 제물포 고등학교 교훈은 "학식은 사회의 등불, 양심은 민족의 소금"이었다. 배우는 학생으로서 학식은 당연한 것일 테니, 아마도 뒷부분에 있는 양심 쪽에 무게를 실었을 것이다. 그런 취지에서 '무감독 시험'이라는 제도를 만들고 어려운 가운데서도 실천했을 것이다. 시험 때마다 선생님들이 시험지만 나누어주곤 테니스 라켓을 들고 모처럼 운동을 즐기는 것이 그렇게 부러울 수 없었다.

졸업생 중에는 그런 학풍을 탓하는 사람도 있다. 험난한 세상을 살아가는데 그런 교육이 오히려 사회생활 적응을 어렵게 한다는 것이다. 그러나 더 많은 사람들은 그런 교육이 없었다면 부패고리와 주변의 유혹에 쉽게 넘어갔을지도 모른다며 고마움을 표현한다. 필자는 물론 후자 쪽이다. 고지식하고 답답하지만 시류에 영합하지 않는 기개를 지녔던 남산골 샌님을 높이 평가한 일석 이희승 선생의 자전적 수필 '딸깍발이'가 가슴깊이 새겨진 것도 어릴 때 받은 교육의 영향일 것이다.

| 치킨게임 |

미국 영화를 보면 건달들이 담력을 겨루기 위해 흔히 하는 시합이 있다. 두 대의 차를 몰고 낭떠러지를 향해 나란히 달리다가 겁을 먹은 쪽이 먼저 차에서 뛰어내리고 나중까지 버티다 늦게 내리는 쪽이 이기는 게임이다. 젊은이의 영원한 우상 제임스 딘이 주연을 맡은 영화 '이유 없는 반항'에 이런 시합장면이 나왔다. 상대방이 차에서 미처 내리지 못해 낭떠러지에 떨어져 죽는 모습을 본 딘은 마음에 큰 상처를 받는다. 건달들 사이에서는 두 차가 마주보고 달리다가 마지막 순간 운전자가 밖으로 뛰어내리는 게임으로 배짱 승부를 가리기도 한다.

이를 속칭 '치킨게임'(Chicken game)이라고 한다. 치킨이라면 통닭이 먼저 생각나겠지만, 속어로 겁쟁이를 뜻한다. 누가 겁쟁이인가를 가리는 게임이다. 서로가 상대방이 먼저 굴복하기를 기대하면서 위험을 감수하다가 둘 다 허망한 죽음을 당하기도 한다. 설마 하면서 갈 때까지 가다가 파국으로 끝나는 것이다.

자동차 문화가 발달한 미국에서는 차를 이용해 담력을 겨루지만, 우리 나라에서는 달려오는 기차 앞에서 누가 마지막까지 누워 있는가로 내기를 하곤 했다. 깡다구가 있다는 말을 들으려고 철로에 누워 있다가 상대방이 겁을 먹고 먼저 일어나면 으스대는 무모한 짓을 했다.

'허세게임'이 낳은 악순환

개인과 개인 사이에서도 이런 일들이 벌어지지만, 국가 사이에도 이런 일이 흔하다. 그래서 이제는 '치킨게임'이란 말이 국제정치학 용어로 자리 잡았다. 서로가 상대방 국가의 굴복을 기대하면서 허세를 부린다. 강경파일수록 상대를 더욱 몰아붙여야 한다고 극단적 주장을 편다. 그러나 그 결과는 오히려 사태를 그르치기 십상이다. 상대방은 이쪽의 기세에 놀라 굴복하기는커녕 더욱 군비를 강화하는 악순환을 낳는다. 먹고살기도 힘든 마당에 삶의 질 향상에 써도 모자랄 재원을 공격용 무기개발에 쏟아 붓는다. 옛 소련이 경제가 무너지고 결국 해체된 것도 무리한 군비지출에서 비롯됐다는 분석이 많다.

남북의 대치 상황도 이와 크게 다르지 않다. 서로가 상대방을 의심하고 경계하면서 팽팽한 긴장감을 자아낸다. 그 결과 경제적 손실도 크지만 정신적 피해도 크다. 지난 6월 분단 반세기 만에 남북의 정상이 만나 화해와 협력을 다짐한 것은 이런 의미에서 민족사적인 대전환이다. 분단이 강요한 대결과 적대를 지양하고 화해의 시대를 열어가자고 약속했다. 헤어진 이산가족들이 생사를 확인하고 만나는 꿈같은 일이 벌어지고 있다. 장관급 회담이 열리고 남북의 국방장관이 만나기도 했다. 앞으로 군축논의도 있게 될 것이다. 지금은 이런저런 소리가 나오고 있지만, 세월이 흐르면 지금 전환기가 갖는 의미가 얼마나 엄청난지 새삼 깨닫게 될 것이다.

외부 침략으로부터 국가를 지키는 것을 임무로 삼는 군에게는 최근의 상황변화가 혼란감을 야기할 수도 있다. 그러나 발상을 달리하면 결코 혼란스러울 일이 아니다. 이제까지의 틀에 박힌 고정관념에 문제가 있었던 것이다. 군대의 본분은 외부의 적으로부터 나라를 지키는 일이다. 그 적이 누구인가를 꼭 정할 일도, 일부러 가상의 적을 만들 필요도 없다. 문자 그대로 국토방위에 전념하는 것이 옳은 태도다.

적개심을 고취함으로써 조직의 응집력을 키우고 전투력을 향상시키겠다는 것은 가장 하책이다. 군대의 본분은 특정집단에 대한 적개심이 아니라 그가 누가 되든 외부의 적으로부터 국가를 지킨다는 애국심에서 비롯되는 것임을 유념할 필요가 있다.

어유지리의 추억 (3)

사람에게도 '귀소 본능'이 있다고 한다. 심리적으로 자신이 몸담았던 곳을 언젠가는 다시 찾고 싶어지는 마음을 두고 하는 말일 게다. 그곳에 가면 당시의 생활이 연상되면서 자신의 인생을 반추하는 여유를 갖게 된다. 그것이 좋은 추억이라면 더욱 그러하지만, 설사 그렇지 못하더라도 시간이 흐르면 감정이 달라진다.

최근 주말을 이용해 군 생활을 하던 서부전선 어유지리를 찾았다. 꼭 26년 만의 일이다. 내가 군에 있을 때 멀리서 면회차 찾아왔었던 절친한 친구들이 동행이 돼 주었다. 한탄강 매운탕이 좋으니 바람이나 쐬러 가자는 꾐에 흔쾌하게 응해 모처럼 옛날로 돌아가 이야기꽃을 피웠다.

모든 일에는 계기가 있어야 하는데, 나의 어유지리 방문은 지금 쓰고 있는 '병영칼럼'이 직접적 계기가 됐다. 당시 군 생활을 추억하며 쓴 글을 마침 현지에서 연대장을 하는 이승주 대령이 읽고 "한번 찾아오시라"고 권유했던 것이 내 마음을 슬그머니 잡아 당겼다. 또 군대생활을 하면서 '군복 입은 교사'로서 가르쳤던 제자가 이메일을 통해 연락을 해오고, 어느 날 장미 꽃다발을 들고 찾아온 것도 옛 시절을 회상시키기에 충분했다. 이번 기회를 놓치면 다시는 그곳에 가지 못하게 될 것 같은 생각이 결심을 재촉했다.

세월의 이끼가 말해주듯 많은 것이 변해 있었다. 가장 큰 변화는 근처 길들이 크게 났다는 점이다. 그래서 자칫 지나칠 뻔했다. 내가 학생들을 가르치던 어유고등공민학교는 어유중학교로 변했고, 추억 속에 선명히 남아 있는 단층교사는 흔적도 없다. 학교 울타리 안에 있었던 교회도 없어지고 새 교회 건물이 들어섰다. 무언가 옛 흔적을 기대하고 갔던 터라 아쉬움이 컸다.

세월의 덧옷을 입은 지난 시절

그래도 가장 변하지 않은 것이 군대 터였다. 연대본부가 있었던 자리는 물론이고 건물도 몇 개 동만 신축했을 뿐 그때 그대로의 모습을 유지하고 있었다. 그런데 막상 논산훈련소에서 자대로 첫 배치돼 '1분대 3번 소총수'로 근무하던 대대 자리가 폐허로 변해 있었다. 군대조직 개편으로 연대 산하에 한 대대씩 줄이면서 그 대대 자리가 폐쇄됐다는 것이었다. 졸병 생활을 하면서 가장 애환이 깃든 곳이었는데, 하필이면 그 대대일 게 무엇이란 말인가. 연대장의 안내로 북녘 땅이 바로 앞에 보이는 전망대에 올라 북쪽을 바라보면서 옛 생각과 함께 언제나 남북을 가로지른 철조망이 사라질 것인가 하는 상념에 젖었다.

고향을 떠나지 않고 농사짓고 사는 제자들 몇 명을 만나는 기쁨도 맛봤다. 한창 자랄 때였던 중3의 모습에서 많이들 변해 첫눈에 알아보기 힘들었다. 소식을 들으니 동창생들은 대부분 외지로 떠나 명절 때나 찾아오고, 더욱이 여학생들은 시집을 가서 몇 명 남아있지 않다는 것이었다. 이제 40대를 넘겨 중고생 자식들을 두고 있는데, 일찍 장가간 한 친구는 벌써 군대에 간 아들도 있었다. 마침 그 아들이 아버지가 졸업한 '어유고등공민학교' 이야기가 담긴 내 칼럼을 읽고 편지로 부쳐왔다면서 나에게 보여주는 것이었다.

진저리를 치며 그쪽을 향해 오줌도 누지 않겠다고 했던 군 생활을 되돌아보는 감회는 미묘하고 독특하다. 세월은 당시 고통도 아름답게 채색시키는 마력이 있는 것 같다. 지금은 군 생활이 지겨울지 모르지만, 먼 훗날 다시 찾아보는 상상을 해보는 것만으로도 조금이라도 위안이 됐으면 싶다.

| 다시 한 해를 보내며 |

새 천년을 맞는다고 요란을 떨던 것이 엊그제 같은데 어느새 한 해가 저문다. 나이에 걸맞지 않게 뉴질랜드 어느 섬인가에서 첫 동트는 광경을 보겠다고 밤을 지새우며 마음에 다짐했던 것들이 많건만, 어느 것 하나 만족스럽게 이루어진 것이 없다.

흔히 나이가 들수록 세월이 빨리 간다고 한다. 물리적인 시간 흐름이야 다를 리 없겠지만, 아마도 나이가 들면 변화의 폭이나 감정의 기복이 그만큼 줄어들기 때문이 아닐까 싶다. 젊었을 때는 하루하루 역동적 변화를 모색하거나 감정적 격류에 휩쓸리기 쉽지만, 세월이 흐르면서 점차 감정도 메마르고 변화도 회피하게 된다. 모험이나 도전보다는 안전을 선호하게 된다. 일상적 일이 반복되다 보니 어제와 오늘, 지난해와 올해의 차이를 크게 느끼지 못하는 것이다.

새로운 자극과 변화 필요

군 생활이 유난히 길게 느껴지고 시간이 잘 가지 않는 것은 새로운 자극이나 변화 없이 틀에 박힌 생활이 연속되는 탓도 클 것이다. 훈련이란 것이 반복을 통해 숙달시키는 의미가 크지만, 그런 가운데서도 장병 개개인의 지적 욕구를 충족시켜주는 프로그램을 개발할 필요가 있다. 체계적인 컴퓨터 교육도 그 하나가 될 것이고, 각자의 취향에 따라 군대에서만 가능한 새로운 영역의 일을 배우고 익히는 기회를 만드는 방안도 있을 것이다.

20여 년 전 군대에 갔다가 첫 휴가를 나왔을 때 주위의 반응에 저으기 실망했던 기억이 새롭다. 나로서는 무지무지 고생하고 엄청난 정신적 소용돌이에 빠져 있다가 '감격적인' 첫 휴가를 나왔는데 "아니 벌써 반년이 지나갔느냐"고 무덤덤하게 반문하던 이들을 이제는 이해하게 됐다. 그래서 집안 조카들이라도 휴가를 나오면 의식적으로 "벌써 그렇게 됐느냐" 는 말은 안 하려고 노력한다.

1999년 세밑의 하루나 2000년 새해의 하루나 똑같은 24시간이지만, 새로운 느낌이 드는 것은 시간을 대하는 마음이 다르기 때문일 것이다. 새달, 새해에 의미를 부여함으로써 스스로 마음가짐을 새롭게 하고 일상의 타성에서 벗어나는 계기를 마련하자는 뜻이 있다. 그런데 새 백년도 아니고 새 천년이라니 그만큼 기대와 설렘이 컸고 따라서 아쉬움도 큰 것 같다.

올해는 새 천년에 어울리는 굵직한 일들이 많았다. 국가적으로 볼 때 분단 반세기 만에 이루어진 남북 정상회담과 김대중 대통령의 노벨 평화상 수상이 빛이었다면, 아이엠에프 3년 만에 경제가 다시 바닥으로 떨어진 것은 어두운 그림자다.

그중에서도 남북 정상회담은 적대와 대결로 치닫던 남과 북이 화해와 협력, 평화공존의 길을 가기로 약속했다는 점에서 역사적 사건으로 기록될 것이다. 아직은 서로의 의중을 탐색하면서 조심조심 한걸음씩 내딛는 단계지만, 남북이 활발한 교류를 통해 서로에 대한 이해가 깊어지고 역지사지하는 마음의 여유가 생긴다면 이제까지의 소모적 대결양상은 점차 나아질 것이다. 이해와 믿음이 쌓이다 보면 남북 간에 군사적 신뢰를 다지는 조치도 모색할 수 있다. 서로에게 부담이 가는 군비경쟁을 지양하고 절약되는 재원을 생산적이고 삶의 질을 높이는 데 투자할 수 있게 된다면 얼마나 좋을 것인가.

다시 한해를 보내며 마음속에 이런저런 아쉬움이 남는다. 부디 새해에는 나라 경제도 좋아지고 민족의 장래를 밝혀줄 남북관계도 한층 진전되기를 빌어본다.

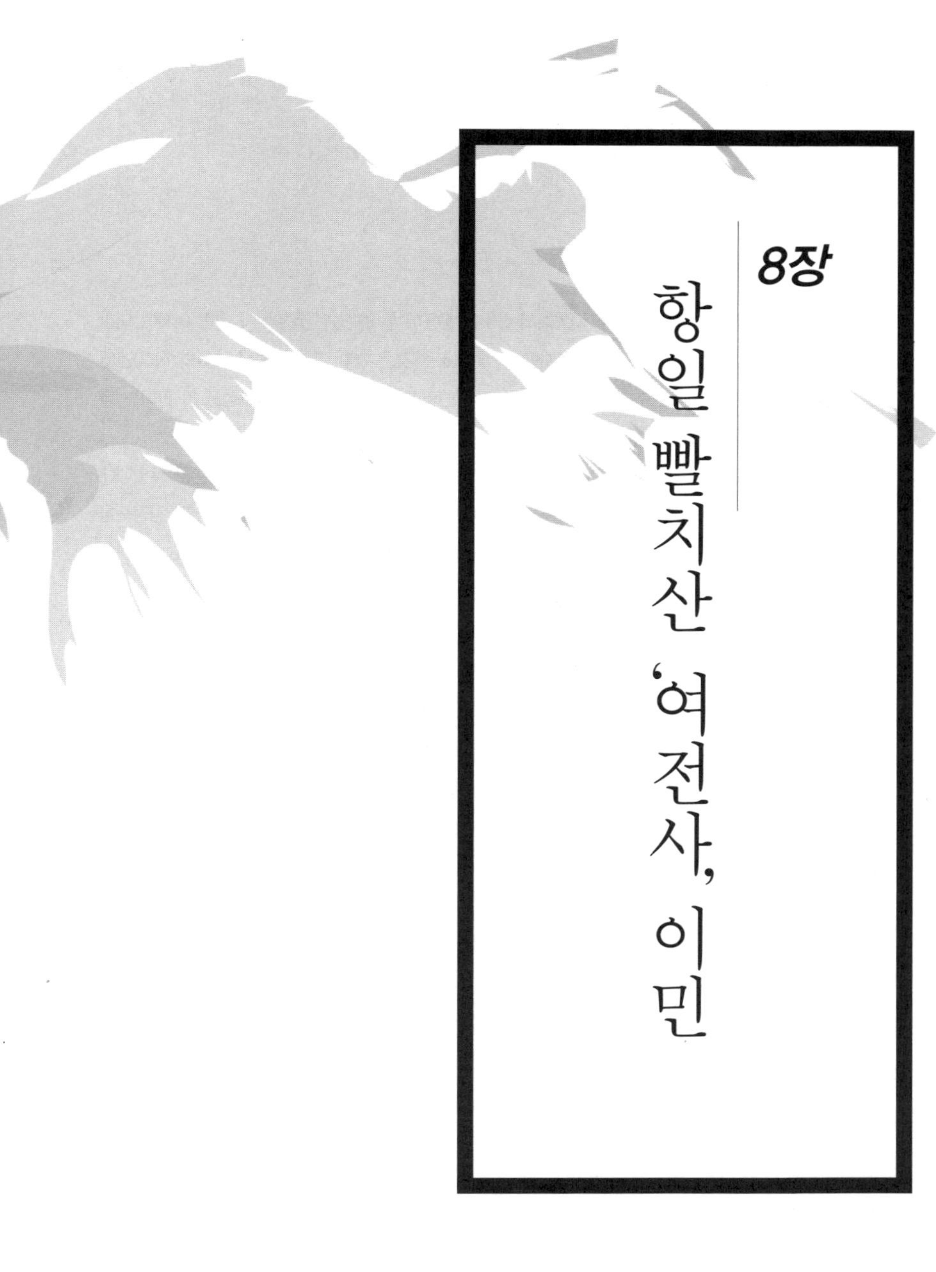

8장
항일 빨치산 '여전사', 이민

여기에 실린 글은 어린 나이에 북만주 지역에서 빨치산 운동에 뛰어들었던 항일투사 이민 여사에 대한 것이다. 그의 삶 자체가 드라마틱하기도 하지만, 더 흥미로운 것은 그가 북한 김일성 주석의 1940년대 초 행적을 객관적으로 증언해 준다는 점이다. 아직도 냉전의식에 바탕한 '가짜 김일성론'이 판치는 터라 이민 여사와 같은 믿을 만한 증언자의 성실한 증언이 필요하다.

이민 여사는 아버지와 오빠가 일본군에 학살당하자 어린 나이에 항일 투쟁을 하다가 일본군 토벌대에 쫓겨 소련령 하바로프스크로 들어간다. 그는 그곳에서 훗날 북한의 주석이 된 김일성과 부인 김정숙을 만나 함께 생활했고, 어린 시절의 김정일도 보았다. 나중에 북한 지도부를 형성하는 최용건, 김책, 강건, 김일, 최광 등 빨치산 동료들과 함께 보낸 그의 동북항일연군 국제여단 시절은 우리 역사에서 빈칸으로 남아있는 반쪽을 채우는 데 다소 도움이 될 것이다.

그는 그곳에서 중국공산당원 진뢰(천레이)를 만나 결혼했고, 해방 후에는 일행과 헤어져 중국 흑룡강성으로 돌아가게 된다. 그의 남편 진뢰는 중국공산당 운동에 전념하고 내전에 참여한 끝에 동북 3성 지역에서 가장 영향력 있는 인물로 우뚝 서고, 흑룡강성 성장을 오랜 기간 역임한다.

이민 여사와 진뢰 성장은 문화혁명 때 '조선특무'와 '반혁명분자'로 몰려 지하 감옥에 몇 년간 투옥되는 고초를 겪기도 했다. 진뢰, 이민 여사 부부는 해방 뒤 김일성의 초청으로 북한을 여러 차례 방문했다.

이민 여사를 '남조선' 사람으로선 처음 만나고 단편적이나마 그의 존재를 소개한 것이 필자다. 필자는 1989년 3월 한국과 중국이 수교하기 전에 대학교수로 신분을 위장해 중국 동북지역을 돌아봤는데, 그때 하얼빈에서 우연히 그를 만났고 국내에 소개했다. 당시는 몇몇 기업인이나 교수 외에는 중국에 들어가기조차 어려운 때였다. 특히 등소평의 개혁개방 정책으로 중국이란 큰 나라가 엄청난 변화의 소용돌이에 빠져 있던 때라 필자는 15일 동안의 중국 기행에서 보고 느낀 것을 '현장에서 본 중국의 새 선택'이란 표제로 1989년 3월 4일부터 17일까지 9회에 걸쳐 「한겨레신문」에 연재했다.

그로부터 꼭 10년 뒤인 1999년 10월 이민 여사가 서울에서 개최된 NGO 세계대회에 중국 하얼빈 대표단을 이끌고 왔을 때 그를 다시 만났다. 그때 보충 취재해 쓴 글을 월간 「신동아」(2000년 3월호)에 게재한 것이 이 글이다.

필자는 2001년에 다시 하얼빈을 방문해 추가 인터뷰를 통해 이민 여사의 기억을 되살려내는 보충 취재를 했다. 자료들이 충실히 종합되는 대로 그에 대한 본격적인 평전을 다시 쓸 계획이다.

60년 만의 증언

항일독립투사 이민(李敏)여사를 처음 만난 것은 1989년 3월 중국 흑룡강성 하얼빈(哈爾濱)에 갔을 때였다. 국교 수립 전이라 신문기자 신분을 드러낼 수 없어 한중 경제협력 세미나에 참석하는 '동북아 경제를 연구하는 교수단' 일행에 끼어들었다. 교수로 위장해 가짜 명함을 찍고, 대학교 연락처에 필자 집 주소와 전화번호를 대신 넣었다. 일행 대부분은 중국이 처음이었고, 저명한 농경제학자이며 중국 전문가인 김성훈 중앙대학교 교수만 여러 차례 중국을 방문한 경험이 있어 그가 실질적인 단장 역할을 했다. 김 교수가 중심이 된 경제학 교수들의 중국 방문단에 필자가 따라붙었다는 것이 정확한 표현일 것이다.

당시 중국 땅을 밟아본 사람은 손을 꼽을 정도에 불과했다. 중국에 투자한 기업체의 담당자이거나 중국을 연구하는 학자들 몇몇만이 간신히 발을

들여놓을 수 있었다. 사전에 안기부(현 국정원)의 허가가 있어야 함은 물론
이었다.

하얼빈에서 만난 '김일성의 옛동지'

한중 간 직항로가 없었기에 우리 일행은 일단 홍콩으로 갔고, 거기서 다시
요령성 심양(瀋陽)행 비행기를 갈아타야 했다. 그나마 홍콩에서 정보요원
접선하듯 만난 중국 관리는 여권에 입출국 스탬프를 찍는 것이 아니라, 잘
보관해야 한다며 비자를 대신할 허름한 종이쪽지를 내주는 것이었다. 심양
에서, 길림성 장춘(長春)에서, 그리고 흑룡강성 하얼빈에서 잇따라 열린 경
제협력 세미나와 공장방문 등을 통해 시장경제를 배우려는 중국 관리들의
열기를 실감할 수 있었다.

일행이 마지막으로 들른 하얼빈은 안중근 의사의 의거로 우리에게 너무
나 친숙한 곳이다. 당시 안 의사가 이토 히로부미를 저격한 장소는 아무런
기념비도 없었고 갈길 바쁜 여행객들로 붐비고 있었다. 악명 높던 이시이부
대는 자동차연구소로, 만주군관학교는 항공기술학원으로 변해 있었다. 하
얼빈에서는 흑룡강성 삼강(三江)평원 개발 타당성 및 한국의 투자 가능성을
논의했다. 그때 하얼빈에 묵으면서 우연히 만난 사람이 이민 여사다.

이민 여사는 10년간 흑룡강성 성장을 지낸 진뢰(陳雷·천레이)의 부인으
로 조선족이며, 중국 인민정치협상회의 흑룡강성 부주석 직을 맡고 있어 영
향력이 매우 크다는 것이 소개자의 설명이었다. 이민 여사의 초청을 받아
점심식사를 함께 하면서 삼강평원이 바로 항일투쟁이 가장 치열했던 곳이
었다는 이야기 끝에, 그가 젊었을 때 무장 항일투쟁을 했다는 사실을 알게
됐다. 바짝 흥미를 느낀 필자가 "혹시 그 당시에 김일성 장군 이야기를 들어

본 적이 있느냐"고 질문하자, 그는 웃으면서 옛 소련 땅 하바로프스크 근처 비밀기지에서 '김일성 동지'와 3년 남짓 함께 지냈다고 말하는 게 아닌가.

지금이야 사정이 좋아져 평양을 오가는 사람이 많아지고, 소련이나 중국 쪽 자료가 공개되어 김일성의 1930년대 만주 항일투쟁이나, 중소국경을 넘어가 지낸 1940년대 소련령에서의 행적이 더러 알려져 있고 자유롭게 이야기할 수도 있지만, 1989년 당시만 해도 서대숙 박사(미국 하와이대학 교수) 등 몇몇 해외학자들의 글로만, 그것도 아주 간략하게 소개되었을 뿐이었고 공개적으로 이야기하기도 꺼릴 때였다.

15일간의 중국 방문을 마치고 귀국해 변화하는 중국을 다룬 특집 기획물 '현장에서 본 중국의 새 선택'을 9회에 걸쳐 연재하면서 마지막 회에 이민 여사 이야기를 소개했다. 국내 언론으로는 처음으로 그를 소개한 것이다. 이민 여사에게는 필자 일행이 처음으로 그가 만난 '남조선' 사람들이었다. 그러나 당시는 노태우 군사정권 시절이었다. 사안의 민감성 때문에 그의 항일투쟁 부분만 집중 부각하고 김일성 관련 부분은 지나가면서 한마디 슬쩍 언급하는 정도로 넘어갈 수밖에 없었다.

이민 여사의 사회적 지위로 보거나 말하는 태도 등을 볼 때 정확한 이야기라는 확신이 서기는 했지만, 혹시라도 정보기관에서 문제삼을 경우 방어할 수단이 없었기 때문이다. 중국 흑룡강성에서 펴낸 『흑룡강 당대 명인록』에는 이민 여사의 항일투쟁 기록은 기술돼 있었으나 김일성과의 사적인 관련 부분은 없었다.

필자가 이민 여사를 다시 만난 것은 꼭 10년 7개월 만인 1999년 10월 17일 서울에서였다. 이민 여사는 서울에서 개최된 서울 NGO(비정부기구)세계대회에 중국대표단 일원으로 참석했다. 한국 방문은 처음으로 흑룡강성 조선족 친목단체인 '하얼빈시 소수민족 부녀연의회' 명예회장 자격이었다. 약속장소인 시내 호텔 음식점으로 들어서는 이민 여사를 보고도 필자는 알아보지 못할 뻔했다. 10년 만에 다시 만나는 것이니 분명 75살일 텐데, 노쇠하기는커녕 꼿꼿한 자세가 전혀 예상을 벗어나 있었다. 자그마한 키에 다부진 체구가 굳은 의지력과 합쳐져 나이든 것을 느끼지 못하게 하는 것 같았다.

1930년대 동북항일연군

이민 여사 부부는 북한당국의 초청으로 평양을 여러 차례 방문해 김일성 주석과 김정일 국방위원장의 환대를 받은 각별한 관계였기에, 서울행이 그만큼 어려웠을 것이다. 북한을 자주 오가며 그곳 사람들만 보아왔기 때문에 남한의 실상과 서울에서 만나는 사람들에 대해 느끼는 감회가 달랐으리라.

이민 여사의 개인사는, 남한의 역사책에 빈칸으로 남아 있고 북한의 역사에서도 크게 왜곡돼 있는 1930년대 만주지역의 항일투쟁 실태를 상당부분 채워준다. 1920년대 김좌진 장군 등의 무장 독립투쟁이 좌절한 뒤 민족주의 진영의 항일투쟁은 상해 임시정부를 중심으로 일제에 쫓기면서 간신히 명맥을 유지하는 정도였다. 윤봉길, 이봉창 의사 등의 살신성인이 민족의 기개와 독립의지를 만방에 떨쳤고 지속적인 투쟁이 이어졌으나, 조직적인 무장투쟁을 전개하기에는 일제의 압박이 심했다. 김구 주석을 비롯한 임시정부 요인들은 중일전쟁이 터진 후 중국 장개석 정부를 따라 이곳저곳으로 옮겼고 중경에서 겨우 명맥을 유지할 수밖에 없었다. 우파의 본격적인 군대조직이라 할 수 있는 임시정부 예하 광복군은 광복 직전에 창설된다.

1930년대 항일 무장투쟁에는 공산주의자들이 큰 몫을 했다. 특히 만주지역에서 지속적으로 이어진 무장투쟁은 거의가 항일 빨치산들에 의한 것이었다. 중국에서 활동하던 조선인 좌익계열은 1928년 코민테른의 '일국일당 노선'에 따라 중국공산당 휘하에 들어갔고, 그들과 연대해 만주지역에서 일본군과 싸웠다. 동북항일연군(東北抗日聯軍)으로 일컬어지는 부대가 그것이다. 동북항일연군에는 중국공산당원뿐 아니라 조선인이 상당히 많았으며 고위 간부에 특히 조선인이 많았다. 일제에 일찍 짓밟힌 탓에 항일투쟁도 중국인보다 훨씬 앞서 나갔기 때문이다.

동북항일연군은 여러 차례에 걸친 조직개편 끝에 활동지역에 따라 최종적으로 1로군(東南滿지역, 총지휘 양정우), 2로군(吉東지역, 총지휘 주보중), 3로군(北滿지역, 총지휘 이조린)으로 재편된다. 조선인들이 가장 많이 살고 있던 두만강 건너편 동남 만주지역(간도 지방)은 김일성 부대(1로군 제2방면군) 등 조선인 중심 부대가 사실상 독립적인 군사 활동을 펴기도 했으나, 거의 대부분 한중 연합부대로 군사 활동도 함께 했다. 초기 한때 민족 간 갈등이 불거져 어려움을 겪기도 했으나, 항일이라는 공동 목표를 위해 중국공산당 기치 아래 함께 투쟁했던 것이다.

전설적 빨치산 여전사

이민은 중국인 이조린(李兆麟 : 리자오린, 일명 장수전) 장군이 총사령인 3로군 예하 부대에서 활동했다. 그는 1924년 흑룡강성 오동하라는 곳에서 태어났다. 그의 부모는 황해도 사리원 인근에서 살다가 고향을 떠나 압록강을 건너 흑룡강성 삼강평원 지역에 정착했던 것이다.

이민은 어려서 최용건(전 북한 부수상)이 세운 모범소학교에 다니다가, 항일공작요원으로 숨어서 활동하던 아버지를 따라 무장투쟁부대에 들어갔다. 그때 그의 나이는 12살이었다. 그는 너무 어렸기 때문에 처음에는 유격

대 병사들의 피복을 공급하고 다친 대원들을 간호하는 등 비전투원으로 일
했으나, 형세가 몰리면서 차츰 본격적인 '전사'로 성장했다. 이민은 소총이
나 기관총 사격은 물론 말타기에도 익숙해져 완전한 전투원으로서 임무를
충실히 해낼 수 있었다고 회상했다.

1937년과 1938년 무렵 일본군의 토벌공세가 거세지면서 송화강 유역 삼
강평원 일대의 부금이나 밀산, 완달산 등지에서 큰 싸움이 잦았는데, 아버지
와 오빠는 이때 희생됐다고 한다. 항일연군 3로군은 일본군을 피해 다니며
싸우다 몰리면 수목이 울창한 삼강평원 늪지대로 들어가 숨었다. 일본군은
기병대가 주력이었기 때문에 울창한 밀림에서는 힘을 쓰지 못했다. 늪지대
에서 산나물을 캐먹고 오리알도 먹으며 포위한 일본군이 지치기를 기다리
다가, 일본군 주력부대가 물러가면 다시 나가서 유격전을 펼쳤다.

1938년 완달산 격전에서는 부대원 24명이 일본군에 완전 포위된 상태에
서 집중 공격을 받아 함께 생활하던 부대원 전원이 죽고, 마침 척후 임무를
부여받고 탐색활동을 나갔던 이민과 다른 여전사만 겨우 살아남았다고 한
다. 자신이 몸을 숨긴 큰 나무뿌리 바로 위에서 남은 적을 찾기 위해 서성이
는 일본군의 말발굽 소리가 어찌나 무서웠는지 오랜 세월이 흐른 뒤에도 그
때 생각을 하면 소름이 끼친다고 한다.

날이 갈수록 일본군의 공세는 치열해졌다. 일본군은 초토화 작전을 펴면
서 유격대가 숨을 만한 산림을 아예 불태워 근거지를 없애려고 했다. 배고
픔과 추위, 그리고 날마다 일본군에 쫓기느라 지친데다가 때마침 투항을 권
유하며 일본군이 교활한 귀순작전을 펼치자 심리적 동요를 일으킨 대원들
이 생겨났다고 한다. 그런 가운데도 이민은 흔들리지 않고 마지막까지 저항
했다. 이민이 속한 부대는 결국 일본군에 쫓겨 1941년 국경선을 넘어 옛 소

련령으로 들어간다. 이민은 그곳에서 김일성, 최용건, 안길, 강건, 최현, 김일, 최광 등 훗날 북한정권의 핵심이 되는 빨치산 대원들을 만나고 그들과 3년여를 함께 지낸다.

1940년 말 소련으로 넘어온 김일성 부대

이민 부대에 앞서 김일성은 1940년 말에 국경을 넘어 이곳에 와 있었다. 일본의 토벌작전이 가장 심했던 동남만주 지역에서 투쟁하던 1로군은 소부대 단위로 뿔뿔이 흩어진 가운데 전 부대가 궤멸하는 상황에 이르게 된다. 이러한 절망적 상황에서 일본군 토벌대의 맹추격을 받던 김일성 부대는 1940년 말 국경을 넘은 것으로 알려져 있다. 항일연군 지도자급 중에서는, 부대가 궤멸되기 전에 국경을 넘어 피하는 '결단'을 가장 먼저 내린 셈이다. 연락이 두절된 상황이긴 했지만, 상부의 승인을 받지 않

이민 여사 부부와 김주석
고 김일성 주석은 항일 빨치산 시절 함께 생활했던 대원들에게 각별한 애정을 보여주었다고 한다. 김주석은 이민, 진뢰 부부를 여러 차례 초청해 1940년대 하바로프스크 시절 함께 생활했던 여대원들을 따로 만나게 해주는 등 배려를 아끼지 않았다. 1992년 4월 김 주석의 80회 생일을 맞아 이민, 진뢰 부부가 방북했을 때 주석궁에서 김 주석과 함께 찍은 사진.

은 결정이었기 때문에 약간의 논란이 있었던 것으로 알려져 있다.

소련 쪽과 연락이 없는 상태에서 월경했기 때문에 소련군에 억류되어 취조를 받았는데, 이 소식을 들은 주보중 2로군 총사령과 이조린 3로군 총사령이 신분을 보장해 풀려난 것으로 중국측 자료에 나와 있다. 주보중의 2로군과 이조린의 3로군 주력부대도 그 뒤 국경을 넘게 되는데, 3로군 가운데 북만주의 김책은 한참을 더 버티다 1943년 말 국경을 넘어 1944년 1월에 하바

로프스크에서 합류한다.

소련령에 들어온 동북항일연군은 한때 '동북항일연군교도려'란 이름으로 있다가 '88특별저격여단'이란 이름으로 소련 적군(赤軍)에 편입한다. 소련군은 일본 관동군과 벌일 일전에 대비하고 향후 동북아에서 공산주의 세력을 펼치기 위해, 일본군에 쫓겨 국경을 넘어온 항일투쟁 세력들을 지원했던 것이다.

88여단의 위상을 놓고 동북항일연군과 소련 사이에는 큰 갈등이 있었다. 소련은 동북항일연군 조직을 해체해 소련군 각 부대에 나누어 편입시키려고 했던 반면에, 항일연군은 중국공산당의 지시를 받는 독자적인 조직으로 남아 있기를 원했기 때문에 심각한 갈등이 벌어진 것이다. 결국 형식상 소련 적군에 편입해 각종 지원을 받되, 항일연군 조직을 그대로 유지해 독자적 위상을 갖도록 결정됐다. 항일연군의 주장이 많이 반영된 셈이다. 이 과정에 소련 쪽 대표자였던 왕신림(王新林 · 일종의 암호명으로, 누구인지는 밝혀져 있지 않다. 사람이 바뀔 때마다 2대 왕신림, 3대 왕신림으로 불렸다)이 교체되는 혼란을 겪기도 했다.

88특별여단의 주요 지휘부는 여장 주보중 소좌(후에 중좌로 승진), 정치 부여장에 이조린 소좌, 부여장 시린스키 소좌, 참모장은 샤마르첸코 소좌, 부참모장은 최용건 대위로 사령부가 구성됐다. 단위 부대로 제1교도영은 1로군을 기초로 편성돼 영장 김일성 대위, 정치 부영장 안길 대위, 부영장 마리체프로 구성됐고, 제2교도영은 2로군 2지대를 기초로 편성돼 영장 왕효명, 정치 부영장 강건 상위(후에 대위로 승진), 부영장 아다모프였다. 제3교도영은 3로군을 중심으로 편성돼 영장은 아직 도착하지 않은 허형식, 정치 부영장은 역시 도착하지 않은 김책, 부영장은 사포지니크였다. 그리고 제4

교도영은 2로군 5지대를 중심으로 편성돼 영장 시세영, 정치 부영장 계청, 부영장은 지레노프였던 것으로 기록에 나와 있다. 이른바 부(副) 자리를 소련 군인들이 차지했다.

그러나 88여단은 오랜 투쟁을 통한 단결력을 과시해 2로군 총사령이던 주보중의 지휘 아래 3로군 총사령이던 이조린이 함께 이끌었고, 부참모장이던 조선인 최용건이 이들과 주로 논의했다고 한다. 이조린은 부인이 죽자 조선족 김백문과 재혼했는데, 김백문은 아직 생존해 있으나 건강이 좋지 않다고 한다. 최용건은 주보중과 중국 운남 군관학교를 같이 나온 인연으로 매우 가까운 사이였고, 항일투쟁 때도 줄곧 주보중 밑에서 참모장으로 일하면서 부대 안에서 각종 실무를 관장하고 조정하는 실력자였다고 한다.

제1교도영장을 맡은 김일성은 직속 부하가 많은데다, 1로군 지도부가 모두 일본군에 잡혀 죽고 살아남은 지휘자 가운데 직책이 가장 높았기 때문에 사실상 1로군을 대표하는, 무시할 수 없는 위치에 있었다. 그래서 1, 2, 3로군을 고루 배려하고, 정치적으로 중국인과 조선인 사이의 갈등 관계도 고려해야 하는 주보중은 김일성을 각별히 대우했다. 주보중은 중요한 문제를 이조린, 최용건, 김일성과 주로 상의했는데, 조선족과 상의할 민감한 일이 있으면 김일성과 이야기했다고 한다. 이러한 증언들은 김일성이 소련군에 의해 갑자기 세워진 꼭두각시가 아니라는 점을 말해준다. 그밖에 조선인 가운데 간부급으로 아직 도착하지 않은 김책이 거물급이었고, 김일성과 함께 생활한 안길 대위, 주보중의 부하로 신임이 각별했던 강건 상위가 어린 나이에도 중책을 맡았으며, 김일성과 보천보 전투를 함께 치른 최현 상위가 두각을 나타냈다.

김정일 백두산 출생설의 내막

이민은 88여단에서 생활하면서 김일성의 부인으로 여성 빨치산 대원 중 맏언니 격인 김정숙을 친언니처럼 따르면서 매우 가깝게 지낸다. 이민과 김정숙은 같은 소대에서 생활하고 장백지구에 지하공작도 같이 다니고 학습과 연예활동도 함께 했다. 여성 대원들은 낮에는 사격 총검술과 함께 주로 무전교육을 받았으며, 스키와 낙하산 훈련도 받았다. 부대 생활에서 여성 대원들은 막사를 따로 썼기 때문에 밤에도 김정숙과 한 막사에서 같이 지냈다. 김정숙처럼 대원 가운데 결혼한 사람이 있더라도 남녀가 각기 막사를 따로 쓰며 헤어져 생활했다.

김정숙은 조용한 편이었으나 매우 자상한 성격이어서 어린 이민에게 잘 해주었다고 한다. 그래서 이민은 김일성의 첫째 아들 유라(김정일의 어릴 적 소련식 아명)와 둘째 아들 슈라(1947년에 떡 감다 익사) 형제의 어릴 적 모습을 똑똑히 기억한다. 김정숙은 낮에 훈련받으러 갈 때 아이들을 탁아소에 맡겼다가 일과 후 데리고 오곤 했다고 한다. 이민은 김정일이 어릴 때부터 군사놀이를 즐겼다고 회상했다.

김정일이 백두산 밀영에서 태어났다는 북한의 주장에 대해 대부분의 학자나 연구자들은 김정일 신비화나 우상화 작업의 하나로 치부하며 무게를 두지 않는다. 김정일이 태어난 1942년이면 김일성이 소련령 하바로프스크 훈련기지에 있을 때인데 어떻게 백두산에서 탄생할 수 있겠느냐는 것이다.

그러나 이민 여사는 다르게 말한다. 김정숙이 1941년 초여름부터 여대원들과 함께 백두산 밀영에 가서 조선 국내와 장백지구 혁명조직들을 지도하는 공작사업을 했는데, 다음해인 1942년 2월 그곳 귀틀집에서 아들을 낳았다는 소식을 훈련기지에서 통신원을 통해 전해 듣고 다같이 환호성을 올렸다고 한다. 자신의 눈으로 직접 보지는 못했지만, 그런 이야기를 당시에 들었다는 것이다.

그러나 그때까지 이민은 김정숙을 직접 만난 적이 없기 때문에 그가 전해 들었다는 김정일 백두산 출생이야기가 어느 정도 신빙성을 지니고 있는지 가늠하기는 힘들다. 이민은 이듬해인 1943년 봄 훈련기지에서 김정일을 품에 안고 온 김정숙을 맞이했다고 말했다.

하바로프스크 생활은 이민에게 중대한 인생의 전환점을 가져왔다. 인생의 동반자로, 정치적 동지로 50년 이상 해로하면서 일생을 함께 지낸 남편 진뢰를 그곳에서 만나 결혼했기 때문이다. 진뢰는 이민보다 7살 위였다.

이민 준위와 중국인 진뢰 소위가 연애한다는 소문이 부대에 퍼졌다. 항일투쟁을 하는 부대에서 남녀간 문제는 매우 엄격했다고 한다. 자칫하면 혁명열기와 군기를 약화시킬 수 있기 때문에 엄격한 통제를 받았다. 비밀을 지키려고 애썼지만, 이민과 진뢰 소위가 연애를 한다는 소문이 쫙 퍼져 이민은 상사에게 불려가 엄한 추궁과 비판을 받았다. 상대가 중국인이어서 더욱 설명하기가 난처했다.

김일성의 후원으로 진중결혼

한때 이민의 소학교 교장이던 최용건도 이민을 불러 크게 꾸중하면서 마음을 돌리게 하려고 애를 썼다. 조국이 광복하면 다같이 고국에 돌아가 함께 지내야 할 텐데, 중국인과 결혼해 혼자 떨어지면 어떻게 하려느냐고 간곡히 말렸다고 한다. 막상 최용건 본인은 중국인 왕옥환과 결혼했는데 이처럼 간곡히 말렸던 것은 이민의 나이가 스물밖에 안돼 진뢰와 차이가 나기도 했지만, 진중생활에서 군기를 확립한다는 뜻이 컸을 거라고 이민은 설명한다.

더욱이 진뢰는 중국공산당 내부 노선투쟁에서 소수파인 조상지파에 속해 있다고 알려져 주위의 반대가 컸다. 주변에서 이런저런 압력과 추궁을 받게 되자 이민과 진뢰는 일제가 패망하면 그때 자유롭게 만나자고 약속하고 교제를 중단할 수밖에 없었다. 그러나 남녀 관계가 무 자르듯 되는 것이 아니어서 상심이 매우 컸다.

그런데 이들의 결합에 김일성, 김정숙 부부가 결정적 역할을 한다. 이민과 함께 생활하면서 진뢰와의 관계가 젊은이들이 흔히 지나가듯 무책임하게 연애하는 것이 아님을 잘 아는 김정숙이 사정을 딱하게 여기고 김일성에게 말했다고 한다. 그 덕분에 이민과 진뢰는 곤경을 벗어났고, 오히려 전화위복이 됐다고 한다. 김일성이 이 문제를 다룬 간부회의에서 동지간의 진정한 사랑은 혁명열기를 더욱 높일 수 있으며, 중국인과 결혼하는 것은 조선과 중국 간 우호에 도움이 된다고 적극 감싸준 덕분에 이례적으로 진중결혼이 허락된 것이다. 마침 진뢰는 김일성 밑에서 정치 교양원으로 일을 했기 때문에 양쪽 모두를 잘 아는 김일성이 적극 나섰을 것이다.

1943년 섣달 그믐날 진뢰와 이민은 갑자기 결혼식을 올리게 되었다. 이민의 회고에 따르면, 당에서 부르더니 두 사람을 결혼시키기로 결정했으니 그날로 당장 혼례를 치르라고 했다. 최광, 김옥순 부부와 다른 한 쌍도 이날 함께 결혼 명령을 받았다. 조선과 중국의 유격대원들이 참석해 축복하는 가운데 세 쌍의 유격대원들이 군복 가슴에 꽃을 달고 한날 한시에 결혼식을 올렸다. 김일성은 축사를 통해 어려운 투쟁 속에서 맺은 사랑은 길고 영원해야 한다면서, 사랑이 깊을수록 투쟁을 더 잘해야 한다고 격려했다.

최광은 광복 후 조선인민군에 들어가 계속 군 생활을 했으며, 1988년 인민군 총참모장을 지냈다. 그는 한때 실각했다가 오진우가 사망하자 1995년 10

월 인민무력부장 자리를 이어받았으나 1년여 만에 세상을 떴다. 김옥순은 같은 유격대원이던 첫 남편이 죽자 최광과 재혼했는데, 성격이 활달하고 똑똑해 북한 여맹위원장을 지냈다. 진뢰, 이민 부부는 같은 날 결혼식을 올린 인연으로 최광, 김옥순 부부와 특히 가깝게 지냈다. 이들은 식을 올린 뒤 부대에 하나뿐인 병실로 가서 신방을 꾸몄다. 방이 하나뿐이어서 방 가운데 줄을 매달고 천을 늘어뜨려 방을 둘로 나눈 뒤 두 부부가 따로 첫날밤을 보냈다.

김일성과 최용건, 김책의 위상

최광의 처 김옥순은 김정숙과도 매우 가까웠다. 1949년 김정숙이 해산하다 죽고 김일성은 공무가 바빠서 가정을 돌보기 어려웠을 때, 김정숙의 부탁을 받아 김정일을 돌봐준 것이 김옥순이었다고 이민은 증언한다. 김정일이 유치원에 다닐 때도 김옥순 집에서 다녔기 때문에 사이가 각별했다는 것이다. 한때 숙청됐던 최광이 재기해 인민무력부장이 됐을 때 김정일과의 각별한 관계 때문에 큰 힘을 발휘할 것으로 알았는데 일찍 죽고 말았다고 이민은 아쉬워했다.

김일성이 광복 후 나이나 투쟁경력으로 볼 때 한참 선배인 최용건이나 김책을 제치고 무리의 대표로 떠오른 데 대한 이민 여사의 분석은 시사하는 바크다.

김일성은 1937년 보천보 전투를 통해 국내에 이름이 가장 널리 알려져 있었고 활달한 성격에 리더십이 강했다. 하지만 결정적인 것은 독립된 부대를 오래 거느리고 있어서 직계 조선인 부하가 가장 많았던 점이라고 했다. 김일성이 동포들이 많은 동남만주(1로군) 지역에서 활동했기 때문에 길동지역(길림성 동쪽 북만주 지역·2로군)에서 활약한 최용건이나 더 북쪽인 북만주(3로군)지역의 김책에 비해 부대원 가운데 조선인이 훨씬 많았다는 것이다. 이에 반해 김책이나 최용건은 중국인 부하들이 많았으며 참모 역할을 많이 했기 때문에 직계 부하들이 적었다고 한다.

당시 88특별여단의 조선인은 많을 경우 300명에 달했는데, 그 가운데 180명가량이 김일성 부대원이거나 김일성 부대와 합동 군사작전을 자주 폈던 1로군 소속이었다. 이민 여사는 김일성이 김책, 최용건을 제치고 떠오른 또 다른 이유로 이들 각자와 소련 및 중국 공산당과의 관계도 작용했으리라고 추측했다. 항일혁명 투쟁에 일찍이 뛰어들고 중국공산당에도 앞서 입당한 최용건과 김책은 독자적 군사활동을 주로 펴온 김일성보다 훨씬 중국공산당과 가까웠다고 한다. 이에 소련군이 최용건이나 김책을 꺼리고, 나이는 훨씬 어리지만 비슷한 서열로 리더십이 있는 김일성을 선호했을 가능성이 크다고 증언했다. 더욱이 김책은 소련이 강력히 권하는데도 88여단에 합류하기를 거부하다 가장 뒤늦게 들어와 껄끄러운 측면이 있었다고 한다.

김책은 김일성보다 9살이 많은 1903년생이었는데, 사리판단이 공정하고 신중해 특히 중국공산당 내에서 신망이 높았다. 그는 중국인들이 많은 북만주의 3로군 지역에서 높은 지위에 오르며 항일투쟁을 벌였는데, 평소 언행이 신중해 중국인들도 매우 어려워했다. 3로군 내부에서 투쟁노선 등을 놓고 갈등이 생길 때마다 김책이 조정 역을 훌륭히 해내며 처신을 바로 해서 중국공산당 안에서 평가가 매우 높았다고 한다.

당시 지리적으로 멀리 떨어진 연안 중국공산당 본부와 긴밀한 연락이 안 되는 상태에서, 초기에 3로군 총지휘를 맡았던 조상지가 중국공산당 본부의 노선을 비판하며 독자적인 행동을 하려고 해 이조린 김책 등과 마찰이 심각했다. 김책은 이조린을 지지하면서도 일을 무난히 수습해 위기를 넘기게 했다는 것이다. 이민 여사는 굳이 비유하자면 그가 중국의 주은래(周恩來) 총리와 성격이나 역할이 비슷했다고 말했다.

김책과 최용건의 투쟁경력

김책은 북만주 지역에서 마지막까지 버티면서 소련령으로 넘어오라는 88여단 지휘부의 지시를 거부했다. 그는 "누군가 근거지를 지키는 사람도 있어야지 모두 버리고 소련 땅으로 가면 이곳은 누가 지키느냐"며 고집을 꺾지 않았다. 그 이면에는 동북항일연군이 88특별여단으로 편성되면서 소련군에 사실상 편입하는 것은 당 노선에 맞지 않는다는 강력한 거부의 뜻이 들어 있었다.

항일연군 지휘부에서는 일본군의 맹렬한 공세로 희생이 계속 늘어나고 있는데, 훗날을 생각할 때 고급 간부들이 버티다가 죽으면 전략적 손실이 너무 크다면서 국경을 넘어올 것을 강력히 종용했다. 김책이 계속 말을 듣지 않자 지휘부가 김책의 후임자를 일방적으로 파견하기에 이른다. 결국 김책은 가장 늦게 1943년 말 소련 국경을 넘어 88여단에 합류하고, 후임으로 파견된 중국인 간부는 일본군 토벌대에 의해 희생되고 말았다.

최용건 역시 투쟁 경력이 화려하다. 그는 김일성보다 12살 많은 1900년생으로 좌익계 조선 혁명가 중 가장 연장자에 속한다. 그는 이승훈이 세운 기독교계 오산학교(당시 교장 조만식)에 다니다가 중국으로 건너가 운남 군관학교를 졸업하고, 1926년 중국공산당에 입당한 후 황포군관학교에서 교관으로 활동했다. 당시 황포군관학교에는 장개석이 주도하는 국민당원들과 손을 잡은 중국공산당의 주은래 등이 있었다. 최용건은 1927년 광주(광동)

코뮌 폭동에 참가했다.

조선인 혁명가들이 200명 정도 참가했던 이 폭동이 실패로 돌아가고 많은 혁명가가 죽었을 때 최용건 등 살아남은 조선 공산주의자들은 만주로 파견된다. 화요파로 파견된 최용건은 길림성과 흑룡강성 등에 소학교, 농민학교 등을 여러 개 세우면서 교육사업을 하고 이곳을 혁명 근거지로 삼아 조직적으로 항일세력을 키운다.

이민 여사는 어려서 최용건이 세운 모범소학교를 다니던 기억을 이야기했다. 제법 학교 규모가 커서 중급반과 고급반까지 있었고 건물도 2층이었으며, 학생이 많을 때는 100명을 넘었다고 한다. 저녁에는 농민들을 모아 야학을 하면서 항일의식을 고취했다. 최용건이 교장이었으나 얼굴을 보기는 힘들었고, 황포군관학교 생도로 최용건을 따라온 젊은 선생들이 가르쳤다고 한다. 최용건은 이러한 항일 근거지 학교들을 돌아다니면서 항일투쟁을 했다.

당시 항일투사들은 일제의 추적을 피하기 위해 가명을 여러 개 썼는데, 각종 기록에 최석천이란 이름으로 나오는 사람이 바로 최용건이다. 김지강이라는 가명도 썼다. 최용건은 동북항일연군 시절이나 88여단 시절에도 직접적인 군사 활동 보다는 이론가형으로 정치교육 등 당의 고위 직책을 주로 맡았다. 그는 광복 후 북한 정권에서 부수상을 지냈다.

보천보 전투 후 김일성에 현상금 1만엔

이에 비해 김일성은 주로 야전 빨치산 활동에 주력했다. 김일성의 활동에 대해서는 그런대로 알려져 있어 중복을 피하겠지만, 동북항일연군 시절에도 그는 일선 지휘관으로 직접 전투에 참여했다. 처음에는 병사로 출발했을 테지만 점차 두각을 나타내면서 지휘관이 됐고, 여러 차례의 성공적 전투를 수행해 김일성부대는 동남만 지역에서 강력한 부대로 알려지게 됐다. 그는 동북항일연군이 연대틀을 갖추고 1, 2, 3로군으로 재편되자 2군 3사장, 6사장 등을 지내며 독립적인 단위 부대장으로 인상적인 군사 활동을 펴나간다.

김일성이 이름을 떨치게 된 것은 1937년 보천보 전투다. 보천보는 압록강변의 작은 마을로 총 가구 300호에 1,400명가량 살고 있었는데, 그 가운데 일본인이 26가구 50명가량이었다고 한다. 불과 20킬로미터 떨어진 곳에 혜산진이 있다. 김일성 부대는 현지 공작원들과 연계해 치밀한 사전준비를 한 뒤 6월 4일 압록강을 건너가 마을을 점령했다. 주재소를 습격해 무기를 탈취하고 마을 사람들을 모아 놓고 항일독립운동의 필요성을 연설하는 등 24시간을 점령했다가 삐라를 뿌리고 철수했다.

혜산진에서 일본군 수비대가 출동해 뒤를 쫓았으나 오히려 사상자를 내고 도망쳤다. 만주의 항일무장 세력이 조선 땅에 쳐들어와 잠시나마 마을을 점령한 것은 처음 있는 일로 김일성의 이름이 국내에 널리 알려지게 됐다. 당시 「동아일보」 등은 호외를 내고 김일성 일파와 최현 일파의 보천보 습격 사건을 대대적으로 보도했다.

이 사건으로 김일성은 일본군의 제1표적이 됐고, 그의 목에 현상금 1만 엔이 걸렸다. 김일성부대는 동남만 지역에서 이리저리 쫓겨 다니며 유격전을 펴 일본 토벌군을 괴롭혔는데, 1940년 일본군에 쫓기다 맞닥뜨린 마에다 중대를 치열한 교전 끝에 섬멸해 명성이 더욱 높아졌다. 지리적으로 조선과 가까워 치열한 전투를 가장 많이 치렀던 1로군은 대부분의 지휘부가 일본군에 잡혀 죽거나 투항해 마지막까지 살아남은 간부 중에서 김일성은 중국인과 조선인을 통틀어 1로군에서 가장 높은 지위였다.

지휘부가 희생될 때마다 살아남은 자들로 새로 지휘부를 구성해야 했기 때문에 나중에는 1로군 제2방면군의 총지휘를 맡게 됐다. 88여단에서 총지휘자 주보중이 김일성을 예우한 것도 이런 전과가 있었기 때문일 것이다.

김책을 깍듯이 대한 김일성

김일성은 혁명 선배들 중에서 특히 김책을 존중했다고 한다. 광복 후 자신이 최고 지도자로 떠오른 뒤에도 김책만은 깍듯하게 대했다는 것이다. 차를 타고 가다가도 길에서 마주치면 먼저 차에서 내려 인사를 할 정도였다. 6.25전쟁이 터지자 김책은 전선사령관을 맡는다. 유엔군이 참전하고 전세가 역전돼 미군기의 평양 공습이 잦아지면서 다른 간부들은 모두 평양 북쪽으로 피했다. 그러나 김책은 전선사령관으로 평양에 남겠다고 자청해 지하 방공호에서 지휘하다가 1951년 사망했다. 김일성은 이에 대해 두고두고 미안한 마음을 가졌다고 한다. 김책의 사망 소식이 전해지자 전쟁중임에도 김일성이 평양에 가서 직접 김책의 빈소를 지켰다고 한다.

동북아 항일투쟁사를 연구하고 흑룡강성에 중국공산당역사연구소를 만들어 소장을 지낸 조선족 김우종 교수는 이민 여사가 방한할 때 함께 와 조선말을 잊어버린 이민 여사의 말을 통역해주었다. 그는 북한을 자주 방문해 조선역사연구소 사람들과 만나는 일이 잦은데, 평양에서 들었다는 김일성과 김책에 얽힌 에피소드를 들려주었다.

1994년 김일성이 사망했을 때 그의 사무실에 커다란 금고가 하나 놓여 있었다. 김정일이 그것을 열어 보니 낡아서 색이 누렇게 변한 김책의 사진이 한 장 들어 있었다고 한다. 다른 혁명 동지들이 많이 있는데도 유독 그의 이름을 따서 김책시(옛 성진시)와 김책공대를 명명하는 등 각별히 예우를 해준 것도 이런 관계를 보여주는 것이 아닐까 싶다. 김책의 아들 김국태는 지금 간부담당 비서로 김정일 체제의 핵심에 포진해 있다.

항일연군으로 활동하면서 일제와 투쟁하다 죽은 지휘관이 많지만, 그 중에는 배고픔과 추위, 좌절감을 견디지 못하고 일제에 투항해 이름을 더럽힌 지도자도 많다. 일제는 투항한 자들을 처형하지 않고 그들을 이용해 동지들 토벌에 이용하는 악랄한 수법을 썼다. 이 때문에 항일투쟁 조직의 비밀 아지트가 습격당하는 등 조직이 급속히 무너지고 많은 사람이 죽었다.

투항자 가운데 가장 아까운 인물로 전광을 들 수 있다. 1로군 조직에서 김일성보다 지위도 높고 선배격인 운동가다. 님 웨일즈가 중국공산당 본부가 있던 연안에서 우연히 만난 한 조선 혁명가의 일생을 그린 작품 『아리랑』의 주인공 김산(본명 장지락)이 가장 존경하고 극찬하면서 투쟁을 함께 하려고 했던 독립운동가 오성륜이 바로 그 사람이다. 그는 그야말로 파란만장한 일생을 보냈다.

전광은 최용건과 동갑인 1900년생으로 함경북도 온성에서 태어나 김원봉의 의열단에 가입해 테러리스트로 활동하다 일제에 체포됐으나 탈출했다. 베를린을 거쳐 모스크바로 가서 동방근로자공산대학에서 교육을 받고 중국으로 가 황포군관학교에서 러시아어 교관으로 활동했다. 김산(장지락)과 함께 광주코뮌 폭동에 참가했고, 그 뒤 만주로 파견돼 ML파 일원으로 항일공작을 하다가 동북항일연군에서 핵심 간부로 활약했다.

각종 기록을 보면 중요한 회의마다 참석자로 전광이란 그의 이름이 나온다. 그러나 그는 마지막 고비를 견디지 못하고 1941년 일본군에 투항한다. 동지들을 배반하고 누구보다 찬란했던 투쟁경력을 물거품으로 만드는, 씻을 수 없는 과오를 범한 것이다. 그는 일본군에 협력해 이름을 바꾸고 살다가 광복 후 신분이 탄로 났으나 어떤 이유에서인지 처형당하지는 않았고, 1947년에 병사했다고 한다.

이민 여사는 항일연군이 소련국경을 넘기 직전 전향자가 속출했는데, 이는 일제가 교활하게도 투항자들을 처형하지 않고 선전요원으로 썼기 때문에 배고픔과 좌절을 이기지 못해 배반자들이 나오게 됐다고 말한다. 김일성도 훗날 회고록 『세기와 더불어』에서 추위와 배고픔, 강행군은 참을 수 있었지만 배반한 동지들 때문에 버티기가 힘들었다고 당시를 술회한 바 있다.

문화혁명으로 수난 겪은 이민 부부

1945년 8월 소련이 일본에 선전포고를 하면서 88여단 요원들은 각기 중국과 조선으로 향하게 된다. 이민 여사는 조선인 동료들과 헤어져 제1진으로 남편 진뢰와 함께 하바로프스크를 떠났다. 일제가 항복한 뒤 조선인 동료들은 대부분 조국으로 돌아가고, 주보중이 특별히 지명한 몇몇 조선인 동료들은 중국 내전에도 참가한다. 진뢰 부부는 하얼빈으로 갔고 그곳에서 공산당원으로 내전에 참여하는 등 활약한다. 중국공산당이 승리한 뒤 진뢰는 흑룡강성 성장을 오래 지내면서 중국 동북지역에서 가장 영향력 있는 인물이 된다.

그러나 중국이 문화혁명 등 대란에 휩싸일 때마다 진뢰, 이민 부부도 노선투쟁에 휘말려 숱한 고통을 겪어야 했다. 가장 고생스러웠던 것이 문화혁명 때다. 이때 많은 사람이 갖가지 죄목으로 재판을 받고 감옥에 갔는데 진뢰 역시 반혁명분자, 주자파, 특무라는 올가미를 쓰고 꼬박 7년간 옥살이를 했다고 한다. 지주집안 출신으로 대학을 다닌 인텔리인데다 강청 등의 소위 '4인방'과 노선이 달라 홍위병들의 집중 공격을 받았다는 것이다.

이민 여사 역시 진뢰의 부인인데다 조선족이라는 점 때문에 '조선 특무'
라는 혐의를 쓰고 5년 동안 감옥에 갇혀 사는 고난의 세월을 보냈다. 그는
토굴에 갇혀 지낸 세월이 너무도 고통스러웠다고 회상한다. 당시 홍위병들
은 북한 김일성을 비판하는 등 사이가 좋지 않았기 때문에 문화혁명 기간 내
내 조선족이 고통을 많이 겪었다.

진뢰, 이민 부부는 광복 후 김일성의 초청으로 1983년과 1992년 평양을 방
문해 각별한 환대를 받았다. 1983년 9월 흑룡강성 친선대표단을 이끌고 평
양을 방문했을 때 김일성은 일행을 접견해 오전 내내 항일투쟁하던 시절 이
야기를 나누고, 중국에 살고 있는 동료들의 안부를 일일이 물으면서 극진히
대접했다. 김일성은 의사들의 만류를 뿌리치고 축배까지 들었다고 한다.

1992년 4월 김일성의 80회 생일을 축하하기 위해 축하단을 이끌고 방북했
을 때도 하바로프스크 시절 함께 생활하던 동지들 중에서 살아있는 여대원
들을 모두 모이게 해서 이민과 만나게 해주었다. 평양 청류관에서 만났는데
김옥순, 박경숙, 박경옥, 리영숙, 리숙정 등 당시 동지들은 얼싸안고 기쁨의
눈물을 흘렸다고 이민은 회고한다. 남자 동지들은 술 담배 때문에 일찍 죽
었으나 여대원들은 대부분 살아있었다고 웃으며 말했다.

김일성을 우상화하면서 항일투쟁 역사를 철저히 김일성 중심으로 왜곡하
고, 특히 중국공산당 휘하에서 활동한 동북항일연군 시절의 투쟁을 조선혁
명군의 독자적 투쟁으로 강변하는 북한에서, 김일성이 자신의 내력을 너무
도 잘 아는 진뢰, 이민 부부를 환대한 것은 매우 이례적이다. 주민들에게 학
습시키는 공식적인 역사와 지도자의 개인적 만남은 별개인 것일까.

이에 앞서 진뢰, 이민 부부는 1964년 김일성이 중국 동북지구를 방문할 때
하얼빈에서 주은래 총리와 함께 영접한 적이 있었다. 1945년 하바로프스크

이민 여사와 하얼빈에서 3차 인터뷰
1989년 중국 동북지역을 방문했을 때 이민 여사를 만나게 된 것은 '행운'이었다. 이민 여사는 김일성 주석이 40년대 하바로프스크에서 무장 투쟁을 할 때 3년간 비밀기지에서 함께 생활한 혁명 동지였다. 하얼빈에서 이민 여사를 만나 40년대 '김일성부대'에 관해 취재하고 있는 필자.

에서 헤어진 뒤 19년 만의 만남이었다.

김일성 조문 때 만난 김정일

1994년 김일성 주석이 사망했을 때 진뢰, 이민 부부는 하얼빈에서 승용차를 타고 평양까지 조문하러 갔다. 김일성 사망 소식을 듣고 하얼빈 혁명기념관에 조문소를 차려 조선족들이 조문을 하게 했는데, 뒤늦게 조문방문 요청이 승인되어 18시간을 줄곧 달린 끝에 평양에 도착했다.

7월 20일 장례추도대회가 끝난 직후 김정일 국방위원장이 면담한다고 해서 추도대회장인 김일성 광장 휴게실에서 그를 만났다. 깊은 조의를 표하자 김정일은 감사하다면서 앞으로도 예전처럼 자주 방문해 달라고 말했다고 한다. 그 자리에서 이민 여사는 자신도 모르게 김정일의 손을 잡아 자신의 뺨에 갖다대는 무례를 범했는데, 그 옛날 김정숙 동지의 얼굴과 함께 어릴 적 모습이 떠올랐기 때문이었다고 술회한다.

김정일은 그때까지 외국 사절을 접견하면서 사진을 공개한 적이 없는데 진뢰 부부 접견 사진은 이례적으로 「로동신문」에 공개됐다. 이날 김정일은 진뢰 부부를 만나고, 이어 이탈리아 국제관계 연구소 총서기 장 카를로 엘리아 바롤리를 접견했다. 조선인민군 최고사령관 김정일이 이들을 접견했다는 기사와 함께 접견사진이 1994년 7월 21일자 「로동신문」에 실려 있다.

진뢰 부부는 1998년 9월 공화국 창건 50돌에 다시 초청을 받아 27일간 북한에 머물렀다. 김정일 국방위원장이 계속 지방을 순시하는데 평양에 오면 특별 면담을 할 테니 기다리라고 해서 하루 이틀 있다보니 한 달이 됐다는 것이다. 그 사이 옛날 하바로프스크 시절 동지들도 만나고 금강산과 묘향산, 개성 등 각지를 구경했으며, 이민 여사 부모의 고향인 황해북도 은파군 양동리도 방문했다.

이민 여사가 한국을 방문하기까지에는 이런 저런 마음 쓰임이 많았을 것이다. 김일성 부자와 특별한 관계라는 것이 한국행을 더디게 했을 것이다. 그는 한국의 발전상에 대해 많이 듣고 텔레비전을 통해서도 보았지만 직접 눈으로 보니까 훨씬 화려하고 특히 문화시설과 위생시설이 훌륭하다고 말했다. 세계 각국에서 비정부기구 대표단이 참가한 서울 NGO대회도 인상이 깊었을 것이다.

항일운동사 보완에 소중한 내용들

호텔 음식점에서의 짧은 만남만으로는 이민 여사의 파란만장한 이야기나 한국방문 느낌을 충분히 들을 수 없었다. 특히 그의 개인사는 우리 역사에서 소홀히 다뤄지거나 왜곡해서 전해진 1930~1940년대의 내용을 보완하는 데 적지 않은 보탬이 될 것이 분명했다. 새로 들을 이야기도 많고 확인할 내용도 많았다. 항일운동사를 연구하는 학자들의 글 가운데 몇몇 부분은 사실과 다르고, 몇몇 부분은 충분히 기술되지 않았음을 느낄 수 있었다.

필자는 일정이 빡빡한 이민 여사를 졸라서 한번 더 만나자고 요청했다. 그래서 이민 여사와 김우종 교수가 김성훈 농림부 장관의 배려로 한국의 농

촌을 둘러보고, 한우사육단지와 젖소사육 목장, 축산물 종합처리장(LPC), 미곡종합처리장(RPC) 등을 방문해 견학하는 승용차에 동승하게 되었다. 12시간 이상 한차에 나란히 앉아서 미심쩍은 사항을 물어보고 확인하는 일을 했다.

이민 여사는 가는 곳마다 열심히 설명을 듣고 이것저것 묻기도 하면서 수첩을 꺼내 꼼꼼히 메모했다. 쓴 지가 너무 오래되어 한국말을 거의 잊어버렸지만, 최근 공부를 다시 해서 일상적인 말은 조금 알아듣는다고 했다. 나이를 초월한 그 열정이 놀라웠다.

서울로 돌아오는 길에 마지막으로 들른 곳은 용인 민속촌이었다. 그는 이곳저곳 들르는 곳마다 어릴 적 살던 곳과 똑같다면서 어린 시절을 회상했다. 널뛰기를 보고도, 괴나리봇짐을 보고도, 집 모양이나 헛간 등을 보고도 바로 어린 시절로 되돌아간 듯 즐거워했다. 병으로 일찍 돌아가신 어머니, 항일투쟁을 하다 일본군 손에 죽은 아버지나 오빠 생각도 나는 듯했다.

그가 답변하기에 난처해 할 것 같아 애써 뒤로 돌려 두었던 질문을 헤어질 때쯤 던져보았다. 북한 동포들의 어려운 식량사정 등을 내 쪽에서 먼저 들먹이고 나서, 함께 혁명 활동을 했고 특별히 가까운 사이이기도 한데 지금의 어려운 북한사정에 대해 어떻게 생각하느냐고 물었다. 그로서는 답변하기에 매우 곤혹스러운 질문이었을 것이다.

그는 "어서 통일이 돼야 한다. 남북이 함께 잘 살아야 한다. 지난날을 너무 따지기보다는 민족의 장래를 생각해야 한다"고 우회적으로 대답했다. 그는 남쪽에서나 북쪽에서나 정치적 필요 때문에 역사가 정확히 기술되지 않는 것 같아 안타깝다면서 역사 기록은 정확해야 한다고 덧붙였다.

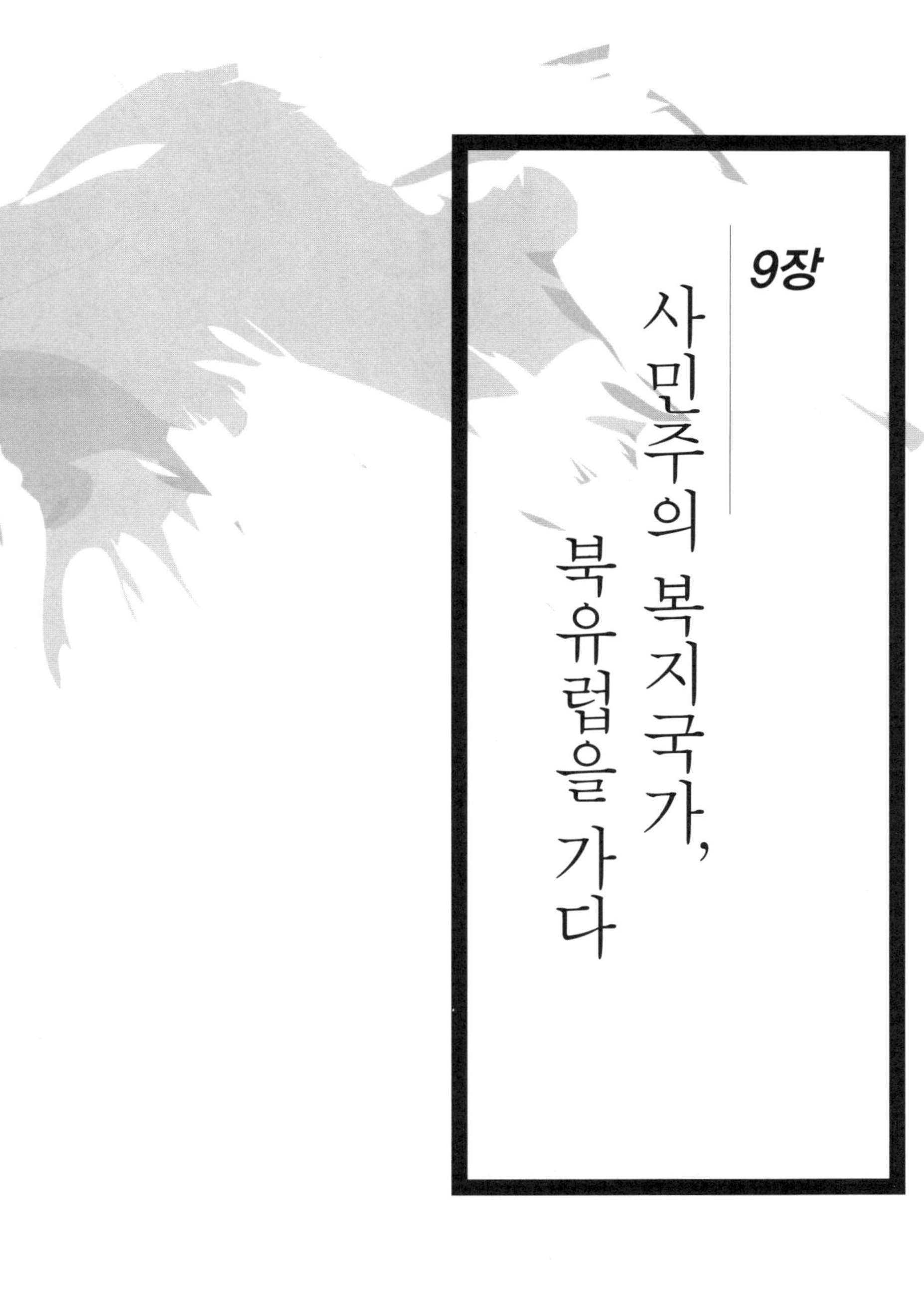
9장
사민주의 복지국가, 북유럽을 가다

———

스웨덴, 노르웨이, 덴마크 등 북유럽 3개국은 전 세계에서 사회복지제도가 가장 발달한 나라로 알려져 있다. 특히 정치적으로 사회민주주의를 표방한 정당들이 단순한 비판세력에 머문 것이 아니라, 국민의 지지를 받아 오랜 기간 집권하면서 오늘의 복지국가 모델을 만들어 냈다.

사회민주주의 체제가 사실상 붕괴한 가운데 자본주의 독주의 폐해를 막을 대안으로서 사민주의에 대한 관심이 점차 높아가고 있다. 1995년 사회민주주의와 사회주의의 차이조차 명확히 구분하지 못하는 우리 풍토에서, 이들 국가들을 현지 취재해 그곳의 정치 상황과 복지 현황, 그리고 '고도복지'에 따르는 문제 등을 다각도로 소개했다.

군축문제 전문 연구기관으로 유명한 스톡홀롬 국제평화연구소(SIPRI)의 한반도 전문가 라빈더 팔 싱 박사를 인터뷰한 내용도 함께 싣는다.

스칸디나비아 3국 현지 취재기

| 자유 · 평등 · 복지, 국민이 택한 장기집권 |

스칸디나비아 3국으로 잘 알려진 스웨덴, 노르웨이, 덴마크는 공통점이 많다. 지리적 인접성으로 인해 함께 공유한 역사가 길다. 정치적으로 입헌군주국에 내각제를 채택하고 있는 점이나, 유럽의 변방으로 산업화가 뒤늦었음에도 모두 국민소득 2만 달러를 넘는 활기찬 선진산업국이라는 점도 공통점이다.

그러나 우리의 관심이 가장 쏠리는 부분은 독일이나 프랑스와는 또 다른 독특한 사회민주주의를 형성하고 발전시킨 배경과 사민주의를 표방하는 정당들이 단순한 비판세력에 머문 것이 아니라 오랜 기간 집권세력으로서 역사의 주체로 나서서 정치를 이끌었다는 점이다. 현재도 이들 나라는 모두 사민주의를 내건 정당들이 집권하고 있다.

스웨덴서 53년간 정권 잡아

또 하나의 관심은 사민 계열 정당들의 집권과 맞물려 있는 것이지만 세계에서 가장 앞선 고도의 복지국가를 이루었다는 점이다. 이들이 누리는 사회복지는 우리로서는 상상하기조차 힘든 수준이다. 그야말로 인간답게 사는 모습의 한 단면을 볼 수가 있다. 사람이 모여 사는 곳 치고 모순과 그늘이 없는 곳이 있으랴만, 그래도 정치적 자유와 경제적 풍요를 누리면서 공동체적 평등이 상대적으로 보장돼 있는 사회체제라는 평가가 안팎에서 나오고 있다.

잉바르 칼손 총리가 이끌고 있는 스웨덴 사민당은 1889년 창당한 뒤 1932~1976년 및 1982~1991년 총 53년간이나 집권했으며, 1991년 보수계 연립내각에 정권을 내줘 한때 사민주의의 앞날에 대한 논쟁을 불러일으키기도 했으나 1994년 선거에서 42퍼센트의 높은 지지로 신임을 되찾았다. 보수정권의 사회복지 감축정책에 대한 국민적 반감이 경제적 불만과 겹쳐 사민당 지지로 되돌아섰다는 게 현지의 일반적인 분석이다. 노르웨이의 노동당도 1990년 이후 계속 국민의 지지를 받고 있다. 노르웨이의 그로 할렘 브룬틀란 총리는 벌써 4번째 노동당 정권을 이끌고 있다. 덴마크의 사민당은 1993년 사회주의 계열인 급진자유당, 중도민주당과 연립해 소수내각을 구성해 정권을 이끌고 있다.

이들이 공통적으로 내걸고 있는 슬로건은 자유, 평등, 결속이다. 인터뷰를 위해 만난 노르웨이 노동당의 정치 자문역인 트론에리크 토르발센은 특히 '결속'을 강조했다. "모든 사람들이 차별 없이 자신의 능력을 마음껏 발휘할 수 있도록 기회를 제공하고 인간다운 삶을 누릴 수 있는 권리와 의무를 동시에 갖도록 한다"는 것이다. 이러한 사회에서 빈부의 격차는 이념적으로 용인할 수 없다. 실제 사회 정책이나 경제 정책이 모두 평등을 기조로 이루어져 있다. 소득이 있는 모든 곳에는 반드시 세금이 따른다. '검은 돈'이 숨을 곳이 없다. 고소득자에게는 최고 55퍼센트의 세금이 매겨지고, 저소득자에게는 세금을 면제해주거나 실업수당을 지급한다. 그러다 보면 개인이 쓸 수 있는 돈은 엇비슷해지는데 그것을 당연하게 받아들인다.

건전한 시민정신이 살아 있는 곳에 부정부패의 독버섯은 자랄 수 없다. 기자가 방문했을 때 스웨덴은 임기를 2년여나 남겨둔 칼손 총리가 올해 3월 자진 퇴임하겠다는 의사를 밝힘에 따라 차기 총리 및 사민당수의 0순위로 꼽히던 모나 살린 부총리 겸 남녀평등부 장관이 금전 스캔들로 인한 중도하차한 사건이 계속 화젯거리가 되고 있었다. 여고 출신으로 왕성한 노조활동과 자유분방한 행동으로 인기가 높았던 39살의 신세대 기수 살린은 칼손 등 당 원로들의 지원을 업고 차기 총리로 거의 확정될 유리한 위치에 있었다. 그런데 그가 개인용도로 옷을 사고 자동차 임대료를 지급하면서 정부 공용 신용카드를 사용했음이 뒤늦게 밝혀졌다.

600만 원 늦게 갚아 총리 못돼

우리 돈으로 약 600만 원쯤 되는데, 이 돈을 착복하거나 유용한 것은 아니고 나중에 갚았다는 것이다. 그러나 공직자로서는 자격미달이라는 여론이 들끓고 급기야 검찰 수사까지 받게 됐다. 기자가 사민당을 방문한 자리에서 이 문제를 묻자 칼손 총리의 연설문을 주로 작성한다는 당 옴부즈맨 애니 페르손은 곤혹스런 표정을 지으며 "조사 결과 법적인 문제는 없는 것으로 드러났지만 도덕적으로 분명 문제가 있는데다 당사로 항의 전화가 쏟아져 총리 후보를 사퇴하기에 이르렀다"고 설명했다. 이런 나라에서 전직 대통령이

5천억 원 이상의 비자금을 조성한다는 것은 꿈에서조차 상상할 수 없는 일이다. 노태우 전 대통령의 구속 소식은 북유럽 각 나라의 텔레비전에 크게 방영됐는데 "그런 일이 어떻게 일어날 수 있으며 국민과 언론들은 무엇을 했느냐고 의아해하는 분위기였다"고 한 현지 교민은 말하면서 "부끄러워 얼굴을 들 수 없었다"고 전했다

칼손 총리의 전임자로 세계적인 평화주의자로 명성이 높았던 올로프 팔메 총리의 피살사건은 이들 나라에서 권력자들의 위상을 잘 보여주는 사례이다. 팔메 총리는 1986년 2월 28일 밤 11시 30분 스톡홀름 거리에서 괴한의 총에 맞아 숨졌다. 업무를 마치고 퇴근한 그는 부인과 함께 아들 부부를 불러내 지하철을 타고 가 영화를 본 뒤 아들과 헤어져 다시 지하철을 타러 가다가 큰길가에서 변을 당했다. 그는 그 날도 평소처럼 경호원을 일찍 퇴근시켰다. 총리가 경호원 없이 혼자 나다니는 그런 사회다. 그가 숨진 한길 바로 그 자리에는 "팔메 총리가 숨진 곳"이라는 동판이 새겨져 있고 누가 갖다 놓았는지 자그마한 포인세티아 화분 둘이 놓여 있어 아직도 식지 않은 국민들의 존경심을 보여주고 있었다.

'효율적 복지' 구현이 과제

북유럽 나라들의 복지상황은 우리로서는 감히 상상하기 힘든 수준이다. 태어나면서부터 사회복지 혜택을 받기 시작해 노인이 돼 죽을 때까지 각종 수당이나 연금을 받게 된다. 이를 재정적으로 뒷받침하기 위해서는 물론 소득의 상당부분을 국가에서 거두어간다. 그래서 높은 세율 때문에 때로 불만이 나오기도 한다. 고소득자일수록 누진세율이 적용돼 불만이 많다. 고도의 복지사회에 따르는 역작용도 나타나 좀더 효율적인 복지제도를 구현해야 한

다는 논란도 그치지 않는다. 최근 실업률이 높아지고 재정적자가 심해지면서 이러한 목소리는 더욱 높아졌다. 그러나 막상 국민을 상대로 한 각종 여론조사 결과는 세금과 복지혜택을 함께 줄이자는 데 대해 반대하는 쪽이다.

| 노동 많이 하면 노후연금 더 혜택 |

국제결혼을 해 덴마크에 살고 있는 정보영(35)씨가 말로만 듣던 북유럽의 사회복지 혜택을 가장 실감한 것은 첫 아이를 낳을 때였다고 한다. 수술로 아이를 낳고 열흘 뒤 퇴원 동의서에 서명해 주고 집에 돌아올 때까지 그가 병원에 치른 돈은 단 한 푼도 없었다. 모든 것이 무료로 처리됐다. 그뿐만이 아니다. 퇴원 뒤 사회복지기구 소속 간호원에게서 언제 찾아가면 좋겠느냐는 전화가 왔고, 일주일 뒤 첫 방문을 시작으로 석 달간 정기적으로 찾아와 아기와 산모의 건강을 살피고 육아에 대한 조언을 해주었다.

당시만 해도 언어소통이 원활하지 못했던 정씨에게 간호원과 함께 통역관이 따라왔는데, 이 비용 역시 지방 정부에서 당연히 부담하도록 돼 있었다는 것이다. 아이 낳기가 아닌 갑작스런 부상이나 질병으로 입원해도 마찬가지다. 스웨덴이나 노르웨이도 거의 비슷하다. 스웨덴의 경우 입원할 때 약간의 수수료(약 150크로나, 한화 1만 5천 원)를 내는 것이 고작이다.

가족 중 한 사람이라도 아프면 가계부에 당장 구멍이 나고 만일 큰 병이라도 걸리면 거의 파산지경에 이르는 우리 현실에서 이런 제도는 꿈과 같은 이야기가 아닐 수 없다. 그나마 의료보험이 실시되면서 많이 나아지기는 했지만 보험 혜택이 안 되는 부분이 많아 가욋돈이 엄청나게 들어간다. 반강제적인 특진료는 보험 혜택 밖이고, 병실료는 보험 혜택이 주어지지만 여간해서는 6인 병실 차례가 돌아오지 않아 울며 겨자 먹기로 2~3인실에 머물면서 추가비용을 부담하는 것을 주위에서 흔히 본다.

이들의 병가 혜택도 우리로서는 부럽기 짝이 없다. 누구라도 몸이 아프면 눈치 볼 것 없이 당연히 병가를 낼 수 있고 그 기간에도 급여를 준다. 노르웨이가 가장 관대한 편이어서 첫날부터 1년 동안 급여의 100퍼센트인 병가수당이 나온다. 꾀병을 앓는 등의 악용 소지를 막기 위해 지방 보상사무소에서 8주, 12주, 1년이 되는 때 재평가를 하도록 제도화하고, 1년이 지난 뒤에도 60퍼센트는 지급하도록 되어 있다.

덴마크는 병가 때 약 90퍼센트의 수당을 지급한다. 스웨덴에서는 단계별로 수당에 차이가 난다. 병가 첫날은 무급으로 하되 둘째 날부터 14일까지는 75퍼센트, 2주~3개월이 80퍼센트, 3개월~1년 사이에는 60퍼센트의 수당을 준다.

노르웨이 복지부의 비에른 할보르센 보상국장은 "보수계열 정당들이 병가수당을 줄이자고 주장하지만 노동당 정권은 100퍼센트 지급을 고수하고 있다"며 "그 대신 노사 간에 결근율을 줄이자는 캠페인을 합동으로 벌여 자발성을 고취하고 병가 판정을 좀더 엄격히 하기로 했다"고 말했다.

북유럽 복지제도의 특징은 혜택이 모든 국민에게 평등하게 적용된다는 점이다. 소득이 많건 적건 모두에게 똑같이 준다. 심지어 필요를 느끼지 않을 만한 최고의 고소득자들에게도 자녀수당, 장애수당 등 나라에서 정한 수당은 어김없이 지급된다는 점이 특이하다. 일부 반론이 있지만 '국민복지'의 이념을 허물 수 없다는 논리에 밀리고 있다. 이를 위한 재원은 세금으로 한꺼번에 공제하되 소득이 많을수록 누진세율이 적용된다.

또 하나의 특징은 모든 사람이 스스로 일을 하게끔 노동의욕을 높이도록 고안돼 있다는 점이다.

고소득자도 평등한 수혜

누구나 67살이 되면 나라에서 연금을 주는데, 기본연금과 추가연금으로 나뉘어 있어 사람마다 받는 액수가 다르다. 기본연금은 공통적으로 받게 돼 있어 기본적인 생활을 유지하도록 보장해 주고, 추가 연금은 그가 은퇴할 때까지 국가에 낸 세금이 얼마나 되느냐에 따라 차등 지급해 노후생활을 즐길 수 있게 한다. 젊어서 일을 많이 하고 세금을 많이 낸 사람은 은퇴 뒤 해외여행 등을 즐길 여유를 갖게 되고, 일찍 은퇴하거나 빈둥거리며 지낸 사람은 나중에 그만큼 불리함을 당하게 되어 있다.

노르웨이 오슬로 교외에 있는 외스텔리 다그센터는 67살 이상의 노인들에게 만남의 시간을 가지며 여생을 즐기도록 도와주고 있다. 우리의 노인정 같은 곳이다. 오전 8시부터 오후 2시까지 낮 시간만 운영하는데 노인들끼리 모여 이야기를 나누거나 산책 또는 운동을 할 수 있도록 보모들이 도와준다.

보모 일을 하고 있는 토룬 쇠렌센은 "옛날에는 노인들끼리 모여 사는 양로원이 많았지만 그보다는 각자 자기 집에서 생활하면서 낮에만 만나는 것이 훨씬 낫다는 정책에 따라 다그센터가 많이 생겼다"며 "혼자 사는 노인들이 많지만 부부가 함께 살더라도 각자 다른 다그센터로 가는 것을 더 좋아한다"고 웃으며 설명했다.

교육복지는 보건복지 못지않게 국민 모두의 실생활에 직접 맞닿는 사항이다. 선진국들이 대개 그렇지만 의무교육 기간은 모두 9년이다. 그러나 이들이 생각하는 의무교육의 개념은 우리와 전혀 다르다. 세 아이의 교육비에

늘 쪼들리는 필자로서는 의무교육 기간에는 돈이 별로 안 드는 것으로만 막연히 생각하고 물어봤더니 돈이 안 드는 것은 의무교육 기간뿐 아니고 전 교육과정에 공통된다는 것이다. 의무교육이란 '자녀들을 반드시 학교에 보내야 되는 의무기간' 이란 너무도 당연한 사실을 새삼 일깨워준다.

우리로 친다면 초등학교와 중학교를 의무교육기간으로 보내고 그 뒤 일반 고등학교나 직업학교에 진학하는데 이때도 돈 들 일은 없다. 심지어 대학에 진학해도 등록금이 없는데 다만 생활비를 자신이 마련해야 하기 때문에 굳이 대학에 가지 않고 취직을 하는 사람이 많다는 것이다.

대학을 졸업하면 좀더 나은 직업을 가질 수는 있지만 그때까지 들이는 시간과 정력 그리고 생활비에 비해 사회적 보상이 작은데다 대학을 나오지 않아도 생활에 문제될 것이 없기 때문에 특별히 학문할 사람이 아니면 기를 쓰고 진학하지는 않는다고 한다. 실제 이용학교나 요리학교, 정비학교 등 직업학교의 인기가 높다.

부모 소득 따라 탁아소 비용 차등

교육복지는 입학하기 전에 가는 유아원이나 유치원이 특히 잘돼 있다. 대부분 부모가 모두 직장에 나가기 때문에 탁아소(보육시설) 운영은 필수적이다. 이들은 또래들과 어울려 공동생활을 하면서 자라나는데 3년간 유아교육을 전공한 보모들이 돌보아준다.

노르웨이 오슬로에 있는 핀텐 탁아소는 모두 76명의 유아들과 유치원생들을 돌보고 있었다. 나이에 따라 6개 반으로 편성돼 있는데 부모들이 일 나가면서 맡기고 퇴근하면서 데리고 간다. 이곳에서는 월 평균 2,100크로나(약 25만 원)를 받고 있는데 부모의 소득이 높으면 3,000크로나, 부모의 소득이 낮으면 600크로나까지 차등을 둬 받는다고 한다.

이곳은 시설이 잘돼 있고 평판이 좋아 들어오려는 아이들이 줄지어 기다리고 있는데, 장애아나 혼자된 여자(미혼모나 이혼녀)의 자녀 그리고 부모의 소득이 적은 아이에게 우선적으로 입학할 자격이 주어진다고 소장인 게르티 토르프는 말했다. 특히 장애아에게는 탁아비를 모두 면제하는 특혜를 준다. 이 탁아소 역시 다른 곳들과 마찬가지로 시에서 절반 이상의 운영비 보조를 받는다.

| 출산육아 휴가 최대 15개월까지 |

북유럽은 여성의 사회진출이 가장 활발한 나라로 꼽힌다. 모든 면에서 남녀평등을 실현하려고 한다. 정치 분야에서도 여성의 활약은 두드러진다. 노르웨이의 노동당 정부를 네 번째나 이끌고 있는 부룬틀란 총리가 여성이지만 그가 '슈퍼우먼'이기 때문만은 아니다. 스웨덴의 경우 국회의원의 40퍼센트가 여성이며 현 각료 22명 중 11명이 여성이다.

대부분의 여성이 직장을 갖지만 출산과 육아는 역시 어머니의 몫이다. 그래서 출산휴가 제도가 잘 돼 있다. 스웨덴의 출산 및 육아휴가는 1년인데 본인이 원하면 3개월을 더 얻을 수 있어 보통 15개월을 쉰다. 물론 이 기간에도 80퍼센트의 봉급이 나온다. 육아휴가를 남편이 대신 얻을 수도 있는데 아내와 절반씩 나누어 쉬면서 아기를 돌보는 남편이 많다. 쌍둥이를 낳을 경우에는 부모 모두 휴가를 받는다.

쌍둥이 출산 땐 남편도 휴가

덴마크는 출산 전 4주, 출산 후 24주의 휴가를 준다. 남편에게도 출산 후 2주의 휴가를 동시에 줘 산모의 몸조리와 육아를 돕도록 제도화돼 있고 역시 아내의 휴가를 대신 받을 수도 있다. 출산휴가 60일에 묶여 불편한 몸에 만삭이 될 때까지 근무하면서 직장의 눈치를 살펴야 하는 우리 나라 직장여성들로서는 부럽기 짝이 없는 후한 대접이다.

경제적 약자일 수밖에 없는 노동자들의 복지 대책도 우리가 보기에는 거의 완벽에 가깝다. 산업재해를 입으면 국가에서 평생을 돌보아 주는 것은 당연한 일이고, 자의든 타의든 직장을 잃게 되더라도 실업수당이 나와 기본적인 생계는 걱정하지 않아도 된다.

실업의 경우 다른 직장을 알아보거나 아예 전직을 위한 직업 전환 교육을 받는다. 정부는 직업 전환 교육을 적극 권장하는데 이 기간에도 실업수당이 나오는 것은 물론이다. 실업수당은 보통 임금의 80퍼센트를 지급하는데 스웨덴의 경우 경제사정이 어려워지고 실업자가 늘어나면서 올해부터 75퍼센트로 내렸다.

이들 나라에서 노조와 사민당 또는 노동당의 관계는 각별하다. 한때는 노조원이면 자동적으로 사민당원이던 시절도 있었다. 노조가 집권 사민당의 정책결정에 강력한 영향을 주는 정도가 아니라 아예 함께 기획하고 책임진다는 자세를 취한 때였다.

그러나 요즘 사민당이나 노동당의 정책이 전 국민의 이해를 우선시 하는 쪽으로 선회하면서 둘 사이에 약간의 틈이 벌어졌다. 노조의 중앙간부들은 여전히 사민당 지지 일변도이지만, 현장에서는 특히 젊은 노동자들을 중심으로 좀더 좌익 이념을 표방하는 환경당이나 좌익당 쪽으로 지지를 옮겨가는 경향이 나타나고 있다. 노르웨이의 경우 정부가 추진했던 유럽연합 가입이 국민투표에서 부결된 가장 큰 이유가 노조의 반대 때문이었다.

스웨덴에서 얼마 전까지 현안은 보수당 정권 때 없앴던 "회사가 노동자를 감원할 때는 가장 나중에 입사한 사람부터 해고해야 한다"는 규정을 되살리느냐 마느냐 하는 것이었다. 결국 노조의 의견이 반영돼 사민당 정권에서 되돌려졌다. 혹시라도 노동탄압의 소지를 미리 막자는 취지였다. 이런 나라에서 노동 3권의 보장이나 노조의 정치참여 금지, '제3자 개입금지' 조항 같은 노조탄압 규정 등은 부끄러워서 입을 뗄 수조차 없었다.

복지사회의 핵심은 그늘지고 소외된 사람들을 그 사회가 얼마나 배려해주느냐에 달려 있다. 공공건물이나 길거리에 장애인들을 위한 각종 편의시설이 마련돼 있는 것은 어느 선진국이나 기본적으로 돼 있는 것이지만 이들 나라에서는 특히 사회활동이나 가정생활에 지장이 없도록 자상하게 관심을 쏟는다.

맹인 할머니 집 비상전화 설치

1975년부터 계속 복지관계 일을 맡아왔다는 덴마크 복지부의 후로드 스빈슨 국장은 특히 장애인 문제에 관심이 많다. 그는 "장애인들이 조금도 불편하지 않게 살 수 있도록 사회가 책임져야 할 의무가 있다" 면서 "장애인이라고 해서 일반인들과 격리시킬 것이 아니라 더불어 같이 살아갈 수 있도록 뒷바라지를 해줘야 한다" 고 강조했다.

앞을 못 보는 덴마크의 그레타(73) 할머니는 자식이 있는데도 굳이 혼자 산다고 한다. 양로원 생활도 마다한다. 함께 지내면서 여러 사람에게 부담을 주느니 집 구조를 혼자 지내기에 편리하도록 고쳤기 때문에 앞이 안보여도 전혀 문제가 없다는 것이다. 그에게는 매일 간호원이 들러 인슐린 주사를 놓고 가고 일주일에 두 번씩 파출부가 와서 장을 봐주고 청소를 해주며 산책을 도와준다. 신문이나 잡지는 녹음테이프로 대신하고 만일의 사태에 대비한 비상전화가 집안 곳곳에 설치돼 있기 때문에 걱정할 일이 없다고 한다.

고도의 복지, 그 역작용 극복 주력

질 높은 복지국가를 운영하는데 문제가 없을 리 없다. 많은 사람들이 골고루 혜택을 받자면 일부의 '희생'이 밑받침돼야 한다. 특히 사회민주주의와 복지사회의 이념 때문에 자신이 수행하는 일에 비해 상대적으로 대접을 덜 받는다고 생각하는 계층이 생기고 불만의 소지가 싹틀 수 있다. 경제적으로 잘 돌아갈 때는 이런 문제가 묻혀버리지만 경제가 어렵고 실업자가 많아져 당장 자신의 몫이 적어진다고 생각되면 불만의 목소리는 커지게 마련이다.

실업 증가로 재정부담 가중

스웨덴에서는 1991년 총선에서 그동안 집권해 온 사민당이 총 의석 349석 중 138석에 그치고, 보수계열의 보수당이 80석, 자유당 33석, 중앙당 31석, 기민당이 26석을 얻어 총 170석으로 다수를 차지해 칼 빌트 총리를 수반으로 하는 보수계 연립정권이 탄생했다. 이를 두고 세계 각국에서는 마침 동유럽 사회주의권의 붕괴 추세와 연결 지어 사민주의 몰락의 조짐으로 보는 등 법석을 떨었다. 복지국가체제의 구조적 한계를 지적하는 주장도 많았다. 그러나 1994년 선거에서 사민당은 42퍼센트인 161석을 얻어 재집권에 성공했다. 오히려 종전보다 지지율이 훨씬 높아졌다.

보수당 정권은 3년 만에 물러섰지만 이들이 구호로 내세운 '효율적인 복지정책'은 여전히 여파를 미치고 있다. 사실 보수연립정권이라고는 하지만 사민당 정권 아래 수십 년을 지내온 체제인지라 불과 몇몇 정책을 부분적으로 손대는 수준에 불과했다. 굳이 우리 기준으로 보자면 이들 역시 '진보정당' 쪽에 가깝다고 해야 할 정도다.

사회복지와 관련해 보수당 정권이 고친 대표적인 정책은 법정 휴가일수를 종전 27일에서 25일로 줄이고 특히 옛날에는 병가 첫날부터 80퍼센트의 수당을 주던 것을 둘째 날부터 주되 첫날에 한해 무급으로 바꾼 것이다. 정권이 바뀐 뒤 이 문제는 많은 논란을 몰고 왔다. 원위치로 되돌릴 것이냐, 이왕 고친 것이니 당분간 그대로 시행할 것이냐를 놓고 사민당 안에서 논란이 벌어진 것이다. 사민당의 이념에 맞지 않으니 당장 되돌려야 한다는 전통파(원상복구파) 및 노조의 견해와 현재 경제사정이 어려우니 사정이 좋아질 때까지만 계승하자는 개혁파(경제적 현실파) 사이의 논쟁은 결국 개혁파의 승리로 끝났다. 현 각료들은 대부분 개혁파에 속한다.

이와 관련한 국민들의 여론이 재미있다. 병가 첫날을 무급으로 한 뒤 결근율이 크게 줄었다는 것은 통계로도 입증되고 있다. 전날 같으면 감기 등으로 몸이 조금만 안 좋아도 직장을 쉬었는데 웬만하면 회사에 나온다는 것이다. 우리식으로 효율성을 따지자면 논란의 여지조차 없어 보인다.

그러나 전통파들은 실제 몸이 아픈데도 무급규정 때문에 어쩔 수 없이 출근하는 사람들이 생기게 되고 이런 것이 쌓이면 결국 국민건강을 해치는 것이 아니냐는 반론을 폈다. 당내에서는 소수가 됐지만 국민 사이에서는 상당한 지지를 받았다.

복지축소 국민설득 최우선

고도의 복지사회를 유지하는 데 따르는 역작용은 피할 수 없는 것 같다. 스포츠 스타 등 일부이기는 하지만 고소득자가 높은 세금을 피해 해외로 빠져나가는 경우도 있고, 인구의 노령화로 수혜 계층이 계속 늘어나 재정적자가 누적된다. 경제성장을 이끌어갈 자본축적이 여의치 않다. 경제사정이 좋을 때는 문제가 없지만 전반적인 불황에서는 실업자가 늘어나 국가의 부담이 가중된다. 또한 사람 사는 곳에 제도를 악용하는 '얌체족'이 없을 수 없다. 인기 있는 스포츠 시합이 있는 날 공교롭게 몸이 아프다고 결근하는 사람이 많다는 통계도 나와 있다. 그렇다고 이를 지나치게 엄격히 규제하다보면 복지의 본질을 다치게 되고 평등을 내세운 사민주의의 이념이 훼손당한다. 스웨덴의 경우 병가 첫날 무급제도를 도입하는 방법으로, 덴마크나 노르웨이는 공동체의 협동정신을 강조하는 캠페인을 강화함으로써 이를 극복하려 하고 있다.

복지제도는 한번 정하면 뒤로 되물리기란 여간 어려운 일이 아니다. 인기하락을 감수해야 한다. 1994년 총선 때 42퍼센트의 지지를 받았던 스웨덴 사민당의 경우 "당분간 고통을 함께 나누자"는 이른바 '세이빙 플랜'을 실시하면서 31퍼센트로 지지율이 떨어졌다. 그러나 현재의 복지수준을 계속 유지하려면 지속적인 경제성장과 실업률 감소가 필수적이므로 당분간은 밀고나가겠다는 자세다. 당장의 인기에 연연해 재정적자를 계속 늘리다가는 체제 자체에 위협이 될 수 있다는 것이 이들의 진단이다.

군비증강 앞서 신뢰구축을

스톡홀름 국제평화연구소(SIPRI)는 군축문제에 관한 전문 연구기관으로 잘 알려진 평화단체다. 스웨덴 스톡홀름 교외에 자리 잡고 있는 연구소를 찾아 한반도를 비롯한 동북아의 평화체제 문제를 집중 연구하고 있는 라빈더 팔 싱 박사에게 남북문제의 현황과 앞으로의 방향에 대한 견해를 들어보았다.

인도 출신인 싱 박사는 네루 대학에서 국제정치학을 전공하고 각종 국제기구에서 군축관련 연구를 해오다 1993년 연구소의 선임연구원으로 초빙돼 무기구매 프로젝트의 책임자로 일하고 있다.

남한 군사력 절대우위

이원섭 : 한반도를 중심으로 한 동북아 질서는 탈냉전이라는 시대적 큰 흐름에도 불구하고 아직 개선되지 않고 있다. 현재 남북한의 군사력 균형을 어떻게 평가하고 있는가.

싱 : 절대적으로 남한이 우위라고 본다. 지난번 걸프전쟁에서 입증됐듯이 현대전은 결국 군사기술 수준과 정보체계에서 판가름 난다. 이 점에서 남한이 월등히 앞서 있다. 또 하나 외교적 요소로 중국이 과거 한국전쟁 당시처럼 북한을 도와주지 않을 것이다. 미국의 존재가 옛날처럼 중국에 직접적인 위협이 된다고 생각하지 않기 때문이다.

이원섭 : 한국 내에서는 국방부나 군사전문가들이 북한의 군사적 우위와 위협을 강조하면서 최소한 균형을 이룰 때까지 첨단무기를 계속 구입해야

한다고 주장하고 있는 반면 진보진영의 학자들은 이에 반대하는 입장이다.

싱 : 무기 현대화 추진은 결국 국가 안보를 위한 것일 텐데, 총체적 국가 안보를 생각한다면 군사력을 증강시켜 안보 상황을 개선시킨다는 측면뿐 아니라 안전 구축과 신뢰 구축이라는 측면도 동시에 고려해야 한다. 외국의 첨단무기를 계속 사들이면 한편으로 군사력을 높일 수 있지만 다른 한편으로 북한의 불안감을 불러일으키고 북한으로 하여금 군비증강 노력에 나설 수밖에 없도록 압박함으로써 결국 전체적인 안정감을 오히려 떨어뜨린다는 점을 명심할 필요가 있다.

이원섭 : 북한의 핵 개발 의혹으로 증폭된 한반도의 긴장은 1994년 10월 북한과 미국 간에 제네바협정이 맺어져 평화적으로 해결될 전기가 마련됐다. 협정의 내용과 그 뒤의 진행상황을 어떻게 평가하는가. 국내의 일부 보수층에서는 북한이 과거 핵 투명성 확인을 소홀히 했으며 안전장치가 미흡하다며 부정적 측면을 부각시키고 있다.

싱 : 제네바 협정의 내용 자체를 비판하는 것은 건설적이지 못하다. 협정이란 것이 상호 신뢰 구축 과정의 출발점이지 완결된 것이 아니지 않는가. 대화를 통해서 문제를 풀려고 노력하는 과정이 안보구축의 지름길이다.

이원섭 : 북한과 미국의 대화가 잘 진행되면 북미수교로 발전할 가능성이 크고 북한과 일본 사이에도 국교정상화 논의가 진행되고 있다. 어느 쪽이 더 빠르게 성사되리라고 보는가.

싱 : 동아시아에 있어서 미국의 정치적, 군사적 영향력은 절대적이다. 지난 50년간 일본의 외교는 수동적이었다. 미국과의 협의 없이 독자적으로 북한과 수교를 결정할 가능성은 낮다. 미국이 어떤 방향으로 정책을 정하느냐가 가장 중요한 관건이다.

이원섭 : 김일성 주석이 사망한 지 1년이 넘었는데도 김정일 비서로의 공식적인 권력 승계가 이뤄지지 않고 있다. 그 이유가 무엇이라고 보며 김정일 체제의 안정성이 견고하다고 보는가. 북한정세와 관련한 특별한 정보수집 통로가 있는가.

싱 : 우리는 공식 출판된 자료를 엄밀히 분석해 복잡한 정치상황을 객관적으로 파악하는 것을 원칙으로 한다. 특별한 정보수집 통로는 없다. 김 비서로의 권력승계가 늦어지는 것은 지극히 특이한 현상이다. 정확한 이유는 잘 모르지만 어쨌든 취임을 하지 않는 것 자체가 무언가 문제가 있다는 것 아니겠는가. 첫째 김정일의 역량이 수행해야 할 역할에 미치지 못한다고 보거나, 둘째 권력을 공식 승계해도 문제되지 않을 만큼 사전 준비작업을 하는 중이 아닌가 싶다. 북한사회 내부에서 미묘한 권력다툼이 진행되고 있을 수도 있는데 솔직히 말해 자신은 없다.

이원섭 : 북한이 최근 식량난과 에너지난을 겪고 있는데다 수해까지 겹쳐 더욱 어려운 처지에 몰려 있다. 체제유지에 부담이 클 것으로 보는데 북한이 이러한 난제를 극복하려면 어떤 정책을 펼쳐야 하리라고 보는가.

싱 : 궁극적으로 북한 지도자들의 기본 사고방식이 바뀌어야 한다. 그러나 "당장 이렇게 고치시오" 한다고 쉽게 고쳐지겠는가. 문제는 남한의 태도라고 본다. 이 시점에서 남한 사람들이 무엇을 할 수 있겠는가 하는 점을 잘 생각해야 한다. 내가 강조하고 싶은 말은 "당신들이 줄 수 있는 만큼 최대한 북한에 주라"는 것이다. 그것이 결코 당신들에게 손해가 아니라 길게 보면 모두 당신들한테 돌아간다. 대북한 봉쇄정책을 쓰는 것은 절대 비생산적이다.

이원섭 : 남한이 북한을 대화로 이끌려고 해도 북한이 당국자 간 회담을

기피하고 있는 것이 현실 아닌가. 가장 큰 문제는 김 주석 사망 후 남한 내부에서 있었던 이른바 '조문 파동'을 둘러싸고 북한이 이에 대해 사과하지 않으면 대화를 않겠다는 주장을 고집하고 있다는 것이다. 당신은 남한이 사과를 해야 한다고 보는가.

싱 : 근본적인 문제는 남북한의 문화적 차이에 있다고 본다. 남한은 점진적으로 민주화 과정을 밟아온 반면, 북한은 수십 년을 일인 지배체제 아래 있었다. 나는 남한 사회 일부에서 조문해야 한다고 한 것이 김일성 개인을 숭배한다는 차원이 아니라 북한의 국가원수라는 상징적 존재에 대한 조문 주장이었다고 이해하고 있다. 조문을 적대적 차원에서 볼 필요가 없으며 사과 문제도 지나치게 심각하게 생각할 것이 없다고 본다.

조문 파동 문화 차이 탓

이원섭 : 남북통일이 이루어지려면 시간이 얼마나 걸릴 것 같은가.

싱 : 북한 사회에 대한 정확한 정보가 제한돼 있어 답하기가 어렵다. 다만 한 가지 세계 여러 나라의 역사적 예를 본다면 폐쇄사회가 개방적인 체제로 변해가는 상황에서 길게 존속할 가능성은 높지 않다는 점은 지적할 수 있겠다. 그 기간이 20년이 될 수도 또는 40년이 될 수도 있다.

이원섭 : 남북한이 대화에 의한 평화통일을 추진한다는 전제 아래 통일된 한반도의 정치, 경제, 사회체제에 대한 모색이 국내외에서 조심스레 연구되고 있다. 남한의 자본주의 체제와 북한의 사회주의 체제가 마찰을 줄이며 통합하는 하나의 대안으로서 스웨덴식 사회민주주의가 바람직하다고 보는가.

싱 : 아주 좋은 말이다. 한반도의 미래를 생각하면서 하나의 모델로서 충

분히 연구하고 참고할 가치가 있다고 본다. 사민주의가 갖고 있는 장점을 충분히 살린다면 하나의 좋은 대안이 될 수 있을 것이다.

그러나 문제는 통일된 한반도의 미래상과 관련해 한국 내에서 힘을 갖고 있는 보수 세력이 어떤 생각을 하고 있으며, 남북한에 모두 막강한 영향력을 미치는 미국과의 사이에 어떤 공감대가 형성돼 있느냐 하는 점이다. 남한 내 각 사회세력 사이의 이해관계를 고려할 때 어떠한 공통점을 추출해 낼 수 있겠느냐 하는 점도 중요하다.

주변 4강 입장도 중요

이원섭 : 남북의 통일에는 당사자인 남북한의 노력 못지않게 주변 4강국의 입장도 중요하다고 본다.

싱 : 각국의 입장을 따로 떼서 얘기하기보다는 연관지어 답변하고 싶다. 중국의 입장은 통일된 한반도가 중국의 이해와 직접적으로 대립하지 않더라도 자국에 부담이 되는 형태라면 찬성하기 힘들 것이다. 일본의 입장을 보면 현재 남한과 일본 사이가 안보협력 문제로 부쩍 가까워지는 양상을 보이고 있는데 결코 긍정적인 발전방향이 아니다. 가장 영향력이 큰 것은 역시 미국의 입장인데 미국의 속뜻을 잘 파악해야 한다. 미국이 원하는 체제대로 되기를 바라고 영향력을 행사하려 하지 않겠는가. 그런 의미에서 한국의 보수세력과 미국이 어떤 관점과 철학을 가지고 어떤 쪽으로 공감대를 넓혀가고 있는지를 잘 살펴 대처해야 할 것이라는 얘기다.

10장

평화 한반도를 위한 모색

－ 남북관련 시평, 논문 모음

동북아 및 한반도 군축의 필요성

| 동북아 군축과 한반도 |

동북아 지역에서 군비 확충과 핵 확산을 억제하기 위한 다자간 안보협력을 모색하는 일은 탈냉전 이후에도 여전히 불안정 요소를 안고 있는 이곳에서 지역갈등을 방지하는 안전장치를 마련해야 한다는 점에서 매우 중요하다. 특히 남북이 군사적으로 대치하고 있는 우리의 처지에서는 한반도의 안정과 평화체제 구축을 도모하는 차원에서도 지역 전체의 군비축소 노력을 이끌어내는 노력이 긴요하다.

탈냉전 흐름은 전 세계적 차원의 전쟁 가능성을 낮췄으나 지역분쟁 가능성은 오히려 커진 측면이 있다. 특히 동북아 지역은 역내에 미국, 중국, 일

고 제정구 의원이 중심이 돼 결성한 국회 21세기 동북아연구회와 동북아평화센터가 1998년 9월 공동 주최한 '동북아시아의 군축과 비핵지대화 구상' 심포지엄 발표문이다. 한반도 군축의 필요성과 이를 가로막는 걸림돌들을 살펴보았다.

본, 러시아 등 4강이 존재하는 가운데 미국의 영향력이 커지며 힘의 불균형 상태가 초래됐다. 중국과 일본은 동북아 질서 재편기를 맞아 지역 강국의 위치를 차지하기 위해 군비를 경쟁적으로 증가시키고 있어, 제도적 억제장 치가 마련되지 않는다면 무절제한 군비경쟁으로 나아갈 위험이 있다. 일본 은 핵 부문의 열세를 재래 군사력의 증강을 통해 만회하려 하고 있고, 중국 역시 재래식 군사력의 열세를 만회하기 위해 군사비 투입을 계속할 태세다. 미국은 장기적으로 이 지역에서 중국의 영향력이 커지는 것을 막기 위해 최 근 대중국 견제정책으로 전환하고 있어 갈등의 소지를 안고 있다.

또한 한반도에서 남북한의 적대관계가 지속되고 있기 때문에 동북아는 세계 어느 지역보다 잠재적 갈등 양상이 복잡하게 얽혀 있다. 북한의 핵 개 발 의혹에서 비롯됐던 한반도의 불안은 우여곡절 끝에 북미 간에 제네바협 정을 체결됨으로써 가라앉았다.

그러나 최근 북한이 발사에 성공했다고 주장하는 '인공위성'의 존재는 이 지역에서 새로운 군사적 위협과 함께 논란거리로 등장하고 있다. 애초 미사 일 발사로 판단한 미국과 일본은 식량지원 중단을 포함한 강력한 대북한 제 재조처를 서둘렀으며, 특히 일본은 극도의 안보불안을 느껴 전역미사일 방 위체제(TMD)를 비롯한 전반적인 군비강화 방안을 모색하고 있다. 재무장 의 빌미를 마련하려는 우익진영의 의도적인 과장이 더해지기도 했지만, 일 본의 이러한 움직임은 중국의 경계심을 촉발시켜 동북아 지역을 긴장상태 로 이끌어 갈 위험성이 있다.

다자간 안보협력의 모색

동북아 다자간 안보협력의 필요성은 한반도의 평화와 군축 추진에 유리한 환경을 만드는 문제와 직결된다. 다자간 안보협력이 성공적으로 추진되면 위협요소가 감소하면서 군사비에 투입되는 엄청난 비용을 줄일 수 있게 돼 평화구조 정착 및 통일기반 조성에 기여할 것이다. 한반도 평화는 남북한 당사자들의 의지와 노력이 우선이지만, 주변 강대국들의 지지와 보장이 없으면 사실상 불가능하다고 할 수 있다. 현재 남북한 간에는 미국과 중국을 포함하는 4자 회담이 진행중이지만 지지부진한 상태다. 당사자 우선 원칙을 고수하는 남쪽의 입장과, 미국과의 대화를 고집하는 북쪽의 입장이 팽팽히 맞서있다.

정부는 4자 회담과 병행해 4개국 외에 러시아와 일본을 포함하는 동북아 6자 회담 구상을 갖고 있다. 이는 장기적 안목에서 남북한 평화체제 구축이 동북아 전체 정세와 밀접한 관련을 맺고 있다는 인식에 따른 것으로 보인다. 현재로서는 쉽게 기대하기 힘든 상황이지만, 설사 남북 사이에 대화가 급진전되고 상호 군축을 추진하기로 합의한다 하더라도 동북아 주변국들이 거부감을 보일 경우 커다란 장애 요소로 작용할 것이다. 남북의 군축이 한반도의 안전을 저해하는 결과를 초래해서는 안 되기 때문이다. 길게 본다면 한반도 통일이 기존 동북아 안보구도를 불안하게 하거나 역내 어느 나라에도 현실적 위협이 되지 않을 것이라는 믿음을 주어야 이들의 동의와 지지를 얻을 수 있을 것이라는 점도 고려되어야 한다.

핵문제도 마찬가지다. 한반도의 비핵화가 성공적으로 유지되기 위해서는 무엇보다 당사국의 성실한 준수 노력이 우선이지만, 주변국 특히 핵 강국인 미국이나 러시아, 중국, 그리고 잠재적 핵보유국인 일본이 실질적으로 이를 보장해야 가능하다. 장기적으로 본다면 주변 강대국들이 남북한에 대해 핵 위협을 하지 않겠다고 보장하는 것이 필요한데, 개별적 선언 형식이 아니라 동북아 관련 국가들 간에 협정을 통한 형식이 마련된다면 규제력이 한층 강화될 것이다.

북한과 첨예하게 대치하고 있는 남한의 입장에서 본다면 현실적으로 북한의 군사적 위협에 대처하기 위해 한국, 미국, 일본의 삼각 안보협력 관계를 강화하거나 지역 전체의 다자협력 방안을 모색하는 방안을 강구할 수 있다. 전자는 남한이 미국과 일본에 군사적으로 종속될 우려가 있으며, 북한은 물론 중국이나 러시아의 반발을 불러올 것이다. 다자간 협력 모색은 한반도에 영향을 미치는 미국, 중국, 러시아, 일본을 다각적으로 접촉해 안보관계를 다변화하고, 상호간 균형을 모색함으로써 독립적 지위를 확보할 수 있으며, 나아가 지역 내 갈등을 조종하는 조종자로서의 역할을 할 수도 있다는 점에서 바람직하다. 또한 미국에 대한 일방적인 군사적 의존에서 벗어날 계기가 마련될 수도 있다.

문제는 동북아에서 유럽 안보협력회의와 같은 형태의 안보협력회의가 실현될 수 있겠느냐 하는 점이다. 유럽과는 다른 지정학적 환경을 갖고 있는 동북아에서 다자간 안보협력체는 실현되기 어려울 것이라는 분석이 우세했다. 그 이유로는 공동의 안보이익이 존재하지 않는다든가, 안보위협 인식이 각기 다르다는 점 등이 거론돼 왔다.

무엇보다 동북아 정치질서 형성에 강력한 발언권과 지배권을 행사하고 있는 미국이 이에 소극적 입장을 취하고 있어 의미 있는 진전이 어려웠다. 미국은 남한과 일본에 미군이 주둔하고 있는데다 두 나라와 한미상호방위조약, 미일신방위지침 등 쌍무 협정을 맺고 있어 어느 정도 유연성을 보일 수 있을 것인가가 핵심적 관심이다.

길게 볼 때 동북아 지역에서 힘의 쏠림 현상을 막고 항구적인 평화유지를 도모하기 위해서는 군비를 축소하기 위한 관련국들의 지속적인 문제제기와 공동노력이 있어야 한다.

| 한반도 군비축소의 필요성 |

동북아의 이러한 객관적 상황 하에서 한반도의 안정과 평화에 필수적인 남북한 간의 군비경쟁을 막고 민족의 공동번영을 도모하는 노력은 어디서 부터 시작해야 할 것인가. 장기적 과제로서 동북아의 군비축소와 비핵 지대화를 달성하기 위한 노력이 긴요하지만, 여기서는 우리의 최우선적 관심 사항인 한반도의 평화구조 정착과 통일환경 조성, 이를 위한 시급한 과제로서의 한반도 군비축소와 비핵화 노력의 필요성 및 방안 모색에 집중해 언급하고자 한다.

군축 논의의 대두

한반도 군축의 필요성은 아이러니컬하게도 남북한이 모두 위기에 처한 시점에서 절실하게 다가오고 있다. 북한에서는 많은 주민들이 식량난으로 굶어죽는 처절한 상황이 몇 년째 지속되고 있다. 국제사회가 나서서 긴급구호를 하고 있지만, 기아문제를 근원적으로 해결하기에는 턱없이 부족하다. 동포애 차원에서 약간의 지원이 있기는 했지만, 북한의 위기를 '강 건너 불' 정도로만 여기던 남한도 외환위기를 겪게 되면서 전반적인 상황이 달라졌다. 한반도 위기 문제를 구조적으로 보아야 한다는 시각이 점차 공감대를 넓혀가기 시작했다.

실업자가 쏟아지고 사회전체가 흔들리는 심각한 위기상황을 맞으면서 남북의 소모적 대결이 빚어내는 엄청난 군비 경쟁을 이제는 지양하고 그 돈을 경제난 극복에 사용해야 한다는 반성적 목소리가 힘을 얻게 됐다. 얼마 전까지만 해도 금기시돼 왔던 군비축소 주장이 시민사회단체들을 중심으로 활발히 전개되고 있다. 이는 남북이 겪고 있는 위기를 별개로 생각할 것이 아니라 전체로 묶어서 보고 '해법' 역시 거기서 찾는 노력을 해야 한다는 당연한 논리의 귀결이기도 하다.

그러나 한편에서는 이러한 주장이 여전히 막연한 이상론으로 치부되고 비현실적인 주장으로 매도되는 분위기가 있는 것도 사실이다. 최근 북한의 '인공위성' 발사 성공 주장은 그 자체가 지니는 과학기술적 성과나 목적을 떠나, 미사일 발사기술이 현실적인 군사적 위협이 될 수 있다는 점에서 긴장요소로 작용하면서 군축논의를 해칠 가능성이 있다.

남북이 군비경쟁에 쏟아 부은 돈은 실로 엄청나다. 1995년의 경우 군사비로 쓰인 돈이 남쪽은 143.6억 달러 규모, 북한은 52.3억 달러 수준으로 추정된다(IISS, Military Balance). 각기 국민총생산의 3.4퍼센트와 25.2퍼센트에 해당하는 어마어마한 액수다.

해마다 쏟아 붓는 이 돈을 평화적으로 사용할 수 있다면, 남북 공히 현재의 위기를 극복하는 데 요긴하게 쓰일 것이다. 남북이 경제난을 타개하고 더불어 살 수 있는 사실상 유일한 길이다. 그러나 과연 군축이 한반도에서 가능할 것인가. 한국전쟁이라는 민족상잔의 비극을 겪은 바 있고, 바로 얼마 전까지만 해도 북한의 무장간첩이 동해안에 침투하는 현실에서 군축논의가 국민적 지지를 받을 수 있겠는가 하는 점이다. 실제 남북은 각기 경제난과 식량난에 허덕이면서도 국방비를 줄일 엄두를 내지 못한다. 이러한 구조적 문제를 풀지 못하는 한 한반도의 평화구조 정착은 기대하기 힘들다. 통일의 가능성은 그만큼 더 멀어진다.

군축을 가로막는 걸림돌들

한반도 군축 주장이 금기시 되어 왔고 아직도 어딘지 불안한 주장으로 인식되는 것은 우리사회를 지배해 왔던 냉전논리 때문이다. 이런 인식은 몇 년 전 북한의 핵무기 개발 의혹이 고조됐을 때 극단적으로 드러난 바 있다. 객관적 진실을 규명하려는 노력보다는 북한의 적화 위협이 과장돼 선전되고 민족의 공멸을 부를지도 모를 북한에 대한 무차별 제재론조차 마구 쏟아졌다.

상대방을 힘으로 제압하지 못하면 상대방에게 먹혀버릴지 모른다는 두려움과 의심이 우리 사회를 지배해 왔다. 이러한 의식이 군사력 증강의 길을 걷게 했다. 북한이 경제적으로는 남쪽에 미치지 못하지만, 군사적으로는 여전히 우위를 지키고 있다는 역대 정권의 주장이 이런 인식을 굳어지게 했다. 그러나 최근 들어 남북 간의 군사력 비교에서 남한의 군사력이 북한을 앞지르고 있다는 연구 결과들이 많이 나오고 있다.

이미 1980년대에 남한이 군사적 우위를 확보했고 1990년대에 들어서는 북한은 재래식 전력으로는 남한과 더 이상 경쟁할 수 없게 됐다는 분석이 설득력을 얻고 있다. 정부의 공식적 주장과는 달리 군사비 총액 누계에 있어서도 남쪽의 군사비 누계가 북한을 앞질렀다는 연구결과도 발표되고 있다 (함택영 교수). 이른바 북한의 핵 개발 의혹도 남한과 재래식 무기로는 더 이상 경쟁할 수 없게 된 북한이 보다 값 싼 대안을 찾는 과정에서 나온 것이라는 분석이다. 북한의 핵 위협은 설사 의도는 있었을지 모르나 실제 군사적으로 위협이 될 정도는 아니라는 것이 많은 전문가들의 견해이다.

그러나 냉정히 볼 때 남북의 군사력 균형 문제를 놓고 누가 더 강하니 하는 것은 이미 논쟁의 범위를 벗어났다고 본다. 남북한이 '공포의 균형'을 이루고 있는 가운데 누가 최후에 이길 것인가 하는 점은 중요하지 않다. 현대 첨단무기의 가공할 위력으로 볼 때 한반도에서 전쟁이 발발하면 모두가 패자가 될 것이 분명하다.

상대적으로 압도적인 군사적 우위를 차지해야 안심할 수 있다는 주장의 허구는 이미 드러났다. 한쪽이 국방비를 늘리면 상대방도 이에 대항하기 위해 무리를 하면서도 군사력을 강화할 수밖에 없고 실제 이런 악순환이 반복됐다. 이러는 가운데 한반도는 첨단무기와 생화학무기로 가득 찬 화약고로 변했다. 결국 상대방보다 절대적 우위를 확보하기도 어렵거니와 설사 그런 군사력을 지녔다 하더라도 평화와 안전이 보장되는 것은 아니라는 결론이다.

얼마 전 동해안 간첩 침투사건에서 보듯이 아무리 군사적 우위를 갖고 있다고 해도 간첩 몇 명이 상륙하는 것만으로도 사회 전체가 흔들리고 남북이 즉각 대결 분위기로 돌변하는 것이 한반도의 현실이다. 이는 역설적으로 현재와 같은 군사적 대결구도를 지속하는 한 이러한 사건은 끊임없이 발생할 것이고, 남북의 협력과 대화 분위기는 언제라도 깨질 수 있는 취약한 구조라는 것을 웅변하는 것이다.

당위론적으로 거론되는 남북한 군축문제 논의를 가로막는 걸림돌들은 많다. 위에서 냉전의식을 거론했지만, 남북에서 거대한 군부의 존재와 이들과 이해를 같이 하는 기득권 세력들의 존재를 무시할 수 없다. 남한의 경우 무기 파는 재미에 맛을 들인 미국 군수업자들의 입김도 더해진다. 대미 군사

종속에 따르는 구조적 문제다. 김대중 정부가 대북 포용정책을 펴고 있으나 정치적으로 취약한 한계를 안고 있다. 실제 군축을 시도할 경우 자리를 잃게 되는 군부의 반발을 얼마나 효과적으로 제어할 수 있을 것인가 지켜봐야 한다.

북한의 경우도 김정일 정권이 군부에 의존하는 비중이 더욱 커지면서 이들의 목소리가 높아질 것으로 보인다. 북한은 헌법 개정을 통해 주석제를 폐지하고 김정일 당 총비서를 '국가의 최고직책'으로 위상이 강화된 국방위원장에 추대했다. 국방위원장이 국가수반이 되는 변칙적인 체제는 자칫 북한이 '군 우위 정책'을 추구할지 모른다는 우려를 불러일으킨다. 권력서열 윗자리에 군 출신들이 다수 진출해 군부의 입김이 더욱 강화된 것도 이런 우려를 짙게 한다.

고정관념 탈피해야

군축문제는 섣부르게 추진할 경우 엄청난 재앙을 불러올지 모른다는 주장이 나름의 설득력을 지니고 있음은 사실이다. 그러나 '만일의 경우'란 입장을 바꾸어 놓고 생각하면 남북한에 동시에 해당하는 말이다. 고정관념에서 탈피해 근본적으로 발상을 바꾸지 않는다면 해결책은 영원히 찾아질 수 없을 것이다. '만일의 경우'에 대한 안전장치는 군축협상 과정에서 충분히 마련할 수 있다는 믿음으로 첫 단추를 끼우는 것이 중요하다.

군축의 기본 전제는 상호 신뢰다. 신뢰 없이 군축은 실현될 수 없다. 그러나 그렇다고 신뢰가 충분히 형성된 다음에 단계적으로 군축을 논의하자는 것은 일견 그럴듯하지만 실제로는 비현실적인 주장이다. 군축은 국가안보가 걸린 문제이니 만큼 경제협력과 인적 교류를 통해 남북 간에 충분히 신뢰가 쌓인 다음에 거론할 문제라는 주장은 군축 논의를 가로막는 논리다. 반대로 기본적인 화해 교류 노력조차 기울이지 않으면서 군축문제만 먼저 논의하자는 북한의 주장은 더욱 실현성이 없다. 상호 신뢰를 바탕으로 동시에 진행하지 않으면 안 된다.

최근 남북이 금강산 관광 계획을 활발히 추진하는 등 비정치적 분야의 교류와 협력이 활발히 모색되고 있고 장기적으로 이런 움직임이 계속 확산될 것으로 예상된다. 이러한 노력들이 축적되면 남북 간에 이질감을 줄이고 상호 신뢰를 높이는 데 큰 도움이 될 것이다. 그러나 근본적인 정치 및 군사 분야의 갈등 구조를 해소하지 못하면 이러한 노력들이 한순간에 물거품으로 돌아갈 수도 있음을 알아야 한다.

일단 군축 협상을 시작하고 상호 진지한 자세를 보인다면 서로가 용인할 수 있는 타협점을 찾을 수 있을 것이라는 희망을 버리지 말아야 한다. 남북이 마음만 먹는다면 이는 불가능한 일이 아니다.

남북은 1991년 남북 기본합의서를 체결하면서 불가침의 이행과 보장을 위하여 남북 군사공동위원회를 구성해 운영하기로 약속했다. 군사공동위에서는 대규모 부대이동과 군사연습의 통보 및 통제, 비무장 지대의 평화적 이용, 군 인사교류 및 정보교환 등 군축문제를 협의 추진하도록 규정했다. 군축의 당위성과 원칙, 그리고 구체적 방안까지도 이미 합의한 것이다. 문제는 실천이다. 남북합의서 이행과 실천에 소극적인 북한을 대화의 자리로 끌어들일 수 있는 방안을 남한이 주도적으로 모색해야 한다. 남북기본합의서는 비록 현재 사문화돼 있지만, 언젠가 남북 간에 진지한 대화가 추진될 때 활용할 수 있는 토대가 마련됐다는 점에서 다행한 일이다.

군축 논의를 진행하는 데 있어 당장 부딪치는 현실적인 어려움은 남한의 여론과 북한의 태도다. 이는 서로 맞물려 있다. 북한이 남쪽의 햇볕정책에도 불구하고 동해안 간첩침투 사건과 같은 도발을 되풀이하고 군사 중시정책을 펴며, 대화를 계속 기피한다면 남한 내 여론은 악화될 수밖에 없다. 남쪽에는 보수적인 여론이 여전히 팽배하다. 탈냉전기의 변화한 환경에도 불구하고 냉전적 분위기가 여전한 것은 상당부분 보수적인 언론의 영향이 크다. 정부도 이런 언론의 동향에 큰 부담을 느끼는 것 같다. 언론개혁이 거론되는 이유 중의 하나도 이와 연관돼 있다.

북한 어떻게 볼 것인가

들어가는 글

북한의 현실을 보면서 혼란스러워 하는 사람들이 많다. 오랫동안 장막에 가려져있던 북한의 모습이 최근 이런저런 기회를 통해 우리에게 단편적으로 알려지면서 이러한 혼란감은 더욱 커지는 것 같다.

어찌 보면 당연한 일이기도 하다. 우리에게 북한의 존재는 그동안 객관적인 눈으로 냉정히 볼 수 있는 그런 대상이 아니었다. 이데올로기적 편견이 작용해 왔고, 이는 북한에 대해 말하는 사람이나 받아들이는 사람이나 동시에 느끼는 한계이기도 했다. 이제 우리는 이러한 한계를 극복하고 북한을 있는 그대로 보려는 노력을 해야 한다. 가장 폐쇄적인 국가로 꼽히는 북한 사회인지라 내부를 바로 보기는 어렵지만, 최소한 그런 노력만은 기울여야

이화여자대학교 교지 「이화」 58호(1999년 봄)에 실은 글이다. 북한을 바로 이해할 수 있도록 도움글을 써달라는 요청에 따라, 북한 사회를 어떤 눈으로 봐야 양 극단에 치우치지 않고 균형감을 유지하며 실체를 제대로 파악할 수 있는지, 학생들의 눈높이에 맞춰 썼다.

한다. 그리 해야 북한 사회에 대한 부정적 선입견을 버릴 수 있으려니와 동시에 현실에 바탕하지 않는 '환상'에서도 벗어날 수 있을 것이다.

현재 많은 국민들이 대북 인식에 있어 느끼는 혼란감은 두 가지 점에 기인하는 것 같다. 북한이 안고 있는 '이중성' 때문에 빚어지는 측면과, 그동안 역대 정권의 남북 대결적 자세와 보수언론의 편향된 보도로 인해 굳어진 부정적 인식에서 비롯된 측면을 들 수 있을 것이다.

먼저 북한이 안고 있는 이중성으로 인한 인식의 혼란을 보자. 한편에서는 식량난으로 굶어 죽는 사람이 얼마인지 알 수 없는 처절한 상황이 벌어진다. '꽃제비'로 알려진 어린이들은 먹을 것을 찾아 시장을 헤매고, 식량을 구하기 위해 압록강과 두만강을 넘는 탈북자들이 늘어난다. 그런가 하면 다른 한편에서는 인공위성 '광명성 1호'를 발사했다고 주장하고, 중장거리 미사일 발사로 전 세계를 놀라게 하며, 핵 개발 의혹을 둘러싸고 초강대국 미국과 맞서 밀고 당기기를 하고 있다. 한편으로 민족화해와 평화통일을 강조하면서 다른 한편으로 잠수정 침투사건을 일으켜 한반도의 군사적 긴장을 고조시키고 남쪽의 국민여론을 들끓게 한다. 사회주의의 기본인 배급 체계가 끊겨 체제가 흔들리는 한편으로, '강성대국' 건설을 강조하는 모습에서 북한의 실체에 대한 인식은 혼돈을 겪게 된다.

북한의 이중적 모습은 이에 그치지 않는다. 어떤 때는 교조적 이데올로기에서 벗어나지 못한 채 고답적인 모습을 보이는 것 같다가도 때로는 지극히 현실적 실용적 선택을 함으로써 주위를 놀라게 하기도 한다. 이러한 상반된 모습이 복합적으로 작용하면서 북한사회와 정권에 대한 인식의 혼란은 가중된다. 이는 북한에 대한 필요 이상의 경계심과 적대감을 부추기는 요인으로 작용하기도 한다.

북한 체제의 독특한 이중성 때문에 파생되는 구조적인 문제들을 냉정하게 진단하고 그에 걸맞게 대처해야 한다. 겉으로 드러난 양상의 배후에 무엇이 있는가를 정확히 분석해야 한다. 전 세계적으로 사회주의권이 몰락한 가운데 허장성세를 부리면서 체제 유지에 안간힘을 쓰는 북한의 처지를 바로 보는 합리적 시각이 필요하다. 이런 이해가 부족하면 자칫 방향이 빗나가거나, 별 것 아닌 문제를 크게 확대시키고 긴장을 불러올 우려가 있다.

한편으로는 북한의 정권 담당자들과 주민들을 구분해서 보는 노력도 필요하다. 동원체제의 성격상 민과 관의 구분이 명확하지 않지만, 권력을 쥐고 사회를 이끌어 가는 계층과 대다수 주민들의 이해관계는 분명 다를 수밖에 없을 것이다.

부정적 인식의 배경

북한 사회를 객관적으로 보려면 냉전의식에서 비롯된 선입견과 편향된 고정관념을 과감히 벗어야 한다. 그런데 이러한 시각은 하루아침에 생성된 것이 아니듯이 단기간에 바뀌지 않는 데 문제가 있다.

한 사람이 어떤 시각을 갖느냐는 그 사람이 살아오면서 느끼고 경험한 인생관과 세계관의 산물일 터이다. 그러나 오늘날처럼 '직접 경험'을 통해 사회현상을 이해하기 힘든 대중사회에서는 그 사람이 어떤 내용의 '정보'를 접하느냐에 따라 인식의 차이가 생긴다. 정보를 자체적으로 얻을 수 있는 통로가 막혔거나 제한된 영역일수록 '간접 경험'을 전달하는 매스컴의 영향에서 벗어나기 힘들다.

분단상황 아래서 북한사회에 대한 정보는 전적으로 언론 보도에 의존할 수밖에 없었다. 그런데 언론이 현실을 있는 그대로 보여주지 않는다는 데 문제가 있다. 신문이 지면을 제아무리 늘리고 방송이 전파를 24시간 발사한다 하더라도, 세상 모든 일을 보도할 수는 없기 때문에 편집자의 일정한 '선택'은 불가피하다. 언론의 이러한 선택과정은 같은 사실을 크게 다루어 중요성을 부각시키거나 또는 아주 작게 다루거나 아예 무시해 버리는 방법 등을 통해 나타난다.

우리 언론은 남북문제에서 우리 사회의 가장 보수적이고 극우적인 세력의 목소리를 대변해 왔다는 비판을 받아 왔다. 언론은 북한에 대한 일반인들의 막연한 불안감을 자극하고 적대감을 불러일으켜 은연중 반북 정서를 유포시키거나, 심한 경우 노골적으로 국민감정을 부추겨 대결 쪽으로 몰고 갔다.

우리 언론이 극우 보수적 태도를 갖게 된 데는 탄생 과정부터 역사적으로 뿌리가 깊지만, 사회 전체의 보수화 경향과도 깊은 관계가 있다. 우리 국민은 6.25라는 동족상잔의 비극을 겪었고, 그 뒤 분단체제 아래서 철저한 반공교육을 받아왔다. 역대 정권은 북한의 존재와 위협 강조를 통해 취약한 정통성을 보완하려고 했다. 북한의 군사적 위협을 강조하고 대결적 자세를 부추김으로써 국민들의 민주화 요구나 인권신장 요구를 억누르는 데 적절히 이용해왔던 것이다.

몇 가지 사례를 보면 이런 점은 더욱 분명해진다. 이승만 대통령은 강력한 정적인 조봉암을 간첩혐의로 몰아 사형에 처했다. 박정희 대통령이 7.4 남북공동성명 직후 유신체제를 선포한 것도 권력유지를 위해 남북관계를 교묘하게 이용한 사례로 꼽힌다. 유신체제 아래서 형장의 이슬로 사라진 인혁당 사건 관련자들의 혐의도 조작됐다는 의혹을 받고 있다. 전두환 대통령은 1986년 정치적으로 위기에 몰리자 난데없이 북한의 수공 위협을 들고 나오면서 이를 막기 위해서는 '평화의 댐'을 건설해야 한다며 성금을 모으는 등 엉뚱한 반북 캠페인을 벌였다. 역대 군사정권 아래서 북한의 남침 위협은 끊임없이 강조됐고 국민들은 불안에 떨어야했다.

북한 정권 역시 남한 정부의 존재를 자신의 권력을 강화하고 독재체제를 공고히 하는 데 '적절히' 이용했다. 7.4 공동성명 직후 남쪽에서 유신체제가 성립했듯이, 북쪽에서는 내각책임제에서 김일성 주석의 권력이 대폭 강화된 주석제로 헌법이 바뀌었다. 남북의 정권이 표면적으로 대립, 반목하는 가운데서도 핵심 권력기관 사이에는 물밑 접촉이 있다는 분석도 나온다. 남북이 적대적 의존관계를 유지해왔다는 비판은 남과 북의 정권이 서로 대립하는 상대방의 존재를 이용해 자신의 권력을 유지하고 강화해온 측면에 초점을 둔 분석이다.

역대 권력의 정치적 필요성과 궤를 같이한 언론의 끊임없는 덧칠로 남한 사회에서 북한을 바라보는 일반적인 시각은 크게 굴절되었다. 북한 사회에 대한 부정적 고정관념과 편견이 널리 자리잡았다. 북한 사회 역시 사람이 사는 곳이고 나름대로의 논리와 규범이 있으련만, 우리는 조건반사적으로 북한을 '억지와 생떼를 쓰는 집단', '언제 전쟁을 일으킬지 모르는 호전적 집단'으로 치부해 버리는 데 익숙하다. 설사 그렇게 생각하게끔 만든 측면이 있다 하더라도, 왜 그렇게 됐는지 진지하게 이해해 보려는 노력이 부족하다.

위기에 몰린 북한

한반도 주변의 객관적 상황이 급변하는데도 과거의 눈으로만 보는 태도는 합리적인 자세도 아니고 통일에 도움이 되는 자세도 아니다. 입장을 바꿔놓고 그들의 처지에서 보려는 노력도 때로는 필요하다. 북한은 왜 정부의 햇볕정책에도 불구하고 잠수정 침투를 계속하는 것인가. 북한이 미사일 개발 등 군사력 증강에 집착하는 이유는 무엇인가. 핵 개발 의혹을 받아가면서 국제 사회에서 끊임없이 논란을 일으키는 원인은 어디에서 찾아야 할 것인가. 식량난, 경제난에 시달리면서도 개방을 못하는 이유는 무엇인가. 북한은 왜 남한과의 대화를 기피하고 미국과만 상대하려고 하는가.

현실을 정확히 인식하고 균형 잡힌 눈으로 보려고 노력한다면 현재 한반도 정세와 한반도 주변의 복잡 미묘한 상황에 대한 해석이 달라진다. 탈냉전은 1989년 동구 공산권 국가들의 붕괴, 1990년 독일 통일을 거쳐 1991년 소련의 해체로 이어지면서 자본주의와 사회주의의 세기적 대결에 종지부를 찍었다. 사회주의는 40년간 냉전을 지탱해왔으나 결국 자본주의의 경쟁상대가 되지 못함을 드러내면서 사실상 소멸단계에 접어들었다.

남북 사이의 힘 관계도 크게 변했다. 1970년대 초까지는 북한의 우위였으나 1970년대 중반부터 경제력 면에서 남한이 북한을 앞지르기 시작했고, 이제는 외교 측면은 물론 군사력 면에서도 남한 우위가 점차 두드러진다.

우선 외교와 안보 환경을 보자. 북한은 동구권의 몰락과 소련의 해체로 국제무대에서 고립을 면하지 못하게 됐다. 유일한 후원국이던 중국마저 남한과 수교하면서 북한은 이제 기댈 곳이 없어졌다. 중국이 자신의 영향력을 유지하기 위해 국제사회에서 북한의 입장을 옹호하거나 식량지원 등을 하고 있지만, 과거와 같은 친밀한 관계는 아니다. 이런 상황에서 북한은 '우리식 사회주의'를 외치면서 홀로서기를 해야 할 입장이다.

군사적 상황 역시 북한을 초조하게 만들고 있다. 정부의 공식적 입장은 아직도 북한이 군사력 면에서 크게 앞섰다고 주장한다. 최근 북한의 미사일 발사로 인해 이런 주장은 더욱 목소리가 커졌다. 그러나 학계나 군사전문가들의 평가는 사뭇 다르다. 남한이 무기의 질에서 앞서기 때문에 양적인 열세를 충분히 상쇄하고도 남는다는 것이다. 그밖에 장기전에 영향을 줄 경제력의 차이나 국제환경 등을 고려하면 주한미군을 계산에 넣지 않더라도 이미 균형을 이루고 있거나 남쪽이 앞서 있다고 분석한다.

그러나 남북한 사이에 어느 쪽의 군사력이 우세하냐를 따지는 것은 의미가 없다. 서로가 상대방에게 치명타를 가할 정도의 가공할 무력을 갖고 있기 때문에 만일 전쟁이 터지면 공멸할 것은 불을 보듯 뻔한 일이다.

무엇보다 심각한 것은 경제난이다. 사회주의권의 몰락은 북한에 경제적으로 심대한 타격을 주었다. 원료 공급지이자 수출시장이던 소련과 동구권의 몰락으로 북한은 교역 상대국이 없어졌다. 중국마저도 대북 교역에서 우대가격을 폐지하면서 북한경제는 구조적인 적자에 허덕이게 됐다. 1990년대 들어 북한은 연속 마이너스 성장을 기록한 것으로 추정된다.

특히 식량난으로 굶주리는 사람들이 늘어났다. 어린이들과 노약자들의 피해가 극심한 실정이다. 자존심을 앞세워 체제의 약점을 보이지 않으려고 안간힘을 써오던 북한이 국제사회에 식량구호를 요청한 것은 사정이 얼마나 급박한지를 잘 말해준다.

조사기관에 따라 차이가 있지만, 북한은 생존에 필요한 최소한의 식생활을 유지하기에도 해마다 150만 톤 이상의 양곡이 부족한 실정이다. 사실 북한은 만성적으로 식량이 부족했다. 외화가 있을 때는 이를 외국에서 사와 충당했지만 이제는 그럴 외화가 없는 것이다.

북한은 1999년 신년사를 대신하는 공동사설에서 강성대국 건설을 강조하면서도 경제 강국의 조건으로 '먹는 문제 해결'을 강조했다. 먹는 문제 해결을 공식화한 것은 식량난이 얼마나 심각한 상황인지를 반영하는 것이다.

에너지난도 심각하다. 북한은 그동안 에너지의 대부분을 옛 소련이나 중국에서 수입해 왔다. 그러나 소련이 해체되고 중국마저 경화 결제를 요구하자 외화가 부족한 북한은 필요한 양을 충분히 사들이지 못하고 있다. 에너지 부족으로 인해 북한의 공장 가운데 제대로 가동되는 것이 20퍼센트 정도도 안 되는 것으로 알려져 있다.

북한은 외화부족을 해결하기 위해 각 기관이 이른바 '외화벌이'에 나서고 있지만 그 성과는 미미한 수준이다. 최근 북한이 예상을 깨고 남쪽에 금강산 관광을 허용한 것도 부족한 외화를 얻기 위한 것이 일차적 목적이라고 볼 수 있다.

이러한 총체적 어려움은 철저한 통제사회인 북한의 사회질서를 이완시키고 기강을 해이하게 하는 결과를 가져왔다. 탈북자들의 증언에 따르면 식량난이 가중되면서 식량을 구하기 위해 허가받지 않은 이동이 많아져도 이를 효과적으로 통제하지 못한다고 한다. 중국과의 국경 지역에서는 공식적으로 금지된 밀무역이 성행한다. 배급체계가 제 기능을 다하지 못하면서 이른바 '장마당'으로 불리는 암시장이 사실상 공식화했다. 북한 당국은 배급망 와해에 따른 정치적 부담 때문에 암시장 등 지하경제의 확산을 어쩔 수 없이 묵인하고 있는 것으로 보인다.

조기붕괴론의 허와 실

북한 사회의 어려움이 외부 세계에 차츰 알려지면서 북한이 머지않아 주저앉을 것이라는 조기붕괴론이 나돈다. 북한 붕괴론은 김일성 주석 사망 직후 절정에 달했었다. 그러나 북한 사회가 곧 무너지리라는 것은 사회주의 국가 중에서도 독특한 북한의 현실과는 동떨어진 것이라는 분석이 많다.

흔히 북한의 붕괴론을 이야기할 때 '체제 붕괴'와 '정권 붕괴'를 구분하지 않고 혼돈하는 경우가 많다. 일반적으로 체제 붕괴는 나라 전체가 무너지는 것을 말한다. 정권은 물론 사회질서 전체가 송두리째 바뀌는 것이다. 반면에 정권의 붕괴는 정권을 잡은 권력집단은 무너지지만, 체제는 그대로 유지되는 것을 일컫는다. 설사 김정일 정권이 무너지더라도 다른 세력, 예를 들어 군부 등에서 권력을 잡는 경우를 말한다. 북한 내부를 보면 아직까지 체제의 붕괴는 물론 이에 앞서는 정권의 붕괴를 나타내는 결정적인 조짐을 보이지 않는다.

그동안 조기붕괴론이 득세했던 것은 몇 가지 객관적 사실을 간과하거나 의식적으로 무시했기 때문일 것이다. 위에서 살펴보았듯이 북한이 총체적 어려움을 겪고는 있지만 상당기간 체제를 유지하리라고 보는 것은 몇 가지 근거 때문이다.

첫째, 김정일의 권력 장악이 밖에서 보기보다 훨씬 견고하다는 것이다. 김정일이 후계 수업을 받은 것은 20년이 넘는다. 오랜 기간 권력의 핵심부를 돌면서 곳곳에 인맥을 심어놓았다. 김정일은 김일성 사후에 이른바 '유훈 통치'로 북한을 지배해 왔으며, 1998년 사회주의 헌법을 고쳐가면서 국방위원장에 재추대돼 권력을 실질적으로 장악하는 변형된 권력승계 방식을 쓰기도 했다. 김정일은 특히 물리력을 가진 군부를 장악하는 데 힘을 쏟아왔고 상당한 성과를 거둔 것으로 보인다. 둘째, 북한의 일반 주민들은 외부 정보에 매우 어두운데다 그동안 철저한 통제를 통해 권력을 유지해왔기 때문에 불만이 있어도 조직적으로 저항할 만한 세력이 형성돼 있지 못하다. 셋째, 국제적 상황도 북한의 급속한 붕괴를 바라지 않고 있다. 특히 중국은 북한의 붕괴가 자신들에게 미칠 부정적 여파를 우려하고 있다. 식량난에 허덕이는 북한에 대해 소문 없이 식량을 지원하는 것도 이 지역에서 미국의 영향력이 지나치게 커지는 것을 막기 위한 깊은 뜻이 있는 것으로 이해된다.

물론 북한의 체제가 밖에서 보기보다 견고하다고 하더라도 경제난으로 인한 주민들의 불만을 잠재울 수는 없을 것이다. '고난의 행군'을 강조하면서 주민결속에 나서지만, 기간이 길어지면 이런 캠페인도 체제의 위협으로 작용할 것은 뻔한 일이다. 북한 지도층들도 이러한 점을 잘 이해하고 있는 것으로 보인다. 그러나 마땅한 해결방법이 없다. 자원고갈 상태에 이른 북한이 현재의 위기에서 벗어날 길은 개방을 통해 외부세계의 도움을 받는 것이다. 그러나 자칫하면 자본주의 병균이 모기장을 뚫고 들어오고 그리되면 체제유지에 문제가 생긴다. 북한으로서는 이럴 수도 저럴 수도 없는 난처한 처지에 놓여 있는 것이다.

개방을 둘러싼 인식의 차이는 북한 지도부 내에 이견을 불러일으키는 것 같다. 북한의 처지에서 볼 때 개방은 체제를 건 모험일 수 있다. 강경파들은 개방이 가져올 부작용을 두려워하며 거부감을 가질 것이다. 북한 주민들이 외부세계에 대해 알게 되면 체제에 대한 실망이나 회의가 커지고 사상적 동요를 일으키기 쉽다는 것이 이들의 주장일 것이다.

개방이 불가피하다는 온건파들의 논리는 현재의 상태로는 주민들의 누적되는 불만을 감당해내기 힘들다는 데 초점이 맞추어져 있을 것이다. 끼니를 굶는 기본적인 문제를 해결하지 못하면, 당장은 아니더라도 체제위기로 작용할 것은 분명하다. 미국과 서방세계의 개방 압력에 계속 버티려면 엄청난 국가적 소모를 감당해야 하고 그럴수록 경제난 해결은 더욱 힘들어진다. 또 아무리 군비를 늘린다 하더라도 미국이나 남한의 첨단무기에 대항하기는 역부족이라는 사실도 잘 알고 있을 것이다.

이런 측면에서 북한의 정책을 깊이 분석하면 합리적 해석이 나올 수 있다. 북한의 입장에서 볼 때 핵문제는 하나의 훌륭한 카드가 되고 있다. 핵 개발 의혹을 둘러싸고 미국과 밀고 당기기를 하는 이면에는 체제유지를 위한 고도의 전략이 내재해 있다. 이른바 '핵 모호정책'을 통해 미국으로부터 체제유지에 대한 보장과 함께 당연한 경제난을 풀 경제적 지원을 얻으려는 것으로 볼 수 있다. 북한은 '벼랑 끝 전술'을 통해 미국과 제네바 핵 합의를 체결한 바 있다.

미사일 개발 문제도 같은 맥락으로 이해할 수 있다. 북한이 미사일 개발에 주력하는 것은 자체 방위의 필요성도 있지만 중동지역에 미사일을 수출함으로써 부족한 외화를 번다는 목적도 있다.

북한이 경제적으로는 남쪽과 교류하면서도 가능한 한 당국자 간의 대화를 기피하고 미국과 상대하려는 것도 그들의 입장에서 본다면 흡수통일 위협에서 벗어나려는 생존전략의 측면이 강하다.

이러한 상황이 복합적으로 작용하면서 북한은 이러지도 저러지도 못한 채 엉거주춤한 상태에 놓여 있다. 그러나 그렇다고 해서 북한이 전혀 변하지 않았다는 일부의 주장은 현실을 도외시한 것이다. 큰 틀에서 본다면 북한은 변하고 있다. 비록 외화벌이 차원이라고는 하지만 금강산을 개방해 남쪽의 관광객이 들어올 수 있도록 한 것 자체가 엄청나게 큰 변화다. 얼마 전까지만 해도 과연 이런 일이 가능할 것으로 본 사람이 얼마나 됐을 것인가.

남북 공존의 길

우리는 북한을 새로운 눈으로, 전체적 시각으로 보아야 한다. 북한을 과대평가해서도 안 되지만 그렇다고 과소평가해도 안 된다.

남북관계에서 가장 경계해야 할 일은 북한의 이익을 곧 남한의 손해로 직결시키는 단선적 시각이다. 이는 오랫동안 대결시대를 거치면서 생긴 오류다. 북한에 이익이 되면서 동시에 남한에도 이익이 되는 일이 얼마든지 있다는 발상의 전환을 한다면 문제 해결 방법이 보인다. 시야를 넓힌다면 남북은 통일 후 함께 살아야 할 운명이다. 북한의 경제적 어려움이 덜어지고 주민들의 생활수준이 향상된다면 일부에서 걱정하는 통일비용을 줄일 수 있다.

좀더 적극적으로 생각한다면 남한에서 국제경쟁력을 잃은 일부 사양산업을 북한의 노동력과 결합함으로써 서로에게 도움이 되는 방향으로 발전시킬 수 있다. 대만과 중국의 경제협력이 좋은 사례다. 그러기 위해서는 북한이 개방을 하더라도 망하지 않는다는 확신을 주어야 한다. 그 길만이 민족이 공존할 수 있는 길이다.

남북이 앞으로 적극 추진해야 할 일은 군축 논의를 앞당기는 것이다. 남과 북이 경제난, 식량난에 허덕이면서도 군사비에 쏟는 소모적 비용은 어마어마하다. 이 비용을 줄일 수 있다면 남북이 모두 삶의 질을 높이고 생산적인 데 더 많은 투자를 할 수 있을 것이다. 그러기 위해서는 상호 불신을 줄이고 신뢰를 쌓아가야 한다. 지름길은 서로 만나는 일이다. 통일환경 조성작업에 모두 나서야 한다.

분단체제에 세뇌되어온 의식을 바꾸어야 한다. 남북이 겪고 있는 위기를 별개로 생각할 것이 아니라, 전체로 묶어서 보고 '해법' 역시 거기서 찾는 슬기를 발휘해야 한다. 민족의 미래를 생각하고 한반도 전체를 아우르는 넓은 시야로 접근할 때 비로소 민족의 위기를 화해의 기회로 활용할 수 있을 것이다.

북한 미사일과 한반도 정세

| 오클랜드 3국 정상회담 |

김대중 대통령과 빌 클린턴 미국 대통령, 오부치 게이조 일본 총리는 1999년 9월 12일 뉴질랜드에서 열린 아시아태평양경제협력체(APEC) 정상회의에서 별도의 모임을 갖고 대북정책을 조율했다. 북한 미사일 문제를 협의하기 위해 한미일 3국 정상이 이례적으로 만난 자리였다.

이들은 회담 뒤 공동 발표문을 통해 "북한이 한반도와 역내의 긴장을 완화하고 항구적인 평화를 정착시키기 위한 조처를 취할 경우 북한과의 관계

청명문화재단에서 펴내는 계간지 「통일시론」 1999년 가을호에 실렸던 글이다. 1999년 한반도를 긴장시켰던 북한의 대포동 미사일 발사를 둘러싸고 벌어진 북한과 미국의 갈등 양상, 그리고 한국에 미친 영향 등을 종합적으로 분석했다. 북한과 미국의 미사일 갈등은 베를린 회담을 통해 해소됐고, 페리 전 국방장관이 중심이 돼 채택한 페리 보고서는 미국 클린턴 행정부의 이정표가 됐다. 김대중 대통령의 '햇볕정책'이 빛을 발하고 남북 정상회담 개최로 이어질 수 있었던 것도 상당부분 이런 흐름의 도움을 받았기에 가능했다.

를 개선할 준비가 되어 있음을 확인한다"고 밝히고 "한국, 미국, 일본이 공동으로 수립한 포괄적이고 통합된 대북정책이 한반도 평화와 안정을 정착시키는 데 소중한 기회를 제공할 것"이라고 강조했다. 이날 세 나라 정상의 회담 내용은 마침 독일 베를린에서 열리고 있던 북미 고위급 회담의 진전 상황을 반영한 것이었다.

김대중 대통령은 회담에서 대북 포용정책을 일관되게 밀고 갈 것을 강조했다. 그는 "여러 정세로 볼 때 북한이 외부지원을 필요로 하는 만큼 인내심을 갖고 포용정책을 유지하면 북한의 미사일 발사를 저지할 수 있을 것으로 본다"면서 "북한에 대해 안정보장, 경제협력, 국제사회 진출 지원 등 세 가지를 주면 북한과 주고받는 협상이 성공할 수 있다"고 강조했다.

김 대통령이 "설사 북한이 미사일 발사를 강행했을 경우라도 그것이 지구의 끝은 아니다"고 역설한 것은 여러 모로 의미가 깊다. 북한이 미사일을 재발사할 경우 제네바 협약에 따른 경수로 분담금을 낼 수 없다고 초강경 자세를 보이는 일본에 대한 강력한 견제의 뜻을 담은 것이었다.

오클랜드 3국 정상회담은 북한 미사일 문제의 심각성을 상징적으로 보여주는 것이었으나, 다른 한편으로는 대북정책이 본질적으로 미국의 결정에 이끌려가지 않을 수 없는 구조적 한계를 드러내는 것이기도 했다. 한반도 문제에 있어 의도적으로 남한을 배제하고 미국과 상대하려는 북한의 의도는 이러한 한계를 더욱 깊게 했다.

미사일 문제는 베를린회담에서 북한의 시험발사 유예라는 성공적 합의를 이끌어 냄으로써 한 고비를 넘긴 느낌이다. 회담의 후속 조처로 미국은 북한에 대한 경제제재를 일부 완화했고, 북한도 이에 상응하는 조처를 곧 취하기로 되어 있다. 북한과의 협상에 무게를 둔 페리 보고서가 공개되는 등 객관적 흐름은 대화와 협상 쪽이지만, 미사일 시험발사 문제뿐 아니라 수출과 개발 중지에 이르기까지 미사일 난제를 완전히 풀기 위해서는 거쳐야 할 관문들이 많다.

| 김대중 정부의 대북 포용정책 |

대북 인식과 정책 기조

김대중 정부가 북한 미사일 위기에 어떻게 대처했는가를 분석하기 위해서는 정부 출범 이후 일관된 흐름을 보이고 있는 대북 포용정책의 틀과 구체적 적용에 대한 이해가 필요하다. 김대중 정부의 대북정책은 기본적으로 북한 체제가 실패한 체제이고 어려움에 처해 있으나 조만간 붕괴할 가능성은 없다는 인식에 기초해 있다. 식량난 등 경제적 어려움 때문에 결국 변화할 수밖에 없으며 이미 조금씩 변화가 시작되고 있다고 본다. 김정일 정권의 속성상 근본적 변화를 기대할 수는 없더라도 경제와 사회 분야에서 조금씩 나타나는 변화가 쌓이면 정치와 군사 분야에서 질적인 변화도 기대할 수 있다는 입장이다.

포용정책의 기본은 대북 3원칙에 잘 나타나 있다. 김대중 대통령은 취임사에서 무력도발 불용, 흡수통일 배제, 대화와 협력 강화 등을 천명했다. 이러한 원칙에 따라 나온 구체적 정책이 정경분리였다. 이중적인 한반도 현실을 볼 때 남북 간에 사소한 마찰이나 갈등이 있을 때마다 경제적 교류마저 단절한다면 남북관계는 이른바 냉탕과 온탕을 왔다 갔다 할 수밖에 없는 구조임을 인정해 근본적으로 정치 및 군사문제와 경제문제를 분리시킨다는 정책이었다. 정부의 이러한 포용정책은 때로 심각한 도전을 받기도 했지만, 대체적으로 일관성을 지켜왔다는 평가를 받는다. 금강산 관광 사업이 시작돼 14만 명이 넘는 관광객들이 금강산을 다녀온 것도 정부의 정경분리 정책이 낳은 결과다. 비록 달러를 필요로 하는 북한의 다급한 현실이 맞물린 결과이긴 하지만, 분단 50년여 만에 남쪽의 일반관광객이 북녘 땅 금강산을 밟게 된 것은 획기적인 일이 아닐 수 없다.

서해교전과 해상긴장

1999년 6월 15일 서해상에서 발생한 남북 교전은 정부가 꾸준히 추진해온 대북 포용정책이 맞은 가장 큰 시련이었다. 동해에서 금강산 관광선이 북으로 올라가는 와중에 서해상에서 발생한 군사적 충돌은 한반도의 이중적 상황을 극적으로 표출한 것이며 현실적으로 남북관계가 얼마나 취약한지를 상징적으로 보여준 사건이었다.

서해 사건을 통해 북한이 무엇을 얻으려 했는지는 분석이 엇갈린다. 외화벌이로 제법 큰 몫을 하는 제철 꽃게잡이 어선 보호를 위해 월선했다는 것이 초기의 분석이었다면, 한반도의 불안정한 정전체제를 미국에 일깨움으로써 평화협정 체결을 압박하기 위해 사건을 일으켰다는 분석, 평소 불만이었던 북방한계선(NLL)을 무력화하고 이 지역을 분쟁 해역으로 만들기 위한 것이었다는 설 등 다양하다. 일정한 정도의 긴장을 조성하더라도 남쪽에서 용인할 것으로 생각했는데, 보수 여론에 몰린 정부가 예상외로 강하게 대처하는 과정에서 일이 확대됐다는 분석도 있다.

서해교전이 남한의 일방적 승리로 끝난 것은 북한이 일을 확대하지 않고 자제했기 때문이라는 분석도 있다. 교전 당시 황해남도 인접 해안에 배치된

해안포들은 일체 포격을 가하지 않았다. 당시 정황을 볼 때 해안에서 포격이 가해졌다면 남쪽이 이에 대응하는 과정에서 걷잡을 수 없는 사태가 벌어졌을 가능성이 크다. 교전 뒤 참담한 패배를 당한 북한 경비정들이 북방한계선을 넘지 않고 굴욕을 감수한 것도 혹시 일이 커질까 두려워한 때문으로 풀이된다. 이제까지 '강성대국'을 외치며 주민 결속을 도모하고, 내부적으로 군사부문에 상당한 투자를 해왔음에도 불구하고, 남쪽의 현대화한 무기를 당해내지 못한 것은 물론이고 그 차이가 너무도 현격했기 때문에 북한 지도부의 충격은 더욱 컸던 것으로 보인다.

북한은 서해교전 발생 두 달여 뒤 기존 북방한계선의 무효를 선언하고 백령도와 연평도 등 서해 5도 해역을 북한군의 관할구역으로 두는 내용의 '새로운 서해 해상군사분계선'을 일방적으로 선포했다. 북한은 "새로운 해상군사분계선에 대한 자위권은 여러 가지 수단과 방법에 의해 행사될 것"이라고 밝혀 서해상의 긴장을 잔뜩 높였다. 이러한 북한의 조처는 당장 무슨 일을 일으키겠다기보다는 장기적으로 분쟁거리를 마련해 놓은 것으로 해석됐다.

| 미사일정책의 이중 과제 |

대포동 미사일과 한미일의 반응

1998년 8월 31일 북한이 쏘아 올린 '인공위성'(대포동 1호 미사일)의 충격은 매우 컸다. 미국은 당시까지만 해도 북한이 장거리 미사일을 개발할 능력이 없다고 보고 있었다. 북한이 쏘아 올린 인공위성 '광명성 1호'는 이러한 판단을 훌쩍 뛰어넘었다. 마지막 단계에서 인공위성 추적에 실패한 미국의 당혹감은 더욱 컸다. 북한은 인공위성이 우주 궤도에 성공적으로 진입했다고 주장했다. 미국은 모든 기술을 총동원해 이 물체를 찾으려 했으나 실패했고, 북한이 인공위성을 발사했으나 궤도 진입에는 실패한 것으로 결론 지었다.

북한 미사일 위기가 더욱 증폭된 것은 북한이 장거리 미사일인 대포동 2호 미사일의 시험발사 준비에 들어가면서부터였다. 북한은 미국의 첩보위성이 주시하는 가운데 미사일 발사대를 설치하는 등 시험발사를 위한 준비 작업을 공공연하게 진행시켰다. 발사대의 높이나 주변시설 등으로 볼 때 대포동 미사일 2호는 1호보다도 훨씬 사거리가 길 것으로 예측됐다. 미국이 느끼는 위협도 현실 문제로 다가왔다.

미국은 북한의 미사일 개발이 대량살상 무기 확산 방지라는 정책목표에 정면 배치되는데다 동북아 군사질서를 깨뜨린다는 점에서 미사일 개발을 포기하도록 하기 위해 모든 방법을 동원했다. 윌리엄 페리 대북정책조정관이 1999년 5월 평양을 방문해 제시했던 한국, 미국, 일본의 포괄적 접근방안의 주요 내용도 여기에 초점을 맞추었다.

일본의 반응은 더욱 격렬했다. 북한이 발사한 인공위성 추진체 로켓이 일본열도를 넘어간 것으로 밝혀지자 일본 사회는 경악했다. 이는 일본 전역이 북한 미사일의 사정거리 안에 들어있다는, 생각하기조차 끔찍한 일이었다. 일본은 만일 북한이 미사일을 또 발사한다면 제네바협정에 따라 부담하기로 했던 경수로 비용 분담금 10억 달러를 지급하지 않겠다는 강경한 태도를 보였다. 북한에 대한 식량 원조를 중단하고 그동안 물밑에서 진행하던 북한과의 외교관계 정상화 협상도 중단했다.

일본이 이처럼 법석을 떤 데는 북한 미사일이 갖고 있는 현실적 위협 이상의 정치적 고려도 작용했다. 일본 우파들은 북한의 미사일 시험발사를 정치적으로 이용해 그동안 국내여론과 주변국들의 반발 때문에 진행시키지 못했던 숙원사업들을 단숨에 해치웠다. 미국과의 신가이드라인 체결, 주변사태법 통과, 일본 국가와 국기의 제정과 같은 난제가 별다른 여론의 저항 없이 일사천리로 진행돼 군사강국화의 길을 닦았다.

그러나 한국의 입장은 다르다. 냉정하게 본다면 미사일 발사 자체가 새삼스럽게 한반도의 위기를 불러일으키거나 남쪽에 군사적 위협이 되는 것은 아니다. 실제 군사적 위협 정도로 따진다면 휴전선 일대에 집중 배치되어 서울을 겨냥하는 자주포, 방사포들의 위협이 더욱 크다. 그러나 북한의 미사일 발사에 뒤이은 재발사 위협은 엄청난 파장을 몰고 왔다. 한반도 문제가 단순히 남북한의 문제로 국한되던 시대가 지났기 때문이다. 미사일 발사로 목소리가 커진 미국이나 일본 내 강경파들의 여론몰이가 그대로 한국사회에 투영된다. 핵 위기 때도 이미 겪었던 일이다. 북한이 미사일 재발사를 강행할 경우 그 뒤 어떤 일이 벌어질지 예측하기 어렵다. 무력충돌까지는 가지 않더라도 한반도의 긴장 고조는 당장 경제회복 노력에 치명타가 될 수 있다. 외국 투자가들이 불안감을 느껴 자금을 회수해 가거나 신규투자를 꺼릴 경우 우리 경제가 입는 피해는 상상 이상으로 크다. IMF 사태를 불러온 외환위기는 이러한 취약점을 잘 보여주었다. 국내의 정치적 파장도 무시할 수 없다. 북한이 미사일 발사를 강행하면 당장 금강산 관광을 중단하라는 국민적 압력이 일 것이고 경협 중단과 햇볕정책의 포기를 요구하는 강경파들의 여론몰이에 정부로서는 마냥 버티기 힘들었을 것이다.

이러한 현실적 문제 때문에 정부의 미사일 정책은 어떻게 하든 북한의 미사일 재발사를 막는 데 일차적 목표를 두고, 이를 위해 주변국가들의 협조를 얻는 데 초점이 모아졌다. 미국, 일본과의 공조를 통해 압박을 가함과 동시에 미사일을 발사하지 않을 경우 얻게 될 이익이 무엇인지를 제시하는 방법이 있었고, 다른 한편으로 북한에 영향력을 미칠 수 있는 거의 유일한 나라인 중국을 통해 미사일 발사를 자제하도록 압력을 가하는 방법도 있었다. 김대중 대통령은 미국에 무조건적 대북 제재 완화를 촉구하고 북한과의 관계 정상화를 권유하기도 했다. 중국을 겨냥한 정부의 끈질긴 외교 노력은 중국 정부로 하여금 북한 설득에 나서도록 하는 데 기여한 것으로 평가된다.

북한의 입장

미사일 카드는 북한의 처지에서 보면 간단히 포기할 수 있는 문제가 아니다. 일반적으로 북한이 장거리 미사일 개발에 나선 것은 몇 가지 이유로 살필 수 있다. 첫째는 미사일이 갖고 있는 방위력이다. 금창리 지하시설 현장 조사 이후 핵 의혹이 사실상 해소된 마당에 미사일 문제는 북한이 갖고 있는 마지막 남은 군사적 지렛대 구실을 한다. 경제난으로 재래식 무기의 증강이나 현대화가 어려운 북한 처지에서 미사일이 갖는 전략적 가치는 더욱 높아졌다. 장거리 미사일은 미국과 일본에 심리적, 정치적 압박을 가하는 위협용으로 더욱 요긴했다. 미사일은 북한이 보유하고 있는 것으로 알려진 생화학 무기의 운반체가 되기 때문에 특히 위협적이다. 이밖에 북한은 미사일이나 미사일 기술 수출을 통해 외화를 벌어들인다는 생각도 갖고 있는 만큼 개발이나 수출을 포기하는 대가를 매우 높게 요구해 더욱 복잡한 문제가 제기된다.

북한은 미사일 개발을 인공위성 문제로 포장해, 이는 자주권에 속하는 문제라는 입장을 고수해 왔다. 북한 외무성 대변인은 인공위성 발사는 자주적인 주권국가의 합법적인 권리에 속하는 문제라면서 필요하다면 언제든지 인공위성을 발사하겠다고 밝혔다. 북한은 "우리가 필요하다고 인정하고 또 과학 기술적으로 준비되면 자기 결심에 따라 아무 때나 위성발사를 진행하는 것이 우리의 시종일관한 입장"이며 "우리는 누가 위성을 발사하라고 해서 하고, 또 하지 말라고 해서 그만두는 것이 아니다"고 강조했다.

그러나 북한으로서는 마냥 벼랑 끝 전술만 펼 수도 없는 노릇이었다. 미사일 발사를 강행할 경우 포기해야 할 실익이 크기도 하지만, 미사일 발사 위협으로 상품가치를 높이려다 일이 뒤틀려 인내 한계선(Red Line)을 넘게 되면, 체제 존립 자체를 걱정하지 않을 수 없다. 북한은 그동안 미국의 공격목표는 유고 다음으로 자신들이라며 잔뜩 경계해 왔다. 한미 작전계획 '5027 – 98'을 들먹이며 '북침 위협'을 선전했다. 동북아에서 군사적 균형이 깨지기를 바라지 않는 중국의 존재 등을 고려할 때, 북한의 주장이 내부결속을 위한 상투적 선전이나 지나친 경계로도 비치지만, 막상 북한의 처지에서는 절박할 수도 있다.

남한의 미사일 정책

경제난으로 재래식 군사력 증강이 불가능해진 북한이 대량살상 무기 개발 에 주력하면서 한반도에서의 안보위협은 더욱 커졌다. 나중에 빈 동굴로 밝혀지기는 했지만, 금창리 지하시설 의혹이 일기 시작한 시점에 갑자기 발사된 대포동 1호 미사일은 미국 강경파들의 대북 불신을 고조시켰다. 일부 강경론자들은 금창리 의혹을 제네바 핵 합의 파기로 단정하고 북한에 대해

이라크식으로 공중폭격을 해야 한다는 주장을 폈고, 이에 따라 '한반도 위기설'이 공공연히 나돌았다. 만일의 경우 북한의 핵 시설이나 미사일 발사 시설을 폭격한다는 것인데, 이 경우 북한이 가만히 앉아서 당하지만은 않을 것이고 군사적으로 대응한다면 그 상황은 상상하기에도 끔찍한 일이다. 한반도에 삶의 터전을 잡고 있는 우리 민족으로서는 생존이 걸린 문제인 것이다.

이러한 복잡하고도 민감한 상황에서, 정부 정책은 당연히 북한의 미사일 발사를 막도록 노력하되, 설사 미사일이 발사되더라도 이것이 한반도의 긴장을 고조시켜 전쟁 가능성까지 운위되는 일은 반드시 막아야 한다는 이중적 과제를 떠안게 됐다. 북한이 미사일을 발사할 경우 초강경으로 치달을 가능성이 큰 일본을 달래고, 미국 정부가 강경파들의 여론몰이에 따라 강경 일변도로 흐르지 않도록 미리 단속하고 조율할 필요를 느끼게 된 것이다. 무엇보다 페리 보고서가 강경한 쪽으로 흐르지 않도록 해야 했다. 한편으로 미사일 발사 억제노력을 하면서, 다른 한편으로 미사일 발사가 강행되더라도 필요 이상의 강경한 분위기가 형성되지 않도록 하고 이와 동시에 한국, 미국, 일본의 공조에 금이 가지 않도록 해야 하는 난제를 동시에 풀어야 하는 처지에 빠진 것이다. 이러한 고민은 대북 포용정책을 계속 유지하되, 사안별로 대응할 것이 아니라 근본적으로 문제를 풀어야 하며, 이를 위해서는 바로 한반도의 냉전구조를 근본적으로 해체해야 한다는 데로 귀결됐다.

임동원 통일부 장관은 정부의 냉전구조 해체 구상을 다음과 같은 5가지 요소로 집약했다.

첫째, 남북한 사이의 불신과 대결을 화해와 협력 관계로 전환시켜 나가는 것으로, '남북기본합의서'의 성실한 이행이 그 요체라는 것이다. 둘째는 미국과 일본이 북한과의 관계를 개선하고 정상화하는 것이고, 셋째는 한반도에서 대량살상 무기를 제거하고 군비통제를 실현하는 문제다. 넷째, 북한이 개방과 시장경제로 전환하고 책임 있는 성원으로 국제사회에 참여하는 것으로, 주변국들은 북한이 그렇게 될 수 있도록 여건과 환경을 조성해 줄 필요가 있다는 것이다. 다섯째, 정전체제를 평화체제로 전환하고, 한반도에서 '법적 통일'에 앞서 '사실상의 통일 상황'을 실현한다는 것이다. 사실상의 통일이란 남북한이 각자의 정체를 그대로 유지하면서 서로 오고 가고 돕고 나누는 상황을 의미하는 것이라고 설명한다.

이러한 한반도 냉전구조 해체 구상에 따라 미국과 일본을 설득시키는 것이 가장 큰 과제였다. 우선 미국의 대북정책조정관으로 임명된 윌리엄 페리의 인식을 바꾸는 것이 급선무였다. 애초 미국이 대북정책조정관이라는 자리를 만들고 대북정책을 근본적으로 재검토하도록 한 배경이 클린턴 행정부 정책에 대한 미 의회 강경파들의 불신과 비판에서 비롯된 것을 생각한다면, 보고서가 자칫하면 대북 제재 쪽으로 방향을 잡을 위험성이 매우 컸다. 미국의 강경 여론을 추스르고 이와 함께 미 의회 강경파들의 목소리를 낮추는 작업이 필요했으나, 정부로서 이 부분은 한계가 있을 수밖에 없었다. 페리 보고서의 기본 방향을 채찍이 아닌 포용 쪽으로 잡도록 하기 위해 김대중 대통령이 페리를 여러 차례 만나 직접 설득하고, 평양을 방문하도록 권고할 정도로 공을 들인 것은 이러한 배경 때문이었다.

미사일 문제에 초강경 자세를 보이는 일본의 반응을 누그러뜨리는 일도 쉬운 일이 아니었다. 우익의 목소리가 날로 커지는 일본의 국내정치 상황은 문제를 더욱 어렵게 만들었다. 대북 협상 측면에서 볼 때, 일본의 강경한 태도는 한편으로 유력한 협상 무기가 되지만, 충분히 조율되지 않은 상태에서 빚어지는 강경론은 항시 위험을 내포한다.

1999년 7월 방한한 윌리엄 코언 미 국방장관이 조성태 국방장관과 가진 회담에서 북한이 미사일을 발사하면 군사적 대응을 할 뜻을 내비쳤다가 파문이 일자 황급히 주워 담은 것도 한국, 미국, 일본을 흐르는 미묘한 저간의 사정을 반영한 것이었다. 조 장관은 회담 뒤 인사말을 통해 "북한이 미사일 재발사를 강행할 경우에는 한국, 미국, 일본 3국 공조 아래 가용한 제 수단을 동원하여 강력히 대응하기로 했다"고 밝혔으며, 코언 장관은 방한 직전 일본에서 군사적 조처 운운한 것으로 보도됐다. 이에 대해 홍순영 외무장관은 북한이 미사일을 발사하더라도 군사적 조처가 아닌 경제적 외교적 제재만 가한다는 것이 정부의 방침이라고 과잉대응 흐름을 극력 경계했다. 정부가 유사시 북한 대포동 미사일 기지를 공격할 수 있는 포파이 미사일 100여 발을 미국에서 도입하기로 했다는 소식도 때 맞춰 나왔던 터라 군사적 대응 우려에 무게를 실어줬다.

북한 미사일이 문제가 된 상황에서 한미 정상회담에서 공개적으로 거론된 남한 미사일 사거리 제한 논란도 미사일 문제의 민감성을 드러내는 것이었다. 김대중 대통령은 클린턴 대통령을 만난 자리에서 최대 180킬로미터로 묶인 한국 개발 미사일 사거리를 500킬로미터로 늘려야 한다고 요청했고, 클린턴 대통령이 난색을 표했다고 보도됐다. 사거리 500킬로미터면 북한 전역을 포함하며 일본과 중국 일부도 걸치는 거리다.

미묘한 시기에 정부가 미사일 사거리 연장을 요구한 것은 이중적 의미를 지닌 것으로 분석됐다. 단기적으로 본다면 이제까지 미국에 일방적으로 의존해 왔던 미사일 분야에서 자주권을 추구하겠다는 뜻으로 해석됐다. 한국은 지난 1979년 맺은 불평등한 '한미 미사일 지침'에 따라 20년간 평양에도 못 미치는 미사일 사거리 180킬로미터에 묶여 왔다. 1999년 초 미사일기술 통제기구(MTCR) 기준인 사거리 300킬로미터까지 확대한다는 데 원칙적으로 양해가 이루어졌지만, 미국 쪽이 개발단계의 투명성 등 까다로운 조건을 내걸어 난항을 겪고 있었다. 북한 미사일 위협이 가시화된 기회에 최소한 사거리 300킬로미터 미사일 개발 요구를 확보해야 한다는 주장은 이런 점에서 설득력을 지닌 것으로 평가됐다. 미국이 한국을 군사적 영향권 아래 두면서 자국산 미사일 판매 대상국으로 삼으려 한다는 비판이 나오는 시점에서는 '미사일 주권'의 당위성은 더욱 강조될 수밖에 없었다. 다만 시기적으로 서해교전 직후에 나온 터라 참패의 충격이 채 가시지 않은 북한을 자극해 가장 큰 현안인 북한 미사일 발사 억제 협상을 꼬이게 할지 모른다는 우려가 제기됐다.

베를린 회담과 페리 보고서

정부의 대북 포용정책은 구체적 사안 속에서 시련을 겪기도 하고 미국이나 일본 등과 약간의 마찰을 빚기도 했지만, 대체적으로 성공을 거둔 것으로 평가된다. 1999년 9월 베를린에서 열린 북미 고위급 회담에서 북한이 미사일 시험 발사를 잠정적으로 유예하기로 합의했다. 이에 힘입어 며칠 뒤 공개된 윌리엄 페리 미국 대북정책조정관의 대북 권고안은 정부의 노력이 상당부분 성공을 거두었음을 보여주었다.

미사일 협상의 양쪽 당사자인 김계관 외무성 부상과 찰스 카트먼 한반도 평화회담 특사는 여러 차례의 북미 고위급 회담을 거쳐, 마침내 베를린에서 북한의 미사일 발사 유예와 미국의 경제제재 해제 및 식량지원을 맞바꾸는 내용의 타협안을 마련하는 데 성공했다. 공동 발표문에는 "양쪽은 경제 제재와 미사일 문제를 포함한 현안에 대해 생산적인 논의를 했으며, 양자관계 개선과 동북아 및 아시아, 태평양 지역의 평화와 안정에 도움이 되는 긍정적인 분위기를 지속하기 위한 노력을 한다는 데 의견을 모았다"고 모호하게 표현됐다. 그러나 이 문구는 미사일 발사 유예를 뜻하는 것으로 해석됐다. 베를린 합의가 곧바로 미사일 문제해결로 이어지는 것은 아니지만, 1년 이상 한반도와 동북아를 짓눌러 왔던 미사일 먹구름을 걷어낼 실마리를 마련한 것만은 분명했다.

미사일 시험발사 유예 합의에 따라 페리 보고서가 힘을 얻으며 공개됐다. 페리 보고서는 일부 비공개된 부분이 있으나 요약본만 보더라도 앞으로 한반도 정세를 근본적으로 뒤흔들 획기적인 내용이 담겨있다. 보고서에는 잘만 진행된다면 수십 년간 적대관계에 있던 북한과 미국 관계를 정상화하고, 나아가 한반도의 냉전구조를 근본적으로 해체할 수 있는 포괄적이고 종합적인 구상이 들어있다고 해도 지나친 말이 아니다.

페리 보고서는 형식상 미국 정부에 대한 대북정책 권고안이지만, 내용을 들여다보면 한국이나 일본 등 관련국들이 함께 공조해야 할 부분들이 적지 않다. 실제 이 보고서가 확정되기까지 한국, 미국, 일본 3국은 긴밀히 협의해 왔다. 그 과정에서 국내 강경 분위기를 의식한 일본과 어떻게든 한반도 긴장 고조를 피하려는 한국 정부의 입장이 맞서 미묘한 갈등을 겪기도 했던 것으로 알려졌다.

페리 보고서의 핵심은 북한문제 해결을 위해 단기, 중기, 장기로 나눈 접근방식이다. 단기적으로 북한은 미사일 재발사를 자제하고, 미국은 대북 제재 조처를 일부 해제해야 한다는 것이다. 한국과 일본도 이에 병행해 적절한 긍정적 조처를 취할 것을 상정한다. 베를린 회담에서 미사일 시험 발사 유예가 합의됨으로써 이러한 단기적 목표는 어느 정도 달성된 것으로 평가됐다. 중기적 목표는 북한으로부터 핵무기와 미사일 개발계획을 중단하겠다는 믿을 만한 보장을 받는 것인데, 이는 앞으로 제네바 핵 합의를 충실히 지켜나가는 한편, 미사일 전문가 회담에서 복잡한 협상 과정을 거쳐야 할 것이다. 미국은 이 과정에서 북한을 미사일 기술통제기구에 가입하도록 유도한다는 복안이다. 이와 함께 고위급 회담 등을 통해 단계별로 북한에 대한 지원책을 마련하고, 한국이나 일본도 이에 발맞추어 협력을 강화해 간다는 것이다. 한국 정부로서는 '남북기본합의서' 이행과 이산가족 문제 해결이, 일본 정부로서는 납북 일본인 문제 해결 등 풀어야 할 난제가 가로 놓여 있다. 이러한 과정을 거쳐 마지막 장기적 목표인 한반도에서의 냉전 종식을 이룬다는 원대한 계획이다.

계획이 제대로 굴러가 실제 효력을 발휘한다면 한반도의 안정과 동북아 평화를 위해 더 이상 좋을 것이 없다. 문제는 북한이 어떻게 대응하느냐에 달려 있다. 페리 대북정책조정관이 1999년 5월 평양을 방문했을 때 북한이 어떠한 반응을 보이느냐에 따라 한국, 미국, 일본 3국의 대북정책의 변화폭과 속도가 달라질 것이고, 한반도와 동북아 정세도 크게 변동할 것이다.

북한이 큰 틀에 합의했다 하더라도 향후 이어질 후속협상에서 한국, 미국, 일본의 포괄적 접근방향에 대해 어떻게 대응할지 점치기는 쉽지 않다. 다만 그동안의 북한 협상전략을 보면 유추는 가능하다. 북한은 사안의 일괄타결보다는 문제를 가능한 한 단계별로 잘게 나누어 각 단계별로 최대한의 반대급부를 얻어내는 협상방식을 선호해 왔다. 미사일 문제는 사안의 성격상 이러한 전략이 더욱 잘 먹힐 수 있다. 미사일 시험발사 유예에는 동의했지만, 발사를 완전히 포기한다든지, 미사일이나 관련 기술의 수출을 중단한다든지, 개발 자체를 포기한다든지 하는 각 단계별로 이에 상응하는 충분한 대가를 챙기려 할 것이다. 그렇게 하는 것이 상대방의 약속 이행을 점검하고 독려하는 지렛대의 역할도 한다.

| 대북 포용정책의 방향 |

한국 정부는 베를린협상이 타결되고 페리 보고서가 공개된 데 대해 만족스러움을 숨기지 않는다. 김대중 대통령의 지론인 대북 포용정책 기조가 페리 보고서에 그대로 반영돼 있다고 보는 것이다. 북한이 호응해 나오는 단계별로 선물을 마련하는 등 제재보다는 대화와 협력의 틀로 짜여 있기 때문에 이 정도 내용이라면 북한이 호응해 나올 것이란 조심스런 기대를 갖고 있다. 구체적 사안은 직접 부딪혀 해결하더라도 큰 틀에서 반대하지 않는다면, 그동안 적대와 갈등으로 얼룩졌던 관계들을 획기적으로 바꿀 수 있는 기회가 올 수 있다는 판단인 것이다.

미사일 협상이 북한과 미국 사이에서 진행됐기 때문에 남북관계는 한참 뒷전으로 밀린 느낌을 준다. 그동안 남북대화가 간헐적으로 진행됐고, 한반도 4자 회담 등이 진행되면서도 핵심적인 내용은 북한과 미국 간의 협상에서 결정되면서 나머지는 곁도는 모습을 보였다. 페리 보고서에서 제시된 앞으로의 진전 단계도 결국 북미 미사일전문가 회담과 북미 고위급 회담에서 큰 흐름이 결정될 개연성이 크다. '남북기본합의서' 이행과 이산가족 문제 해결 등 풀어야 할 현안이 많은 정부로서는 뒷전에 밀려난 모양새가 결코 기분 좋을 리 없다. 그러나 단기적으로 이런 상황을 감수하겠다는 자세를 보인다. 어느 면에서 보면 이러한 상황이 빚어진 것 자체가 정부가 추진해 온 포용정책의 결과이기도 한 것이다.

김대중 정부는 한반도 냉전구조 해체의 중요한 요소로, 미국이나 일본이 북한과의 관계를 개선하고 정상화하도록 권유해 왔다. 이는 과거 정부와 전혀 다른 정책이다. 과거 정부들은 말로는 북한이 국제사회에 나오는 것을 돕겠다고 하면서도 내면적으로는 항시 발목을 잡아왔다. 북미 협상에도 '남북관계 진전 병행'이란 고리를 달았다. 김대중 정부는 미국이나 일본이 남한에 대해 신경쓰지 말고 북한과 관계 정상화에 나서도록 오히려 독려했다. 그러다 보니 자연스럽게 남북관계는 한참 뒤로 밀려나게 됐다.

그러나 장기적으로 보면 문제는 달라진다는 기대를 버리지 않고 있다. 한반도에서 진정한 평화에 이르려면 남북의 직접적이고 의미 있는 대화가 필수적이다. 이러한 상황을 조성하려면 북한을 국제사회로 이끌어 내고 미국과의 적대 관계를 청산하도록 해야 한다. 그것이 시기적으로 훨씬 가까운 시일 안에 남북대화가 진지하게 진행되도록 하는 것이고, 궁극적으로 한반도 냉전구조 해체에 한발 가까이 다가갈 수 있다는 것이다.

이러한 장기 구상에 따라 페리 보고서에 나와 있는 지침이 차질 없이 진행되도록 노력하겠다는 것이 정부의 자세다. 정경분리 원칙에 따른 대북지원이나 경제교류를 가속화하면 북한의 대남 의존도가 높아지게 되고, 북한으로 하여금 대화의 실익을 느끼게 할 수 있다는 것이다. 그러다 보면 남북 당국자 회담은 자연스럽게 재개될 것이며 점차 고위급으로 발전할 것이라는 희망을 품고 있다. 그러나 북미관계 개선속도와 남북관계 사이에 속도차이가 너무 크게 나면 정부의 입장이 어려워질 수 있다. 북한이 미국과 접촉하면서 남한과는 적대관계를 지속하거나 관계 개선 시늉만 할 때 제기되는 불만여론을 어떻게 설득하느냐가 또 하나의 과제다.

정부가 기대하고 있는 한반도 냉전구조 해체가 어느 정도 진척될지 현재로서는 가늠하기 어렵다. 남북 간에 얽히고설킨 난제들이 너무나 많기도 하려니와, 기본적으로 미국과 북한의 대화와 협상이 차질 없이 진행돼야 하기 때문이다. '남북기본합의서' 이행이나 한반도 평화체제 구축, 군비축소 문제, 주한미군 문제 등등 남북과 미국이 머리를 맞대고 풀어야 할 일은 산적해 있다. 김대중 대통령은 페리 보고서가 공개된 뒤 "임기중 한반도에서의 평화, 남북교류와 협력을 반드시 성취해 54년 계속돼 온 냉전구조를 종식시키겠다"고 매우 고무된 반응과 함께 자신감을 보였다. 미사일 위기의 한 고비를 넘기며 김대중 정부의 대북 포용정책은 본격적인 시험대에 올라있다.

정상회담 취재 이렇게 하자

남북문제 보도에 있어 언론인의 책임과 사명은 막중하다. 국민들은 언론에 보도된 내용을 보고 북한 사회에 대한 이미지를 갖게 되기 때문이다. 그동안 북한에 대한 편향되고 부정적인 이미지가 실체 이상으로 굳어진 것은 북한 정권이 안고 있는 자체 문제에서 비롯된 것이 상당하지만, 그것 못지않게 우리 언론의 냉전적 보도 태도 때문이라는 비판도 나온다.

6월 12일부터 14일까지 평양에서 열리는 남북 정상회담에는 각 언론사 취재진이 따라가 역사적인 회담 진행상황을 국민에게 알리고, 북한 사회의 이모저모를 전하게 될 것이다. 정상회담의 결과 못지않게 각 언론의 보도 태도가 국민들에게 북한의 새로운 이미지를 전달하는 데 큰 몫을 할 것이 틀림

2000년 남북 정상회담 개최 합의가 발표된 후 「신문과 방송」 6월호에 실은 글이다. 1992년 남북 고위급 회담(남북 총리회담) 취재 차 평향을 방문했던 경험을 살려 정상회담을 취재할 기자들에게 북한 사회를 편향된 눈으로 보지 말고, 남북의 이질성을 강조하기 보다는 민족 동질성을 살리는 방향으로 기사를 쓰도록 권유했다.

없다. 분단 반세기 만에 남북의 정상이 얼굴을 맞대고 민족의 화해와 협력을 모색하는 마당에 우리 언론은 어떤 태도를 지녀야 할 것인가.

일부 경험으로 북한 폄하 말아야

남북 정상회담 실무 절차를 협의하는 준비접촉 과정에서 가장 큰 걸림돌 중 하나가 취재기자단 규모를 둘러싼 남북 간의 힘겨루기였음은 보도를 통해 익히 알려진 일이다. 다른 사항들은 김일성 주석의 갑작스런 사망으로 무산된 1994년 남북 정상회담을 앞두고 양쪽 실무진 사이에 합의했던 내용들이 거의 그대로 준용됐다. 그러나 취재기자단의 규모에 대해서는 팽팽한 신경전이 되풀이됐다. 1994년 당시 양쪽은 취재단 규모를 80명으로 하기로 합의했기 때문에 이번에도 그에 준하는 선에서 쉽게 타결될 것으로 예상됐었다. 그러나 취재단 숫자를 30~40명으로 줄여야 한다는 북쪽 요구가 의외로 완강해 좀처럼 타협점이 찾아지지 않았다. 우리 쪽은 TV 생중계에 따르는 기술요원을 빼면 80명 규모도 충분하지 않다는 입장이었으나 북쪽의 태도는 완강해 결국 50명으로 간신히 절충됐다.

북한의 이러한 폐쇄적 태도는 우리로서는, 특히 언론 종사자로서는 매우 유감스러운 일이다. 모처럼 성사된 남북 정상회담의 의의를 감소시키는 면도 있다고 할 수 있다. 이런 폐쇄적 태도의 이면에는 남쪽 언론에 대한 기피증과 불신이 깊이 자리 잡고 있는 것 같다. 취재진 숫자를 적게 제한함으로써 물리적으로 정상회담 이외의 다른 취재활동을 할 여지를 원천 봉쇄한다는 측면도 감안했을 것이다. 그러나 더욱 근원적인 것은 남쪽의 언론들이 북한을 의도적으로 폄하하고 있다는 북쪽의 피해의식이 크게 작용한 것으로 보인다. 우리는 남쪽 언론에 대한 북한의 부정적 시각이 어디서 연유하는가를 반성적으로 살펴볼 필요가 있다.

필자는 노태우 대통령 시절 남북 간에 총리들이 오가던 1992년 8차 남북 고위급 회담 때 평양을 방문해 취재하는 흔치 않은 행운을 누렸다. 난생 처음 북녘 땅을 밟으면서 가슴 설레던 기억과 며칠 동안의 평양 방문 경험을 신문에 어떻게 반영해야할지 고심하던 기억이 새롭다.

스케치팀 팀장의 기억

필자는 당시 한겨레신문 정치부장을 맡고 있었던 관계로 본의 아니게 풀 기자단의 스케치팀 팀장을 맡게 되었다. 젊은 기자들이 대부분이었던 관계로 현직 부장인 필자에게 무거운, 그러나 매우 귀찮은 짐이 지워진 것이다. 모처럼의 방북 기회에 공연한 부담을 떠안을 생각이 없어 한사코 사양했으나, 함께 방북하는 일행들의 일방적 박수동의로 더 이상 사양은 불가능했다.

이번에도 마찬가지겠지만, 남북 정상회담이나 고위급 회담처럼 제한된 취재 인원에 보도해야 할 뉴스의 양이 많은 경우 취재단의 풀 시스템 운영은 불가피하다. 상황에 따라서 업무분장을 다르게 하기도 하지만, 대체로 편의에 따라 스트레이트팀, 해설팀, 스케치팀으로 나누는데, 스트레이트나 해설을 맡은 기자는 몇 안되고 나머지 대부분 인원들은 스케치 기사를 나누어 맡게 되기 때문에 여간 신경 쓰이는 일이 아니다. 업무의 성격상 TV팀과 사진팀은 나름대로 업무를 나누어 별개로 활동한다.

회담과 관련한 이런저런 소식들을 망라해 전하는 스케치팀의 영역은 다양하다. 고위급 회담의 경우 남쪽 대표단이 판문점 군사분계선을 넘어서는 순간부터 꽃다발을 들고 환영 나온 북한 학생들의 모습, 버스를 타고 평양에 도착하기까지의 차창 밖 풍경과 평양시내 길거리 모습, 회담장 표정, 숙소

묘사, 음식점에서의 소묘, 회담 진행상황 및 전망 등등 온갖 것들이 모두 기사이고 대부분 스케치팀의 소관이다. 팀장의 역할은 예상되는 이런저런 일들을 미리 생각해 각 사에서 한 명 꼴로 나온 일행들에게 업무를 골고루 나누어 맡기고, 내용이 서로 겹치거나 모순될 경우 첨삭을 통한 교통정리를 한후 서울로 전송하는 일이다.

필자의 경우 나이에 비해 젊어 보이는 탓에 북한 쪽으로부터 엉뚱한 오해를 받기도 했다. 사전에 취재단 명단이 북쪽에 통보되었기 때문에 한겨레신문 정치부장이 온 것은 아는데, 그들 눈에는 젊은 사람이 머리가 허연 사람들에게까지 지시하고 사전검열하는 것으로 비친 모양이다. 그래서 숨은 실력자이거나 기관에서 나온 사람으로 곡해하고 필자의 '정체'를 캐내기 위해 온갖 방법을 총동원했다. 언론 풍토가 다른데다 풀 기자 시스템을 이해하지 못하는 북쪽으로서는 오해하는 것이 당연했다. 남쪽에는 각 신문사가 개별적으로 운영되며, 일행 간에 계급의 차이가 없고, 다만 풀 제도에 따라 내가 잠시 이 일을 맡은 것일 뿐이라고 누누이 설명해줬으나, 그쪽 체제에서는 잘이해되지도 않고 믿기지도 않는 표정이었다. 결국 나의 일관된 설명과 다른 안내원들이 우리 쪽 기자들을 상대로 몰래 탐문한 내용이 정확히 일치해 겨우 오해에서 벗어날 수 있었다.

안내원들도 한 민족

북한을 처음 방문하는 기자들이 취재과정에서 유의해야 할 점은 한둘이 아니다. 무엇보다 우리와 이념과 체제, 사고방식이 다른 상황에서 50년을 지내다보니 서로 간에 인식의 괴리가 클 수밖에 없다. 서로 다르다는 점을 인정하고 그 바탕에서 상대방을 보아야 비로소 이해가 가능할 것이다. 우리

쪽 기준에 맞춰 우리의 잣대로만 재려해서는 인식의 혼란이나 갈등이 생길 수밖에 없다.

북한은 오랜 기간 외부세계와 단절된 채 폐쇄된 공간에서 지내왔다. 지구 상에서 가장 통제가 심한 사회로 꼽힌다. 따라서 이곳에서처럼 자유로운 취재가 불가능하다. 북녘 땅에 발을 내딛자마자 기자 한 명마다 '안내원'이 따라 붙는다. 말이 안내원이지 동시에 '감시원'의 역할도 한다. 숙소에서 잠잘 때를 제외하고는 버스로 이동할 때도 옆자리에 붙어 앉고, 심지어 화장실에 가도 바로 앞까지 와서 대기한다. 처음에는 졸졸 따라다니는 것이 거추장스럽고, 누구와 이야기라도 할라치면 염탐하듯 귀를 쫑긋대는 것이 밉살스러워 잠시 몸을 감추고 어쩌나 보는 등 골탕을 먹이기도 하지만, 이내 친해져 이런저런 대화를 나누게 된다.

3박 4일간의 평양 방문중 가장 많은 대화를 나눈 상대가 바로 안내원들이다. 이들은 대개 충성스런 당원들이고, 북한을 방문하는 외부 손님을 안내하는 전문 일꾼들이지만, 그렇다고 규격화되고 기계적인 인간들만은 아니다. 서로 간에 부담이 없는 가족 이야기부터 시작해 대화를 풀어가다 보면 북한 사회 역시 인간들이 모여 사는 곳이고, 이들도 어쩔 수 없는 한국인이란 느낌이 다가온다. 사실 평양에서 취재진이 만날 수 있는 사람들은 한계가 있다. 기껏 해야 숙소에서 시중을 드는 접대원이나 식당에서 만나게 되는 종업원, 그리고 회담장에서 부딪치는 낯익은 북한 기자들이 대부분이다. 어쩌다 일행이 방문하는 곳에서 그 밖의 보통사람들을 만나게 될 때도 있지만, 이들 역시 남쪽 일행의 방문이 예정된 곳이므로 사전에 철저히 교육을 받았을 것이 분명하다.

진실보도를 생명으로

그렇게 본다면 북한을 방문했다고 하더라도 철저하게 '연출된', 또는 그들이 보여 주고 싶은 장면을 주로 보고 오게 될 가능성이 크다. 남쪽 기준으로 본다면 자유로운 취재기회가 원천적으로 봉쇄되는 것과 마찬가지다. 이런 제약에 항의도 해보고 잠시 이탈도 시도해 보지만 곧 한계를 깨닫게 된다. 이번에는 대통령이 방문하는 행사이므로 경호와 경계가 전보다 한층 더 삼엄할 것임은 두말할 나위가 없을 것이다.

북한이 남쪽 기자들의 자유로운 취재를 막는 것은 우리로서는 매우 불만이지만, 입장을 바꿔 그들 처지에서 보면 이해 못할 바도 아니다. 과거에 우리도 외국 손님들이 오면 그랬지만, 누구라도 자신의 치부를 외부에 드러내기를 꺼릴 것이다. 이제까지 체제경쟁을 벌여온 남쪽 기자들에게, 더구나 자신의 경제적 열세를 알고 있는 터에 치부를 노출함으로써 냉소와 경멸의 대상으로 떨어진다는 것은, 자존심 강한 그들로서 참기 어려운 일일 것이다.

그동안 우리 언론이 어떤 보도태도를 보여왔나를 냉정히 반성하면 그들만 탓할 일도 아니다. 오래 전 일이지만, 북녘을 방문했던 어떤 기자는 극히 제약된 환경에서 3박 4일 동안 극히 일부분만 보고 와서는 마치 북한 사회를 모두 안다는 듯 '용기있게' 써댔다. 용기인지 만용인지 분간이 어려울 정도로 자기 기준에 맞춰 멋대로 해석하고 평가해 함께 갔던 기자들도 놀랐다고 한다. 남쪽에 돌아와 정보기관 사람들로부터 들은 이야기까지 보태 '실감나게' 써대는 일도 있었다.

북한 사회에 대한 편견과 냉전적 시각에서 의도적으로 북한을 폄하한 사례도 있었다. 어느 북한 주민에게 갑자기 마이크를 들이대고 "해수욕은 어디로 가느냐"고 묻고는 엉겁결에 묘향산이라고 대답하자, 마치 상대방의 숨겨놓은 약점이라도 잡아낸 양 이를 크게 부각시켜 방영하며 두고두고 북한을 비하하는 소재로 삼은 일은, 지금도 북한에서 남쪽 언론을 불신하면서 가장 분개하는 일로 남아있다고 한다. 그런 실수가 우리 쪽이라고 없을 것인가.

북한에 대해 편향성을 갖지 않고 객관적으로 보려고 노력한다 해도, 너무나 다른 사회 다른 체제를 접하는 데 따른 충격과 혼란은 쉬 가시지 않는다. 기자란 진실보도를 생명으로 삼아야 한다. 그러나 자신의 눈으로 직접 보았다고 해서 그 모두가 진실은 아니다. 자신이 경험한 일이라 해도 지극히 예외적이고 일부분에 지나지 않는 것이라면 '사실'은 될지언정 '진실'은 될 수 없다. 일부분을 모두가 그런 것처럼 유추해 확대해서는 안 될 것이다. 이런 예는 수를 헤아릴 수 없을 정도로 많다.

미리 연구와 공부를

다른 사회를 접하면 누구라도 습관적으로 우리와 어떻게 다른가 하는 점이 가장 먼저 눈에 들어온다. 북한사회에 대한 취재라고 예외가 아닐 것이다. 우리와는 이질적인 요소들이 너무 많기 때문이다. 그러나 다른 한편으로 생각하면, 나라 밖에서 우리 말과 우리 글로 통할 수 있는 유일한 곳이 바로 북한이다. 많이 달라지기는 했지만, 그래도 바탕에 깔린 정서에는 민족적 동질성이 많이 남아 있다. 이러한 점을 독자들에게 진솔하게 전달하는 것도 민족의 회합을 위해 필요하리라 여겨진다.

3박 4일이라는 짧은 기간에 북한 사회를 효과적으로 관찰하고 독자들에게 전하려면 평소 북한에 대한 연구와 공부가 돼있어야 한다. 그 아까운 시간을 익히 알려진 사실을 캐묻는 데 허비한다면 얼마나 낭비일 것인가. 심지어 이미 여러 차례 보도되어 전혀 뉴스거리가 안 되는 것을 자기로서는 처음 알았다고 새로운 사실인 것처럼 쓰는 일도 허다하다. 아무리 노련한 기자일지라도 달라진 모습을 정확히 보려면 과거의 모습이 어떠했는지 윤곽은 파악해두어야 가능할 것이다. 전문성 부족에서 빚어지는 오해는 예상 밖으로 크다.

최소한의 매너는 지켜야

필자는 평소 기자가 취재를 하더라도 최소한의 매너는 가져야 한다고 강조한다. 기자 중에는 남의 아픈 곳을 콕 찌르거나 약을 올려서 상대방을 떠보고 취재 목적을 달성하려는 사람들도 간혹 있다. 짓궂은 질문을 해 상대방이 화를 내게 되면 흥분된 상태에서 자제력을 잃고 할 말 안할 말 가리지 않게 되므로, 혹시라도 그 가운데 '취재거리'를 건져보자는 심산일 것이다. 기자마다 취재방식은 자유지만, 그런 태도가 기자로서의 정도는 아닐 것이다.

필자가 방북했을 때 버스 안에서 남북 간에 심한 말싸움이 벌이진 적이 있다. 기자 중에 누군가가 김일성 주석이 사망하면 다음에 누가 주석이 되느냐고 큰 소리로 물은 것이 시비의 발단이 됐다. 솔직히 말해 말단 안내원이 그런 엄청난 기밀을 알 턱이 없다. 꼭 대답을 듣겠다기보다는 어찌 나오나 보려는 의도가 더 강했다고 할 수 있다. 아니나 다를까, 안내원은 멀쩡히 살아 계신 분을 두고 왜 돌아가신다고 하느냐고 언성을 높였고, 남쪽 기자는 사람이라면 누구나 다 죽는 것인데 그 분이라고 영원히 살 수는 없는 것 아니냐고 공방을 벌이다가 분위기가 험악해진 것이다. 옆 사람들이 나서서 대충 무마는 됐지만, 방북기간 내내 두 사람 사이에서는 냉랭한 기류가 흘렀던 것으로 기억한다. 서로 간에 최소한의 예의를 차리는 것이 오히려 취재에도 도움이 된다는 것이 필자의 생각이다.

그렇다고 취재하고 보도해야 할 책무가 있는 기자들이 덕담만 나눌 수는 없는 일이다. 남북 간 격차가 벌어진 것이 서로가 다 아는 객관적인 상황이라면, 상대방이 아파할 부분은 가능한 한 자존심을 건드리지 않으면서 묻는 방법을 개발해야 할 것이다. 그리해야 이쪽이 원하는 답을 어렴풋이나마 얻어낼 가능성이 높다. 어려운 식량사정이라든가 탈북자 문제 등 민감한 사안들은 너무 많다.

지금도 북한은 비전향 장기수 송환을 요구하고 있지만, 1992년 필자가 방북했을 때는 비전향 장기수로 출감한 리인모씨를 송환하라는 요구가 한참 거셌을 때였다. 북쪽 안내원도 리인모씨 이야기를 잔뜩 늘어놓으면서 송환의 필요성을 강조했다. 필자는 다 듣고 나서 두 가지 이야기를 들려주었다. 하나는 리인모씨의 자서전이 남쪽에서 출판되었고 그 책을 이미 사서 읽어보았다며, 그가 잘못 알고 있는 부분까지 분명히 지적해 주었다. 또 하나는 리인모씨가 감옥을 나온 후에 한 독지가가 나서서 의탁할 곳 없는 그를 지성으로 돌봐주었다는 점을 은근히 강조했다. 남한 사회가 다양성이 있기 때문에 가두는 사람도 있지만 석방을 요구하고 또 돌봐주는 사람도 있다는 점을 일깨워준 것이다. 그는 리인모씨의 책이 출판되어 시중에 팔리고 있다는 말에 크게 놀란 눈치였고, 그 뒤로 그 이야기는 다시 꺼내지 않았다. 그 짧은 시간에 북쪽 체제를 공격하고 남쪽 체제의 우월성을 자랑하는 것은 성과를 거둘 리도 없고 오히려 사이만 서먹하게 만들 뿐이다.

추측기사는 엉뚱한 오해만

경쟁이 심한 남쪽 언론에서는 흔히 겪는 일이지만, 불확실한 추측기사를 남발하는 것도 불신을 초래한다. 시간에 구애받지 않고 발표문만 싣는 북한 언론으로서는 마감시간에 쫓기는 일을 상상하기 어려울 것이고 음모론적 시각으로만 볼 것이다. 마감시간에 쫓긴 나머지 예정된 일을 과거형 기사로 쓰는 우리의 관행이 때로 엉뚱한 오해를 불러일으킬 가능성도 있음을 유념할 필요가 있다.

남북관계는 이제 정상이 얼굴을 맞대는 새로운 단계에 접어들었다. 새로운 시대를 맞아 언론이 한반도의 평화, 민족화해와 통일을 앞당기는 일에 어떻게 기여할 것인지를 진지하게 생각해야 한다. 우리 언론이 민족의 갈등과 분열을 증폭시켰다는 오명을 씻고 화합과 단결을 지향했다는 역사적 평가를 받을 수 있도록 다 함께 노력해야 한다.

남북 정상회담과 한반도의 새로운 모색

　　남북 정상회담이 끝난 후 얼마의 시간이 흘렀음에도 당시의 감격과 흥분이 좀처럼 가라앉지 않는다. 비록 2박 3일의 짧은 시간이었지만, 그만큼 놀랍고 감동적인 장면이 많이 펼쳐졌기 때문일 것이다. 예상을 뛰어넘어 파격적으로 진행된 정상회담과 '남북 공동선언'이란 기대 이상의 성과에 많은 국민들이 놀라움을 감추지 못하고 있다.

　　무엇보다 철저히 베일에 가려졌던 김정일 국방위원장이 남쪽 텔레비전이 비추는 가운데 거침없이 자신의 뜻을 표명하는 등 '뉴스 스타'로 떠올라 남한 사회와 전 세계에 걸쳐 극적으로 이미지를 쇄신했다. 이제까지 부정적 이미지에 젖어 있던 남쪽 국민들이나 '불량국가'란 낙인을 찍었던 미국 등

2000년 6월 남북 정상회담과 6.15 공동선언의 역사적 의미에 대해 「통일경제」(2000년 8월호)에 쓴 글이다. 남북 정상회담은 김대중 대통령의 퇴임, 대북송금 의혹에 대한 특검 등으로 현재 걸맞은 평가를 받지 못하고 있는 게 사실이다. 그러나 시간이 흐르면 민족화해와 전쟁 위험 방지에 기여한 공로를 제대로 평가받을 날이 올 것이다.

서방 각국들이 놀라움과 충격을 금치 못하고 있다. 그것이 김정일의 본연의 모습이든 치밀하게 연출된 각본이든, 이제까지 알려진 것과는 전혀 다른 모습에 김정일과 그가 통치하고 있는 북한 사회의 변화 가능성과 남북관계 진전 전망 등 새로운 분석이 무성하다.

이제 차분히 회담의 성과를 분석하고, 남북관계 변화 가능성과 한반도 주변정세를 두루 전망하며, 두 정상이 합의한 획기적 내용이 제대로 실천될 수 있도록 만반의 준비태세를 갖추어야 할 때다.

| 남북 정상회담의 의의와 성과 |

남북 정상회담은 애초 남북의 정상이 사상 처음으로 얼굴을 맞댄다는 것 자체만으로도 의미가 크다는 '겸허한' 평가에서 시작했으나 회담 결과는 기대 이상의 큰 성과를 거둔 것이었다. 두 정상이 진지한 토론 끝에 5개항의 '남북 공동선언'에 합의한 것은 대결과 반목으로 얼룩진 민족사를 청산하고 화해와 협력의 새 시대를 여는 역사적인 사건이었다.

두 정상이 합의한 통일문제의 자주적 해결 원칙, 연합 및 낮은 단계 연방제의 공통점 인정, 이산가족 상봉, 경제협력 및 다방면의 교류 활성화, 당국 간 대화 재개는 남북 사이에 놓여 있는 현안들을 거의 망라한 것이었다. 특히 김정일 국방위원장의 서울 답방 약속은 정상회담이 일회성 행사에 그치는 것이 아니라 연속성을 갖게 된다는 점에서 큰 성과이며, 남북 간 신뢰 조성에 큰 몫을 할 것으로 기대된다.

'남북 공동선언'은 분단 반세기 만에 남북의 최고 지도자가 열띤 토론 끝에 합의하고 직접 서명했다는 점과, 전 세계가 지켜보는 가운데 공식 발표됐다는 점에서 과거 남북 간의 어떤 합의보다 훨씬 무게를 지닌다. 이번 정상회담이 과거처럼 제3자의 중재를 거치지 않고 남북이 주도적으로 대화의 자리를 마련했다는 것은 또 다른 의미를 지닌다. 제3자의 중재나 주변상황의 급박함 때문에 급조된 회담은 상황이 변하면 원점으로 되돌아가거나 그에 따른 한계를 지니며 때로 대가를 치러야 할 경우도 종종 생긴다. 합의문에 표현된 것 이외에 두 정상 간에 상당한 공감대가 이루어졌지만 발표하지 않은 내용도 있는 것으로 알려지고 있기에 기대가 한층 크다.

통일원칙 합의와 통일방안 접근

5개항의 '남북 공동선언' 가운데서도 가장 놀랍고 의미가 큰 것은 남북이 통일의 원칙에 합의하고 통일 방안에 대해 접점을 찾았다는 점이다. 사실 이산가족 상봉 문제와 경제협력 문제는 회담 전부터 어느 정도 가시적 성과를 낼 수 있을 것이라는 기대가 가능했다. 그러나 두 지도자가 남쪽의 연합제와 북쪽의 낮은 단계의 연방제 안이 서로 공통점이 있다고 인정하고, 앞으로 이런 방향에서 통일을 지향하기로 한 것은 그동안 남북이 각기 추구해왔던 흡수통일 정책과 적화통일 정책을 포기하고 평화적으로 통일하겠다는 뜻을 밝힌 것으로 풀이된다. 이는 남북이 통일과정에서 '1민족 2체제'가 공존하는 중간 단계의 필요성을 함께 인정한 것으로 뜻이 깊다.

그동안 남북은 서로의 통일방안을 고집하며 비현실적인 논쟁을 벌였는데, 이번 합의로 소모적인 논쟁을 피할 수 있게 됨으로써 남북 간 화해 증진에 큰 도움이 될 것이다. 좀 더 적극적 의미로는 한반도의 평화적 관리, 남북의 평화공존이란 틀을 넘어서 통일의 길로 향해 나아간다는 뜻이 담겨 있다. 공동선언에 명시적으로 표현되지는 않았지만, 남북이 상호 무력 침략할 의사가 없음을 확인하고 상대방을 위협하는 행위를 하지 않기로 합의했다는 청와대 대변인의 발표는 이런 맥락으로 이해된다.

일부에서 통일의 원칙과 방안 문제를 북쪽에서 먼저 제기한 것 아니냐는 문제 제기도 하지만, 그보다는 '자주적 해결'이라는 원칙에 합의하고, 연합제와 낮은 단계의 연방제 안이 서로 공통점이 있다고 인정한 점이 중요하다. 김대중 대통령은 이번 정상회담에서 혹시라도 이 문제로 인해 분위기가 껄끄러워질 것을 우려해 거론하지 않으려 했을 가능성이 크다. 그러나 경협 문제만 이야기할 수 없는 북한 처지에서 원론적인 통일 문제를 들고 나오자 깊은 토론 끝에 상호 양해할 수 있는 선에서 접점을 찾은 것이 아닌가 싶다.

김 대통령으로서는 첫 만남에서 이렇게까지 진전되리라고는 아마 예상하지 못했을 것이다. 김정일 위원장이 공항에 직접 영접을 나온 것이나, 김 대통령과 나란히 인민군 의장대를 사열한 것, 숙소까지 동승한 것에 더해 2차 정상회담에서 몇 시간이나 진지하게 토론한 점 등 이 모두 예상을 벗어난 파격의 연속이었다.

연합제나 낮은 단계의 연방제 안에 대해서는 앞으로 개념 정리가 분명히 되어야 할 것이다. 북쪽의 낮은 단계의 연방제가 김대중 대통령 설명대로 외교권과 국방권을 지역정부가 갖는 것이라면, 형식상의 중앙정부가 있느냐 없느냐의 차이가 있을 뿐, 우리의 남북연합과 크게 다르지 않다. 북한이 초기에 제시한 고려민주연방제 방안을 높은 단계의 연방제로 보고, 1991년 김일성 주석이 밝힌 이른바 느슨한 연방제 안을 낮은 단계의 연방제로 표현한 것이 아닌가 분석되는데, 북한은 앞으로 낮은 단계의 연방제가 무엇을 뜻하는지를 좀 더 분명히 해야 할 것이다.

남쪽의 남북연합이 민족공동체 통일방안의 2단계 과정인 남북연합을 의미하는지, 김대중 대통령의 지론인 '3단계 통일방안'의 첫 단계인 남북연합을 의미하는지도 다소 모호한 부분이 있다. 양쪽의 남북연합이 큰 틀에서는 거의 유사하지만 미세한 부분에서 차이가 있으니 만큼 앞으로 이 부분도 명확히 할 필요가 있다. 바뀐 현실을 감안하고 국민 의견을 수렴해 정부의 새 통일방안을 확정하는 절차를 거치는 것이 장기적으로 필요할 것이다. 일시적으로 혼선이 일거나 역풍이 불 가능성을 배제할 수 없지만, 향후 불필요한 논란을 없애기 위해서는 거쳐야 할 절차는 거치는 것이 좋다고 본다.

통일의 원칙인 자주적 해결과 관련해 외세 배격과 주한미군 철수 등 북쪽의 기존 주장을 받아들인 것이 아니냐는 논란도 일고 있다. 그러나 정상회담에서 주한미군의 현실적 존재 필요성에 대한 김 대통령의 설명이 있었고, 김정일 국방위원장이 이를 이해했다는 설명으로 미루어보거나, 그동안 간간이 흘러나온 북한의 태도변화를 유추하면 주한미군의 지위와 장래문제에 대해 일정 수준의 논의가 있지 않았을까 미루어 짐작된다.

주한미군 문제는 단순히 한미관계라기보다는 한반도 전체와 관련된 문제이고, 미국의 동북아 정책과도 연관된 매우 민감한 문제이다. 궁극적으로 정전협정의 평화협정으로의 대체나 남북 간 군축, 한반도 평화와 관련된 것이기 때문에 주한미군의 지위문제, 장래문제 등에 대해 보다 깊이 있는 연구와 검토가 필요할 것이다.

이 문제와 관련해 우리가 외세 배격을 주장해온 북한의 주장에 알레르기적으로만 반응할 일은 아니라고 본다. 한반도의 지정학적 특수성으로 볼 때 국제적인 협력, 특히 주변 4강국의 이해와 협조가 필수적이지만, 본질적으로 면족 문제는 외세의 간섭이나 개입 없이 남북이 주체적이고 주도적으로 풀어야 한다는 점은 민족적 견지에서 당연한 것이다.

공동선언에 긴장완화와 평화체제 구축 문제가 빠진 데 대해 아쉬움이 크지만, 아마도 미국 등과의 관계를 염두에 둔 것으로 이해된다. 한반도 문제를 근본적으로 풀기 위해서는 정치, 군사 문제 해결이 필수적이다. 그 중에서도 북한의 핵과 미사일 문제, 주한미군 문제, 군사적 신뢰구축과 군축 문제, 평화체제 전환문제 등은 남북한 간 문제이면서 동시에 국제적 문제다. 이러한 문제들은 남북한 정상만의 합의로 해결될 수 없으며 합의 도출도 어려운 문제이기에 일단 뒤로 돌려놓은 것이 아닌가 싶다. 이 문제를 풀기 위해서라도 앞으로 남북뿐 아니라 북한과 미국 일본 등과의 관계 개선이 적극 추진되어야 한다.

이산가족 상봉 및 비전향 장기수 송환

남북 정상의 합의사항 가운데 가시적으로 가장 먼저 이루어질 것이 이산가족 상봉 문제다. 이산가족 문제는 특히 소수정권인 김대중 정부가 국민적 지지를 얻으면서 남북관계를 전향적으로 풀어가기 위해 반드시 성공적 결실을 맺어야 한다. 이산가족 고향방문단은 일단 100명 규모로 논의되는데, 많은 이산가족들의 쌓인 한을 풀기 위해서는 1회성 행사로 그쳐서는 안 되고 정례적 만남으로 제도화되어야 할 것이다. 헤어진 가족이나 친지들의 생사 확인, 주소 확인, 서신 왕래, 면회소 상봉, 고향방문 등의 절차를 단계적으로 밟으며 상호 신뢰를 쌓아가야 한다.

비전향 장기수 송환은 정상 간의 약속이라는 점 이외에 인도적 견지에서도 차질 없이 지켜져야 한다. 우리 사회 일각에서 비전향 장기수 송환 문제를 놓고 이산가족 상봉과는 별도로 엄격한 상호주의를 주장하고 나설 가능성도 있는데, 이러한 접근은 오히려 민족화해와 남북문제 해결에 걸림돌로 작용할 가능성이 크다. 국군포로나 납북어부 등의 문제는 인도적 차원에서 향후 과제로 설정하고 단계적으로 풀어 가는 것이 현실적 접근이다.

경제협력 등 교류와 협력 활성화

경제협력 문제는 특히 북한이 실질적 진전을 기대하는 분야이다. 남북 경제협력은 정부의 정경분리 원칙에 따라 그동안 개별 기업 단위로 꾸준히 진행돼 왔으나 당국 간 대화가 막혀 한계를 보여왔다. 일반적으로 경제협력은 남쪽에 의한 대북지원으로 인식돼 왔으나 '공동선언'에는 '민족경제의 균형발전'으로 표현됐다. 일방적 시혜가 아닌 공동번영 개념을 도입한 것이다. 예를 들어 경의선 철도 연결은 북한의 사회간접시설 확충이라는 점 이

끊어진 민족의 허리가 다시 이어지다
비무장 지대에서 멈췄었던 철마는 이 선로를 통해 개성과 평양, 신의주를 거쳐 시베리아로, 유럽으로 거침없이 내달을 것이다. 사진은 2003년 5월 도라산 전망대에서 바라 본 경의선 철도 복원공사 모습.

외에 남한의 물류비용을 절감하고 장기적으로 중국, 시베리아를 거쳐 유럽까지 철도를 연결하는 커다란 그림이다.

그러나 단기적으로는 남쪽의 투자가 선행되는 형태가 될 것이다. 농업협력이라든가 북한의 철도, 도로, 항만, 건설 등은 정부 차원의 재정이 소요되어야 한다. 임가공 사업으로 시작될 중소기업과 대기업들의 대북 진출이 장기적으로 활성화하려면 투자보장 협정, 이중과세방지 협정, 청산결제 협정 등 법적, 제도적 장치를 시급히 마련해야 할 것이다.

사회, 문화, 체육, 보건, 환경 등 각 분야의 교류 협력도 활발해질 것으로 예상된다. 그중에서도 가장 쉬운 체육 분야에서 시드니올림픽 공동입장, 2002년 월드컵 단일팀 구성 및 분산개최, 탁구대회 단일팀 구성, 축구팀 교환경기 등 가시적 조처가 앞설 것으로 보인다.

북한의 전략적 변화와 한반도 주변 정세

전략적 변화의 배경

북한이 예상보다 빨리 정상회담에 응하고 더욱이 획기적인 '남북 공동선언'에 합의한 배경에 대해서는 여러 분석이 나온다. 북한의 변화가 전술적 선택이냐 전략적 변화냐가 논란의 핵심이다. 최근 북한의 국내외 정책 등 여러 가지 상황을 종합하면 북한이 전략적 변화를 택한 것으로 보는 견해가 지배적이다. 심각한 경제난을 해결하기 위해서는 외부의 지원이 절대적으로 필요한데, 남쪽과 대화하지 않으면 사실상 어렵다는 현실을 인정한 것으로 보인다. 김대중 정권의 임기가 얼마 남지 않았다는 점과 금년 말 미국 대통령 선거에서 상대적으로 대북 강경책을 내세우는 공화당이 집권할지 모른다는 우려 때문에 클린턴 행정부 때 큰 틀의 정책 변화를 실천에 옮겨야 한다는 결정을 내린 것으로 분석된다.

김정일 국방위원장의 권력장악이 확고해지고 최악의 식량난이 최저점을 지나면서 생긴 자신감 회복이 남북 정상회담을 가능하게 한 것으로 보인다. 체제 붕괴 위기를 극복하면서 이제까지의 폐쇄정책을 개방 쪽으로 전환한 것으로 볼 수 있다.

주변국 반응과 한반도 정세

이번 정상회담이 기대 이상의 성과를 거둔 데 대해 미국, 일본, 중국, 러시아 등 주변국들은 일제히 환영의 뜻을 밝히고 있다. 남북관계의 실질적 진전이 한반도 안정과 평화에 기여하고 각국의 이해에도 맞는다는 기대감을 표명한다. 특히 북한과 미국과의 관계 정상화를 위한 대화가 잦아지고 핵미사일 문제 등 미국이 관심을 쏟는 분야도 의외로 순조롭게 풀릴 가능성이 있다. 미국은 성공적인 남북 정상회담에 맞춰 오랫동안 끌어오던 대북 경제 제재 완화조처를 발효시켰다. 북미관계가 진전되면 북한과 일본의 수교 협상도 급물살을 탈 것으로 전망된다. 이러한 흐름이 진행되면 동북아에서 4강 교차승인이란 큰 틀이 완성되고, 이는 장기적으로 한반도와 동북아의 안정과 평화에 도움이 될 것이다.

그러나 현상적으로 드러난 측면만 볼 수는 없다. 남북이 주도적으로 정상회담 접촉을 한데다 예상을 뛰어넘는 합의를 하고, 특히 통일문제의 자주적 해결을 강조한 데 대해 주변국들은 겉으로는 환영하면서도 내심 자신의 영향력이 줄어들지 않을까 경계심을 갖게 될 것이다.

특히 남북한에 특별한 이해관계와 영향력을 갖고 있는 미국이 정세 변화에 가장 민감한 반응을 보인다. 정상회담 직후 황원탁 외교안보 수석이 미국을 방문해 회담 내용을 상세히 설명했음에도 불구하고 올브라이트 국무장관이 서울을 방문해 김대중 대통령의 설명을 듣는 등 기민하게 움직이는 것이 이를 반증한다. 북한이 주한미군의 존재에 이해의 뜻을 비쳤다고는 하지만, 장기적으로 남북한 접근 속도가 빨라지면 주한미군 주둔의 명분이 줄어들고 이는 미국의 동북아 정책 틀을 재고하도록 강요하지 않을까 걱정할 것이다. 북한의 미사일 위협을 전제로 한 국가미사일방어망(NMD) 추진 명분이 사라지는 것도 우려하는 부분이다.

| 남북 화해협력 시대의 과제 |

앞으로 남북이 정상회담의 성과를 이어가고 남북화해와 협력의 틀을 공고히 하기 위해서는 정상 간의 약속을 충실히 지켜 신뢰를 쌓아가야 한다. 북쪽에서는 남쪽만 약속을 지킨다면 자신들이 먼저 약속을 깨는 일은 없을 것이라고 주장한다. 체제의 특성상 북한의 경우 최고 지도자와 핵심부의 결정이 상대적으로 더욱 중요성을 지니겠지만, 남쪽의 경우 정부 결정 이외에 국민적 합의가 뒷받침되어야 하기에 공감대 확산이 중요하다. 오랜 분단의 세월 동안 굳어진 냉전의식을 척결하고 우리 사회 곳곳에 도사리고 있는 법률적, 제도적 걸림돌들을 치워야 한다. 북에 대한 왜곡된 인식을 강요해온 온갖 제도와 기제들을 제거하는 작업을 서둘러야 하는 것이다.

우선 국가보안법을 화해와 협력의 시대를 여는 데 걸림돌이 되지 않도록 개폐해야 한다. 남북 정상회담을 통해 국가보안법의 모순은 극명하게 드러났다. 보안법 상으로 보면 반국가단체의 수괴라고 해야 할 김정일 위원장이 김대중 대통령과 정상회담을 하는 모습은 법과 현실의 괴리가 얼마나 현격한가를 드러내고 국민의식에 막대한 혼란을 준다. 더구나 김정일 위원장이 대남 적화통일 노선을 명시한 노동당 규약을 바꾸겠다는 뜻을 김대중 대통령에게 비춘 것으로 알려져 보안법 폐지는 더욱 시급한 과제가 됐다. 보안법 외에도 남북화해에 걸림돌이 되는 각종 법령이나 제도를 전향적으로 고치도록 해야 한다.

제도개혁 못지않게, 오히려 더욱 중요한 것은 냉전시대에 형성되고 굳어진 우리 마음속의 분단을 허물고 공동체적 가치관을 세우는 일이다. 북한에 대한 적대감과 대결의식을 없애고, 언젠가는 우리와 함께 살아갈 대상으로서 북한을 바라보도록 해야 한다. 기존에 형성된 그릇된 선입견과 편견을 없애는 노력이 필요하다. 반북 의식을 축으로 행해져온 통일교육 과정도 근본적인 재검토가 필요하다.

분단의식 제거는 정부의 노력만으로 될 일이 아니다. 정부가 정치, 경제, 사회, 문화적 차원의 공식적 대화를 통해 한반도의 평화체제 구축과 남북한 사이의 원활한 교류가 진행되도록 이끌어가야 한다면, 시민사회는 정부의 이런 활동을 적극 지원하면서 북쪽과의 직접 접촉을 확대함으로써 상호 이해의 폭을 넓히고, 동시에 남쪽 사회 내부의 공감대 확산과 합의 도출을 위해 성숙한 시민의식 계발을 촉진해야 한다.

9.11 테러사태 이후의 한반도

2001년 9월 11일 미국 뉴욕과 워싱턴에서 동시다발 항공기 테러가 발생했을 때 순간적으로 한반도에 미칠 부정적 여파를 머리에 떠올리지 않은 한국인은 아마 드물었을 것이다. 미국으로부터 14년째 '테러 지원국' 명단에 올라 있는 북한의 처지를 익히 알고 있는 터에, 미국의 테러 응징 파고가 혹시 북한까지 휩쓸지 않을까 하는 우려 때문이었다.

이러한 상황 인식은 한반도의 현실을 그대로 반영하는 것이다. 지난해 남북 정상회담이 열리고 군사적 긴장관계가 상당히 완화됐음에도 불구하고,

---

계간지 「창작과 비평」 2001년 겨울호에 실린 글이다. 조지 부시 미국 대통령은 김대중 대통령과 가진 한미 정상회담에서 북한에 대한 불신과 적대감을 노골적으로 드러내며 김 대통령의 대북화해 정책에 제동을 걸고 한반도 정세를 얼어붙게 만들었다. 2001년 9월 11일 뉴욕과 워싱턴에서 동시에 터진 항공기 테러는 부시 대통령의 강경 정책을 더욱 부추겨, 이후 아프가니스탄 전쟁과 이라크 전쟁으로 이어졌다. 부시 대통령에 의해 '악의 축'으로 지목된 북한에 대한 강경 기조가 좀체 누그러지지 않고 있다. 부시 대통령의 강경 노선이 한반도 정세에 미친 영향을 집중 분석했다.

어떤 계기로든 북한과 미국의 대립이 격화되면 한반도는 우리의 바람과 상관없이 긴장이 고조되고 분쟁의 소용돌이에 휘말릴 수도 있는 냉엄한 현실을 보여주는 것이다.

예기치 못했던 테러사태에 북한은 이례적으로 발 빠르게 대응했다. 북한은 테러사건 다음날인 12일 외무성 대변인 담화를 통해 이번 테러에 유감을 표시하면서 테러에 반대한다는 입장을 밝혔다. 리형철 유엔주재 북한대표부 대사는 10월 5일 유엔총회 연설을 통해 테러에 반대한다는 입장을 다시 한번 공식 천명하기도 했다. 북한은 또한 6개월여의 공백 끝에 재개하기로 약속했던 5차 남북 장관급회담을 테러사태와 상관없이 9월 15일부터 예정대로 서울에서 열고 이산가족 상봉, 경의선 연결, 금강산 육로관광 협의 등 주요 현안에 대한 합의사항을 발표했다. 그 뒤 큰 성과는 없었지만, 금강산 관광 활성화를 위한 1차 회담도 예정대로 진행했다.

그러나 북한은 5차 장관급 회담 합의에 따라 진행하기로 했던 이산가족상봉 행사를 불과 나흘 앞둔 10월 12일 돌연 이산가족 상봉행사를 연기한다고 일방적으로 통보했다. 북한은 그 이유로 '불안한 남조선 정세'를 들었다. 북한은 남북 간 대화는 계속하자는 뜻을 밝히면서도 앞으로의 회담은 '안전한 금강산'으로 하자고 고집했다.

북한의 이산가족 행사 유보 통보로 가뜩이나 여론에서 수세에 몰린 김대중 정부로서는 이런 북한의 요구를 선뜻 수용하기 힘든 상황이었다. '북한에 끌려만 다닌다'는 비난에 시달려온 정부로선 모양새를 갖추기 위해 가급적 금강산 회담을 피하려 했고, 남북 간에 장소문제를 둘러싸고 실랑이를 벌이는 과정에서 예정됐던 회담들은 줄줄이 연기될 수밖에 없었다. 금강산 관광 활성화를 위한 2차 회담과 대북 쌀 지원 문제를 다룰 경제협력추진위 2차

회의가 연기됐고, 남북 간 현안을 다룰 주 채널인 6차 장관급 회담마저도 연기되기에 이르렀다 잠시 냉각기를 가진 정부는 대승적 차원에서 장소문제에 얽매이지 않고 '금강산 회담'을 수용하겠다는 뜻을 밝혔으나, 남북관계의 앞날은 그리 밝지 않다.

| 북미관계와 남북관계의 삼각함수 |

북한이 6개월여의 교착상태를 거쳐 어렵게 재개한 당국간 대화에 새로운 걸림돌을 조성하는 정확한 이유에 대해서는 분석이 엇갈린다. 일단은 테러사태 이후 전개된 국내외 정세에 영향을 받아 남북관계도 당분간 속도조절을 하겠다는 뜻으로 해석하는 사람이 많다.

또 굳이 금강산을 회담장소로 고집하는 것은 미납된 금강산 관광대가를 지불하라는 압력임과 동시에, 앞으로 경제적 여력이 없는 현대그룹에 미루지 말고 남쪽 정부가 책임을 지고 관광사업을 챙겨 대가 지불을 보장하라는 뜻으로 분석하는 견해도 있다. 그동안 금강산 관광문제를 둘러싸고 남북이 줄다리기를 벌였던 속사정을 감안할 때 이런 분석은 일정한 설득력을 지닌다. 외화가 부족한 북한으로서는 어렵게 결정한 금강산 관광 중단이 거론되는 상황을 그대로 방치할 수 없을 것이다.

김대중 대통령이 베를린 선언을 통해 약속했던 사회간접자본 건설 지원, 특히 절실히 필요한 전력 지원이 미국의 견제로 제대로 이뤄지지 못하는 데 대한 누적된 불만도 작용했을 터이다. 그러나 이런 분석은 전체 틀을 설명해주기에는 미흡한 것 같다.

그런 의미에서 북한이 이산가족 상봉 유보의 이유로 내세운 '남조선 정세'에 대해 좀더 주의 깊게 살펴볼 필요가 있다. 남조선 정세가 불안해 이산가족 상봉행사를 할 수 없다는 주장은 정치적 선전 색채가 짙지만, 미국이 테러 보복공격을 준비하는 과정에서 드러난 한반도 정세 변화가 평상시와 다른 측면은 분명히 있어 보이기 때문이다.

북한은 테러 사태 직후 김대중 대통령이 육해공군 전군에 비상경계 태세를 내리고, 이어 미 공군 1개 대대가 남한에 추가 배치된 데 대해 강력한 불만을 나타냈다. 한미 양국은 "서태평양 지역에 위치한 항공모함 키티호크호를 중동지역에 투입함에 따라 역내 전투력 공백을 최소화하기 위해 미 공군 전력을 한반도에 추가 배치하기로 합의했다"고 발표했다. 국방부 관계자는 이어 미 본토에 주둔하고 있던 1개 대대급 항공전력이 중남부 지역의 한 공군기지에 배치됐다고 밝혔다. 이러한 미군의 전략은 서태평양을 지키는 미 7함대의 주력인 키티호크호의 이동에 따라 이미 정해져 있던 전술 매뉴얼에 따른 것으로 알려졌다.

남쪽의 정서로 볼 때, 우리 군의 경계태세 강화는 북한을 겨냥한 것이라기보다는 전 세계적 테러전쟁에 대비한 의례적 조치이며, 미군 항공모함 키티호크호의 이동에 따른 F−15E 기의 한반도 증편 역시 테러전쟁에 따른 전술적 군사이동으로 북한을 크게 자극할 것으로 여기지 않았다. 오히려 북한이 테러반대 입장을 신속히 밝히는 등 유연하게 반응하는 데 대해 안심하는 분위기였다. 따라서 갑자기 '불안한 정세'를 강조한 북한의 주장은 이산가족 상봉 약속을 깬 책임을 모면하기 위한 변명쯤으로 간주하는 경향이 있다.

그러나 북쪽의 입장에서 보면 다른 견해가 나온다. 북한은 과거 미국과 남한이 연례적인 합동군사훈련인 팀스피리트 훈련을 실시할 때마다 준 전시태세에 돌입하곤 했다. 한 탈북자의 증언에 따르면, 남쪽에서 팀스피리트 훈련을 실시할 때마다 모두 일손을 놓고 산에 올라가거나 진지에 들어가 만일의 사태를 대비했다고 한다.

이런 북한의 처지에서 볼 때, '이례적인' 미 항공전력의 남한 추가배치는 예사롭게 넘기기 어려웠을 것이란 분석이 설득력을 갖는다.

특히 북한체제에서 독자적인 목소리를 내는 군부가 민감하게 반응하면서 그 입김이 상당히 작용했으리란 분석이다. 김정일 국방위원장이 군부를 확실히 장악하고 있다는 데 대해 별 이견은 없지만, 그렇다고 가볍게 무시할 수는 없는 집단이다. 군부로선 이런 '비상상황'에서 마치 아무 일도 없다는 듯이 이산가족들이 만나고 대표단이 남북을 오가며 회담을 하는 것을 반대하고 나섰을 가능성이 크다. 비무장 지대를 뚫고 지나가야 하는 경의선 연결 및 도로 건설과 금강산 육로관광 협의에 대해서도 반대 입장이었을 것이 분명하다. 남쪽 정서로 볼 때는 '과민대응'으로 비치기도 하는 이런 북한의 상황인식은 동북아 정세 및 북한과 미국의 관계를 종합적으로 분석할 때 상당한 근거가 있다는 데 주목할 필요가 있다.

북한은 조지 부시 행정부의 적대적 인식에 상당한 피해의식을 지녀왔다. 빌 클린턴 행정부의 대북 유화 자세를 비난해온 공화당 인사들은 시작부터 북한의 '못된 버릇'을 고쳐야 한다는 생각이 강했고, 북한으로선 한번 밀리기 시작하면 끝없이 밀릴 수밖에 없다는 생각에 팽팽한 기세싸움을 벌여왔다.

북한에 대한 부시 대통령의 불신과 부정적 인식은 여러 차례 공개적으로 드러났다. 지난 3월 김대중 대통령과의 첫 한미 정상회담에서 부시 대통령은 김정일 국방위원장에 대해 "약간의 회의를 갖고 있다"고 노골적으로 불신감을 밝혔다. 그는 햇볕정책의 당위성과 효용성에 대해 상세히 설명하려는 김대중 대통령의 발언을 중간 중간에 끊으면서 북한에 대한 적대감을 드러내 회담에 배석한 사람들을 당혹하게 했다는 후문이다.

대북정책에 대한 종합검토를 끝내고 6월 6일 발표한 대화재개 선언 때도 부시의 북한에 대한 부정적 인식과 고압적 태도는 바뀌지 않았다. 그는 북미대화 의제로 3가지를 일방적으로 제의했다. '제네바 핵 합의 이행 개선, 북한 미사일 계획의 검증 가능한 규제와 미사일 수출 금지, 그리고 북의 재래식 무기 감축과 북쪽 군사력의 후방 재배치'가 그것이다.

그러나 이런 의제들은 모두 북한으로서는 받아들이기 힘든 것이었다. 제네바 핵 합의 이행 개선은 조기 핵사찰과 플루토늄 추출 여부에 대한 현장검증을 뜻하는 것이고, 미사일 계획의 검증 가능한 규제와 미사일 수출 금지는 북한을 직접 방문해 미사일 배치 상태 등을 확인 점검하려는 것으로 받아들여졌다.

특히 재래식 무기 감축 및 후방배치는 북한이 가장 민감하게 받아들일 부분이었다. 북한으로서는 군사력을 후방으로 재배치하면 가뜩이나 열세인 군사력의 균형이 무너진다고 생각할 것이다. 그나마 주한미군 가까이, 휴전선 근처에 전진 배치함으로써 공격을 억제할 수 있으며, 무엇보다 서울을 사정권 안에 두고 있다는 것이 그들로서는 최대의 '안전판' 구실을 한다는 생각을 갖고 있을 터이다.

한국 정부 역시 미국이 북한의 재래식 무기를 협상의제로 들고 나올 경우 북한이 주한미군 철수 주장을 펼 것이므로 논쟁만 가열시킬 뿐 실익이 없다고 보고, 이 문제는 한국 정부에 맡겨줄 것을 여러 차례 요청했다. 재래식 무기를 협상의제로 삼겠다는 미국의 태도는 한국 정부의 노력 등에 의해 그 후 어느 정도 강도가 누그러졌으나 아직도 의제에서 빠지지는 않은 상태다. 북한의 장거리 미사일만을 놓고 협상을 벌였던 전임 클린턴 행정부 때와는 질적으로 다른 강성 접근법이었다.

9.11 테러 발생 후에도 부시 대통령의 대북 인식은 여전히 변하지 않았음을 보여준다. 그는 중국 상하이에서 열린 APEC(아시아태평양경제협력체) 정상회의에 참석하기 직전 국내 연합뉴스와 가진 특별회견에서 "우리와의 협상뿐 아니라 남한 정부와의 약속도 이행하기를 거부하는 이 사람을 도대체 어떻게 봐야 하느냐"며 강한 불신감을 감추지 않았다. 부시는 미국의 테러 응징에 적극 협력하겠다는 김대중 대통령에 대한 답례 차원에서 햇볕정책을 지지한다는 뜻을 밝히기는 했으나, 북한과의 협상은 미국이 이미 제시한 틀 안에서 하겠다는 고압적 태도를 누그러뜨리지 않았다.

북한이 즉각 반발하고 나선 것은 당연하다. 북한은 "초강대국 대통령의 체모에 어울리지 않는 경솔한 행동"이라며 대화 중단 책임이 미국에 있다는 주장을 반복했다.

북한이 미국에 대해 근본적 의구심을 지우지 못한 상태에서 발생한 테러 사태와 미국의 보복공격은 북한으로 하여금 불똥이 자신에게 튈지도 모른다는 의구심을 깊게 한 것으로 보인다. 테러 응징을 명분 삼아 전 세계 국가를 상대로 미국 편에 설 것인지, 테러집단 편에 설 것인지를 선택하라는 줄세우기가 노골화하는 상황에서 북한으로서는 테러에 반대한다는 원론적 입장 표명 이외에 더 나아가기는 힘든 것이 사실이다.

북한에 대한 미국의 압박은 토머스 허바드 주한 미국 대사와 잭 프리처드 한반도 평화회담 특사 등의 각종 회견에서 더욱 분명히 드러난다. 프리처드 특사는 북한이 테러국가들과 거래한 전력을 상기시키면서 북한이 국제사회에 기여할 수 있는 행동의 예로, 이들 국가에 대한 과거와 현재의 정보를 제공할 것을 요구했다. 어느 편에 설 것인지를 분명히 하라는 강요로 해석될 수 있다.

미사일방어(엠디) 계획을 추진해온 부시 행정부의 정책도 의구심을 높이는 요소다. 부시 정부로서는 테러 보복공격 후 나타난 탄저균 살포 등 국내에서 발생한 생화학 무기 공격으로 인해 엠디 무용론이 번지고 엠디 정책에 대한 비판이 이는 것을 우려하지 않을 수 없을 것이다. 엠디 추진의 명분을 얻기 위해서라도 아프간 공격이 어느 정도 정리되는 시점에서 이른바 '불량국가' 가운데 미사일 보유국의 위협을 내세워 새로운 희생양을 세울지 모른다는 의심을 북한으로서는 가질 만하다. 미국 내에서는 차제에 아프간뿐 아니라 이라크의 후세인 정권까지 전복해야 한다는 강경론이 공공연히 거론되는 것이 사실이다.

미국이 2개의 주요 전역에서 동시에 승리하겠다는 종래의 '윈윈 전략(동시승리 전략)'을 수정해, 2개의 주요 지역에서 동시에 적을 격퇴할 수 있는 능력을 보유하고 이 가운데 1개 지역에서는 정권 교체와 영토 점령을 포함해 결정적 승리를 거둘 수 있는 능력을 확보한다는 이른바 '윈 앤 홀드'를 명시한 '4개년 국방정책 검토보고서'의 내용도 북한에 긴장감을 고조시켰을 것으로 보인다. 보고서는 테러발생 상황을 감안해 미국 본토 방위를 최우선 순위에 두었다. 중국이나 북한을 자극하지 않겠다는 계산에서 위협국가에 대한 구체적 언급은 의도적으로 뺐지만, 동아시아 지역을 가장 불안정한 지역으로 꼽고 있다. 아태지역의 전략적 중요성이 상대적으로 커져 한미 군사동맹과 주한미군의 중요성이 비례적으로 늘어날 것으로 전망된다는 분석도 있고 보면 북한으로서는 긴장하지 않을 수 없을 것이다.

여기에 테러사태를 틈타 일본이 전시에 자위대의 해외 파병이 사실상 가능하도록 법적, 제도적 규제를 푸는 움직임도 북한은 심상치 않게 보고 있음이 틀림없다. 이지스함 등 첨단무기를 갖춘 일본의 빗장 풀린 재무장 움직임은 동북아의 군사균형을 흔들고 향후 동북아 정세에 큰 파고를 몰고 올 것이 분명하다.

그렇다고 해서 북한이 미국과의 대화를 거부하는 것은 아니다. 오히려 대화를 간절히 원하고 있음이 곳곳에서 감지된다. 북한의 처지에서 세계 유일 초강대국 미국과의 적대적 대치는 곧 체제안전이 걸린 문제다. 군사적으로도 위협을 느끼지만, 경제적으로 심각한 곤경에 처해 있는 터에 어려움이 더욱 가중될 것이다. 북한으로서는 미국이 '테러 지원국' 굴레를 벗겨주어야 세계은행 등 국제금융기구의 자금지원을 기대할 수 있다. 일본과의 관계 정상화 및 그에 따른 전후 보상금도 미국과 관계 개선이 되지 않으면 불가능함을 잘 알고 있다. 김정일 위원장이 구상하고 있는 것으로 보이는 개혁개방 정책을 추진하려면 서방세계의 자금지원이 절대적으로 필요하다. 북한이 미국에 대해 한편으로 비난을 하면서도 끊임없이 대화를 원한다는 메시지를 보내는 것도 이런 맥락으로 이해할 수 있다.

다만 북한으로서는 미국이 북한에 대한 적대적 태도를 버릴 것, 다시 말해 빌 클린턴 대통령 시절 서로 간에 협상하고 의견이 접근했던 수준에서 대화를 시작하자는 것이고, 미국은 정권이 바뀌었으니 원점에서 새로 출발하지는 주장을 굽히지 않고 있다. 서로가 먼저 변화된 모습을 보이라는 대치구도가 계속되고 있는 것이다.

한편으로 보면, 미국이 북한에 은신한 것으로 알려진 일본 적군파를 테러

단체에서 제외해 북한의 부담을 덜어주는 등 유화적 태도를 보이고 있고, 국무부를 중심으로 대화의 문이 열려 있음을 강조하는 등 대화의 끈을 놓지 않고 있다는 점에서 희망적 관측을 할 수도 있다. 또 미국이 아프간에 대한 공격을 위해 국제연대 틀을 결성하는 등 종래의 힘에 의한 일방적 외교와는 다른 모습을 보이기도 한다. 그러나 전체적으로 보면 낙관론보다는 비관론에 훨씬 무게가 실리는 것이 사실이다.

북한과 미국의 이런 냉랭한 대치는 남북관계 진전에 부정적 영향을 끼쳤고, 앞으로도 끼칠 것으로 보인다. 북한은 부시 행정부의 대북 강경책에 불만을 표시하며 남쪽 정부와의 대화를 6개월여 중단했다. 그 사이 김정일 국방위원장은 러시아와 중국을 차례로 방문해 우호관계를 다졌다. 김정일 위원장의 이런 행보는 전통적 우방국인 중국과 러시아와 관계를 확고히 한 바탕 위에서 미국과 대화하기 위한 것이라는 분석을 불러왔다. 이런 맥락에서 지난 9월 북한이 남쪽과의 대화를 재개한 것은 대화 쪽으로 결단을 내리려는 것이 아닌가 하는 관측이 유력했다.

물론 남북대화 재개를 북미관계의 함수에서만 찾을 것은 아니다. 8.15 평양통일축전 참가 인사들의 '돌출행동' 파문 이후 남쪽 분위기가 급속히 나빠진 것에 대한 부담도 부분적으로 작용했을 것으로 보인다. 방북대표단 7명이 구속되고 '햇볕정책의 전도사'로 불린 임동원 통일부 장관 해임건의안이 나오는 등 상황 악화에 대한 부담이 대화 제의를 앞당겼을 것이란 분석도 나온다.

그러나 예상치 않던 테러사태로 한반도의 앞날은 다시 불투명해졌다. 북한 체제의 속성상 김정일 위원장의 결단이 가장 중요할 터인데, 김 위원장이 중국 등을 방문하면서 개방 쪽으로 방침을 정한 것은 확실해 보이지만 , 확고한 결심을 못한 채 흔들리는 것이 아닌가 하는 것이 많은 전문가들의 분석이다.

| 향후 전망과 과제 |

미국, 중국, 러시아, 일본 등 주변 강국들에 둘러싸인 한반도의 지정학적 위치로 볼 때 남북관계가 독립변수로 작동하기 힘든 구조로 되어 있음은 위에서 살펴본 바와 같다. 그중에서도 3만 7천 명의 주한미군이 주둔해 있는 미국의 입김은 거의 절대적 영향을 끼친다. 그동안 남북관계와 북미관계는 동전의 양면처럼 한반도 정세 변화에 상호 작용을 해왔다.

이런 구조적 여건은 당분간 변할 것 같지 않다. 그러나 북미관계가 단시일 안에 눈에 띄는 진전을 보이지 못하더라도, 남북관계의 끈만은 이어져야 한다. 이는 남쪽에 필요할 뿐만 아니라 북쪽에도 긴요하다. 북한이 테러 응징이라는 미국 주도의 국제적 물결에 편승하기가 쉽지 않다고 보면, 남북대화란 연결고리를 통해 국제적 고립이나 예기치 않은 상황 조성을 막아야 한다. 남쪽 정부가 '북쪽에 끌려 다닌다' 는 여론의 호된 비판을 감수하면서 금강산 회담을 수용한 것도 이런 맥락으로 이해돼야 한다. 현실적으로 북한의 안전을 앞장서 담보하고 북미대화 촉진에 부분적으로나마 기여할 수 있는 것은 바로 남쪽 정부이다.

이렇게 볼 때 남북 정권은 각기 중요한 과제를 안고 있는 셈이다.

남한 정부는 첫째, 대북 강경 자세를 누그러뜨리지 않는 미국에 대해 햇볕정책의 실효성과 적실성을 설명하고 이 외에 다른 대안이 없음을 더욱 적극적으로 설득해야 한다. 구체적으로 미국이 핵, 미사일, 재래식 무기 등에 관해 기왕에 내건 대북협상 전제조건을 다소라도 완화하도록 유도해야 한다. 또한 북한이 '테러 지원국' 굴레에서 벗어나 국제사회의 경제적 지원을 받을 수 있도록 도와야 한다. 이와 함께 미국에 의존하고 있는 정치군사적 종속을 줄여 자주적 태도를 견지할 수 있어야 한다. 이를 위해서는 중국이나 러시아 등을 적절히 활용하는 외교적 능력을 발휘할 필요가 있다.

둘째, 대북정책에 대한 국민적 공감대를 확산하는 데 더욱 힘을 쏟아야 한다. 여소야대 상황에서 대북지원에 거부감을 갖고 있는 한나라당의 견제심리를 약화시켜야 한다. 정부가 남북관계 진전의 과실을 독점하려 한다는 의구심을 해소시킬 필요가 있다. 국민여론도 문제가 되지만, 현실적으로 의회에서 제동이 걸리면 꼭 필요한 대북지원을 제때 할 수 없는 것이 현실이다. 따라서 중요한 대북정책을 야당에 미리 알려주는 등 함께 상의하는 모습을 보이는 정치력이 필요하다.

북한 역시 상황에 현명하게 대처할 필요가 있다. 북한은 무엇보다 현 상황을 직시해, 과욕을 부리다가 기회를 놓치지 않도록 해야 한다. 빌 클린턴 대통령의 평양방문 기회를 살리지 못한 것이 대표적 예다. 좀더 얻어내려고 까다로운 요구조건을 내걸다가 아까운 시간을 흘려보내, 매들린 올브라이트 국무장관의 평양행을 성사시키고도 임기 말에 쫓긴 클린턴 대통령의 평양방문은 무산시켰다. 만일 클린턴의 방북이 이뤄졌다면 한반도 정세는 획기적으로 변화했을 것이라는 게 전문가들의 한결같은 지적이자 아쉬움이다.

둘째, 북한은 남한 정부나 대북 화해를 주장하는 인사들을 고려해야 한다. 지난번 8.15 민족통일축전에 참가 차 평양을 방문했던 인사들에게 굳이 개막식 참여를 종용한 것이라든지, 이산가족 상봉행사를 일방적으로 연기해 협상 파트너인 김대중 정부를 곤혹스럽게 만든 일 등은 전략적 차원에서 볼 때 '소탐대실'의 우를 범한 것이다. 자신의 논리에만 충실해 경직된 태도를 보이고 자신에게 우호적인 상대를 곤혹스런 처지로 몬다면 결국 손해를 자초한다는 전략적 사고를 해야 한다. 김대중 정부가 임기 말이 다가오고 힘이 떨어지는 상황이 될수록 이런 점을 더욱 고려해야 한다. 기회를 놓쳐서는 안 된다.